A Reinvenção da Natureza

Donna J. Haraway é formada em zoologia, literatura e filosofia pela Universidade do Colorado, doutora em biologia pela Universidade de Yale e professora emérita dos Departamentos de História da Consciência e de Estudos Feministas da Universidade da Califórnia em Santa Cruz. Escreveu diversos livros, entre eles *Primate Visions: Gender, Race, and Nature in the World of Modern Science, O manifesto das espécies companheiras: cachorros, pessoas e alteridade significativa, Quando as espécies se encontram* e *Ficar com o problema: fazer parentes no Chthuluceno*. Em setembro de 2000, recebeu o prêmio J. D. Bernal, a mais prestigiosa honraria da Sociedade para os Estudos Sociais da Ciência, por sua contribuição para a área. Atualmente, vive em Santa Cruz com seu companheiro Rusten Hogness, seus cães Shindychew e Ozzy e algumas galinhas.

Donna J. Haraway
A Reinvenção da Natureza
Símios, Ciborgues e Mulheres

Tradução
RODRIGO TADEU GONÇALVES

*Todos os esforços foram feitos para contactar com os detentores dos direitos das imagens.
Faremos todos os ajustes possíveis na primeira oportunidade.*

*Esta obra foi publicada originalmente em inglês com o título
SIMIANS, CYBORGS, AND WOMEN, por Free Association Books, Londres.
© 1991, Donna Haraway
© 2023, Editora WMF Martins Fontes Ltda., São Paulo, para a presente edição.*

*Todos os direitos reservados. Este livro não pode ser reproduzido, no todo ou em parte,
armazenado em sistemas eletrônicos recuperáveis nem transmitido por nenhuma forma
ou meio eletrônico, mecânico ou outros, sem a prévia autorização por escrito do editor.*

1ª edição 2023
2ª tiragem 2024

Editores Pedro Taam e Alexandre Carrasco
Tradução Rodrigo Tadeu Gonçalves
Revisão técnica Pedro Taam
Acompanhamento editorial Rogério Trentini
Preparação de textos Rogério Trentini
Revisões Orlando Mario Gama Lins e Ana Caperuto
Índice remissivo Cássio Yamamura
Produção gráfica Geraldo Alves
Paginação Renato Carbone
Capa Katia Harumi Terasaka Aniya

**Dados Internacionais de Catalogação na Publicação (CIP)
(Câmara Brasileira do Livro, SP, Brasil)**

Haraway, Donna J.
 A reinvenção da natureza : símios, ciborgues e mulheres /
Donna J. Haraway ; tradução Rodrigo Gonçalves. – São
Paulo : Editora WMF Martins Fontes, 2023.

 Título original: Simians, cyborgs and women : the
                 reinvention of nature
 Bibliografia.
 ISBN 978-85-469-0486-0

 1. Comportamento humano 2. Crítica feminista 3. Primatas – Comportamento 4. Sociobiologia I. Título.

23-167844   CDD-304.5

Índices para catálogo sistemático:
1. Sociobiologia 304.5

Cibele Maria Dias – Bibliotecária – CRB-8/9427

Todos os direitos desta edição reservados à
Editora WMF Martins Fontes Ltda.
*Rua Prof. Laerte Ramos de Carvalho, 133 01325.030 São Paulo SP Brasil
Tel. (11) 3293.8150 e-mail: info@wmfmartinsfontes.com.br
http://www.wmfmartinsfontes.com.br*

SUMÁRIO

A natureza de Donna Haraway: coiotes, xenogênese e FC IX
Agradecimentos XXVII
Introdução 1

PARTE UM
NATUREZA COMO SISTEMA DE PRODUÇÃO E REPRODUÇÃO

Capítulo Um – Sociologia animal e uma economia natural do corpo político: uma fisiologia política da dominação 11

Capítulo Dois – O passado é a zona contestada: natureza humana e teorias da produção e reprodução nos estudos do comportamento primata .. 35

Capítulo Três – A empreitada biológica: sexo, mente e lucro da engenharia humana à sociobiologia 75

PARTE DOIS

LEITURAS CONTESTADAS: NATUREZAS NARRATIVAS

Capítulo Quatro – No princípio era a palavra: a gênese da teoria biológica 121
Capítulo Cinco – A disputa pela natureza primata: filhas do homem-caçador no campo, 1960-80 139
Capítulo Seis – Lendo Buchi Emecheta: disputas pela "experiência feminina" nos estudos de mulheres 191

PARTE TRÊS

POLÍTICA DIFERENCIAL PARA OUTROS DES/INAPROPRIADOS

Capítulo Sete – "Gênero" para um dicionário marxista: a política sexual de uma palavra 221
Capítulo Oito – Um manifesto ciborgue: ciência, tecnologia e feminismo socialista no final do século XX 259
Capítulo Nove – Conhecimentos situados: a questão da ciência no feminismo e o privilégio da perspectiva parcial 319
Capítulo Dez – A biopolítica dos corpos pós-modernos: constituições do eu no discurso do sistema imunológico 353

Notas 401
Bibliografia 449
Índice remissivo 489

Para os meus pais,
Dorothy Maguire Haraway (1917-1960)
e Frank O. Haraway (1916-2005)

A NATUREZA DE DONNA HARAWAY:
COIOTES, XENOGÊNESE E FC

"Você caiu do céu"[1], informa Coiote à menina, única sobrevivente de um acidente aéreo. Ela não saiu incólume, entretanto: perdeu um dos olhos. Mais tarde, quando Coiote, em forma de mulher, a conduz ao país dos bichos, onde todos têm aspecto humano e vivem de maneira comunal na diferença específica, Gal ou Myra, a menina, ganhará um novo olho em um ritual. Fabricado pelo xamã Gaio-Azul a partir de resina de pinheiro – ou roubado de Coiote –, o olho, assemelhado a uma bola de gude amarela, é enfiado com força na cavidade ocular da garota, que passa a ter um olho humano e um olho animal (mítico?). Ao final do conto de Ursula K. Le Guin, Coiote é atraída para fora do país que ela mesma construíra, cada vez menor devido à pressão exercida pela civilização dos homens, e é assassinada por eles. Myra, que havia se tornado sua filha, é então instada pelos outros habitantes da terra dos bichos a retornar a seu povo de origem. Ela vai, mas sem abrir mão de seu olho-coiote, olho-doado-por-Gaio-Azul, olho-sangue-de-árvore, olho-prótese-xamânica, olho-mais-que-humano.

"Meus olhos foram criados com o sangue de quem?", Donna Haraway pergunta a si mesmo e a quem lê o ensaio "Conhecimentos situados: a questão da ciência no feminismo e o privilégio da perspectiva parcial", em um de seus momentos mais marcantes. Ver não é um ato inocente, nem mesmo para uma criança. Espreitam sempre os "truques divinos" – de um lado, a objetividade imparcial que pretende ter o poder de reunir todas as perspectivas e ver de fora delas e, do outro, o relativismo que, ao nivelar todos os pontos de vista como se valessem o mesmo, constitui o seu "gêmeo especular". Dois ardis: afirmar ver de todos os lugares sem estar em lugar nenhum; declarar estar em todos os lugares e não ver de nenhum. "Todo conhecimento é marcado", produzido por atravessamentos de raça, classe e gênero; os corpos tradicionalmente marcados estão bem familiarizados com essa noção. A novidade na afirmação de Haraway está, em primeiro lugar, na atribuição de um corpo a qualquer um que faça uma reivindicação de verdade, ou seja, na disseminação das marcas identitárias, o que não acaba com a assimetria, contudo, mas engendra uma outra concepção de objetividade. A objetividade, defende a autora, depende de perspectivas parciais, por oposição à onisciência e ao relativismo.

> A única posição a partir da qual a objetividade não poderia de modo algum ser praticada e honrada é a posição do mestre, do Homem, do Deus uno, cujo Olho produz, apropria e ordena toda diferença. Ninguém nunca acusou o Deus do monoteísmo de objetividade, somente de indiferença.

Se é certo que o truque divino depende do apagamento das marcas identitárias do sujeito que conhece, bem como de seus instrumentos ópticos, situar o conhecimento não diz respeito a simplesmente visibilizar essas marcas – o que manteria a divisão entre sujeito e objeto, além da autoidentidade. Enganam-se, portanto, aqueles que creem estar sempre e de uma só vez em um mesmo lugar[2]. A *situacionalidade* do situado diz respeito a quem produz o conhecimento, a quando, com quais instrumentos e em quais enquadramentos institucionais e de poder ele será produzido, assim como à relação com outros (humanos e mais-que-humanos) que vão coformar esse conhecimento. Desse modo, conhecer é diferir, na medida em que se é parcial, não pronto, jamais acabado; é entrar em relação com o mundo enquanto agente, nunca objeto passivo. É uma questão de sair do regime da representação e reassombrar-se com a animação da matéria[3]. Gal, a menina do conto de Le Guin, mira o(s) mundo(s) por meio de dois olhos distintos. Seu eu foi cindido no momento em que, após o acidente aéreo, sem um dos olhos, é interpelada por Coiote – e responde. Myra aprende a conversar com Coiote, ainda que não entenda muito bem seus modos, e se torna sua parenta.

Publicado originalmente em 1991, *A reinvenção da natureza* é uma compilação de artigos escritos entre 1978 e 1989 que tornaram Haraway célebre – até onde é possível conjugar academia e celebridade – e, ao mesmo tempo, um livro que se sustenta por si, com narrativa e questões que se desdobram. Como reiterado pela autora, o grande tema naquele momento de sua trajetória concernia aos processos semióticos e materiais que constituíam o que se compreende por natureza; "o que pode contar como natureza?", ela resume. Contudo, afirmar que a natureza é feita não é o mesmo que dizer que ela é inventada *ex nihilo* ou criada por cada grupo ou indivíduo pelo poder de uma linguagem que se ergue para além da materialidade, mas um enunciado materialista radical: "O discurso é corpóreo. Não é incorporado, como se estivesse preso em um corpo. É corpóreo e corporizante, faz corpo e faz mundo."[4]

A primeira parte do livro, "Natureza como sistema de produção e reprodução", situa-nos muito além (aquém) do país fabricado por Coiote. Trata-se daquele outro país, ou melhor, dos territórios disputados pelas ciências com o objetivo de encontrar, confirmar e desencontrar as origens da cultura humana. De uma certa cultura, claro. Os três capítulos-artigos dessa parte, mais os dois primeiros da segunda, "Leituras contestadas: naturezas narrativas", lançam o leitor dentro da grande (des)ordem primata, reverberando *Primate Visions: Gender, Race, and Nature in the World of Modern Science* [Visões primatas: gênero, raça e natureza no mundo da ciência moderna], publicado em 1989, mas trazem consigo outros tons. "A empreitada biológica: sexo, mente e lucro da engenharia humana à sociobiologia" é inclusive a reelaboração de um dos capítulos de *Primate Visions*, "A Pilot Plant for Human Engineering: Robert Yerkes and the Yale Laboratories of Primate Biology, 1924-42" [Uma planta piloto para a engenharia humana: Robert Yerkes e os Laboratórios de Biologia de Primatas de Yale, 1924-42], ao qual é acrescida uma seção sobre a sociobiologia de Edmund O. Wilson e suas consequências para o desenvolvimento de uma ciência feminista. Ao longo de toda essa parte, Haraway escava a história das ciências no século XX para mostrar como primatas outros-que-humanos não deixaram de ser arrolados para figurar o *natural* originário do *cultural* humano. Esse movimento, qual seja, o que projeta sobre os animais uma característica de certa sociedade humana para naturalizá-la e, em seguida, trazê-la de volta para a sociedade purificada da sujeira política ou cultural que anteriormente poderia tê-la manchado, isto é, um movimento que blinda determinada característica pela qualidade imaculada da natureza considerada reino outro, tábula rasa, pura fisiologia separada da cultura e, portanto, inescapável, aparecerá diversas vezes. Em "Sociologia animal e uma economia natural do corpo político: uma fisiologia política da dominação", por exemplo, leremos que experimentos sociais feitos com macacos resos pelo primatógo Clarence Ray Carpenter no final dos anos 1930 levaram "o princípio político da dominação" a transformar-se em "princípio científico legítimo da dominação como uma propriedade natural com base físico-química". A crítica de Haraway direciona-se, desse modo, tanto à noção de uma natureza livre de cultura e às suas consequências insidiosas – mais tarde em sua obra ela passará, influenciada pelo antropólogo Bruno Latour, a usar o termo *"naturalcultural"* – quanto aos dispositivos experimentais e suas perguntas.

A filósofa e psicóloga Vinciane Despret, muitos anos mais tarde, em *Habiter en oiseau* [Viver como um pássaro], deploraria a prática, ainda comum, de procurar a origem de alguns dos piores traços de nosso mundo em comportamentos animais, o que levaria à invenção de uma natureza reificada e de uma cultura inesquivável, no lugar de "abrir a imaginação ao honrar as invenções" das outras espécies a fim de "multiplicar os mundos em vez de reduzi-los aos nossos"[5]. Assim como Despret, Haraway é uma defensora das práticas científicas responsáveis e de seus bons modos; para ela, também importam as perguntas feitas aos animais. Se "em um sentido estrito, a ciência é o nosso mito", como se lê em "O passado é a zona contestada: natureza humana e teorias da produção e reprodução nos estudos do comportamento primata", é no sentido de que são as ciências que produzem nossos mitos de origem, aqueles que dizem de onde viemos, quem somos e tornam certos futuros mais possíveis que outros. Quando animais são instados a encarnar o testemunho vivo do passado humano dentro de limites guardados pela grande divisão entre natureza e cultura, os atores de todas as histórias envolvidas no mito fundador resultante estão em perigo: minorias humanas, animais outros-que-humanos e por aí vai. Se em 2016 Haraway transformaria em uma espécie de refrão que "importam quais histórias contam histórias", em "A disputa pela natureza primata: filhas do homem-caçador no campo, 1960-80" ela exortava "as feministas de todas as partes do campo cultural e com todas as suas diferenças" a entrarem "na disputa por contar histórias e por estabelecer as condições históricas para imaginar enredos". O passado, portanto, não é apenas uma zona contestada, mas o nome de um conflito; articular um projeto feminista de ciência é reivindicar e produzir um lugar e uma voz nesse conflito.

Um uivo é uma voz. A voz dos lobos, dos cães, das raposas, dos coiotes. Coiote é o *trickster* por excelência em muitas cosmogonias indígenas da América do Norte, no lugar que hoje chamamos Califórnia (um pouco mais ao norte, Gaio-Azul também é *trickster*). Um *trickster* é uma figura astuciosa, ardilosa, transgressora, um trapaceiro malandro, ambivalente, benfeitor, bufão e sempre liminar. Há uma frase que se repete em dois capítulos de *A reinvenção da natureza*, a primeira vez concluindo o já referido "Conhecimentos situados" e a segunda no artigo que imediatamente se segue a ele, intitulado "A biopolítica dos corpos pós-modernos: constituições do eu no discurso do sistema imunológico". É um enunciado onto*político*-epistemológico – em um movimento tipicamente filosófico, apresenta uma concepção de mundo para, assim, derivar o método de conhecimento exigido por ele. A diferença, nesse caso, é que, por ser situado, esse método é um modo de relação, ou seja, é político. Nesse enunciado, Haraway fala "[d]o mundo como *trickster* codificador com o qual precisamos aprender a conversar". A primeira consequência de conceber o mundo como um *trickster* é, conforme afirmado antes, a implosão da ilusão de que o dualismo sujeito-objeto tenha valor de paradigma e seja garantia de objetividade; só há relação de conhecimento entre sujeitos, ainda que mais-que-humanos. Poderíamos dizer também: entre agentes, atores ou em agenciamentos (ainda que mais-que-humanos). Mas o fato de se tratar de um *trickster*, e, como é manifesto, de Coiote, dá um sabor especial à coisa toda. Le Guin, em um ensaio chamado "A Non-Euclidean View of California as a Cold Place to Be" [Uma visão não euclidiana da Califórnia como um lugar frio a se estar] nos lembra de que Coiote "nunca esteve no Éden, pois coiotes vivem no novo mundo. Expulsos pelo anjo com a espada flamejante, Eva e Adão ergueram suas cabeças tristonhas e viram Coiote, que sorria"[6].

Coiote, a codificadora, é indígena da América. Não esteve no Paraíso, portanto não conhece a Queda nem sabe o que é pecado. Não foi condenada a ter que ganhar o pão com o suor do rosto. Já morreu e voltou diversas vezes, entretanto sem martírio. Contam-se muitas histórias a seu respeito, desde o começo do mundo – que pode se confundir com ela ou ter sido por ela fabricado. Ela também pode ter introduzido o mal ou a mentira no mundo, presenteado a humanidade com o fogo, a técnica. Quem sabe? Ela é capaz de todas essas coisas; além disso, "é a melhor trapaceira que há, pois *trapaceia a si mesma*"[7]. Fazer ciência de modo responsável e consequente passa necessariamente por aprender a conversar com ela. Ou, pelo menos, a puxar conversa, pois, embora possa por vezes assumir forma humana, Coiote é outra. E, sendo outra, lembra-nos também de todos os não nós, humanos e variados, nos quais nos emaranhamos e com os quais entramos em relação.

Coiote é chamada para figurar o mundo no último capítulo do livro, "A biopolítica dos corpos pós-modernos". Esse artigo é dedicado a Robert Filomeno, conhecido como Bob, companheiro de Jaye Miller, ex-marido de Haraway. Filomeno, um homem gay, faleceu em decorrência de aids em 1986. Àquela altura, moravam na mesma propriedade ele, Miller, Haraway e o companheiro dela, Rusten Hogness, na pequenina Healdsburg, no condado de Sonoma, na Califórnia. Em entrevista, quando questionada sobre como definiria a carne do corpo [*flesh*], Haraway insistiu na junção entre a materialidade e a semiose.

> A carne não é mais real do que um gene. Mas a semiose materializada da carne sempre inclui os tons de intimidade, de corpo, de sangramento, de sofrimento e de suculência. A carne é sempre meio úmida. É claro que não se pode usar a palavra "carne" sem entender vulnerabilidade e dor.[8]

Jaye Miller faleceu algum tempo depois, também por complicações devidas à aids, em 1991, o ano de lançamento de *A reinvenção da natureza*. Haraway e Hogness ajudaram nos cuidados para com Filomeno e foram os principais cuidadores de Miller. Nessa mesma entrevista, a autora conta que, para ela, "palavras e linguagem estão mais intimamente relacionadas à carne que a ideias" e que isso passa por uma "profunda formação no simbolismo e na sacramentalidade católicos – nas doutrinas da encarnação e da transubstanciação", que são "intensamente físicas": "a simbolização implacável na vida católica não está apenas ligada ao mundo físico, ela é o próprio mundo físico", "as noções de signo e carne são profundamente entrelaçadas"[9].

Quando Haraway afirma que "importam quais histórias contam histórias" [*it matters what stories tell stories*], portanto, trata-se de uma maneira de dizer algo que sempre foi crucial para ela no que tange à possibilidade da "materiação" [*mattering*], da materialização: que as histórias fazem matéria, que a matéria é animada e que signo e carne estão resolutamente emaranhados. No presente livro, a palavra "carne" aparece pontualmente em "No princípio era a palavra: a gênese da teoria biológica", em uma provocação tipicamente harawayana a respeito de intelectualidades patrilineares e carne feminina (codificada como natureza e materialidade) na história da ciência. Em "'Gênero' para um dicionário marxista: a política sexual de uma palavra", "carne" vai aparecer justamente no momento em que diferenças de raça e, portanto, de sentidos de gênero e feminismos são discutidas. É a carne marcada, mutilada, "virada do avesso" da mulher escravizada que se contrapõe à posição marcada do sujeito do feminismo branco. Afinal, se as "mulheres livres no patriarcado branco dos Estados Unidos eram trocadas em um sistema que as oprimia", que visava a (re)produção de uma certa organização de parentesco, como demonstrou Gayle Rubin por meio de Lévi-Strauss e Lacan no seu seminal "O tráfico de mulheres", "as mulheres brancas [também] *herdavam* as mulheres negras e os homens".

A desnaturalização do conjunto de mulheres, aliás, permeia três dos mais conhecidos capítulos-artigos do livro: os já citados "Conhecimentos situados" e "'Gênero' para um dicionário marxista", além de "Um manifesto ciborgue: ciência, tecnologia e feminismo socialista no final do século XX". Nesse texto, Haraway anuncia, perguntando-se:

> Não existe nada no ser "fêmea" que una naturalmente as mulheres. Não existe sequer um estado como esse de "ser" fêmea, em si mesma uma categoria altamente complexa construída em discursos científicos sexuais disputados e outras práticas sociais. Consciência de gênero, raça ou classe é uma conquista forçada sobre nós pela terrível experiência histórica das realidades sociais contraditórias do patriarcado, colonialismo e capitalismo. E a quem chamo de "nós" em minha retórica? Quais identidades estão disponíveis para fundamentar um mito tão potente chamado "nós", e o que poderia motivar o alistamento nessa coletividade?

"Nós", as mulheres; "nós", as fêmeas, não passamos de um mito. Claro, um mito com muito poder de ação no mundo, "pesadelo da narrativa imaginária, e real demais, do sexo e da raça", tal como é fraseado em "'Gênero' para um dicionário marxista". No "Manifesto ciborgue", Haraway vai sugerir a afinidade no lugar da identidade; "vínculo político". Aliás, curiosos parênteses aparecem no corpo do texto definindo o termo: "afinidade: [...] aparentado não por sangue, mas por escolha; apelo de um grupo químico nuclear por outro; atração". Não é difícil perceber que a preferência pelo afim no lugar do consanguíneo, além da transgressão de fronteiras entre animais humanos, outros-que-humanos e máquinas, já prefigurava o conceito de *parentesco estranho* [*oddkin*], desenvolvido anos depois em *Ficar com o problema: fazer parentes no Chthuluceno*.

No "Manifesto ciborgue" há uma frase que reverbera aquela do mundo como *trickster* codificador. No momento em que eram construídas "as ciências da comunicação e as biologias modernas", Haraway escreve, ambas objetivavam *"a tradução do mundo em um problema de codificação"*. Não se trata, como nos outros capítulos-artigos, de uma conversa com um mundo-matéria-viva, com um mundo-coiote, mas do íncubo de um mundo comum composto por texto-sem-carne, devaneio de uma língua comum, decifração devoradora da diferença. Par dicotômico da heteroglossia, em "Conhecimentos situados" é o contrário da "fênix que irá falar em todas as línguas de um mundo de pernas para o ar" de "'Gênero' para um dicionário marxista", da "heteroglossia infiel" do final do manifesto, "política cultural radical". A morte de Coiote, o metamorfo.

Enquanto a Coiote desta apresentação foi a de Ursula K. Le Guin, em *A reinvenção da natureza* a autora favorita é Octavia Butler, cujo *Despertar*, primeiro volume da série "Xenogênese", fecha o livro. Para muitas autoras feministas, a psicanálise foi e tem sido uma linguagem potente para a constituição de uma teoria e um léxico críticos, bem como para escapar da misoginia presente na teoria e na prática filosóficas. Haraway, por sua vez, considera que "o discurso teórico psicanalítico enquanto discurso político é sobredeterminado a naturalizar o mundo em termos de histórias europeias". Sua aproximação à FC – "ficção científica, fantasia científica, fabulação coespeculativa, feminismo coespeculativo" – foi, então, um modo de desviar da psicanálise e "teorizar sobre as mesmas questões", "chegar a alguma compreensão do inconsciente, algum entendimento do inesperado, das condensações, das irrupções, das estruturas das histórias que não estão sob nenhum tipo de controle linear"[10]. Como era de se esperar, a escolha pela FC não tem a ver com uma origem mais pura desta em detrimento da psicanálise – afinal de contas, nada mais imperialista que seus epicentros: Estados Unidos e União Soviética. A FC é suja e, por isso, interessante. Além do mais, igual a tudo que é marcado como de gênero [*genre*], é considerada menor, ignorante e escapista, sobretudo diante do cânone. Liberada da atenção da crítica séria, esse "conjunto muito culturalmente específico de práticas poluídas"[11] abre-se à experimentação. Para além de imaginação e imaginário – casos de psicanálise –, o que interessa a Haraway é o possível: "penso na FC como práticas linguísticas [...] que dizem respeito a uma abertura que vise alcançar a possibilidade, alcançar um inconsciente que não esteja ligado à noção de imaginação do século XIX, com a qual a psicanálise tem uma ligação histórica profunda"[12].

Em "A biopolítica dos corpos pós-modernos", capítulo-artigo encarnado, Coiote caminha sinuosa à noite com seus olhos-prótese, olhos de resina, fabricados com carne animal e vegetal, e observa de relance o incêndio que varreu uma geração inteira, como Haraway certa vez chamou a epidemia de aids. Aqui, no país dos humanos, *quem* e *o quê* contam como importam eu/*self* e não eu/*non-self*, fazem matéria e mundo. As metáforas, "junção entre figurativo e factual"[13], verdadeiros sacramentos, devem ser usadas com responsabilidade, pois engendram tempos, lugares, relações, políticas, corpos e outros diferentes. O *locus* privilegiado será o sistema imunológico, palco de imaginações militares e científicas baseadas em fronteiras, que se retroalimentam em termos de mesmo e outro/eu e não eu. Nesse sentido, o sistema imunológico é descrito como um sistema de defesa (fronteiras) contra "outros" (imigrantes, "aliens"), isto é, não eus, que são eliminados para manter a saúde do organismo.

Haraway também investiga o que, nos discursos científicos, constitui um "eu" individual, por diferença à espécie. Nesse momento, o Richard Dawkins de *The Ex-*

tended Phenotype [O fenótipo estendido] é convocado para desfazer a noção de unidade ou de limites bem estabelecidos entre eu/não eu em organismos. Nesse livro, o biólogo teoriza que um determinado fenótipo pode ser a expressão compartilhada dos genes de mais de um "organismo" – por exemplo, a concha de um caracol seria o resultado de uma "conversa" entre o gene de trematódeos, parasitas que vivem dentro do caracol, e o gene do caracol. "Os genes nas células de um organismo podem exercer uma influência fenotípica estendida no corpo vivo de outro organismo; nesse caso, os genes de um parasita encontram expressão fenotípica no comportamento de seu hospedeiro."[14] O que interessa a Haraway na hipótese de Dawkins é a promessa do ponto de vista: da perspectiva do parasita, ele "parece parte do hospedeiro"; do ponto de vista deste, o "parasita parece um invasor".

> Nesses tipos de corpos estendidos, meu interesse estava na maneira como eu e outro são, em um sentido, questões de perspectiva. O que conta como eu e o que conta como outro são uma questão de perspectiva ou de propósitos. Dentro de que contexto os limites são firmes?[15]

Em um momento célebre do "Manifesto ciborgue", a autora pergunta: "Por que nossos corpos deveriam terminar em nossas peles, ou no máximo incluir outros seres encapsulados pela pele?" Como uma das respostas, remete-se ao romance *Despertar*, no qual uma mulher, Lilith, é resgatada ou sequestrada de uma Terra em frangalhos por extraterrestres chamados oankali, que tempos atrás haviam decidido adotar o diferimento como modo de vida. Muito antes, esse povo lançou-se em grandes navegações espaciais para fazer comércio genético com outras espécies; idealmente, cada geração se torna uma nova espécie, mutação da anterior conquistada pela mescla com o material genético dos povos com quem se encontram. Os oankali que saíram de seu planeta original talvez sejam tão diferentes daqueles que Lilith encontra quanto eles são de Lilith.

Em um artigo escrito algum tempo depois, "Otherworldly Conversations; Terran Topics; Local Terms" [Conversações altermundanas; tópicos terranos; termos locais], Haraway viria a dizer que "a comunicação, inclusive com nós mesmas, é xenobiologia"[16]. Ela então cita *Memoirs of a Spacewoman* [Memórias de uma mulher espacial], de Naomi Mitchison, no qual uma especialista em comunicação que viaja pelo universo e encontra diversos seres extraterrestres acaba vivendo em simbiose com uma forma de vida que a altera. Mas antes de sabermos disso, no começo do livro, enquanto fala sobre sua *profissão*, Mary, a mulher espacial, comenta, a respeito de um grupo que ela vem treinando e dos terranos em geral: "a dificuldade parece ser [...] que nós julgamos com muita segurança sermos personalidades estáveis, completamente assentadas"[17]. Haraway destaca uma elucubração que aparece no parágrafo seguinte: "Tudo termina bem. Mas o impacto de outros mundos nesta estabilidade aparentemente imóvel chega como uma surpresa. Ninguém desfruta de sua primeira mudança de personalidade. Nem, presume-se, aqueles com quem se faz contato."

É o método FC que vai permitir que Haraway teça um outro possível para o sistema imunológico, para além de fronteiras bem definidas e sistemas de segurança. Na medida em que hospedeiro e parasita precisam se reconhecer, "a doença é uma relação"[18]. Uma relação pode ser tanto mortífera quanto nutritiva. O que está em jogo são a interconectividade, o borrão de limites entre eu/não eu (e entre reinos), o corpo que não termina na pele – e pode se desdobrar por dentro e por fora – e a desidentificação ou metamorfose constante, ou, para usar um conceito que surgiria alguns anos depois, as intra-ações e devires-com que permitem viver e morrer bem nesta terra/Terra. Mesmo no meio de incêndios.

A introdução de *Primate Visions*, bem como uma das seções de "Conhecimentos situados", intitula-se "A persistência da visão", uma referência à novela de John Varley publicada em 1978. Nessa história, um homem deambula pelos Estados Unidos, que passa por uma grave crise econômica e existencial. Ele acaba chegando a Keller, uma comunidade de surdos e cegos – filhos de um surto de rubéola que atingira suas mães. Lá, ele descobre que essas pessoas haviam desenvolvido formas de comunicação sofisticadíssimas, independentes da luz e do som, e percebe, com o tempo, que havia níveis superiores e sutis de comunicação que, por ver e ouvir, ele era fisiologicamente incapaz de acessar. Isso faz com que parta de Keller desolado. Anos depois, desencantado com o mundo, que continua a se deteriorar, e ainda fascinado pela comunidade, retorna.

> As mãos de Pink riram ao longo de meu rosto.
> "Segure esta parte-de-mim-que-fala-boca-para-mamilo", ela disse, e me entregou sua filha bebê. "Vou lhe dar um presente."
> Ela aproximou-se e tocou com leveza meus ouvidos com seus dedos frios. O som do vento foi interrompido e, quando suas mãos se afastaram, ele não retornou. Ela tocou meus olhos, bloqueou todas as luzes e eu não vi mais nada.
> Agora vivemos nas adoráveis quietude e escuridão.[19]

É claro que o título propõe uma equivocação com o fenômeno óptico de mesmo nome que corresponde à continuidade da percepção visual de um objeto mesmo depois de seus raios de luz deixarem de penetrar os olhos. Isto é, no caso dos conhecimentos situados, "persistência da visão" refere-se a não abandonar a metáfora da visão ainda que ela tenha sido usada para erigir projetos imperialistas, patriarcais, divinotruqueiros. E à sua persistência mesmo quando se deseja livrar-se dela. Mas seu sentido se equilibra em corda bamba – é também o passe de mágica muito carnudo de Pink, que abre a possibilidade de comunicação em outros níveis.

A reinvenção da natureza traz uma pintura de Lynn Randolph chamada *Cyborg*, na qual uma mulher indígena envolta pela pele de um grande felino (um lince? um puma?) ergue-se sobre um deserto diurno cujo céu escuro é estrelado; seus dedos estão pousados sobre o teclado de um computador que é ao mesmo tempo uma coleção de antigas pedras na areia. Atrás da mulher, um enorme monitor exibe imagens microscópicas e cósmicas, em uma explosão de escalas. Em seu peito bate uma placa-mãe. Como lembra Haraway, em *Despertar*, um oankali diz a Lilith que "as diferenças ficarão escondidas até a metamorfose". Haraway as considera – e se considera – bichos da mesma espécie ou, para dizer de modo mais preciso, do mesmo bando por afinidade:

> Octavia Butler faz na prosa de ficção científica o que Lynn faz na pintura e o que eu faço na prosa acadêmica. Nós três vivemos em uma espécie de *ménagerie* similar e estamos interessadas em processos de xenogênese, isto é, de fusões e origens não naturais. E nós três somos dependentes da narrativa.[20]

"A comunicação, inclusive com nós mesmas, é xenobiologia."

O ciborgue do manifesto é situado, assim como todos os outros. Uma de suas figurações mais destrutivas talvez seja a do *Exterminador do futuro* (1984), de James Cameron, filme lançado enquanto Haraway trabalhava em seu manifesto. Não se pode esquecer, contudo, que a ciborgue escolhida por Haraway para figurar em *A reinvenção da natureza* é a de Lynn Randolph, uma xamã tecnológica ou xamã que conjura suas máquinas. É importante não se deixar seduzir pela falsa escolha entre tecnofilia e tecnofobia – mas, como lembra a autora, voltar-se a um conhecimento "afinado com a ressonância, não com a dicotomia"[21].

Como, espero, tenha sido possível entrever, Donna Haraway também é o nome de um método e de uma língua. Esse método é um dos mais radicais e criativos que a academia acolheu em muito tempo. Neste livro, é possível divisá-lo: seguir as histórias e encontrar aí os nós que sustentam o mundo. Contra a necessidade e os universalismos, elaborar teorias do acidente, fazer ciências do particular. Quanto ao seu idioma, aqui eu me despeço e deixo as leitoras e leitores o experimentarem a sós.

Se me permitem, ofereço apenas um conselho: talvez seja importante arranjar um olho-coiote (que é háptico-óptico) antes de adentrar este mundo.

JULIANA FAUSTO

AGRADECIMENTOS

Muitas pessoas e diversas práticas editoriais tornaram este livro possível, começando pelo parecerista anônimo da revista *Signs* para meus primeiros ensaios publicados sobre teoria feminista. No fim, essa pessoa generosa e crítica era Rayna Rapp, que tem sido uma grande inspiração e um apoio político, intelectual e pessoal para mim desde então. A editora desses textos foi Catharine Stimpson, e seu trabalho teórico e habilidades editoriais enriqueceram minha escrita e a de muitas outras contribuidoras do feminismo contemporâneo. Constance Clark e Stephen Cross, à época estudantes de pós-graduação na Universidade Johns Hopkins, verão sua influência em toda parte. O trabalho pioneiro e a camaradagem comprometida de Robert Young mostraram-me que a história da ciência pode ser tanto política quanto acadêmica sem meio-termo. Devo muito a seu trabalho e ao de muitos outros, especialmente Karl Figlio, Ludi Jordanova e Les Levidow, associados ao *Radical Science Journal*, à *Science as Culture* e ao Free Association Books.

Amizade, diálogo crítico constante e intertextualidades publicadas e não publicadas com Judith Butler,

Elizabeth Fee, Sandra Harding, Susan Harding, Nancy Hartsock, Katie King, Diana Long, Aihwa Ong, Joan Scott, Marilyn Strathern e Adrienne Zihlman acompanham todos os capítulos deste livro. Também agradeço a Frigga Haug e Nora Räthzel, do coletivo feminista do periódico *Das Argument*, e Elizabeth Weed, do *differences*. Jeffrey Escoffier foi um moscardo persistente e um parteiro gentil para o "Manifesto ciborgue" (Capítulo Oito). Scott Gilbert, Michael Hadfield e G. Evelyn Hutchinson me ensinaram sobre embriologia, ecologia, sistema imunológico e muito mais na cultura da biologia.

Pessoas extraordinárias que conheci através do History of Consciousness Board e nos seminários de pós-graduação na Universidade da Califórnia em Santa Cruz contribuíram explícita e implicitamente com este livro. Sou grata especialmente a Gloria Anzaldúa, Bettina Aptheker, Sandra Azeredo, Faith Beckett, Elizabeth Bird, Norman O. Brown, Jim Clifford, Mary Crane, Teresa de Lauretis, Paul Edwards, Ron Eglash, Barbara Epstein, Peter Euben, Ramona Fernandez, Ruth Frankenberg, Margo Franz, Thyrza Goodeve, Deborah Gordon, Chris Gray, Val Hartouni, Mary John, Caren Kaplan, Hilary Klein, Lisa Lowe, Carole McCann, Lata Mani, Alvina Quintana, Chela Sandoval, Zoe Sofoulis, Noël Sturgeon, Jenny Terry, Sharon Traweek e Gloria Watkins (bell hooks).

Apoio financeiro para a escrita de partes deste livro foi concedido pela bolsa de pesquisa do Academic Senate da Universidade da Califórnia em Santa Cruz, e pelo Fundo Alpha do Instituto de Estudos Avançados.

Outros ofereceram apoio e inspiração de inúmeras formas em diferentes momentos. Estes ensaios mostram especialmente as marcas de conviver e trabalhar com Gail Coleman, Layla Krieger, Richard e Rosemary Stith, Carolyn Hadfield, Robert Filomeno, Jaye Miller e Rusten

Hogness. Finalmente, dedico este livro aos meus pais, Frank Haraway, um repórter esportivo que me mostrou que escrever pode ser ao mesmo tempo prazer e trabalho, e Dorothy Maguire Haraway, que morreu em 1960, antes que eu pudesse conhecê-la como adulta, mas que me transmitiu o problema e a força da crença e do comprometimento.

Os capítulos seguintes foram revisados a partir de ensaios publicados anteriormente, e são publicados aqui com permissão. O Capítulo Um apareceu originalmente com o título "Animal sociology and a natural economy of the body politic, part I, a political physiology of dominance" em *Signs*, 4 (1978): 21-36. O Capítulo Dois, com o título "Animal sociology and a natural economy of the body politic, part II, the past is the contested zone: human nature and theories of production and reproduction in primate behavior studies", em *Signs*, 4 (1978): 37-60. O Capítulo Três, "The biological enterprise: sex, mind, and profit from human engineering to sociobiology", em *Radical History Review*, 20 (1979): 206-37. O Capítulo Quatro, "In the beginning was the word: the genesis of biological theory", em *Signs*, 6 (1981): 469-81. O Capítulo Cinco, "The contest for primate nature: daughters of man the hunter in the field, 1960-80", em Mark Kann (ed.), *The Future of American Democracy: Views from the Left* (Filadélfia: Temple University Press, 1983, pp. 175-207). O Capítulo Seis, "Reading Buchi Emecheta: contests for 'women's experience' in women's studies", em *Inscriptions*, 3/4 (1988): 107-24. O Capítulo Sete, "Geschlecht, Gender, Genre: Sexualpolitik eines Wortes", em Kornelia Hauser (ed.), *Viele Orte. Überall? Feminismus in Bewegung*, Festschrift für Frigga *Haug* (Berlim: Argument-Verlag, 1987, pp. 22-41). O Capítulo Oito, "Manifesto for cyborgs: science, technology, and socialist feminism in the 1980s", em *Socialist Review*, 80 (1985): 65-108. O Capítulo Nove, "Situated knowledges: the science question in feminism as a site of discourse on the privilege of partial perspective", em *Feminist Studies*, 14(3) (1988): 575-99. O Capítulo Dez, "The biopolitics of postmodern bodies: determinations of self in immune system discourse", em *differences: A Journal of Feminist Cultural Studies*, 1(1) (1989): 3-43.

INTRODUÇÃO

Este livro deve ser lido como um conto de advertência sobre a evolução de corpos, política e histórias. Sobretudo, é um livro sobre a invenção e a reinvenção da natureza – talvez a principal arena de esperança, opressão e contestação para os habitantes do planeta Terra em nosso tempo. Era uma vez, nos anos 1970, uma autora séria, socialista-feminista americana, branca, do gênero feminino*, bióloga especializada em hominídeos, que se tornou historiadora da ciência para escrever sobre as abordagens ocidentais dos macacos, grandes primatas (*apes*) e mulheres. Ela pertencia a essas categorias estranhas, invisíveis entre si, que são chamadas de "não marcadas" e que dependem de um poder desigual para sua manutenção. Contudo, já nos ensaios finais, ela se transformou em feminista "ciborgue" marcada multiplamente, tentando manter vivas tanto sua política quanto suas

---

* Mantenho o masculino não marcado em voga antes das discussões sobre a linguagem neutra, uma vez que a autora usa adjetivos não marcados para depois atribuir a qualificação *"female"* ao personagem que está descrevendo. [N. do T.]

outras funções críticas nos tempos pouco promissores do último quarto do século XX. Este livro examina a ruptura de versões do humanismo feminista euro-americano em seus devastadores pressupostos de narrativas mestras profundamente tributárias do racismo e do colonialismo. Então, adotando um sinal assustador e ilegítimo, a história que ele conta se direciona às possibilidades de um feminismo ciborgue que é, talvez, mais capaz de permanecer afinado a posicionamentos políticos e históricos específicos e parcialidades permanentes sem abandonar a busca por conexões potentes.

Um ciborgue é uma criatura híbrida, composta de organismo e máquina. Mas os ciborgues são compostos de tipos especiais de máquinas e tipos especiais de organismos próprios do final do século XX. Eles são entidades híbridas pós-Segunda Guerra Mundial feitas, em primeiro lugar, de nós mesmos e outras criaturas orgânicas em nossa roupagem *high-tech* que não escolhemos, como sistemas de informação, textos e trabalho, desejo e sistemas de reprodução ergonomicamente controlados. O segundo ingrediente essencial nos ciborgues são as máquinas, também em sua roupagem de sistemas de informação, textos e aparatos autoatuantes ergonomicamente projetados.

Os capítulos que constituem a Parte Um deste livro examinam as lutas feministas ligadas aos modos de produzir conhecimento sobre macacos e grandes primatas e os significados de seus comportamentos e vidas. A Parte Dois explora as lutas pelo poder de determinar as histórias a respeito da "natureza" e da "experiência" – duas das palavras mais potentes e ambíguas em inglês. A Parte Três enfoca a corporificação ciborgue, o destino de vários conceitos feministas de gênero, reapropriações de metáforas da visão para fins éticos e epistemológicos feministas e o sistema imunológico como um mapa político dos principais sistemas de "diferença" no mundo pós-moderno. E, através desses conteúdos diversos, este livro trata as construções da natureza como um processo cultural crucial para as pessoas que precisam e esperam viver em um mundo menos perturbado pelas dominações de raça, colonialismo, classe, gênero e sexualidade.

Habitam estas páginas criaturas de fronteiras estranhas – símios, ciborgues e mulheres – que exerceram um papel de desestabilização nas grandes narrativas ocidentais evolucionistas, tecnológicas e biológicas. Essas criaturas de fronteiras são, definitivamente, *monstros*, uma palavra que compartilha mais do que sua raiz com a palavra "demonstrar". Os monstros significam. *A reinvenção da natureza* interroga as narrativas teóricas biopolíticas, biotecnológicas e feministas multifacetadas dos conhecimentos situados sobre esses monstros promissores e não inocentes. Os modos diferenciados pelo poder e altamente contestados de ser desses monstros podem ser indícios de mundos possíveis – e certamente são indícios de mundos pelos quais nós somos responsáveis.

Este livro reúne ensaios escritos de 1978 a 1989, um período de complicado fomento político, cultural e epistemológico dentro dos muitos feminismos que apareceram nas últimas décadas. Com foco nas narrativas biopolíticas das ciências sobre macacos e grandes primatas, os ensaios iniciais foram escritos a partir de um feminismo socialista centrado nos Estados Unidos e Europa. Eles tratam da constituição profunda da natureza na biologia moderna como um sistema de produção e reprodução, ou seja, como um sistema de trabalho, com todas as ambiguidades e dominações inerentes à metáfora. Como foi que a natureza, para o grupo cultural dominante, com imenso poder de transformar suas histórias em realidade, se tornou um sistema desse tipo, regido pela divisão hierárquica do trabalho, no qual as desigualdades de raça, sexo e classe puderam se naturalizar em sistemas funcionais de exploração? Quais foram as consequências para as visões sobre a vida de animais e pessoas?

O conjunto intermediário de capítulos examina as lutas pelas formas narrativas e estratégias entre as feministas conforme a heteroglossia e as desigualdades de poder dentro do feminismo moderno e em meio às mulheres contemporâneas se tornam inescapáveis. A sessão se conclui com um exame dos modos de ler uma autora anglo-nigeriana, Buchi Emecheta, como um exemplo de disputas entre críticas africanas, afro-americanas e euro-americanas diferentemente situadas sobre o que contará como uma "experiência feminina" no contexto pedagógico de uma sala de aula de estudos de mulheres. Que tipo de responsabilização, coalizão, oposição, grupos de pessoas implicadas e práticas editoriais estruturam leituras particulares de uma tal autora sobre um tal tema?

A parte final, "Política diferencial para outros des/inapropriados", contém quatro ensaios. A expressão "outros des/inapropriados" foi emprestada da cineasta e teórica feminista vietnamita Trinh T. Minh-ha. Ela usou o termo para sugerir o posicionamento histórico dos que se recusam a adotar a máscara do "eu" ou do "outro" oferecida pelas narrativas dominantes de identidade e política. Suas metáforas sugerem uma geometria para considerar outras relações de diferença que não sejam a dominação hierárquica, a incorporação de "partes" em "todos" ou a oposição antagonista. Mas elas também sugerem o pesado trabalho intelectual, cultural e político que essas novas geometrias irão requerer, se não de símios, ao menos de ciborgues e mulheres.

Os ensaios mostram as matrizes contraditórias de sua composição. O exame da história recente do termo "sexo/gênero", escrito para um dicionário marxista alemão, exemplifica a política textual embutida na produção de abordagens de lutas complexas em obras de referência. O "Manifesto ciborgue" foi escrito para encontrar direção política nos anos 1980 em face do que os "nós" híbridos pareciam ter se tornado em escala mundial. O exame dos debates sobre "objetividade científica" na teoria feminista defende uma transformação das metáforas desprezadas de visão orgânica e tecnológica com a finalidade de colocar em primeiro plano posicionamentos específicos, mediação múltipla, perspectiva parcial e, portanto, uma alegoria possível para o conhecimento científico e político feminista.

A natureza emerge desse experimento como um "coiote". Esse *trickster* potente pode nos mostrar que relações humanas historicamente específicas com a "natureza" devem, de algum modo – linguística, ética, científica, política, tecnológica e epistemologicamente –, ser imaginadas como genuinamente sociais e ativamente relacionais; e, ainda assim, os parceiros permanecem inomogêneos. "Nossas" relações com a "natureza" podem ser imaginadas como um engajamento social com um ser que não é "isso", "você", "vós", "ele", "ela" ou "eles" em relação a "nós". Os pronomes inseridos nas orações sobre contestações do que pode contar como natureza são em si mesmos instrumentos políticos que expressam esperanças, medos e histórias contraditórias. A gramática é a política por outros meios. Que possibilidades narrativas podem repousar em figuras linguísticas monstruosas e suas relações com a "natureza" para o trabalho ecofeminista? Curiosamente, assim como para as pessoas antes de nós nos discursos ocidentais, os esforços para chegar a um acordo linguístico com a não representabilidade, a contingência histórica, a artefatualidade, e ainda com a espontaneidade, necessidade, fragilidade e profusões espantosas de "natureza", podem nos ajudar a refigurar o tipo de pessoas que podemos ser. Essas pessoas podem não ser mais, caso já tenham sido, sujeitos-mestres, nem sujeitos alienados, mas – só possivelmente – agentes humanos multiplamente heterogêneos, inomogêneos, responsabilizáveis e conectados. Nós não devemos mais nos conectar como partes a todos, como seres marcados incorporados em outros não marcados, como sujeitos unitários e complementares servindo ao Sujeito uno do monoteísmo e suas heresias seculares. Nós devemos ter agência – ou agências – sem sujeitos defendidos.

Finalmente, o mapeamento do corpo biopolítico considerado a partir da perspectiva do discurso sobre o sistema imunológico contemporâneo investiga modos de refigurar multiplicidades externas à geometria das restrições parte/todo. Como os nossos corpos "naturais" podem ser reimaginados – e revividos – de uma maneira que transforme as relações entre mesmo e diferente, eu e outro, dentro e fora, reconhecimento e reconhecimento errôneo (ou não reconhecimento) em mapas que guiem os outros des/inapropriados? De modo inescapável, tais refigurações devem reconhecer a condição permanente de nossa fragilidade, mortalidade e finitude.

Ao longo destes ensaios, eu tentei olhar novamente para algumas cartas feministas descartadas do baralho ocidental a fim de buscar as figuras ardilosas (*tricksters*) que poderiam transformar um baralho fechado em um conjunto poderoso de curingas para refigurar mundos possíveis. Podem os ciborgues, as oposições binárias ou a visão tecnológica apontar para caminhos tais que as

INTRODUÇÃO 7

coisas que muitas feministas mais temeram possam e devam ser refiguradas e postas de volta a serviço da vida e não da morte? Localizados na barriga do monstro – o Primeiro Mundo nos anos 1980 e seguintes –, como podemos desenvolver práticas de leitura e escrita, bem como outros tipos de trabalho político, para continuar a disputar as formas e significados materiais de natureza e experiência? Como poderia uma apreciação da natureza historicamente contingente, artefatual e construída dos símios, ciborgues e mulheres nos conduzir de uma realidade impossível, embora por demais presente, a uma realidade possível, mas por demais ausente em outro lugar? Como monstros, podemos demonstrar uma outra ordem de significação? Ciborgues pela sobrevivência da Terra!

PARTE UM

NATUREZA COMO SISTEMA DE PRODUÇÃO E REPRODUÇÃO

CAPÍTULO UM
SOCIOLOGIA ANIMAL E UMA ECONOMIA NATURAL DO CORPO POLÍTICO: UMA FISIOLOGIA POLÍTICA DA DOMINAÇÃO

> *Eu quero fazer algo muito importante. Como voar até o passado e consertá-lo.*
>
> MARGE PIERCY, *Uma mulher no limiar do tempo*

O conceito de corpo político não é novo. Imagens orgânicas elaboradas da sociedade humana foram ricamente desenvolvidas pelos gregos. Eles conceberam o cidadão, a cidade e o cosmos como se construídos de acordo com os mesmos princípios. Perceber o corpo político como um organismo, como fundamentalmente vivo e como parte de um organismo cósmico maior era essencial para eles (Collingwood, 1945). Ver grupos humanos como espelho das formas naturais continua a ser imaginativa e intelectualmente poderoso. Ao longo do período inicial da Revolução Industrial, um desenvolvimento particularmente importante da teoria do corpo político ligava a economia natural à política em muitos níveis. As teorias do mercado e da divisão de trabalho de Adam Smith como pontos-chave do pensamento econômico capitalista futuro, juntamente com a lei da relação entre população e recursos proposta por Thomas Malthus, simbolizam a junção de forças naturais e progresso econômico nos anos formativos do industrialismo capitalista. E a penetração da teoria evolucionista de Darwin nessa forma de economia política tem sido tema de considerável análise desde o século XIX (Young, 1969). Sem dúvida, o conceito evolucionista moderno de uma população como o grupo natural fundamental deve muito às ideias clássicas do corpo político, que, por sua vez, estão inseparavelmente entrelaçadas com as relações sociais de produção e reprodução.

A união entre o político e o fisiológico é o foco deste capítulo. Essa união tem sido fonte importante de justificativas antigas e modernas de dominação, especialmente da dominação baseada em diferenças vistas como naturais, dadas, inescapáveis e, portanto, morais. Tal união também tem sido transformada pelas ciências biocomportamentais de um jeito que, se pretendemos efetivamente trabalhar em prol de sociedades livres de dominação, precisamos entender. Não devemos subestimar o grau de profundidade da incorporação do princípio da dominação em nossas ciências naturais, especialmente nas disciplinas que procuram explicar grupos e comportamentos sociais. Ao nos esquivarmos da importância da dominação como parte da teoria e prática das ciências contemporâneas, passamos ao largo do exame crucial e difícil tanto do conteúdo quanto da função social da ciência. Nós deixamos que esse corpo de habilidade e conhecimento central e legitimador subverta nossos esforços, transformando-os em utópicos no pior sentido. Também não devemos aceitar com leveza a distinção perniciosa entre ciência pura e aplicada, entre uso e abuso da ciência, e mesmo entre natureza e cultura. Todas são versões de uma filosofia da ciência que explora a ruptura entre sujeito e objeto para justificar a ideologia dupla da objetividade científica firme e da mera subjetividade pessoal. Esse núcleo de conhecimento e prática antilibertação em nossas ciências funciona como importante apoio do controle social[1].

O reconhecimento desse fato tem sido uma importante contribuição das teóricas feministas. As mulheres sabem muito bem que o conhecimento das ciências naturais tem sido usado em prol dos interesses de nossa dominação, e não de nossa libertação, não obstante os propagandistas do controle de natalidade. Além disso, a exclusão geral da ciência só tornou a nossa exploração mais aguda. Nós aprendemos que tanto a exclusão quanto a exploração são fruto de nossa posição na divisão social do trabalho, e não de incapacidades naturais[2]. Mas se não subestimamos frequentemente o princípio da dominação das ciências, se ficamos menos estupefatas do que a maioria pelas afirmações da verdade isenta de valor feitas por cientistas à medida que as encontramos – por exemplo, no *marketplace* médico (Gordon, 1976; Reed, 1978) –, nós permitimos que a nossa distância da ciência e da tecnologia nos conduzisse a compreender mal o estatuto e a função do conhecimento natural. Aceitamos sem grandes explicações a ideologia liberal tradicional dos cientistas sociais no século XX, que mantém uma divisão profunda e necessária entre natureza e cultura e entre as formas de conhecimento que se relacionam a esses dois domínios presumidamente inconciliáveis. Permitimos que a teoria do corpo político fosse dividida de tal maneira que o conhecimento natural se reincorporasse discretamente nas técnicas do controle social em vez de ser transformado em ciências da libertação. Ao nos tornarmos antinaturais em nossa ideologia, desafiamos nossa atribuição tradicional ao estatuto de objetos naturais de uma maneira que deixa as ciências da vida intocadas pelas necessidades feministas[3]. Atribuímos à ciência o papel de um fetiche, um objeto que os seres humanos produzem apenas para esquecer o seu papel ao criá-lo, desconectada do jogo dialético dos seres humanos com o mundo ao redor na satisfação de necessidades sociais orgânicas. Cultuamos a ciência de modo perverso, como um fetiche reificado, de dois modos complementares: (1) ao rejeitar completamente a disciplina científica e técnica, desenvolvendo a teoria feminista social totalmente separada das ciências naturais; e (2) ao concordar que a "natureza" é nossa inimiga e que devemos controlar os nossos corpos "naturais" (através de técnicas fornecidas a nós pelas ciências biomédicas) a todo custo para entrar no reino sagrado do nosso corpo político cultural conforme ele é definido pelos teóricos liberais (e radicais) da política econômica em vez de defini-lo por nós mesmas. Esse corpo político cultural foi identificado claramente por Marx: o mercado que remodela todas as coisas e povos em *commodities*.

Um exemplo concreto pode ajudar a explicar o que eu vejo como a nossa incompreensão perigosa, um exemplo que nos leva de volta ao ponto de união do político com o fisiológico. Em *O mal-estar na civilização*, Freud (2010[1930]) desenvolveu uma teoria do corpo político que baseava o desenvolvimento social humano na dominação progressiva da natureza, particularmente das energias sexuais humanas. O sexo como perigo e como natureza são centrais ao sistema de Freud, que mais repete do que inicia a redução tradicional do corpo político a pontos de partida fisiológicos. O corpo político é, em primeira instância, visto como algo fundado nos indivíduos naturais cujos instintos devem ser conquistados para tornar possível o grupo cultural. Dois teóricos recentes neofreudianos e neomarxistas trabalharam ironicamente a posição de Freud de modos iluminadores para a tese deste ensaio: Norman O. Brown e Shulamith Firestone. Freud, Brown e Firestone são ferramentas úteis para dissecar as teorias dos órgãos políticos e fisiológicos do corpo político porque iniciam suas explicações com a sexualidade, acrescentam uma dinâmica de repressão cultural e então tentam libertar novamente o corpo pessoal e coletivo.

Brown (1966), em *Love's Body* [O corpo do amor], desenvolveu um elaborado jogo metafórico entre corpos individuais e políticos para demonstrar a estrutura extraordinariamente patriarcal e autoritária de nossas concepções e experiências de ambos. O falo, a cabeça; o corpo, o Estado; os irmãos, o destronamento rebelde da monarquia só para estabelecer a tirania do mercado liberal fraternal – esses são os temas de Brown. Se ao menos o pai fosse a cabeça, só os irmãos poderiam ser cidadãos. A única fuga da dominação que ele explorou foi através da fantasia e do êxtase, deixando o corpo político incontestado em sua supremacia masculina fundamental e em sua redução à dinâmica da repressão da natureza. Brown rejeitou a civilização (o corpo político) a fim de salvar o corpo; a solução foi necessária por sua aceitação radical do reducionismo sexual freudiano e a subsequente lógica da dominação. Ele transformou a natureza em um fetiche cultuado por um total retorno a ela (perversidade polimorfa) e traiu as possibilidades socialistas de uma teoria dialética do corpo político que não cultue nem rejeite a ciência natural, que se recuse a transformar a natureza e o conhecimento sobre ela em fetiche.

Firestone (1970), em *A dialética do sexo*, também encara as implicações da teoria biopolítica de Freud do patriarcado e da repressão, mas tenta transformá-la para produzir uma teoria feminista e socialista da libertação. Ela tem sido imensamente importante para as feministas nessa tarefa. Eu considero, contudo, que ela cometeu o mesmo erro que Brown, o da "redução fisiológica do corpo político ao sexo", que fundamentalmente bloqueia um socialismo libertador que não explore de modo fatalista as técnicas dadas pelas ciências (enquanto se desespera ao transformar seu conteúdo) nem rejeite totalmente um conhecimento técnico ao considerá-lo fantasia. Firestone localizou a falha na posição das mulheres no corpo político em nossos próprios corpos, em nossa subserviência às exigências orgânicas da reprodução. Nesse sentido crítico, ela aceitou o materialismo histórico baseado na reprodução e perdeu a possibilidade de uma teoria feminista-socialista do corpo político que não visse os nossos corpos pessoais como o inimigo último. Nesse passo, ela se preparou para a lógica da dominação da tecnologia – o controle total dos corpos agora alienados e um futuro determinado pela máquina. Ela cometeu o erro básico de reduzir as relações sociais a objetos naturais, com a consequência lógica de ver o controle técnico como uma solução. E certamente não subestimou o princípio da dominação nas ciências biocomportamentais, mas compreendeu mal o status do conhecimento e da prática da ciência. Isto é, ela aceitou que há objetos naturais (corpos) separados de relações sociais. Nesse contexto, a libertação permanece sujeita a um determinismo supostamente natural, que somente pode ser evitado em uma lógica crescente de contradominação.

Penso que seja possível construir uma teoria socialista-feminista do corpo político que evite o reducionismo fisiológico em suas duas formas: (1) a capitulação às teorias do determinismo biológico de nossa posição social; e (2) a adoção da ideologia basicamente capitalista da cultura contra a natureza, negando assim nossa responsabilidade em reconstruir as ciências da vida. Entendo que humanismo marxista significa que a posição fundamental do ser humano no mundo é sua relação dialética com o mundo que o rodeia, envolvendo a satisfação das necessidades e, portanto, a criação de valores de uso. O processo do trabalho constitui a condição humana fundamental. Através do trabalho, nós, individual e coletivamente, nos colocamos em uma interação constante com tudo que ainda não foi humanizado. Nem nossos corpos pessoais nem nossos corpos sociais podem ser vistos como naturais, no sentido de existentes fora do processo autocriador chamado trabalho humano. O que nós experimentamos e teorizamos como natureza e como cultura é transformado pelo nosso trabalho. Tudo que tocamos e, portanto, conhecemos, incluindo nossos corpos orgânicos e sociais, torna-se possível a nós através do trabalho. Dessa forma, a cultura não domina a natureza, nem a natureza é um inimigo. A dialética não deve ser tornada uma dinâmica da dominação crescente[4]. Essa posição, um materialismo histórico baseado na produção, contrasta de modo fundamental com o ironicamente nomeado materialismo histórico baseado na reprodução, que eu tentei esboçar anteriormente.

Uma área das ciências biocomportamentais tem sido excepcionalmente importante na construção de teorias opressoras do corpo político: a sociologia animal, ou a ciência dos grupos animais. Uma história crítica da política fisiológica baseada na dominação que tem sido central na sociologia animal é importante para reapropriar as ciências biossociais em direção a novas teorias e práticas. As ciências biossociais não foram simplesmente espelhos sexistas de nosso próprio mundo social. Elas também foram instrumentos na reprodução desse mundo, tanto ao fornecer ideologias legitimadoras quanto ao aumentar o poder material. Há três razões principais para enfocar a ciência dos grupos animais, especialmente primatas.

Em primeiro lugar, seus temas e procedimentos se desenvolveram abarcando a divisão natureza-cultura precisamente ao mesmo tempo na história intelectual americana, entre 1920 e 1940, quando a ideologia da autonomia das ciências sociais havia enfim ganhado aceitação, ou seja, quando a teoria liberal da sociedade (baseada no funcionalismo e nas teorias de sistemas hierárquicos) estava se estabelecendo nas universidades. O projeto de engenharia humana, isto é, o projeto de design e gerenciamento do material humano para o funcionamento eficiente e racional em uma sociedade ordenada cientificamente, era intrínseco às novas relações liberais das disciplinas naturais e sociais. Os animais exerciam papel importante nesse projeto. Por um lado, eles eram um material plástico cru de conhecimento, sujeitos à disciplina exata do laboratório. Eles poderiam ser usados para construir e testar sistemas-modelo para a fisiologia e a política humanas. Um sistema-modelo, por exemplo, da fisiologia menstrual ou dos processos de socialização não necessariamente implicava em reducionismo. Era precisamente a redução direta das ciências humanas às naturais que o novo ordenamento naturalista pós-evolucionista, pós-spenceriano, proibia. As ciências da administração dos anos 1930 e seguintes têm sido bastante estritas nesse ponto. É parte da clivagem natureza-cultura. Por outro lado, os animais continuaram a ter um estatuto especial como objetos naturais que podem mostrar às pessoas suas origens, e, portanto, sua essência pré-racional, pré-administração, pré-cultural. Ou seja, os animais têm sido preocupantemente ambíguos em seu lugar na doutrina da autonomia das ciências humanas e naturais. Assim, apesar das pretensões da antropologia de ser capaz de entender os seres humanos somente através do conceito de cultura, e as da sociologia de não requerer nada senão a ideia do grupo social humano, as sociedades animais têm sido extensivamente empregadas na racionalização e naturalização das ordens opressoras de dominação no corpo político humano[5]. Elas forneceram o ponto de união entre o fisiológico e o político para os teóricos liberais modernos, enquanto eles continuam a aceitar a ideologia da clivagem entre natureza e cultura.

Em segundo lugar, a sociologia animal tem sido central tanto no desenvolvimento da mais completa naturalização da divisão patriarcal da autoridade no corpo político quanto na redução desse corpo à fisiologia sexual. Assim, essa é uma área das ciências naturais que precisamos compreender inteiramente e transformar completamente para produzir uma ciência que possa expressar as relações sociais de libertação sem cometer o erro marxista vulgar de derivar diretamente a substância do conhecimento das condições materiais. Precisamos entender como e por que os grupos animais têm sido usados em teorias da origem evolucionista dos seres humanos, de "doença mental", da base natural da cooperação e competição cultural da linguagem e outras formas de comunicação, da tecnologia e especialmente da origem e do papel das formas humanas de sexo e família. Em resumo, precisamos conhecer a ciência animal do corpo político tal como foi e como pode ser[6]. Acredito que o resultado de uma ciência libertadora dos grupos animais poderia exprimir melhor também quem são os animais; podemos libertar a natureza ao nos libertarmos.

Em terceiro lugar, os níveis em que a dominação formou um princípio analítico na sociologia animal permitem uma crítica da inserção de um princípio analítico no conteúdo e de procedimentos básicos de uma ciência natural de modo que se exponham as falácias da reivindicação da objetividade, mas não de modo que se possibilite a rejeição precipitada da disciplina científica em nosso conhecimento dos animais. Não podemos desconsiderar as camadas de dominação na ciência dos grupos animais como um filme de viés ou ideologia desagradáveis que pode ser removido dos estratos objetivos saudáveis do conhecimento debaixo dele. Também não podemos pensar qualquer coisa que queiramos sobre os animais e seus significados para nós. Ficamos face a face com a necessidade de uma compreensão dialética do trabalho da ciência em produzir para nós o nosso conhecimento de natureza.

Vou restringir minha análise principalmente a alguns anos em torno da Segunda Guerra Mundial e trabalhar com um único grupo de animais – os primatas, em particular o macaco reso, nativo da Ásia, mas presente aos montes em laboratórios científicos e estações de pesquisa pelo mundo. Vou me concentrar principalmente no trabalho de uma pessoa, Clarence Ray Carpenter, que ajudou a fundar a primeira grande estação de pesquisa para macacos de criação livre como parte da escola de medicina tropical afiliada à Universidade de Columbia em Porto Rico, na pequena ilha de Cayo Santiago, no fim dos anos 1930. Esses macacos e seus descendentes têm sido atores centrais em reconstruções dramáticas da sociedade natural. Sua afiliação com a medicina tropical em uma propriedade neocolonial dos Estados Unidos, que tem sido usada tão extensivamente como uma estação experimental de políticas de gerenciamento de fertilidade capitalistas, acrescenta um pano de fundo irônico apropriado ao nosso assunto.

Homens como Carpenter frequentavam um mundo científico complexo no qual seria incorreto categorizar a maioria dos indivíduos ou teorias como sexistas ou coisa do tipo. Não é para atribuir rótulos simplistas, mas para desenrolar as estruturas teóricas e sociais específicas de uma área das ciências da vida, que precisamos examinar as interconexões entre chefes de laboratório, estudantes, agência de fomento, estações de pesquisa, designs experimentais e configuração histórica. Carpenter obteve seu doutorado em Stanford com um estudo dos efeitos no comportamento sexual da remoção das gônadas de pombos em pares acasalados. Ele recebeu então uma bolsa do Conselho de Pesquisa Nacional em 1931 para estudar o comportamento social dos primatas sob a supervisão de Robert M. Yerkes, dos laboratórios de psicobiologia comparativa da Universidade de Yale. Yerkes havia estabelecido recentemente a primeira grande instituição de pesquisa para o estudo psicobiológico de grandes primatas antropoides no mundo. Para Yerkes, os grandes primatas seriam modelos perfeitos do ser humano. Eles exerciam papel fundamental em seu senso de missão de promover o gerenciamento científico de cada fase da sociedade, uma ideia típica de sua geração.

> Sempre foi uma característica do uso do chimpanzé como animal experimental moldá-lo à especificação de forma inteligente em vez de tentar preservar suas características naturais. Nós acreditamos que, tanto quanto for possível, é importante converter o animal em um objeto ou cobaia quase ideal para a pesquisa. E com essa intenção foi associada a esperança de que o sucesso eventual poderia servir como uma demonstração efetiva da possibilidade de recriar o próprio homem na imagem de um ideal de modo geral aceitável (Yerkes, 1943, p. 10).[7]

Assim, ele projetou os primatas como objetos específicos em relação a seu ideal de progresso humano através da engenharia humana.

Yerkes estava interessado nos grandes primatas em dois sentidos principais – sua inteligência e sua vida social-sexual. Para ele, a inteligência era a expressão perfeita da posição evolutiva. Ele via cada objeto vivo em termos do extraordinário problema da psicologia comparativa experimental nos Estados Unidos desde seu início até os anos 1900: o teste de inteligência. Qualidades individuais, de raça e de espécie estavam fundamentalmente ligadas ao índice central de inteligência, revelado, por um lado, através de teste comportamental e, por outro, através das ciências neurais. Ele havia projetado os testes de inteligência militares administrados aos recrutas da Primeira Guerra Mundial, testes que se acreditava serem capazes de fornecer uma base racional para atribuição e promoção, de indicar méritos naturais adequados aos homens em comando (Yerkes, 1920; Kevles, 1968)[8]. Seu papel na guerra foi totalmente compatível com seu papel de empreendedor nos estudos de primatas. Em ambos os casos, ele via a si mesmo e a seus colegas cientistas como pessoas trabalhando para fomentar uma sociedade racional baseada na ciência e resguardada da antiga ignorância, incorporada especialmente na religião e na política.

A vida social-sexual dos primatas era, para Yerkes, completamente entrelaçada com a inteligência desses animais. A mente deveria ordenar e reger as funções inferiores a fim de criar a sociedade. Em um estudo clássico da origem do corpo político, Yerkes (1939) observou que as chimpanzés que eram sexualmente receptivas recebiam permissão dos machos dominantes de ter alimento e "privilégios" aos quais elas normalmente não teriam acesso. A inteligência primata permitia que estados sexuais estimulassem o nascimento dos conceitos humanos de privilégio e direito social. O reducionismo sexual dificilmente precisa de ênfase. Seu estudo vinculando sexo a poder é típico dos trabalhos dos anos 1930 e muito pouco diferente de muito do que se faz até os dias de hoje.

Numa crítica feminista inicial, Ruth Herschberger (1948) maravilhosamente imaginou a perspectiva de Josie, a chimpanzé cuja vida psicossexual era objeto de grande atenção de Yerkes. Josie não parecia ter visto seu mundo em termos de trocar sexo por "privilégio", mas para Yerkes a hipótese dessa ligação econômica entre fisiologia e política encontrar-se na base da civilização parecia ter tido confirmação científica.

Além da investigação direta do comportamento fisiológico sexual e social nos parentes mais próximos dos seres humanos, Yerkes exercia, juntamente com seus colegas, uma influência tremenda na direção geral do estudo científico do sexo nos Estados Unidos. Por 25 anos ele foi o presidente do Comitê de Pesquisa sobre Problemas do Sexo (CRPS), do Conselho de Pesquisa Nacional, financiado pela Fundação Rockefeller. Esse comitê, desde 1922 até bem depois da Segunda Guerra Mundial, quando o financiamento federal tornou-se amplamente disponível para a ciência, forneceu a base financeira para a transformação do sexo humano em problema científico. Pesquisas fundamentais sobre hormônios e comportamento, diferenças relacionadas ao sexo em qualidades mentais e emocionais, felicidade marital e, finalmente, os estudos de Kinsey – todos foram financiados pelo CRPS. Tais pesquisas tiveram um papel preponderante em abrir os tópicos sexuais a discussões educadas e investigação respeitável em uma era de indubitável ignorância e curiosidade invasiva sobre a vida íntima alheia[9].

Entretanto, a abertura foi uma faca de dois gumes; o comitê, com sua prática e expressões ideológicas, estruturava-se em muitos níveis de acordo com o princípio da primazia do sexo nos processos orgânicos e sociais. Tornar o sexo um problema científico também o tornou um objeto de terapia médica para todos os tipos de "doenças" sexuais, incluindo até mesmo a homossexualidade e os casamentos infelizes. As bases bioquímicas e fisiológicas das alegações terapêuticas fortaleceram imensamente o poder legitimador dos gerentes científicos sobre a vida das mulheres. O comitê fechou as válvulas de escape para os que rejeitavam o tipo de reducionismo sexual americano de Freud: tanto nas direções psicanalíticas quanto nas físico-químicas, o sexo estava em segurança sob os cuidados de dirigentes médico-científicos. Macacos e grandes primatas foram alistados para essa tarefa em papéis centrais; como objetos naturais desobscurecidos pela cultura, eles seriam capazes de demonstrar mais abertamente a base orgânica em relação à qual a cultura emergiu. Quase não se notou que esses "objetos naturais" foram projetados inteiramente de acordo com os sentidos de múltiplos níveis de um ideal de engenharia humana.

Carpenter chegou aos laboratórios de primatas de Yale já emaranhado na rede de financiamento e práticas representada pelo CRPS. Seu trabalho de doutorado havia sido financiado pelo comitê, seu estágio pós-doutoral recebeu financiamento basicamente pelos mesmos homens, e seu anfitrião, Yerkes, era a figura central em uma rede muito importante de pressupostos e práticas científicas. Essas redes científicas determinavam crucialmente quem fazia ciência e qual ciência era considerada boa. Haja vista sua educação, financiamento e ambiente social, havia poucos motivos para Carpenter rejeitar os pressupostos básicos que identificavam a reprodução e a dominância baseada no sexo com os princípios organizadores fundamentais de um corpo político natural. O que Carpenter acrescentou, contudo, foi significativo. Metodologicamente, ele estabeleceu a habilidade exigente de observação naturalista dos primatas selvagens em dois estudos de campo extraordinariamente cuidadosos, um sobre os bugios do Novo Mundo e um sobre os gibões asiáticos. Esses estudos são dignos de nota porque constituem, ao mesmo tempo, trabalhos de alto nível de excelência e reflexo cristalino das relações sociais baseadas na dominação no mundo humano dos cientistas[10]. Do ponto de vista teórico, Carpenter ligou as interpretações das disciplinas de laboratório da psicologia comparativa e da fisiologia sexual à biologia evolutiva e à biologia ecológica de campo centradas nos conceitos de população e comunidade. Em resumo, ele começou a ligar os elementos da economia política e natural de modos novos e importantes. A concepção clássica darwiniana da economia política natural das populações começou a ser integrada com as ciências fisiológicas e psicológicas que floresceram com força no início do século XX. A integração estaria completa somente após a Segunda Guerra Mundial, quando Sherwood Washburn e seus alunos transformaram a antropologia física e os estudos de primatas ao explorar sistematicamente o funcionalismo evolutivo da síntese neodarwiniana e o funcionalismo social da teoria da cultura de Bronislaw Malinowski.

Além de vincular os níveis de análise psicobiológica à teoria evolutiva moderna, Carpenter analisou os grupos de primatas com as ferramentas do início da teoria de sistemas, que estava ao mesmo tempo fornecendo a base técnica para a reivindicação de maturidade científica das ciências sociais fundamentadas em conceitos de cultura e grupo social. O funcionalismo social inicial de Carpenter – com todas as remanescentes conexões com uma psicologia comparativa mais antiga e com a fisiologia do desenvolvimento (embriologia experimental) – é crucial para examinar as cadeias de conexão da fisiologia à política, do animal ao humano. O próprio Carpenter não trabalhou sob a doutrina da autonomia das ciências naturais e sociais, tampouco permitiu a redução direta do social ao fisiológico e do humano ao animal. Ele elaborou ligações analíticas entre níveis que eram compartilhados tanto por partidários quanto por oponentes da distinção crucial natureza-cultura. De fato, sua sociologia primata é um referencial útil para começar a desenrolar as muitas variedades do funcionalismo que surgem no interior das ciências biológicas e sociais entre as duas guerras mundiais, todas baseadas em princípios de ordem hierárquica do corpo e do corpo político. As disciplinas funcionalistas subjazem a fortes ideologias de controle social e técnicas de gerenciamento médico, educacional e industrial.

Uma única manipulação experimental representa em miniatura todas as camadas de significância do princípio da dominação no trabalho seminal de Carpenter sobre o corpo político animal. Em 1938, ele coletou cerca de quatrocentos macacos resos na Ásia e os libertou em Cayo Santiago. Depois de um período de caos social, eles se organizaram em seis grupos contendo ambos os sexos e de tamanhos que abrangiam três a 147 animais. Permitiu-se aos macacos que vagassem livremente pela ilha, de cerca de 150 mil metros quadrados, e que dividissem espaço e outros recursos com pouca interferência de fora. O primeiro grande estudo realizado sobre eles foi a respeito de seu comportamento sexual, incluindo a periodicidade dos cios, comportamentos homossexuais, autoeróticos e "não conformistas". As conclusões de Carpenter notaram que a dominância intragrupo pelos machos estava fortemente correlacionada com a atividade sexual, e, portanto, presumivelmente, com vantagem evolutiva. Todas as interpretações sexistas com as quais nos tornamos monotonamente familiarizados estavam presentes na análise do estudo, incluindo certos tipos de interpretação das atividades animais, tais como: "Fêmeas homossexuais que exercem papéis masculinos atacam fêmeas que exercem papéis femininos antes da formação da relação de consórcio fêmea-fêmea" (Carpenter, 1964, p. 339).

Em harmonia com a noção orientadora dos laços de sexo e dominância na organização fundamental dos grupos de macacos resos, Carpenter realizou o que, superficialmente, é um experimento muito simples, mas que representa todo o complexo de explicações matizadas do corpo político natural, do fisiológico ao político. Depois de observar o grupo não perturbado por uma semana como grupo de controle, ele removeu do grupo o macho alfa (animal considerado mais dominante com base no acesso prioritário a comida e sexo, entre outros) de nome Diablo. Carpenter, então, observou os animais restantes por uma semana, removeu o macho número dois, esperou mais uma semana, removeu o macho número três, esperou, recolocou os três machos no grupo e continuou a observar o comportamento social. Ele percebeu que a remoção de Diablo resultou em restrição imediata do alcance territorial do grupo na ilha com relação a outros grupos. A ordem social foi seriamente perturbada. "A organização do grupo tornou-se mais fluida e houve um aumento de *conflitos intragrupo* e brigas [...]. Depois de uma desregulação que durou três semanas, o grupo foi subitamente reestruturado quando os machos dominantes foram soltos" (1964, p. 362). A ordem social foi restaurada, e o grupo recobrou sua posição favorável anterior com relação aos outros grupos.

De imediato, diversas questões surgem. Por que Carpenter não usou como grupo de controle a remoção do grupo de outros machos que não os dominantes para testar sua hipótese de organização a respeito da fonte da ordem social? Ele expressamente removeu a hipotética cabeça do corpo animal coletivo. O que tal experimento de campo, essa decapitação, significou para Carpenter?

Primeiro, ele deve ser examinado num nível fisiológico. Carpenter confiou em conceitos biológicos para entender corpos sociais. Ele partiu de teorias do desenvolvimento embriológico que tentavam explicar a formação de animais complexos inteiros a partir de material inicial de óvulos fertilizados. Uma importante teoria embriológica usava o conceito de campos organizados por eixos de atividade chamados de gradientes de dominância. Um campo era um todo espacial formado pela interação complexa de gradientes. Nessa teoria, um gradiente era concebido como algo que consistia de uma série ordenada de processos de níveis baixo a alto de atividade, mensurados, por exemplo, pelo consumo diferencial de oxigênio. Note-se que, no nível básico, a dominância era concebida como uma propriedade puramente fisiológica que podia ser medida objetivamente. A inclinação de um gradiente poderia ser leve ou elevada. Muitos gradientes constituindo um campo poderiam se organizar em torno de um eixo principal de grande inclinação, o centro de organização. Um organismo crescia em complexidade através da multiplicação integrada de sistemas de dominância. Um sistema experimental apropriado à fisiologia do desenvolvimento e projetado para testar as teorias de campos, gradientes, dominância fisiológica e centros de organização era a hidra-comum. Ela tinha somente um eixo ou gradiente possível: da cabeça à cauda. Alguém poderia cortar a cabeça do pólipo, observar a desorganização temporária do tecido restante e ver, por fim, o restabelecimento de uma nova cabeça a partir do conjunto das células que "competiam" fisiologicamente. Além disso, alguém poderia remover muito ou pouco da porção da cabeça do gradiente de atividade e testar o remanescente da desorganização orgânica que se seguia[11].

Carpenter concebeu o espaço social como se fosse o espaço orgânico de um organismo em desenvolvimento, e assim buscou gradientes que organizavam o campo social através do tempo. E ele encontrou esse gradiente fisiológico de atividade na hierarquia de dominância dos machos do grupo social. Ele realizou os experimentos de base teórica da remoção da cabeça e "observou" a competição fisiológica decorrente entre células ou órgãos (isto é, outros pontos – animais – no gradiente atividade-dominância) para restabelecer um centro de organização principal (atingir o estatuto de macho alfa) e restaurar a harmonia social. Diversas consequências decorrem dessas identificações.

A princípio, outros grupos de animais na sociedade também podem ser ordenados no eixo de atividade. Descobriu-se que fêmeas, por exemplo, têm uma hierarquia de dominância de menor inclinação ou de elevação mais leve. Animais mais jovens tinham gradientes de dominância instáveis. A observação subjacente a essa interpretação era a de que o comportamento de dominação ordinário não poderia ser observado com confiabilidade e que animais imaturos não mostravam relações de dominância constantes com os outros. Conforme "observações" não vistas passaram a ser evidência tão importante quanto as vistas, um conceito de dominância latente prontamente se seguiu. Desse ponto em diante, estamos a apenas um passo dos julgamentos sobre a quantidade de dominância que funciona para organizar o espaço social (chame-se de liderança de quantidade) e a quantidade que causa perturbação social (chame-se de agressão patológica). Ao longo do período em torno da Segunda Guerra Mundial, foram abundantes os estudos semelhantes sobre a personalidade autoritária em seres humanos; a verdadeira ordem social deveria repousar sobre um balanço de dominância, interpretada como a fundação da cooperação. A agressão competitiva tornou-se a principal forma que organizava outras formas de integração social. Longe de competição e cooperação serem opostos mútuos, aquela é precondição desta – em termos fisiológicos. Se as regiões mais ativas (dominantes) – os centros de organização – de um organismo forem removidas, outros sistemas de gradientes competem para restabelecer a ordem orgânica: um período de lutas e fluidez se segue dentro do corpo político. O ponto principal é que, sem uma hierarquia de dominância organizadora, a ordem social supostamente parece se degradar em competição individualista e improdutiva. O experimento de controle da remoção de animais que não fossem os machos dominantes não foi realizado porque não fazia sentido dentro de todo o complexo da teoria, de analogias com organismos individuais e pressupostos não examinados.

Os estudos de personalidade autoritária nos trazem ao segundo nível explicativo do corpo político implícito no experimento de Carpenter: o psicológico. A ideia de uma hierarquia da dominância tinha sido derivada em primeira instância do estudo da *pecking order* em frangos domésticos e outras aves iniciado pelo norueguês Thorleif Schjelderup-Ebbe (1935) já desde 1913, mas não incorporada na psicologia comparativa americana de forma muito importante até os anos 1930. A sociologia e a psicologia animais, assim como os ramos humanos dessas disciplinas, puseram então grande ênfase nas ideias de competição e cooperação. A sociedade era derivada de interações complexas de pares de indivíduos, entendida e mensurada por técnicas psicológicas que constituíam o espaço de campo social. Procurava-se por eixos de dominância como princípios organizadores tanto no nível fisiológico quanto no psicológico.

O terceiro e último nível implícito na manipulação de Carpenter é o da economia política natural. O grupo que fica sem seu macho alfa perde na disputa competitiva com as outras sociedades orgânicas organizadas. O resultado se reflete em menos alimento, maior mortalidade infantil, menos descendentes e, desse modo, em desvantagem evolutiva ou até mesmo extinção. A competição de mercado implícita na teoria evolutiva orgânica vem à tona aqui. A teoria da função da dominância masculina combina satisfatoriamente o aspecto de economia política do estudo do comportamento e evolução animal (modelo competitivo, de divisão de trabalho e alocação de recursos) com o aspecto de integração social (de coordenação cooperativa a liderança e posição social) e com as compreensões puramente fisiológicas de fenômenos reprodutivos e embriológicos.

As três perspectivas vinculam modelos sociais de equilíbrio funcionalista – estabelecidos nas ciências sociais do período – a preocupações políticas e ideológicas explícitas com competição e cooperação (nas dificuldades com trabalho, por exemplo). Uma vez que as sociedades animais são vistas como se tivessem, de forma mais simples, todas as características das sociedades e culturas humanas, pode-se legitimamente aprender com elas a base da comunidade supostamente natural e integrada da humanidade. Um personagem do mesmo período, Elton Mayo (1933) – influente industrial, opositor dos movimentos sindicais e psicólogo-sociólogo de Harvard –, chamou tal comunidade de "Jardim da Indústria"[12].

O princípio político da dominação foi aqui transformado no princípio científico legítimo da dominação como uma propriedade natural com base físico-química.

Manipulações, conceitos, princípios organizacionais – toda a amplitude das ferramentas da ciência – devem ser vistos como se houvessem sido penetrados pelo princípio da dominação. A ciência não pode ser reivindicada para propósitos de libertação somente através da mera reinterpretação das observações ou da mudança na terminologia, de toda forma um exercício ideológico crasso, que nega uma interação dialética com os animais no projeto da autocriação pelo trabalho científico. Mas o difícil processo de refazer as ciências biossociais e biocomportamentais para a libertação já começou. Não surpreendentemente, um dos primeiros passos foi o de alterar o foco dos primatas como modelos de seres humanos para um olhar mais profundo dirigido aos animais em si mesmos – como eles vivem e se relacionam com seus ambientes de diversas formas que pouco têm a ver conosco e que certamente reformarão nosso sentido de relação com a natureza em nossas teorias do corpo político. Essas teorias e práticas científicas "revisionistas" merecem atenção séria. Dentre elas, as perspectivas "feministas" na antropologia física e primatologia enfatizaram princípios de organização para corpos e sociedades que não dependem de hierarquias de dominância. Estruturas de dominância ainda são vistas e examinadas, mas deixam de ser usadas como explicações causais de organização funcional. Em lugar disso, os revisionistas têm enfatizado grupos matrifocais, cooperação social de longo prazo em vez de agressão espetacular de curto prazo, processos flexíveis em vez de estrutura estrita e assim por diante. As dificuldades científicas e ideológicas são complexas; o trabalho emergente é controverso na justa medida.

Em nossa busca por uma compreensão do corpo político feminino, precisamos da disciplina das ciências naturais e sociais, assim como de todas as formas criativas de teoria e prática. Essas ciências terão funções libertadoras conforme nós as construirmos sobre relações sociais não baseadas em dominação. Um corolário desse requisito é a rejeição de todas as formas das reivindicações ideológicas de pura objetividade enraizadas na clivagem sujeito-objeto que legitimou nossa lógica de dominação da natureza e de nós mesmos. Se nossa experiência é a da dominação, nós iremos teorizar nossas vidas de acordo com princípios de dominância. À medida que transformamos as fundações de nossas vidas, saberemos como construir ciências naturais para sustentar novas relações com o mundo. Nós, como Dawn em *Uma mulher no limiar do tempo*, de Marge Piercy, queremos voar em direção à natureza, bem como em direção ao passado, para fazer com que eles deem certo. Mas as ciências são expressões coletivas e não podem ser refeitas individualmente. Como Luciente e Hawk no mesmo romance, as feministas têm sido claras ao dizer que "ninguém pode *fazer* as coisas darem certo"; que "não é ruim querer ajudar, querer trabalhar, capturar a história [...] mas querer fazer sozinho é menos bom. Entregar a história para alguém como um bolo que você assou" (Piercy, 1976, pp. 188-9).

CAPÍTULO DOIS
O PASSADO É A ZONA CONTESTADA:
NATUREZA HUMANA E TEORIAS DA
PRODUÇÃO E REPRODUÇÃO NOS ESTUDOS
DO COMPORTAMENTO PRIMATA

As pessoas gostam de olhar para os animais e até mesmo de aprender com eles sobre os seres humanos e a sociedade humana. As pessoas no século XX não foram exceção. Nós encontramos os temas da América moderna refletidos em detalhes nos corpos e almas dos animais. Polimos um espelho animal para procurar a nós mesmos. O foco das ciências biológicas nos macacos e grandes primatas tem procurado visibilizar tanto a forma quanto a história de nossos corpos sociais e pessoais. A biologia tem sido preeminentemente uma ciência do modelo visível, a dissecação da forma visível e a aceitação e a construção da ordem visível. A ciência dos primatas não humanos – primatologia – pode ser uma fonte de *insight* ou de ilusão. O problema repousa em nossa habilidade em construir espelhos.

A primatologia tem enfocado dois temas principais na interpretação da significância dos animais para se entender a vida humana – sexo e economia, reprodução e produção. As transições cruciais de uma economia natural a uma economia política e dos grupos sociais biológicos à ordem das categorias humanas de parentesco e sistemas de troca têm sido preocupações básicas. Essas são questões antigas que têm relações complexas com as dimensões técnicas e ideológicas da ciência biossocial. Nossas compreensões da reprodução e da produção apresentam possibilidades ambíguas. Por um lado, podemos reforçar nossa visão da necessidade natural e cultural da dominação; por outro, podemos aprender a praticar nossas ciências com a finalidade de mostrar mais claramente as possibilidades agora fragmentárias de produzir e reproduzir nossas vidas sem a confiança excessiva nas categorias teóricas e práticas concretas de controle e inimizade.

Teorias da sociedade animal e humana baseadas em sexo e reprodução têm sido poderosas legitimadoras de crenças na necessidade natural da agressão, competição e hierarquia. Nos anos 1920, a primatologia começou a alegar que todos os primatas diferiam dos outros mamíferos na natureza de sua fisiologia reprodutiva: os primatas têm ciclos menstruais. Afirmava-se que tal fisiologia estava carregada de consequências, geralmente expressas no "fato" inspirador de fantasias da "receptividade" feminina constante. Talvez, como muitos pensavam e alguns esperavam, a chave para a sociabilidade extraordinária da ordem primata repousasse em uma fundação sexual da sociedade, em uma família baseada nas glândulas e nos genes. O parentesco natural era então visto como algo transformado pelas categorias especificamente humanas e mediadas pela linguagem, que forneciam ordem racional para a natureza no nascimento da cultura. Através da classificação pela nomeação, pela criação de tipos, a cultura seria então a dominação lógica de uma natureza necessária, porém instintivamente perigosa. Talvez os seres humanos tivessem encontrado, nas categorias de parentesco (*kinship*), a chave para o controle do sexo, fonte e ameaça para todos os tipos de ordem. Nós aprendemos que, ao nomear nossa espécie (*kind*), poderíamos controlar nosso parentesco (*kin*). Só mais recentemente e de forma ainda incipiente os primatólogos começaram a questionar seriamente se esse tipos de explicação para natureza e cultura são realmente indispensáveis.

Teorias biossociais com foco na produção baseiam-se em uma premissa fundamental: a humanidade é *self-made* no sentido mais literal. Nossos corpos são o produto da adaptação para o uso de ferramentas que data de antes do gênero *Homo*. Nós determinamos ativamente o nosso design através de ferramentas que intermedeiam as relações do humano com a natureza. Essa condição de nossa existência pode ser visualizada de dois modos contraditórios. Olhando para as próprias ferramentas, podemos nos esquecer de que elas apenas medeiam nosso trabalho. Dessa perspectiva, vemos nossos cérebros e nossos outros produtos nos impelindo em um curso histórico de dominação técnica crescente; isto é, construímos uma relação alienada com a natureza. Enxergamos nosso edifício histórico específico tanto como natureza humana inevitável quanto como necessidade técnica. Essa lógica leva à superioridade da máquina e seus produtos e garante a obsolescência do corpo e a legitimidade da engenharia humana. Ou então podemos focar nos próprios processos de trabalho e reconstruir nosso sentido de natureza, de origens e do passado de tal modo que o futuro humano esteja em nossas mãos. Podemos retornar da ferramenta ao corpo, em suas formas pessoais e sociais. Este capítulo versa sobre os esforços para conhecer o corpo nas condições biossociais da produção e da reprodução. Nossos corpos, nós mesmos.

Mais particularmente, este capítulo trata do debate iniciado aproximadamente em 1930 nos estudos de primatas e na antropologia física sobre a natureza humana – nos corpos masculinos e femininos. O debate tem sido delimitado pelas regras do discurso científico ordinário. Essa esfera altamente regulada abre espaço para artigos técnicos, solicitações de financiamento, redes informais de estudantes, professores e laboratórios, simpósios oficiais para promover métodos e interpretações e, finalmente, livros didáticos para desenvolver novos cientistas. A esfera considerada neste capítulo não abre espaço para amadores e intrusos. Considera-se uma das características peculiares da ciência a de que, conhecendo as regularidades e processos passados, podemos predizer eventos e, dessa forma, controlá-los. Isto é, com nossas ciências – formas históricas e disciplinadas de teorizar a respeito de nossas experiências – nós compreendemos e construímos nosso lugar no mundo e desenvolvemos estratégias para remodelar o futuro.

E como o feminismo, uma posição política sobre o amor e o poder, pode ter algo a ver com a ciência como eu a descrevi? Sugiro que o feminismo pode partir de uma visão básica da teoria crítica. O ponto de partida da teoria crítica – como a aprendemos a partir de Marx, da escola de Frankfurt e outros – é o de que os meios econômicos e sociais da libertação humana estão a nosso alcance. Entretanto, nós continuamos a viver relações de dominação e escassez. Existe a possibilidade de subverter essa ordem de coisas. O estudo dessa contradição pode ser aplicado a todo o nosso conhecimento, incluindo a ciência natural. A tradição crítica insiste que analisemos as relações de dominância na consciência assim como os interesses materiais, que vejamos a dominação como algo derivado da teoria, não da natureza. Uma história feminista da ciência, que precisa ser uma realização coletiva, poderia examinar essa parte da ciência biossocial em que nossa biologia que se pretende evolutiva é traçada e padrões de ordem baseados em dominação supostamente inevitáveis são legitimados. Tal exame deveria jogar seriamente com a rica ambiguidade e com as possibilidades metafóricas das palavras, tanto técnicas quanto ordinárias. As feministas reapropriam a ciência para descobrir e para definir o que é "natural" para nós[1]. Um passado e um futuro humanos poderiam ser colocados em nossas mãos. Essa abordagem da ciência declaradamente interessada promete levar a sério as regras do discurso científico sem cultuar o fetiche da objetividade científica.

Meu foco recairá sobre quatro conjuntos de teorias que enfatizam as categorias da reprodução e da produção na rede emaranhada da reconstrução da natureza e evolução humanas. O primeiro, centrado na reprodução, é o trabalho de *Sir* Solly Zuckerman. Nascido em 1904 na África do Sul, estudou anatomia na Universidade da Cidade do Cabo e graduou-se em medicina no hospital da University College London (UCL). Ele combinou de forma complexa e esclarecedora interesses de pesquisa sobre paleontologia humana e antropologia física, fisiologia reprodutiva e ciclo menstrual de primatas, bem como amplas questões zoológicas e taxonômicas focadas em primatas. Sua base social incluía jardins zoológicos e laboratórios de pesquisa nas universidades e faculdades de medicina britânicas; seu treinamento e carreira refletem as intersecções das perspectivas de um anatomista, bioquímico, antropólogo, clínico, administrador e conselheiro científico do governo[2]. Ele foi o arquiteto da teoria extremamente influente de que a fisiologia sexual é a fundação da ordem social primata. Também ofereceu uma variação da teoria da origem da cultura humana na adaptação à caça, que delineava as consequências cruciais para a divisão de trabalho por sexo e a instituição universal da família humana. Ao concentrar-se na biologia sexual dos macacos, Zuckerman construiu uma lógica para estabelecer as fronteiras da natureza humana. Com efeito, ele alegava que o único universal para todos os primatas é o ciclo menstrual. É, portanto, somente nessa base que podemos fazer comparações válidas entre modos de vida humanos e não humanos.

Um segundo conjunto de teorias que enfatizam a reprodução é o de Thelma Rowell, agora na Universidade da Califórnia em Berkeley. Ela obtete seu doutorado no início dos anos 1960 sob orientação de Robert Hinde, de Cambridge, o homem que também orientou a tese de Jane Goodall sobre chimpanzés. Esse período viu o início de uma aceleração ainda contínua nas publicações baseadas em observações de campo de longa duração de primatas selvagens. A formação de Rowell foi em zoologia e etologia. Sua intenção inicial foi escrever uma dissertação sobre comunicação de mamíferos (hamsters) utilizando a abordagem etológica elaborada particularmente por Niko Tinbergen em Oxford. Como Tinbergen à época considerou que a metodologia era inapropriada para a comunicação social não estereotípica de mamíferos, Rowell desenvolveu suas ideias em Cambridge com Hinde, figura importante para a síntese da psicologia comparativa americana com a etologia continental. A pesquisa de Rowell (1966a, 1966b, 1970), que fez uso das duas tradições, lidava com a comunicação dos primatas, com o ciclo menstrual dos babuínos, com a comparação entre o comportamento naturalístico dos macacos e seu comportamento em cativeiro e em situações experimentais em laboratório, e com os sistemas de socialização mãe-filhote. Crítica ferrenha do conceito generalizado de dominância, ela tornou o papel social e o estresse suas preocupações teóricas predominantes.

Contudo, Zuckerman e Rowell, que são muito diferentes, adotam variedades do funcionalismo biológico e sociológico que põem limites nas explicações permitidas do corpo e do corpo político. O mais importante é o requisito funcionalista de uma explicação última em termos de equilíbrio, estabilidade, balanço. O funcionalismo se desenvolveu sobre uma fundação de metáforas de organismos em que partes fisiológicas diversas, ou subsistemas, são coordenados em um todo hierárquico e harmonioso. O conflito é subordinado a uma teleologia dos interesses comuns[3]. As explicações de Zuckerman e de Rowell também refletem as preocupações ideológicas de suas sociedades de modos complexos, que podem instruir os esforços feministas para lidar com as teorias biológicas e sociais.

O terceiro e o quarto conjuntos de teorias são reconstruções da evolução humana. Ambos afirmam revelar o significado das adaptações cruciais e focam a produção. Eles veem adaptação como um conceito relacionado com a interpretação de complexos funcionais, de modos de vida nos quais o comportamento e a estrutura se informam mutuamente. Se tanto Zuckerman quanto Rowell se restringem a falar (quase) só de macacos, Sherwood Washburn, da Universidade da Califórnia em Berkeley, sua ex-aluna Adrienne Zihlman e sua colega na Universidade da Califórnia em Santa Cruz, Nancy Tanner, debatem a conexão entre a antropologia física e a social. Narrando histórias científicas sobre a natureza humana, eles não se incomodam com o lugar da reconstrução especulativa no estudo da evolução. Não pode haver meios de esconder-se atrás das explicações mecanicistas ou puramente estruturais na biologia e na antropologia. Mas, uma vez que a função ainda é preeminente, a abordagem científica resultante pode ser chamada de funcionalismo evolutivo.

A figura central no terceiro conjunto de teorias, Washburn, é mais imediatamente associada com a hipótese do "homem-caçador". Ele sustenta que a adaptação da caça foi o complexo funcional fundamental que estabeleceu as regras para quase toda a história do gênero *Homo* até um passado bastante recente. Ele também criou a teoria do uso de ferramentas como o motor da evolução do corpo humano, incluindo o cérebro e seu poder da linguagem. Sua visão influente da espécie *self--made* lhe rendeu elogios de feministas marxistas como Eleanor Leacock (1972) e feministas freudianas como Dorothy Dinnerstein (1977). Ele também tem sido considerado um arquivilão para esse grupo por causa da concentração excessiva nos machos como praticamente o único tipo ativo de ser humano. Washburn é, em minha opinião, mais complicado e mais importante do que essas abordagens revelam. Ao desenvolver a anatomia funcional como parte da teoria sintética da evolução e então ampliar a abordagem para o comportamento social dos primatas vivos, o que ele fez foi integrar uma sofisticada teoria genética, um campo disciplinado e uma metodologia experimental à prática da reconstrução evolutiva.

Autoras do quarto conjunto de teorias, Tanner e Zihlman produziram uma crítica excelente do sexismo científico de Washburn usando algumas de suas próprias ferramentas. Elas não poderiam ter pensado como pensam sem a antropologia física funcional que Washburn propôs. Tanner e Zihlman também acrescentaram um novo toque à reconstrução evolutiva científica feminista: o uso de conceitos sociobiológicos. O prazer e a ironia de sua abordagem consistem em que as ideias de algumas das teorias mais explicitamente sexistas foram alistadas para contar uma história diferente. Contudo, mesmo nesse nível, o debate feminista ainda é sobre a natureza e a existência de universais humanos. Teorias das origens rapidamente se tornaram teorias de essências e limites (ver figura 1).

Os anos 1930 foram uma década de avanço instigante no estudo da endocrinologia sexual. No início da década, Solly Zuckerman produziu uma teoria poderosa da base fisiológica da sociedade dos mamíferos em geral e da sociedade dos primatas em particular. Ele afirmou repetidamente que pretendia somente adotar uma perspectiva de zoólogo sobre a sociologia animal e evitar a extrapolação para o comportamento humano, cultural e mediado pela linguagem. No entanto, seu trabalho informou investigações sobre a origem da organização humana e o uso dos primatas em seu estudo. Ele forneceu ao conceito de dominância uma legitimação científica atualizada; por exemplo, conectando-a a uma nova endocrinologia. A dominância estava ligada muito de perto, em sua teoria, à competição masculina pelo controle dos recursos (fêmeas). As fêmeas então surgiram como material bruto natural para a imposição da ordem masculina através das consequências da fisiologia reprodutiva. A inovação humana foi a prática do controle da economia fisiológica natural. Em resumo, a dominação trocou de nível com a cultura.

FIGURA 1: RELAÇÃO DOS PRINCIPAIS ELEMENTOS

Foco na reprodução		Foco na produção	
Zuckerman ⟶ Rowell		Washburn ⟶ Tanner e Zihlman	
1. funcionalismo fisiológico	1. funcionalismo social	1. adaptação da caça	1. adaptação da coleta
2. análise do indivíduo	2. análise do grupo	2. ferramentas genéticas de síntese neo-darwinianas	2. ferramentas genéticas sociobiológicas
Temas comuns		Temas comuns	
1. restringe a análise aos animais		1. interesse básico na linha dos hominídeos	
2. conceito explicativo global Z – dominância R – estresse		2. funcionalismo evolutivo + funcionalismo social	
3. identificação primária como biólogos e primatólogos		3. identificação primária como antropólogos	
4. estudo do ciclo menstrual		4. estudo de estruturas fósseis como indicação de comportamento social (função)	

As categorias nesta figura não indicam separações rígidas, mas ênfases encontradas nos escritos de cada um dos teóricos.
⟶ = alguma dívida direta

O ponto de partida de Zuckerman para considerar as causas da sociabilidade primata era duplo: (1) o debate na comunidade antropológica – representado por *Sexo e repressão na sociedade selvagem*, de Malinowski, e *Totem e tabu* e *O mal-estar na civilização*, de Freud – sobre a dominação cultural do instinto na formação do nível humano da organização; e (2) uma nova disciplina biológica, que relaciona hormônios a comportamento, enraizada na fisiologia neural e reprodutiva e na psicologia comparativa e comportamental. Zuckerman adotou uma firme orientação psicológica e médica nas duas áreas. Ele criticou todas as teorias existentes sobre a organização animal por seus sobretons antropomórficos e teleológicos e substituiu o sentido evolucionista mais antigo da adaptação funcional por uma abordagem fisiológica, que repousava sobre estudos de mecanismos particulares em termos anatômicos e bioquímicos. Função queria dizer mecanismo. Comportamento e sociedade deveriam ser relacionados com fisiologia mecanicista, e taxonomia deveria também ser reformada nessa base. O projeto taxonômico foi realizado no livro *Functional Affinities of Man, Monkeys, and Apes* [Afinidades funcionais entre homens, macacos e grandes primatas] (1933). Aqui, Zuckerman construiu sua "hipótese da caça" para dar conta da transição da natureza para a cultura.

Mas primeiro devemos olhar para sua teoria geral da sociedade primata não humana, fundada em *The Social Life of Monkeys and Apes* [A vida social dos macacos e grandes primatas] (1932). Zuckerman impôs um limite importante na primatologia. Ele não reconheceu uma escala de perfeição dos primatas vivos representando estágios de função mental e graus correspondentes de cooperação social (que sempre significavam organização hierárquica) através dos quais os seres humanos deveriam ter passado. Assim, "somente o comportamento comum a todos os grandes primatas e macacos pode ser considerado como se representasse um nível social através do qual o homem passou nos estágios pré-humanos de seu desenvolvimento" (1932, p. 26). Só uma coisa preenchia o requisito:

Quando todas as questões de suas aplicações ao comportamento humano são postas de lado, e quando a especulação teleológica é desconsiderada, as questões principais de uma sociologia científica dos mamíferos passam a ser a ecologia, a fisiologia reprodutiva e as influências que podem ser classificadas conjuntamente como devidas às variações do indivíduo (p. 28).

Essa é a última vez que ouvimos esse aceno à ecologia até que uma causa precipitadora tenha sido mais tarde exigida para dar início à resposta cultural (caça) à sexualidade primata. A variação individual explicava os detalhes, "mas o comportamento social – a inter-relação dos indivíduos em um grupo – é determinado primeiramente pelos mecanismos da fisiologia reprodutiva" (p. 29).

Zuckerman já havia informado o leitor de que essa incursão pela sociologia dos mamíferos começara em resposta à insistência dos antropólogos: visava substituir os relatos anedóticos das sociedades animais por uma fisiologia *hard*. Ele simplesmente pressupôs que o pomo da discórdia fosse a natureza e a origem da família humana, ela mesma a origem da sociedade. Nesse ponto, Zuckerman recorreu aos escritos do mastozoologista americano G. S. Miller, que havia criticado a proposta de Malinowski de que a família humana era única, de que o parentesco representava a ruptura crucial humano-animal. Malinowski considerava única a fisiologia humana sobre a qual a instituição do parentesco (isto é, paternidade) foi imposta. Em contraste, Miller e Zuckerman concordaram que todos os fundamentos biológicos da família humana (a saber, a receptividade feminina constante) se encontravam na associação reprodutiva mamífera. Zuckerman simplesmente desenvolveu esse ponto de vista em uma análise das formas sociais consequentes entre primatas. A descrição de Freud sobre a origem da civilização na repressão foi prefigurada no nível pré-humano. A descrição de Zuckerman baseava-se na anatomia fisiológica comparativa dos diferentes grupos de primatas informada por sua descoberta recente do ciclo menstrual dos babuínos e no comportamento de uma colônia de babuínos-sagrados (*Papio hamadryas*) estabelecida em 1925 no Monkey Hill do Zoológico de Londres. As observações comportamentais no zoológico foram suplementadas por nove dias de estudo de campo de uma espécie diferente (o babuíno chacma, *Papio ursinus*) na África do Sul, durante uma excursão para coletar material anatômico para o estudo da reprodução.

A lógica dessa história, embora primorosamente simples, influenciou todo um domínio de pesquisa avançada e forneceu o fundamento lógico para que a nova ciência de hormônios e comportamento abarcasse o estudo da ordem social. Animais, exceto quando se juntam para se reproduzir, são solitários porque o modelo básico de vida é o de competição por recursos limitados. A associação reprodutiva é carregada de perigo porque o sucesso competitivo requer a cooperação de outros animais. Os machos lutam para obter o número máximo de oportunidades reprodutivas. Zuckerman preservou esses elementos de Darwin. Eles não lhe pareceram teleológicos como as discussões sobre altruísmo e cooperação animais. Os machos dominam as fêmeas para impedir outra fonte de insubordinação competitiva. Depois de dar conta dos procedimentos mais essenciais e simples da reprodução, os animais se separam para evitar danos posteriores advindos de batalhas sexuais. A periodicidade sexual (sazonalidade) evoluiu para proteger os animais uns dos outros pelo restante do ano. Os grupos compostos de mães e jovens dificilmente constituem sociedades. Em todo caso, esses grupos são gerais nos mamíferos e não podem explicar as sociedades primatas. Diferentes graus de associação heterossexual de longo prazo foram rigorosamente relacionados a requisitos de reprodução nos ambientes ecológicos particulares disponíveis aos animais. Os machos competem para acumular os meios de (re)produção, os únicos através dos quais eles conseguem aumentar seu capital genético na evolução. As fêmeas são os meios de produção evolutiva e a fonte de mais-valia. Conforme a dominância se tornou o meio universal de troca entre os machos e a medida do valor, a economia política e natural de *Leviatã*, de Hobbes, encontrou sua expressão biológica no século XX. A ordem econômica é exclusivamente fisiológica em tudo, menos nos seres humanos, nos quais a posse cultural das fêmeas e da propriedade também pode ser encontrada.

Para Zuckerman, o principal evento na evolução social foi a eliminação da sazonalidade extrema e a introdução da associação de ano inteiro baseada na "receptividade" sexual constante das fêmeas. Primeiro o cio e depois o ciclo menstrual introduziram episódios repetidos de intercurso sexual. Ciclos mensais substituíram os sazonais, e seguiu-se uma revolução social. A associação contínua requeria mecanismos de controle fortes para a sobrevivência dos animais. Assim desenvolveu-se o "harém", exemplificado pelos babuínos-sagrados de Londres que Zuckerman observou pessoalmente durante 1929-30 e do qual ele tinha registros datados desde o estabelecimento da colônia em 1925. Especialmente porque os babuínos-sagrados não sobreviveram no Monkey Hill – quase todos foram mortos em lutas brutais e só um filhote foi criado com sucesso –, foi importante para Zuckerman estabelecer que os babuínos em cativeiro, em condições extremas de desequilíbrio sexual e superpopulação, ainda revelavam a estrutura essencial da sociedade primata na natureza. O argumento tradicional fisiológico foi usado: circunstâncias extremas são as melhores janelas para o normal porque elas iluminam os mecanismos básicos que de outra forma seriam obscurecidos. A hierarquia e a competição mortal foram reguladores cruciais da sociedade primata, não criações de captores humanos. Para ele também foi importante convencer seus leitores de que as variações na forma social entre os primatas, nenhuma das quais tinha sido estudada senão de forma casual em condições selvagens, eram apenas detalhes impostos em uma família fundamental fisiologicamente determinada. Dentro do padrão de dominância, um comportamento como o de "prostituição" feminina (que Zuckerman e Miller definiram como apresentação por razões não sexuais) era explicado como o início da troca de favores sexuais por bens inacessíveis por meio de outra forma de competição. Higiene, ordem de alimentação, expressão gestual e vocal, alocação de espaço social e muitos outros aspectos do comportamento social foram todos derivados da organização dos primatas de haréns determinada fisiologicamente. Zuckerman foi inequívoco:

> O argumento esboçado [...] vai longe na explicação da base ampla da sociedade primata sub-humana. O fator principal que determina o agrupamento social em primatas sub-humanos é a atração sexual [...]. O limite do número de fêmeas mantidas por qualquer macho individual é determinado por seu grau de dominância, que, de novo, dependerá não somente de sua própria potência, mas também de sua relação com os outros machos (Zuckerman, 1932, p. 31).

Naturalmente, os seres humanos compartilham com outros primatas "uma vida reprodutiva e sexual ininterrupta e harmoniosa" (p. 51); contudo, os seres humanos e suas famílias existem no domínio da cultura, protegidos, se não isentos, das injeções e gonadectomias dos fisiologistas. Como o fisiologista reingressou no reino da cultura com suas ferramentas médicas para produzir a saúde da família e o ajustamento comportamental na hierarquia social definida como cooperação? Através da caça, através do gosto pela carne. Retornando a *Functional Affinities*, encontramos Zuckerman em seu disfarce de antropólogo físico que une o fisiológico ao ecológico para gerar um animal caçador e de cérebro grande, que precisa de formas mais complexas de cooperação masculina e de fidelidade feminina para alimentar a família. A unidade reprodutiva permanece em seu trono como um núcleo da associação social na forma cultural de parentesco, o objeto básico da ciência social da antropologia cultural. Novamente, a lógica de Zuckerman é elegantemente simples. Algumas mudanças ecológicas desconhecidas produziram pressão seletiva para que os pré-humanos explorassem novas fontes de alimento, retrabalhassem os padrões não especializados de muitas eras e introduzissem a divisão sexual do trabalho como uma consequência necessária dos requisitos da alimentação carnívora em grande escala. A divisão do alimento tornou necessária a forma humana da família, que, para Zuckerman, significava pressão seletiva por "monogamia explícita" e reconhecimento conceitual de relações sociais significativas (propriedade das mulheres), mesmo quando não havia ninguém ao redor para garanti-las. A passividade das fêmeas em transformações tão importantes era um pressuposto irrefletido. Assim desenvolveram-se o casamento e o grupo de caça dos machos, com todas as consequências espantosas para o cérebro e seus produtos de linguagem e cultura.

Zuckerman sugeriu o modelo posterior da hipótese da caça que enfatizava a adaptação do uso de ferramentas na origem da espécie *self-made*. Mas mais importante era o fato de que o grupo composto somente de machos – a forma humana da cooperação que assinala o divórcio da cultura e da natureza – tornou-se nas mãos dele um objeto científico, e mesmo fisiológico. A valiosa fêmea continuava a representar uma ameaça de desordem por meio da sexualidade. A cooperação passou a significar regulação masculina consciente de hierarquia e competição anteriormente naturais, as quais, por sua vez, tinham sido os frutos da sexualidade feminina permanente. Esses temas abordados por Zuckerman não eram novos, mas o modo como ele os integrou às disciplinas fisiológicas modernas era. Além disso, sua ideologia biológica não violava, mas, na verdade, reforçava a doutrina importante da autonomia do biológico e da ciência social, de ordem animal e humana. Zuckerman deixou amplo espaço para a antropologia social funcionalista. Ele apenas reformou a fisiologia de Malinowski.

A importância de Zuckerman no desenvolvimento dos estudos do comportamento primata em si mesmos não se deu por causa de suas observações empíricas esparsas, mas por seu fornecimento de uma teoria que satisfazia as necessidades de novas disciplinas que avançavam rapidamente. Ao mesmo tempo, ele recientificizou preconceitos convencionais com a ideologia liberal que afirmava que a cultura era independente dos modelos anteriores de determinismo biológico. Essa mesma ideologia liberal legitimava uma lógica do controle científico sobre a "natureza", agora racionalizada como um dado material reduzido a um perigo pré-racional ou a um recurso ordenado. O cerne alienante disso não é obscuro. Aos pesquisadores que o sucederam, Zuckerman deixou perguntas que, só de serem feitas, reforçavam crenças científicas a respeito da competição natural entre os machos e a perigosa sexualidade feminina. Sua vinculação da sexualidade à dominância de modos aceitáveis para as ciências fisiológicas e comportamentais dos anos 1930 ajudou a estabelecer o estatuto da dominância como um traço ou um fato, e não um conceito. Os primatólogos continuaram a inquirir acerca da vantagem seletiva do comportamento de dominância e tiveram a tendência de admitir, em vez de testar, uma correlação da vantagem da procriação com uma entidade chamada dominância. Não foi antes de 1965, com um artigo de dois alunos de Sherwood Washburn, que sua teoria da origem da sociedade primata na sexualidade feminina ao longo do ano inteiro foi posta de lado de forma convincente[4]. O modo como Zuckerman misturava um freudismo encoberto, mecanismos bioquímicos e estudos do comportamento social teve uma vida longa e influente.

À primeira vista, as únicas comparações entre Thelma Rowell e Zuckerman devem ser feitas por contraste. Embora ela tenha louvado Zuckerman por seu trabalho inovador sobre o ciclo menstrual dos babuínos e evitado críticas muito severas a ele em sua publicação histórica sobre o conceito de dominância, todo seu trabalho parece ter sido realizado em oposição às ideias e métodos dele. Ela não reivindicava pureza científica para uma linguagem banhada em múltiplas ondas de significado na fala comum e na tradição científica. Seus argumentos foram zoológicos e explicitamente sociológicos, e não uma extrapolação a partir da fisiologia reprodutiva. Ela é conhecida por seu cuidado ao dividir o espaço de jaula entre os macacos cativos para permitir um comportamento mais natural e por seus excelentes estudos de campo, mas não por argumentos fisiológicos sobre um comportamento extremo, provocado como uma janela para o normal. Em vez de enfatizar universais primatas, os trabalhos de Rowell são permeados por particularismo, por conselhos para que se note a complexidade, pela insistência na variabilidade de modo reminiscente dos primeiros proponentes do conceito de cultura e do particularismo cultural. Além disso, Rowell trabalha em circunstâncias científicas e ideológicas bem diferentes. Ela se valeu da literatura baseada nos estudos de campo diretos de primatas, agora extensa, contribuindo com estudos que em si mesmos retomavam Zuckerman, mas iam além daquilo a que ele teve acesso. Esse conjunto de literatura tendia a rejeitar as doutrinas de Zuckerman sobre o sexo, mas mantinha o foco na dominância. Finalmente, Rowell escreve para um público sensível às implicações feministas da teoria biossocial. Não é um acidente que ela enfatize o comportamento feminino e os papéis sociais ativos e considere dominância como, no máximo, uma expressão conveniente para prever a frequência de alguns comportamentos aprendidos.

Contudo, seria um erro perigoso ver o trabalho de Rowell como algo que simplesmente exemplifica o progresso científico normal no desenraizamento do preconceito enquanto se acumulam dados melhores. Seu trabalho também não coloca preconceitos femininos mais satisfatórios (para mim) no lugar da consciência furiosamente masculina de Zuckerman. Com efeito, Rowell e Zuckerman são semelhantes de um modo crucial, o que, creio, indica parte da natureza da função ideológica do trabalho impecável em ciência laboratorial perfeitamente controlada. Com "estresse", Rowell de fato tem uma categoria explicativa global que corresponde à fisiologia sexual de Zuckerman. Como o sexo ou a dominância, o estresse é uma categoria que incorpora a crença social geral nos extratos do tubo de ensaio do bioquímico. O estresse pode ser estudado no nível da função adrenal, no nível da doença mental ou no nível da "explicação" da vida no capitalismo moderno. Enquanto a dominância foi o conceito crucial nos anos 1930, em um contexto de preocupação científica e popular extraordinária com a fundação da cooperação e competição social em um período de crise mundial, o estresse tem sido, sob a aparência de uma coisa, o conceito favorito em tempos mais recentes, de séria ameaça à ordem social privilegiada. A dominância não está morta, mas o estresse é de fato mais útil na teoria social. E ele tem um referente adicional, a saber, o conceito de um sistema social e o funcionalismo estrutural como os principais métodos da explicação sociológica. As metáforas físicas das teorias de sistemas – tais como tolerância, estresse, balanço e equilíbrio – nos conduzem a muitos níveis de significado. Um nível que precisamos notar é o da ideia de "obsolescência" de certos sistemas biológicos e da função médica de aliviar padrões de comportamento submetidos ao estresse e, talvez, obsolescentes. Um segundo nível de significado implícito no funcionalismo de sistemas é o imperativo de "reprodução" do sistema como um todo social e como uma população de procriação. O comportamento pode ser explicado, então, em última instância, em termos de manutenção do sistema ou de falha patológica em alcançar tal estabilidade.

Em 1974, Rowell resumiu os argumentos contra o uso do conceito de dominância para compreender a estrutura social. Ela ofereceu duas linhas de abordagem principais: (1) apresentar todos os comportamentos de dominância relatados como respostas facilmente aprendidas explicadas pelas teorias correntes da psicologia animal; e (2) remover a base para a consideração da dominância como um traço ou como um complexo adaptativo sujeito a pressões seletivas. Isto é, os assim chamados comportamentos de dominância não parecem estar relacionados ao sucesso reprodutivo. Para além dos pontos curiosos sobre a natureza escorregadia de conceitos como "dominância latente", que adentram argumentos para preencher lacunas na observação, Rowell afirma que as condições de observação introduzem os determinantes pelos quais deveríamos esperar que os animais sociais aprendam respostas chamadas de dominância. Para Rowell, a hierarquia é primeiramente um artefato dos métodos de observação. O que reforça essa posição é a descoberta de que medidas diferentes de dominância não se relacionam fortemente entre si, e que hierarquias elaboradas por medidas diferentes não revelam a mesma estrutura social. Assim, é difícil ver o que os comportamentos observados relativamente à dominância têm em comum com a evolução, que requer uma base genética para a seleção. Nas palavras de Rowell, "a função da *dominância* torna-se uma não questão" (1974, p. 151, grifo meu).

Entretanto, a função não se mantém como a questão essencial, o graal que unifica os atores neste capítulo. Para Rowell, a função deve ser vista em termos de conceito de sistema social. A análise da comunicação, os estudos das interações mãe-filhote, a mudança de papel em relação à idade e classe sexual, o território e a hierarquia como ordem espacial, os subsistemas baseados em matrilinhas (parentesco) e a variação da estrutura social em resposta a variáveis ambientais – eles se tornam as áreas de interesse, os objetos analíticos que influenciam a explicação estrutural-funcional do sistema em termos de função. A posição teórica de Rowell é mais clara em seu livro *Social Behavior of Monkeys* [Comportamento social dos macacos] (1972), muito útil e linguisticamente sofisticado. O problema do sistema social é o problema da análise de múltiplas variáveis nas estruturas de fluidos em equilíbrio dinâmico ao longo do tempo e do espaço. A dívida da sociologia animal com a sociologia humana e a antropologia de Bronislaw Malinowski, L. J. Henderson e Talcott Parsons mal começou a ser notada, muito menos criticamente examinada.

Como o estresse se relaciona com o sistema social? Ironicamente, por meio do conceito de hierarquias de subordinação. Os animais seriam comparados entre si em uma escala de suscetibilidade ao estresse. Animais muito sensíveis seriam facilmente estimulados ao medo, fuga ou posturas de retração. Tal sensibilidade seria razoavelmente associada a níveis elevados de hormônios adrenocorticotróficos (ACTH). Assim, poder-se-ia razoavelmente postular que a capacidade de produzir ACTH em situações "estressantes" teria um fundo genético. Essas são proposições testáveis, ao menos em princípio. Animais calmos podem ser chamados de "dominantes" por observadores simplesmente porque eles se movem livremente no espaço social e se apropriam livremente de recursos disponíveis, enquanto seus companheiros nervosos se retraem ou se afastam. Rowell viria a considerar o fato de o pobre bicho estar encolhido como estímulo ou causa da "hierarquia" resultante. Um esquema social como esse deveria ser chamado de ordem de subordinação. Uma variedade de limiares de resposta a situações estressantes seria adaptativa no grupo social na natureza. Tanto os animais nervosos quanto os calmos teriam um papel em monitorar de forma eficiente o ambiente quanto ao perigo ou à manutenção da paz intragrupo. A diversidade genética na população subjacente às diferenças no estresse de resposta seria mantida na evolução. Deve-se notar como noções funcionalistas de papel social para o balanço geral do sistema, conceitos genéticos para função hormonal e bioquímica e abordagens psicológicas da dominância-subordinação convergem todos para a ideia central de estresse.

O estresse como um conceito global e multicamadas embutido numa explicação funcionalista fornece o laço crítico entre Rowell e Washburn. O laço é representado por David Hamburg, posterior presidente do Instituto de Medicina da Academia Nacional de Ciências, chefe nos anos 1960 do Departamento de Psiquiatria da Escola de Medicina de Stanford e colaborador de Washburn na construção dos estudos de primatas em torno de questões médicas e evolutivas. Na obra de Washburn e Hamburg, o lado mais obscuro da explicação funcionalista é revelado nitidamente; a estrutura metafórica envolvendo o estresse deixa de ser mais adequada do que a dominância. Hamburg foi uma figura proeminente nas teorias evolutivas da configuração adaptativa emocional, que conduzem à noção de nossa biologia obsolescente. O gerenciamento médico das emoções desadaptativas na "sociedade moderna" parece justificado para aliviar o estresse patológico e manter o sistema social. "Sociedade moderna" em si parece se dar por um certo tipo de imperativo tecnológico lançado sobre nossa herança biológica limitadora. Os estudos de primatas são motivados pelas necessidades de gerenciamento de uma sociedade estressada, e por sua vez as legitimam. Os animais modelam nossas limitações (rupturas adaptativas) e nossas inovações (uso de ferramentas).

O funcionalismo social e o funcionalismo evolutivo se reúnem no estudo da seleção de comportamentos e padrões emocionais que mantêm as sociedades como populações de procriação bem-sucedida ao longo do tempo. O imperativo é a reprodução – do sistema social e dos organismos que são seus atores com papel de membro. Em geral, os animais precisam gostar de fazer o que precisam fazer para sobreviver em sua história evolutiva. A teoria evolutiva aqui une uma sociologia de sistemas a uma psicologia da personalidade e das emoções em versões modernas de um cálculo do prazer conectado à base orgânica e motivacional da teoria do aprendizado. Rowell resume:

> Um zoólogo, contudo, sempre precisa retornar à questão das vantagens seletivas [...]. É tão óbvio que os macacos apreciam estar juntos que nós damos isso como certo. Mas o prazer, assim como todos os outros fenômenos da vida, está sujeito à pressão evolutiva e é resultado dela – nós gostamos de algo porque nossos ancestrais sobreviveram melhor e deixaram descendentes mais viáveis do que seus parentes que não gostavam de estímulos comparáveis (e, portanto, não os buscavam) [...]. Isso é especulação; mas é através da pesquisa que examina a função dos sistemas sociais dos macacos e outros animais que seremos capazes de compreender completamente seus mecanismos (1972, pp. 174 e 180).

Washburn e Hamburg compartilhavam dessa análise, mas a aplicaram a outro conceito, de novo sempre percebido como uma coisa, no vocabulário das palavras científicas carregadas de sentido: agressividade, especialmente a agressividade masculina. Através desse conceito, nós devemos fazer uma transição das explicações baseadas em teorias de reprodução para as baseadas em produção na evolução humana e nos estudos do comportamento primata. Claramente, reprodução e produção são complementos, não contrários. Mas precisamos ver como Washburn alcançou uma teoria do homem-caçador a partir da consideração das funções econômicas da espécie, enquanto Zuckerman traçou a ordem primata a partir da fisiologia reprodutiva e Rowell nos levou a entender a junção das noções sociológicas e evolutivas dos sistemas de reprodução.

Washburn e Hamburg (1968) desenvolveram temas iniciados em sua colaboração em 1957, quando Washburn passou um ano como *fellow* no Centro para Estudos Avançados em Ciências Comportamentais de Stanford, e aprofundados em 1962-63, quando Washburn e Hamburg organizaram, nesse centro, um ano inteiro de conferências e colaboração entre os membros de uma comunidade nova, mundial e empolgante de primatólogos. No texto "Aggressive behavior in Old World monkeys and apes" [Comportamento agressivo em macacos e grandes primatas do Velho Mundo], os dois colaboradores introduziram seu trabalho como parte do estudo das forças que produziram a humanidade. Eles queriam prestar atenção à biologia humana única e às condições únicas da evolução humana. Viam a agressividade como uma adaptação fundamental ou como um complexo funcional comum a toda a ordem primata, incluindo os seres humanos.

> A ordem na maioria dos grupos de primatas é mantida pela hierarquia, que depende em última instância primeiramente do poder dos machos [...]. Indivíduos agressivos são atores essenciais no sistema social e a competição entre os grupos é necessária para a dispersão da espécie e para o controle de populações locais (1968, p. 282).

A biologia da agressividade foi estudada extensivamente e parece repousar, sustentam eles, sobre mecanismos neurais e hormonais similares, modificados nos primatas, e especialmente nos humanos, por novos complexos cerebrais e pelo aprendizado extensivo. Em primatas não humanos, a agressividade é constantemente recompensada e, defendem os autores, os indivíduos agressivos (machos) geram maior descendência. Assim, eles argumentam pela seleção como um sistema de genes coadaptados que envolvem retroalimentação complexa em meio à anatomia motora, anatomia gestual, hormônios, elementos cerebrais e comportamento. Presumivelmente, todas as partes do complexo agressivo evoluem. As funções que requerem agressividade não foram reduzidas na espécie humana, acreditam eles. Proteção, policiamento e, por fim, caça – todos requeriam uma seleção contínua de organismos masculinos que aprendiam facilmente a lutar, torturar e matar, e apreciavam isso:

> Ao longo da maior parte da história humana, as sociedades dependeram de jovens adultos masculinos para caçar, lutar e manter a ordem social com violência. Mesmo quando o indivíduo estava cooperando, seu papel social poderia ser executado apenas através de uma ação extremamente agressiva, que era aprendida de forma lúdica (*in play*), aprovada socialmente e presumidamente gratificante (1968, p. 291).

Mas, com o avanço da civilização, essa biologia tornou-se um problema. Agora ela é inadequada em virtude de nosso progresso tecnológico acelerado. Nossos corpos, com a antiga transmissão genética, não se mantiveram passo a passo com a nova transmissão cultural de tecnologia, baseada em linguagem. Assim, agora, quando os controles sociais falham, devemos esperar testemunhar destruição patológica. Os exemplos de Washburn e Hamburg aqui são a Alemanha nazista, o Congo, a Argélia e o Vietnã! A lição é que nós devemos encarar nossa *natureza* a fim de controlá-la. "Há uma dificuldade fundamental no fato de que os grupos humanos contemporâneos são liderados por primatas cuja história evolutiva dita, pela transmissão social e biológica, uma orientação forte de dominância" (1968, p. 295). Essa lógica foi desenvolvida para propor uma necessidade de os controles racionais e cientificamente informados substituírem os costumes pré-científicos: "Mas uma espécie agressiva vivendo a partir de costumes pré-científicos em um mundo cientificamente avançado pagará um preço enorme em conflitos interindividuais e guerras internacionais" (p. 296). A lição aqui, concorda o cientista liberal, não é favorecer uma ordem social específica – essas são questões políticas e de valor –, mas estabelecer as precondições para toda sociedade avançada, a saber, o gerenciamento científico da biologia ora ineficiente, inadaptada e obsolescente. Somos apenas um produto, e um produto que está sujeito a um colapso considerável. No nível pessoal, a terapia psiquiátrica é uma espécie de trabalho de conserto; no nível social, a política científica nos impele a usar nossa habilidade para atualizar nossa biologia através do controle social. Nosso sistema de produção nos transcendeu; precisamos de controle de qualidade.

Porém, antes de nos desesperarmos com o fato de a sociedade estar condenada a hierarquias e relações de dominância reguladas pelo gerenciamento científico, investiguemos mais de perto o que convence Washburn e Hamburg de que nós, ou pelo menos os machos, somos dotados de uma natureza lamentavelmente agressiva. Afinal, os machos humanos não têm a assim chamada anatomia de combate de muitos machos primatas – caninos afiados como adagas, gestos ameaçadores associados tão apropriados para análise etológica, diferença importante em tamanho de corpo entre fêmeas e machos e estruturas extras, como jubas, para potencializar o aspecto ameaçador do indivíduo. Também não temos gestos de conciliação para apaziguar os agressores. Por que, então, argumentar que de fato temos um cérebro agressivo que requer autoridade? A linha que conduz ao gênero *Homo*, julga Washburn, era bípede e usuária de ferramentas desde muito cedo. Pressões seletivas favoreciam o aumento do uso de ferramentas, as quais, por sua vez, tornavam possível o modo de vida caçador, o desenvolvimento de um cérebro grande e a linguagem. Os machos humanos não mais lutavam com dentes e gestos, mas com palavras e armas feitas à mão. Nós não temos grandes caninos porque produzimos facas e somos capazes de insultar a plenos pulmões. As pressões seletivas que requerem agressividade não foram reduzidas, mas a base estrutural para a função evoluiu em harmonia com todo o complexo adaptativo de um novo modo de vida. Esse argumento em si mesmo se relaciona com a reformulação básica de Washburn da antropologia física, iniciada nos anos 1940 como parte de uma teoria sintética da evolução, e com seus esforços bem-sucedidos em promover os estudos do comportamento primata no estudo da evolução humana.

Washburn concluiu seu doutorado em antropologia física em Harvard em 1940. Sua formação foi em métodos antropométricos tradicionais e anatomia primata, e ele ensinou anatomia médica na Faculdade de Médicos e Cirurgiões da Universidade de Columbia até 1947, quando se mudou para a Universidade de Chicago. Ele acompanhou a Expedição Asiática de Primatas em 1937, a partir da qual C. R. Carpenter produziu o primeiro trabalho monográfico sobre o comportamento e o sistema social dos gibões. Porém, Washburn considerava que, à época, Carpenter tinha pouca noção das possibilidades empolgantes do conceito de sistema social. Sua própria função na expedição foi a de coleta anatômica, ou seja, abater espécimes a tiro. Em meados dos anos 1940, Washburn estava praticando antropologia física como uma ciência experimental; nos anos 1950, estava desenvolvendo um poderoso programa para reinterpretar os conceitos básicos e métodos de seu campo em harmonia com a nova genética de populações, com a sistemática e a paleontologia de Dobzhansky, Mayr e Simpson. Em 1958, ele obteve um financiamento da Fundação Ford para estudar a evolução do comportamento humano de forma complexa, incluindo provisões para estudos de campo de babuínos da África Oriental. Um ano mais tarde, em Berkeley, ele conseguiu financiamento para uma das primeiras estações experimentais de campo primatológicas nos Estados Unidos. Desde o início de sua carreira, ele deu aulas, publicou textos de divulgação científica, produziu filmes pedagógicos, reformou currículos em todos os níveis educacionais e promoveu carreiras bem-sucedidas de figuras hoje renomadas na evolução e na primatologia.

Aqui não é o lugar para explorar as origens das ideias de Washburn, nem sua organização de um programa muito vasto de educação e pesquisa, mas apenas para notar traços essenciais relacionados à tese da caça e ao comportamento primata[5]. O propósito é começar a reconhecer de que maneira a carreira de Washburn, como cientista experimental cuidadoso, foi parte das controvérsias sociais e científicas sobre a natureza humana enquanto fundação para o futuro humano. Devemos compreender de que modo Washburn pôde ser ao mesmo tempo: o coautor do artigo sobre a evolução da agressividade; um opositor da sociobiologia; alternadamente um herói e um vilão para Robert Ardrey; o favorito de algumas feministas marxistas; e, por fim, o professor tanto da sociobióloga feminista Adrienne Zihlman quanto do sociobiólogo masculinista Irven DeVore. Ele é legitimamente todas essas coisas e extraordinariamente consistente e unificado em seus métodos, teorias e práticas. Talvez a chave para Washburn seja que ele produziu uma teoria fundamental com implicações tremendas para a prática de muitas ciências e para as regras da reconstrução evolutiva especulativa. Em termos kuhnianos, Washburn parece ter algo de básico a ver com paradigmas científicos. Em termos marxistas, com a teorização alienada da desordem estabelecida.

A inovação fundamental de Washburn em antropologia física ficou evidente na publicação dos seus textos mais amplamente reimpressos, "The new physical anthropology" [A nova antropologia física] (1951a) e "The analysis of primate evolution with particular reference to man" [A análise da evolução dos primatas com referência particular ao homem] (1951b). Ele aplicou a nova genética de populações ao estudo da evolução dos primatas. Para Washburn, a genética de populações significava que o problema crucial era o processo de evolução, e não os resultados fósseis. Portanto, seleção e adaptação foram seus conceitos principais. Traços adaptativos somente poderiam ser interpretados através da compreensão das condições ou forças capazes de produzir tais traços. O primeiro problema que confrontava o antropólogo físico era o de como identificar um "traço". Washburn praticou um novo tipo de dissecação prática e teórica do corpo em "complexos funcionais", cujo significado deveria ser buscado em sua ação durante a vida. Por exemplo, em vez de medir o nariz, ele analisava as forças na parte central da face a partir da mastigação e do crescimento. Essa tarefa exigia sistemas experimentais modelares de animais vivos. Em vez de organizar escalas de evolução baseadas no crescimento do cérebro, ele analisava regiões do corpo envolvidas em transformações adaptativas relacionadas com locomoção, alimentação e funções semelhantes. Em resumo: "A anatomia da vida, das funções integradas, não conhece as fronteiras artificiais que ainda regem a dissecação de um cadáver" (1951a, p. 303).

Washburn foi parte de uma revolução maior na antropologia física acompanhada pela descoberta de novos fósseis, técnicas de datação, possibilidades experimentais e, mais recentemente, taxonomia molecular. Um dos objetos centrais da revolução era o homem-macaco sul-africano de cérebro pequeno, o *Australopithecus*. "A descoberta de símios sul-africanos parecidos com o homem, ou homens de cérebro pequeno, tornou possível delinear a adaptação básica que é a fundação da irradiação humana" (1951b, p. 70). A origem da irradiação humana foi semelhante à de qualquer outro grupo de mamíferos, embora suas consequências tenham sido decididamente inovadoras. "Contudo, o uso de ferramentas acarreta um conjunto de fatores que modificam progressivamente o quadro evolutivo. A tarefa do antropólogo é particularmente a de avaliar o modo como o desenvolvimento da cultura afetou a evolução física" (1951b, p. 71). O funcionalismo evolutivo e o social novamente se juntam; para Washburn, ambos são análises do significado de sistemas vivos, de ação, de modos de vida. A partir dos anos 1950, ele sustenta que a anatomia funcional e a teoria sintética da evolução fizeram descansar para sempre os velhos conflitos entre a antropologia física e a social.

Em 1958, Washburn e sua ex-aluna Virginia Avis contribuíram com uma apresentação em um simpósio sobre comportamento e evolução, cuja primeira edição havia sido em 1953, organizado para efetuar uma síntese da psicologia comparativa com a teoria sintética. A ênfase de Washburn sobre a importância do comportamento tornou natural seu interesse pelas consequências psicológicas da adaptação evolutiva. Nesse trabalho, intitulado "The evolution of human behavior" [A evolução do comportamento humano], Washburn e Avis (1958) desenvolveram as consequências da adaptação da caça, incluindo a curiosidade e a mobilidade aumentadas, o prazer com o ato de caçar e de abater e novas ideias sobre nossa relação com outros animais. Talvez mais importante,

> a caça não apenas tornou necessárias novas atividades e novos tipos de cooperação, mas também alterou o papel do macho adulto no grupo [...]. As mesmíssimas ações que levaram o homem a ser temido por outros animais conduziram a mais cooperação, ao compartilhamento de alimento e à independência econômica dentro do grupo (pp. 433-4).

Iniciava-se o modo de vida humano.

Passar a ver o comportamento primeiro como uma atividade motora e depois como orientações psicológicas foi um pequeno passo lógico para tomá-lo como um sistema social. Começando em 1955, quase casualmente, Washburn investigou não somente as ações de organismos individuais, mas também de sistemas sociais. Os estudos com babuínos de Washburn e Irven DeVore, com toda sua ênfase nos papéis masculinos na proteção e policiamento como modelos de pré-adaptações a um sistema social humano, foram desenvolvimentos apropriados da anatomia funcional evolutiva. As diferenças entre as sociedades de humanos e macacos eram sempre enfatizadas; Washburn nunca se engajou em reconstruções de cadeias de seres. Ele olhava para os sistemas sociais animais da mesma forma como olhava para as forças determinantes do crescimento em crânios de gatos – como sistemas-modelo para problemas particulares na interpretação da formação craniana nos fósseis. Sua ciência era uma ciência biológica experimental e comparativa baseada em função. Mas o sistema-modelo dos babuínos deixou clara uma lição: a estrutura de bando derivava das hierarquias de dominância dos machos. A caça transformou tais estruturas, mas apenas para produzir os papéis especiais do grupo de machos em cooperação. A função reprodutiva das fêmeas e a continuidade social das matrilinhas continuaram a ser um padrão conservador reforçado por filhotes mais dependentes e com cabeças maiores.

O artigo clássico que reúne as consequências anatômicas, psicológicas e sociais da caça na configuração das regras para a cultura baseadas na natureza humana é "The evolution of hunting" [A evolução da caça], de Washburn e C. S. Lancaster (1968). Esse trabalho angariou para Washburn sua má reputação em círculos socialistas e feministas. Sua aparição em um simpósio que enfatizava a natureza caçadora do homem em meio aos anos de desafio ao poder sexual, econômico e político é parte da problemática social da reconstrução evolutiva contemporânea. Washburn não é um ideólogo; ele é um cientista e um educador. Esse é o ponto. Interpretar a natureza humana é uma questão científica central para o funcionalismo evolutivo. O passado estabelece regras para possíveis futuros no sentido "limitado" de nos mostrar uma biologia criada em condições supostamente favoráveis a papéis masculinos agressivos, dependência feminina e sistemas sociais estáveis apropriadamente analisados com conceitos funcionais. Contar histórias do passado humano é uma atividade regida por regras. A ciência de Washburn mudou as regras do jogo ao requerer o argumento das condições de produção.

Em "Women in evolution. Part I: innovation and selection in human origins" [Mulheres em/na evolução.

Parte I: inovação e seleção nas origens humanas], Nancy Tanner e Adrienne Zihlman (1976)[6] jogam com as novas regras, mas falam de uma natureza humana diferente, de universais diferentes. Elas enfocam menos as ferramentas enquanto tais e mais os processos de trabalho, ou seja, uma nova adaptação produtiva – a coleta. Imediatamente se posicionam dentro dos desenvolvimentos genéticos de população da sociobiologia. Seu estudo explora uma economia natural em termos de estratégias de investimento para o aumento do capital genético. Contudo, Tanner e Zihlman se apropriam deliberadamente da sociobiologia para fins feministas. Elas não se tornam mais ideólogas do que Washburn, mas sua prática científica é controversa tanto por razões internas das evidências e argumentos debatidos quanto por razões políticas. Em ponto algum abandonam o espaço social tradicional da ciência. Elas podem permanecer nele, em parte porque a sociobiologia não é necessariamente sexista no sentido em que Irven DeVore e Robert Trivers (1972) a fizeram ser, não mais do que o conceito de estresse necessariamente conduz às ideias particulares de Hamburg sobre a agressão e a obsolescência humana. Além disso, não é fácil imaginar como seria a teoria evolutiva em uma linguagem diferente daquela da economia política capitalista clássica[7]. Nenhuma tradução simples para outras metáforas é possível ou necessariamente desejável. Tanner e Zihlman nos colocam face a face com questões fundamentais que mal foram formuladas, e menos ainda respondidas. Como deveríamos teorizar nossa experiência do passado e da "natureza" de novos modos para construir conceitos adequados para a prática científica e para a transformação social? Essa questão se coloca em uma relação complicada com as regras internas de habilidades de trabalho nas ciências naturais.

Tanner e Zihlman começam por anunciar o objetivo da compreensão da natureza humana em termos de processos "que moldaram nossas características físicas, emocionais e cognitivas" (1976, p. 585). Elas notam o fato óbvio de que a tese da caça ignorou em grande parte o comportamento e a atividade social de um dos dois sexos, e é portanto deficiente pelos critérios ordinários do funcionalismo evolutivo. O comportamento não se fossiliza para nenhum dos dois sexos, então o problema é o da reconstrução racional, o de escolher hipóteses.

> Especificamente, nós formulamos a hipótese do desenvolvimento da coleta [tanto de plantas quanto de material animal] como especialização dietética da vida na savana, promovida pela seleção natural do uso apropriado de ferramentas e comportamento bípede. Sugerimos que isso se inter-relaciona com os papéis da socialização maternal na seleção de parentes e da escolha feminina na seleção sexual. Enfatizamos as conexões entre a vida na savana, tecnologia, dieta, organização social e processos seletivos para dar conta da transição de um ancestral primata à espécie humana emergente (Tanner e Zihlman, 1976, p. 586).

Esse artigo é claramente um desenvolvimento da apresentação de Zihlman de 1966 sobre comportamento bípede no contexto da caça, em um simpósio da Associação Americana de Antropologia organizado por Washburn. Intitulada "Design do homem", a sessão citou Hamburg ao discorrer sobre emoções como complexos adaptativos e o problema dos padrões desadaptativos e obsoletos.

Tanner e Zihlman, como Washburn, argumentam a partir de sistemas-modelo animais e da teoria genética mais recente aplicada a populações. Elas veem os chimpanzés como os mais semelhantes de todos os animais vivos ao tronco populacional que provavelmente deu origem aos grandes primatas e hominídeos. Assim, os chimpanzés produzem melhores espelhos, ou modelos, que os babuínos para os vislumbres da evolução do modo de vida humano. As autoras acrescentam aos parâmetros genéticos tradicionais da teoria sintética (deriva, migração e assim por diante) os conceitos genéticos sociobiológicos da apropriação inclusiva, seleção de parentesco, seleção sexual e investimento parental. Compreender mudanças na frequência de genes nas populações a partir de pressões seletivas operantes em indivíduos continua sendo o objetivo. Elas notam muitos usos de ferramentas por chimpanzés, com diferenças no comportamento relativas ao sexo. As fêmeas fazem e usam ferramentas mais frequentemente, embora os machos pareçam caçar com mais facilidade. Hierarquias rígidas de dominância não ocorrem, ainda que os conceitos de alto ranking e influência pareçam úteis. A estrutura social é flexível, mas não aleatória. A continuidade social parece fluir através de associações contínuas de fêmeas, seus filhotes jovens e associados.

Imagina-se que a população transicional aos hominídeos tenha migrado para a savana, uma nova zona adaptativa. "Um novo modo de vida é iniciado por uma mudança no comportamento; as mudanças anatômicas vêm depois" (Tanner e Zihlman, 1976, p. 586). O novo comportamento foi a escolha aumentada de dieta acompanhada pelo uso de ferramentas. A coleta foi uma das primeiras invenções críticas dos hominídeos. O resultado foi o compartilhamento de alimentos com grupos sociais ordinários de fêmeas e prole (incluindo o compartilhamento de machos dentro dos grupos). Varetas para cavar, recipientes para alimentos e, acima de tudo, dispositivos para transporte de bebês foram inovações tecnológicas iniciais extremamente prováveis relacionadas com a nova dieta e hábitos de compartilhamento. O conhecimento de uma vasta gama de plantas e animais, bem como suas estações e hábitos, tornou-se importante. A pressão seletiva por comunicação simbólica aumentou. Os perigos da predação na savana provavelmente eram manejados pela astúcia, e não pela luta, de modo que os hominídeos reduziram a necessidade da dominância, como a encontrada nos babuínos, e da anatomia masculina de combate. A estrutura social flexível típica dos chimpanzés provavelmente tornou-se ainda mais oportunista, permitindo melhor compreensão da base da diversidade cultural humana. Tanner e Zihlman, como Rowell, aproveitam cada oportunidade para enfatizar a possibilidade e variedade humanas. Era improvável que a coleta de plantas e animais mantivesse muita pressão seletiva por uma biologia agressiva. Por outro lado, os processos cognitivos foram elaborados em grande medida no novo modo produtivo.

Nesse ponto, Tanner e Zihlman fazem uso das unidades centradas na mãe para introduzir a seleção de parentesco, a seleção sexual e o investimento parental. Novas pressões seletivas premiavam maior sociabilidade e cooperação. Os bebês eram mais difíceis de criar, e a cooperação mista deveria ser útil. Os machos aprenderam os padrões de interação amigável, mesmo com estranhos, o que se tornou crucial para o modo de vida humano baseado em comunidades linguísticas, grupos pequenos e exogamia frequente. Mas a manutenção de uma anatomia de combate, incluindo caninos grandes e gestos estereotipados de ameaça, seria incompatível com os novos comportamentos funcionais. As fêmeas estariam mais dispostas a acasalar com machos amigáveis e não ameaçadores. Mostrou-se que a escolha sexual feminina era geral em grupos de mamíferos, e o tronco hominídeo provavelmente não seria exceção. Duas coisas saltavam à vista do leitor que acompanhasse os argumentos de Zuckerman e Washburn. Primeiro, a receptividade das fêmeas havia sido renomeada para "escolha feminina", com grandes consequências genéticas. Segundo, a anatomia dos caninos reduzidos é reinterpretada quando se postulam diferentes comportamentos e diferentes funções.

Tanner e Zihlman acreditam que a antropologia é mais bem servida por sua reconstrução diferente, baseada em evidências semelhantes.

> Observadores normalmente partem de sua própria perspectiva, e, então, inadvertidamente a questão normalmente será: como evoluíram a capacidade e a propensão para os comportamentos masculinos adultos ocidentais? Esse ponto de vista oferece uma preparação pobre para compreender a grande abrangência de variabilidade nos papéis das mulheres em sociedades não ocidentais ou para analisar as mudanças nos papéis de homens e mulheres que estão ocorrendo em nossa época no Ocidente (Tanner e Zihlman, 1976, p. 608).

Em outras palavras, as restrições evolutivas condicionam a compreensão de eventos contemporâneos e possibilidades futuras. Tanner e Zihlman, em sua interpretação da adaptação do uso de ferramentas, evitam contar uma história de obsolescência do corpo humano preso em um passado caçador. O futuro em aberto repousa sobre um novo passado.

Enfocando as categorias de reprodução e produção, rastreei quatro posições principais sobre a história e a natureza humanas. Todas foram abordadas estritamente dentro das fronteiras da fisiologia, da genética e da teoria social modernas. Todas quatro apoiavam-se sobre o conceito de função e reconheciam a doutrina "liberal" da autonomia da natureza e da cultura. Argumentar a partir de uma posição de reducionismo biológico foi contra as regras. Mas o objetivo de cada relato foi o de criar um quadro dos universais humanos, da natureza humana como fundação da cultura. Ironicamente, as reconstruções da natureza humana que foram úteis para as feministas derivaram de duas das teorias mais desprezadas pelo pensamento socialista-feminista: o funcionalismo e a sociobiologia. Essas teorias foram criticadas como justificativas ideológicas de estruturas políticas e econômicas injustas, como racionalizações da reprodução das relações atuais do corpo e do corpo político. Obviamente, como Rowell, Tanner e Zihlman mostram, essas teorias podem ser empregadas para outros fins: enfatizar a variabilidade, a complexidade e a capacidade de mudança de humanos e outros animais. As feministas podem engajar-se seriamente, então, no debate biossocial a partir do interior das ciências.

Contudo, precisamos estar plenamente cientes dos perigos de usar regras antigas para contar novas histórias. Isso é compatível com uma recusa maior em fingir que a ciência é ou somente descoberta, o que erige um fetiche de objetividade, ou somente invenção, o que repousa sobre um idealismo grosseiro. Ao mesmo tempo, nós aprendemos sobre a natureza e a criamos nós mesmos. Também devemos ver as ciências biossociais do ponto de vista do processo de resolução da contradição, ou do abismo, entre a realidade humana e a possibilidade humana na história. O propósito das ciências da função é produzir tanto a compreensão do sentido quanto os meios preditivos de controle. Eles mostram tanto o dado quanto o possível, numa dialética entre o passado e o futuro. Geralmente, o futuro é dado pela possibilidade de um passado. As ciências também agem como metalinguagens legitimadoras que produzem homologias entre sistemas sociais e simbólicos. Isso é plenamente verdadeiro para as ciências do corpo e do corpo político. Em um sentido estrito, a ciência é o nosso mito. Tal afirmação de modo algum vicia a disciplina que os praticantes da ciência impõem uns aos outros para estudar o mundo. Podemos ao mesmo tempo saber que nossos corpos, outros animais, fósseis e o que quer que seja são objetos apropriados para a investigação científica e lembrar quão historicamente determinado é nosso papel na construção do objeto. Não é um acidente da natureza que nosso conhecimento social e evolutivo dos animais, dos hominídeos e de nós mesmos tenha se desenvolvido em termos econômicos capitalistas e funcionalistas[8]. As feministas também não devem esperar que mesmo argumentos que respondam ao viés claramente sexista dentro das ciências produzam adequadas teorias finais da produção e reprodução. Tais teorias ainda nos escapam, porque estamos agora engajadas em uma luta político-científica para formular as regras com as quais iremos articulá-las. O terreno da primatologia é a zona de disputa. O futuro é a questão.

CAPÍTULO TRÊS
A EMPREITADA BIOLÓGICA: SEXO, MENTE E LUCRO DA ENGENHARIA HUMANA À SOCIOBIOLOGIA

> *A vida pode ser moldada de todas as formas concebíveis. Projete suas especificações para um cachorro ou para um homem [...] e se você me fornecer o controle do ambiente, e tempo suficiente, eu revestirei seus sonhos com carne e sangue [...]. Um sistema industrial sensato buscará colocar os homens, bem como a madeira, a pedra e o ferro, nos lugares aos quais a natureza os tornou apropriados, e refiná-los para o serviço eficiente com cuidado ao menos tão diligente quanto o que se concede aos relógios, dínamos elétricos ou locomotivas.*
>
> FRANK PARSONS, engenheiro humano, 1894

> *Agora eles apinham-se em colônias imensas, em segurança dentro de gigantescos robôs desajeitados, murados do mundo exterior, comunicando-se com ele por meio de vias indiretas e tortuosas, manipulando-o por controle remoto. Eles estão em mim e em você. Eles nos criaram, corpo e mente. E sua preservação é a razão última de nossa existência. Transformaram-se muito, esses replicadores. Agora eles recebem o nome de genes e nós somos suas máquinas de sobrevivência.*
>
> RICHARD DAWKINS, sociobiólogo, 2007[1976]

Parte de nos refazermos como seres humanos socialistas-feministas é refazer as ciências que constroem a categoria "natureza" e empoderar suas definições na tecnologia. A ciência fundamenta-se em conhecimento e poder. Em nosso tempo, a ciência natural define o lugar do ser humano na natureza e na história e fornece os instrumentos de dominação do corpo e da comunidade. Ao construir a categoria "natureza", a ciência natural impõe limites sobre a história e a autoformação. A ciência, então, é parte da disputa pela natureza de nossas vidas. Desejo investigar de que maneira o campo da biologia moderna constrói teorias sobre o corpo e a comunidade como máquina e mercado capitalista e matriarcal: a máquina para a produção, o mercado para a troca, e tanto máquina quanto mercado para a reprodução. Quero explorar a biologia como um aspecto da reprodução das relações sociais capitalistas, lidando com o imperativo da reprodução biológica. Isto é, pretendo mostrar como a sociobiologia é a ciência da reprodução capitalista.

TABELA 1: TRANSFORMAÇÕES NA CIÊNCIA
DA VIDA NO SÉCULO XX

Pré-Segunda Guerra Mundial Representada por R. M. Yerkes	Pós-Segunda Guerra Mundial Representada por E. O. Wilson
psicobiologia	sociobiologia
engenharia humana	controle de comunicação
organismo	máquina cibernética
fisiologia	teoria dos sistemas
inteligência	informação
pessoa	gene
ciências da personalidade	genética e ecologia de populações
sexo e mente	genes e máquinas de sobrevivência
instinto e engenharia	restrições e escolha ou redesign de trajetórias
estudos de movimento no tempo	ergonomia
gerenciamento das relações humanas	gerenciamento de sistemas sociotécnicos
adaptatividade	otimização

eugenia para a higiene de raças	estratégias de investimento sexual para benefício genético
sistema nervoso para integração	canais sensoriais e centros de processamento para rastreamento ambiental
sistema endócrino para integração	comunicação química para rastreamento ambiental
homeostase	retroalimentação e outros mecanismos de sistemas de controle
superorganismo	população

Todos os itens da lista da esquerda são apropriados a uma biociência de organismos, na qual o modelo de intervenção científica é médico e clínico. A natureza da análise é o funcionalismo orgânico, e os apelos ideológicos são para a concretização da "pessoa". Todos os itens da lista da direita são apropriados a uma ciência da engenharia de dispositivos tecnológicos automatizados, na qual o modelo de intervenção científica é técnico e "sistemático". A natureza da análise é o funcionalismo tecnológico, e os apelos ideológicos são para o alívio do estresse e outros sinais de obsolescência humana.

Entre a Primeira Guerra Mundial e o presente, a biologia transformou-se de uma ciência centrada no organismo, compreendida em termos funcionalistas, em uma ciência que estuda dispositivos tecnológicos automatizados, compreendidos em termos de sistemas cibernéticos. A forma orgânica, com sua cooperação fisiológica e competição baseada em dominação "natural" e divisão de trabalho, abriu caminho à teoria dos sistemas com seus esquemas de controle baseados em redes de comunicação e em uma tecnologia lógica em que os seres humanos se tornam dispositivos usuários de símbolos potencialmente desatualizados. A ciência da vida moveu-se da fisiologia para a teoria dos sistemas, da medicina científica para a administração de investimentos, da gestão científica taylorista e engenharia humana da pessoa para a ergonomia moderna e controle populacional, da psicobiologia para a sociobiologia.

Essa mudança fundamental na ciência da vida não ocorreu em um vácuo histórico; ela acompanhou mudanças na natureza e tecnologia do poder, dentro de uma dinâmica contínua da reprodução capitalista. Este capítulo esboça essas mudanças em um esforço de investigar a conexão histórica entre o conteúdo da ciência e seu contexto social. A questão maior que informa esta crítica é como desenvolver uma ciência da vida socialista-feminista[1].

Uma vez que a ciência é parte do processo de realizar e elaborar nossa própria natureza, de constituir a categoria da natureza em primeiro lugar, nossa responsabilidade no desenvolvimento de uma ciência feminista e socialista é complexa. Estamos longe de compreender precisamente o que nossa biologia poderia ser, mas estamos começando a entender que sua promessa está enraizada em nossas vidas reais, que temos a ciência que fazemos historicamente. Como mostrou Marx para a ciência da riqueza, nossa reapropriação do conhecimento é uma reapropriação revolucionária de um meio pelo qual produzimos e reproduzimos nossas vidas. Precisamos estar interessados nessa tarefa.

Este capítulo compara e contrasta as biologias de Robert Mearns Yerkes e de Edward Osborne Wilson para mostrar a transformação da biologia de uma ciência de organismos sexuais em uma ciência sobre agrupamentos genéticos reprodutores. Do começo ao fim eu enfoco a máquina e o mercado como ideias organizadoras na ciência da vida. A tabela 1 resume as categorias de comparação. É importante notar que este capítulo não afirma que Yerkes e Wilson construíram individualmente sistemas intelectuais com relações conscientes com as necessidades do capital patriarcal; em vez disso, ele os examina como representantes de formações importantes, a fim de dar uma ideia de onde continuar uma leitura crítica da biologia clássica no processo de formulação de uma outra biologia[2].

Yerkes estava comprometido com o desenvolvimento de ciências da personalidade baseadas no modelo da fisiologia e da medicina científica[3]. Como o objetivo da administração científica na indústria naquele período era o microcontrole dos trabalhadores individuais, o estabelecimento de hierarquias cooperativas e a separação clara das funções de controle do trabalho manual, a psicobiologia de Yerkes fundou-se no organismo individual e nas hierarquias de inteligência e adaptatividade que eram apropriadas à criação de sociedades modernas e racionalmente administradas. Ele construiu um quadro evolutivo complexo da relação entre sexo e mente, material bruto e engenharia, instinto e controle racional, que era apropriado a uma ciência capitalista genuinamente utilizável.

Mas, no final de sua carreira, nos anos 1940, a ciência de Yerkes já estava ultrapassada, sendo substituída por uma perspectiva de engenharia diferente, baseada não na fisiologia, mas na análise das ciências físicas da informação e da energia em agrupamentos estatísticos[4]. A fisiologia dos organismos sexuados deu lugar à bioquímica, à análise estrutural e à genética molecular das máquinas informacionais: *integrons*, replicadores, subsistemas biológicos auto-organizáveis tais como vírus, organelas e populações celulares – os novos livros da natureza a serem lidos pela matemática. Não é por acidente que a genética moderna é desenvolvida como uma ciência linguística, com atenção aos signos, pontuação, sintaxe, semiótica, leitores/displays de máquina (*machine read-outs*), fluxo informacional direcional, códons, transcrição e assim por diante (Jacob, 2001; Watson, 1976). O objetivo social da nova ciência da vida era claramente o controle estatístico da massa através de sistemas de comunicação sofisticados. De modo semelhante, a atenuação e o controle da variação, a previsão de padrões de larga escala e o desenvolvimento de técnicas de otimização em todos os tipos de sistema tornaram-se uma estratégia básica de instituições sociais. Além disso, tudo se tornou um sistema. A busca tinha sido por estratégias evolutivas estáveis para maximizar o lucro. Na ciência da vida, a sociobiologia é um fruto maduro dessa abordagem; ela é genuinamente uma nova síntese que torna ultrapassadas muitas distinções entre ciência natural e social[5].

Robert Mearns Yerkes (1876-1956), em uma vida de trabalho dedicado à pesquisa psicobiológica e à promoção e administração da ciência, estabeleceu o primeiro laboratório permanente extensivo para o estudo de grandes primatas antropoides como modelos de seres humanos. Entre 1924 e 1942, através da Universidade de Yale e da Fundação Rockefeller, Yerkes reuniu os recursos, animais, pesquisadores, prédios, equipe de manutenção e publicações que tornaram possível reproduzir, criar e estudar chimpanzés em cativeiro. Ele também tornou possíveis os primeiros estudos de campo do comportamento de primatas selvagens (Hilgard, 1965). Num nível mais amplo, Yerkes trabalhou com o objetivo de estabelecer a utilidade dos primatas na interpretação do lugar dos seres humanos no capitalismo corporativista gerido cientificamente – chamado natureza. Suas investigações em psicobiologia mental e sexual incluíram projetar testes para todos os aspectos das funções mentais em organismos que iam desde dáfnias e camundongos dançarinos até psicopatas, soldados e gerentes corporativos. Yerkes também examinou a dominância natural e a cooperação na inter-relação evolutiva entre instinto sexual e mente racional[6]. Esse trabalho foi uma parte fundamental de seu projeto explícito de engenharia científica como um substituto apropriado para as irracionalidades da cultura recebida[7].

Yerkes não tinha interesse em racionalizar formas sociais conservadoras. A ciência construiu a natureza como uma categoria que facilita o redesign de objetos naturais, incluindo a sociedade. Yerkes via a natureza e a sociedade em termos capitalistas gerenciados. A natureza era um problema para o design de teste. Adaptatividade significa resolver o problema do controle racional da natureza no nível dos organismos individuais e seus análogos sociais – famílias, grupos de trabalho e outros superorganismos[8]. Os quadros científicos para a interpretação do comportamento e da biologia dos primatas mudaram radicalmente desde os primeiros anos de trabalho de Yerkes, antes da Primeira Guerra Mundial. O conhecimento sobre os primatas correspondia ao desenvolvimento geral na biologia, psicologia e sociologia, bem como ao conflito político. Os modos como os argumentos foram construídos para relacionar a ciência primata com as necessidades humanas também mudaram. Porém, uma dimensão constante dos estudos primatas tem sido a naturalização da história humana; isto é, tornar a natureza humana o *material bruto* ao invés do *produto* da história. A engenharia é a lógica-guia da ciência da vida no século XX.

A engenharia humana buscava construir uma hierarquia de controle modelada no organismo individual, com o sistema nervoso no topo. Esse modelo organísmico facilitava a concepção da sociedade como um todo harmonioso e balanceado com a distribuição apropriada de função. As inter-relações dos sistemas nervoso e reprodutivo, os dois mecanismos integrativos principais do organismo, forneciam um microcosmo da vida, incluindo a vida social (superorganismo). O objetivo científico principal era uma teoria biológica da cooperação baseada nas hierarquias de gerenciamento. O que tinha de ser gerenciado era a vida orgânica, os instintos e o sexo. No topo da pirâmide-organismo estava a mente, permitindo que o altruísmo mitigasse os excessos da competição. A psicobiologia, assim como mais tarde a sociobiologia, tinha de encarar a racionalização do altruísmo no mundo competitivo – sem ameaçar a estrutura básica da dominação.

Robert Yerkes: O laboratório de primatas como usina-piloto para a engenharia humana

> Sempre foi uma característica do nosso plano para o uso do chimpanzé como um animal experimental moldá-lo inteligentemente à especificação em vez de tentar preservar suas características naturais. Nós acreditamos que é importante converter o animal em um sujeito tão ideal para a pesquisa biológica quanto seja praticável. E a esse intento associou-se a esperança de que o sucesso eventual poderia servir como uma demonstração efetiva da possibilidade de recriar o próprio homem na imagem de um ideal geralmente aceitável.
>
> ROBERT YERKES, *Chimpanzees, A Laboratory Colony*

Nos anos 1930, a engenharia humana na forma do gerenciamento de pessoal integrava os métodos das ciências físicas, biológicas e sociais a fim de produzir harmonia, trabalho em equipe e ajustamento. A estrutura da cooperação envolvia toda a complexa divisão de trabalho e autoridade na produção e reprodução capitalista. A cooperação muito certamente incluía a organização racional da mão e da cabeça, da subordinação e da dominância, do instinto e da mente. A motivação da cooperação era um problema de gerenciamento (Mayo, 1933; Baritz, 1960; Braverman, 1974).

Tratava-se também de um problema biomédico, que exigia um conhecimento fisiológico detalhado das "irracionalidades", as quais poderiam tornar-se patológicas – instinto, personalidade e cultura. Essas três ligavam-se de perto ao sexo orgânico e conduziam à proliferação de disciplinas científicas como endocrinologia, estudos de personalidade diferenciados por gênero, psicoterapia freudiana, antropologia baseada em personalidade e cultura, doutrinas eugenistas para a higiene de raças e aconselhamento sexual através do movimento do controle de natalidade[9]. Apesar das controvérsias entre todas essas abordagens, elas compartilhavam uma fundamentação em funcionalismo orgânico baseado em sexualidade. Engenharia significava localização racional e modificação do material humano bruto – no interesse comum do organismo, família, cultura, sociedade e indústria. A engenharia humana era um tipo de encorajamento médico dos mecanismos homeostáticos naturais de integração inteligente. As ciências da vida que estudavam a capacidade e a variação orgânicas de um ponto de vista fisiológico forneciam os fundamentos para a aplicação da engenharia humana. Yerkes ajudou a construir essas ciências.

Ele recebeu seu doutorado em Harvard, em 1902. Antes da Primeira Guerra Mundial, sua pesquisa em Cambridge e Boston dizia respeito à psicofisiologia sensorial e à capacidade mental de uma ampla variedade de organismos. A fisiologia sensorial estava intimamente relacionada com modos de "adaptatividade", ou aprendizado, em quadros individuais e evolutivos. No início de sua carreira, Yerkes estava interessado em estender seu trabalho aos primatas e vislumbrava uma abrangente estação de pesquisa sobre os primatas, que incluiria fisiologia, aprendizado e comportamento social. Ele trabalhou dentro dos quadros da psicologia comparativa, que estudava a evolução do comportamento animal como uma cadeia do ser, uma série de organizações fisiológicas cada vez mais complexas, mais evidentes com o crescimento da inteligência. Tendo definido a inteligência como um comportamento de solução de problemas, Yerkes confiava na construção dos aparatos de testagem para comparar as estratégias de aprendizado de diferentes espécies e indivíduos dentro das espécies. Não é possível pôr ênfase maior na relação com uma fisiologia concebida hierarquicamente como modelo para essa psicologia. Assim como a medicina científica se baseava na fisiologia experimental, as terapias psicológicas confiavam na psicologia experimental (Yerkes, 1913, 1921).

Ao estudar a adaptatividade dos primatas, Yerkes (1927b, 1928) desenvolveu a noção de três estágios de complexidade, que ele na verdade chamava de "macaquear" (*monkeying*), "primatear" (*aping*) e pensar. Seus estudos ideacionais anteriores à guerra, que trataram do orangotango Julius e dos pacientes no hospital psiquiátrico de Boston, fizeram parte do desenvolvimento de testes aplicáveis a todos os tipos de problemas de inventário orgânico. A Primeira Guerra Mundial forneceu uma oportunidade para demonstrar a utilidade dessa ciência natural psicofisiológica. Yerkes é muito conhecido por ter ajudado a desenvolver os testes de inteligência para os recrutas; os resultados de tais testes eram frequentemente usados para restrição de imigração e outros propósitos racistas durante e depois da guerra. É menos amplamente conhecido que Yerkes desenvolveu seus testes com o apoio do cirurgião geral do Exército e concebia seu trabalho como parte da administração médica da sociedade (Kevles, 1968; Science for the People de Ann Arbor, 1977, pp. 21-57; Cravens, 1978, pp. 80-5, 181-8).

Depois da guerra, Yerkes permaneceu em Washington, D.C., formando uma base econômica e política para seu objetivo de toda a vida: uma estação de pesquisas de primatas. De 1919 até aceitar um cargo de professor no novo Instituto de Psicologia de Yale em 1924, ele trabalhou no Conselho Nacional de Pesquisa (NRC) da Academia Nacional de Ciências.

Dois comitês formados sob os auspícios do NRC são relevantes para os temas deste capítulo: o Comitê sobre Aspectos Científicos da Migração Humana (CSAHM) e o Comitê de Pesquisa sobre Problemas do Sexo (CRPS). Yerkes foi coordenador dos dois, do primeiro entre 1922 e 1924, e do segundo entre 1922 e 1947. Ambos os comitês foram organizados para estudar a variabilidade humana para propósitos de política de gerenciamento social racional. Nenhum dos dois trabalhava a partir de uma perspectiva de população, mas sim a partir de um modelo fisiológico de capacidade orgânica, variação e saúde. Abordagens amplas de genética e ecologia de populações direcionadas à demografia e à sexualidade só surgiram depois da Segunda Guerra Mundial e se relacionavam à elaboração de tecnologia das comunicações e das ciências da informação.

O CRPS surgiu a partir de esforços do Departamento de Higiene Social da cidade de Nova York para estabelecer uma estrutura de pesquisa pura a fim de esclarecer políticas sociais direcionadas a questões como educação sexual, aconselhamento familiar, eugenia, doenças venéreas, divórcio e controle de natalidade[10]. Esse comitê do NRC era parte de um esforço de relacionar a pesquisa médico-fisiológica com questões sociais. Ele patrocinava trabalho em quatro categorias, *não* incluindo agências de ação direta[11]: (1) biologia do sexo (aspectos sistemáticos, genéticos e fisiológicos); (2) fisiologia da reprodução; (3) fisiologia do sexo infra-humana; e (4) psicobiologia humana do sexo, incluindo abordagens antropológicas e sociopsicológicas. Dois pressupostos destacam-se nos registros do comitê do sexo. Primeiro, a prática social tinha que ser baseada em pesquisa básica conduzida e controlada por especialistas independentes; os filantropos patrocinadores não teriam mais ingerência sobre financiamento assim que o comitê estivesse estabelecido. Segundo, o instinto sexual era percebido como subjacente a toda a pirâmide da vida e da espécie humana e como chave para entender a cultura e a personalidade. O CRPS não concebia a ciência como racionalizadora da repressão sexual. Bem ao contrário: o comitê em larga medida exercia um papel liberalizante[12]. Ele estava comprometido em facilitar a engenharia social racional. Modelos animais para a capacidade e variação orgânica humana permitiam que a engenharia humana fosse uma ciência natural experimental. Nesse sentido, Yerkes construiu seu laboratório de primatas como uma usina-piloto para a engenharia humana.

Com a consultoria de um poderoso e antigo amigo e colega, James Rowland Angell, presidente da Universidade de Yale, Yerkes planejou o Instituto de Psicologia em Yale como o lar para sua pesquisa sobre primatas. O instituto sediava um leque de pesquisas de pós-graduação sobre problemas gerais da adaptação; seu pessoal se compunha de antigos membros do CSAHM[13]. Esses homens trouxeram consigo o comprometimento com o gerenciamento científico de raça, sexo e classe baseado nas ciências da hereditariedade, impulsos (*drives*), aprendizado e ambiente, todos em um contexto biomédico fundamentado na fisiologia. Em 1924, Yerkes mudou-se para New Haven. Suas instalações iniciais consistiam em sua fazenda em New Hampshire e um velho prédio adaptado em Yale, onde quatro jovens chimpanzés cresceram à vista plena da ciência moderna. Seus desenvolvimentos psicossexual e ideacional foram as preocupações primárias. Mente e sexo formavam um par natural (Bingham, 1928).

Em 1929, Yerkes alcançou seu sonho, um financiamento de 500 mil dólares da Fundação Rockefeller para uma grande instalação de pesquisa sobre grandes primatas. As propostas de financiamento e a correspondência com a fundação estavam cheias de menções à relevância do projeto para as questões sociais e psicológicas humanas[14]. Nenhum outro objetivo poderia justificar o gasto elevado com o uso de chimpanzés como animais de pesquisa. Os Laboratórios de Biologia de Primatas de Yale resultantes existiam em três partes: (1) laboratórios especiais para o trabalho de curto prazo em New Haven, que necessitavam de aparato especial, com cooperação próxima com o Departamento de Fisiologia de John Fulton na Escola de Medicina; (2) uma colônia de procriação de trinta a quarenta animais em Orange Park, na Flórida, onde a observação psicobiológica sexual e ideacional de longo prazo seria possível; e (3) provisão especial para estudos de primatas selvagens em seu habitat natural, para fornecer a informação de linha de base sobre a fisiologia social natural dos organismos[15]. A pesquisa centrava-se na ideia de evolução e praticamente ignorava a ideia de populações. O comportamento animal não era uma ciência genética nas mãos de Yerkes e de seus contemporâneos. Ou, ainda, os psicólogos comparatistas usavam a palavra "genética" sempre no sentido da gênese das capacidades individuais. Tudo isso mudaria com a síntese, pós-Segunda Guerra Mundial, entre etologia, biologia neural e genética e ecologia de populações. A figura 2 mostra o quadro das ciências da vida que Yerkes conhecia por volta de 1930.

O pessoal associado com os laboratórios de primatas em Yale mantinha duas ideias organizadoras enraizadas na fisiologia organísmica. A primeira era a de dominância, que incluía a dominância da região do cérebro, nas interações competitivas entre indivíduos, como um traço de personalidade relacionado à liderança e as suas hierarquias como estrutura social. Percebia-se a dominância como inerente aos organismos individuais; ela provavelmente era hereditária, assim como a cor dos olhos ou o Q.I. A segunda ideia era a de cooperação – dos mecanismos homeostáticos em todos os níveis à modificação deliberada da dominância nos interesses da organização superior e às regras cotidianas de gerenciamento do laboratório. A cooperação e a dominância ligavam-se de perto em um nível orgânico como formas de integração.

Uma oportunidade de escolha apresentou-se para a investigação experimental da dominância no contexto da sociologia experimental centrada na família. O experimento testava coordenação do impulso sexual, desejo de status, tipos de personalidade masculina e feminina e transformação evolutiva em formas superiores de controle social. Esse estudo trazia implicações notáveis para o aconselhamento e para os serviços sociais humanos ao relacionar impulso e personalidade à ordem social.

No curso dos testes para atraso de resposta e dos processos representacionais como parte do estudo da filogenia da linguagem, Yerkes observou que a periodicidade e a dominância-subordinação sexuais pareciam influenciar qual animal de um par na jaula iria se aproximar da

FIGURA 2
CIÊNCIAS DA VIDA
ERA DA BIOLOGIA
(unificando ciência e ideologia)

NATUREZA (autônoma)	MEDIADORES	CULTURA (autônoma)
	Psicologia	
Fisiologia (experimental)	impulsos reflexos genes hormônios	Antropologia
Evolução (comparativa)	COMPORTAMENTO — animal/humano (personalidade) — RELAÇÕES SOCIAIS	Sociologia
Ciências ambientais		Higiene mental e social
	Psicobiologia	
medicina experimental sistema reprodutor sistema nervoso saúde		*sociologia experimental* família grupo social gerenciamento ajustamento

ENGENHARIA HUMANA
PSIQUIATRIA
(tecnologias unificadas)

Por volta de 1930, as ciências da vida enfocavam organismos, personalidades e culturas. Ambos os lados da figura são ancorados em doutrinas organísmicas e funcionalistas; ambos envolvem papéis diferenciados para ciências básicas e aplicadas, modelados em medicina experimental.

abertura de alimento para ser examinado. Yerkes (1939), então, conduziu experimentos alimentares competitivos em quatro tipos de companheiros de jaula: parceiros sexuais, duas fêmeas maduras, uma fêmea madura com uma jovem e duas fêmeas jovens. Ofereceram-se bananas, uma por vez, em uma série de dez, através de uma abertura na jaula. Juntamente com outras informações, o observador registrava qual animal do par iria recolher a banana. Os resultados foram correlacionados com o status sexual das fêmeas em termos de dominância-subordinação e resposta por "direito ou privilégio". Direito ou privilégio significava que, no período de maior inchaço genital da fêmea, isto é, quando a fêmea estava no cio, o macho normalmente dominante lhe dava o privilégio de recolher a banana, ainda que não se visse a dominância reverter-se. Ainda assim, a fêmea agia como se por direito. Yerkes reconheceu vários problemas com os dados: por exemplo, foram feitas observações em apenas um caso em todo o ciclo, e a variação do padrão de resposta virtualmente inundou as regularidades postuladas. Testes de significância estatística não foram relatados. Em pares de fêmeas, o intumescimento sexual afetava o desempenho no teste de prioridade de alimento, mas o animal que oferecia favores sexuais seria ou o chimpanzé previamente "dominante" ou o previamente "subordinado". O mercado sexual entre as fêmeas era desordenado. Mesmo entre "parceiros", parecia que a presença ou a ausência de uma "amizade" anterior afetava consideravelmente os resultados. Mas Yerkes gastou grande parte do trabalho descrevendo em detalhe um par que mostrava substituição clara de direito e privilégio por dominância. O tom era ao mesmo tempo de tentativa e expectativa de que essas observações fossem o início de estudos muito importantes. A fisiologia social experimental de Yerkes, que explorava o mercado sexual como fundamental para a origem da cooperação cultural humana na instituição do casamento (e a forma "patológica" do casamento – prostituição), tem uma história longa (Herschberger, 1948, pp. 5-14).

Na opinião de Yerkes, a dominância como um impulso não era específica a um sexo. Ela era o apetite básico do organismo por status social. "Admitindo-se que a dominância é hereditária e que a herança é independente do sexo, seria esperado que homens e mulheres se tornassem líderes criativos com frequência aproximadamente igual" (Yerkes, 1939, pp. 133-4). A cultura dava conta da predominância efetivamente atestada de líderes masculinos. Mas a associação entre "liderança" e dominância biológica era considerada natural. Em relação às controvérsias a respeito dos papéis sociais da época, Yerkes era de liberal a moderado, e tornava clara sua opinião de que as fêmeas humanas deveriam ter maior "oportunidade" do que permitia a tradição. A questão aqui não é se Yerkes ou outro porta-voz da psicobiologia comparativa eram ou não eram liberais em seu tempo, e sim a lógica da naturalização das questões em termos de hierarquia dos instintos ao controle racional através de personalidade e terapias médicas e educativas associadas. Com o enfraquecimento da religião, a ciência da vida comparativa tornou-se o novo fundamento para decisões de valor, a base mais evolutivamente adaptativa para o julgamento. Com respeito à divisão do trabalho na família, que era o modelo para a divisão de trabalho em toda a sociedade, a lógica da naturalização fornecia um alicerce para a explicação histórica baseada em reprodução. A dinâmica era o gerenciamento, *não* a repressão.

Para tornar concreto esse ponto, sigamos Yerkes em sua análise das implicações da mistura dos apetites sexuais com os impulsos de dominância. Primeiro, ele situa toda a investigação do impulso sexual e da dominância-subordinação explicitamente no contexto dos debates contemporâneos prementes. Yerkes acreditava que o feminismo era equivalente à proposição de que machos e fêmeas eram biologicamente "iguais", isto é, que o conceito de direitos na filosofia política estava apropriadamente enraizado na economia natural. Sobre "bases científicas", ele rejeitava firmemente a proposição de que os machos eram mentalmente superiores, ou, por assim dizer, naturalmente dominantes. Machos e fêmeas tinham a mesma estrutura psicológica (ideação) e de impulsos (motivação). Mas, como consequência das estruturas hormonais, havia diferenças na expressão dos impulsos. O resultado era a personalidade. A ciência da vida requeria um marcador físico para o estado interno. O trabalho de Yerkes articulava a relação da psicobiologia com a biologia e a fisiologia do sexo contemporâneas, as primeiras duas categorias do programa promocional do CRPS. Se a divisão do trabalho na sociedade pudesse ser correlacionada com as diferenças na expressão do impulso, as feministas da época de Yerkes estavam equivocadas (Yerkes, 1943, p. 69).

"Muitos contrastes sexuais bem definidos aparecem nas expressões variadas e complexas da dominância e subordinação, liderança e controle, agressão e defesa." Adiante, Yerkes escreve (1943, p. 71): "é especialmente importante dar atenção a essas coisas como unicamente importantes na descrição posterior da masculinidade e da feminilidade". No contexto da discussão de técnicas diferenciadas de controle social adotadas por machos e fêmeas, Yerkes descreveu as diferenças biologicamente determinadas na expressão do impulso. A existência de diferenças em chimpanzés nas "técnicas de controle social" sugeria que os modos humanos também eram psicobiologicamente legitimados e inevitáveis.

> Em poucas palavras, o comportamento masculino é predominantemente autodistrativo; o feminino, primariamente propenso a buscar favores e atentar a prioridades [...]. Para o observador, o macho parece estar sempre se esforçando para ofuscar a percepção de sua subordinação; a fêmea, por outro lado, parece tentar esperançosamente induzir o macho a lhe ceder o espaço na abertura da jaula [...]. Quanto às fêmeas, artimanhas, ardis e astúcia enganadora, que são notáveis por sua ausência na lista masculina, são recursos favoritos. Mas ainda mais são a atração sexual e as formas variadas de aliciamento [...]. Torna-se claro, pelas nossas observações, que a fêmea é, ao modo de um camaleão, uma criatura de múltiplas personalidades (Yerkes, 1943, p. 83).

Yerkes baseou essas "observações" na sociologia experimental do teste de prioridade de alimento. Ele não deixou para a imaginação a lição sobre os *limites* da formação cultural da personalidade, e, portanto, da mudança social possível:

> Estou impressionado com as atitudes e atividades contrastantes reveladas pela situação competitiva do alimento, e eu as ofereço como evidência de que os chimpanzés machos e fêmeas diferem tão definitiva e significativamente em traços de comportamento quanto no porte físico. Não estou convencido de que através da reversão das influências culturais os quadros característicos de masculinidade e feminilidade possam ser revertidos (Yerkes, 1943, p. 85).

Essa opinião deveria ser avaliada à luz da crença extraordinária de Yerkes na maleabilidade e perfectibilidade humanas através da engenharia. "Diferenças de personalidade" deveriam ser gerenciadas, e não tolamente negadas.

Yerkes acreditava que os estudos de personalidade que usavam material antropoide eram especialmente favoráveis por causa da ausência de tabus sociais e inibições pessoais.

> Assim, eu admito que os itens observacionais que figuram neste relatório e em estudos relacionados sobre a psicologia do sexo em grandes primatas antropoides devem apresentar valor excepcional para os que estão preocupados com os problemas do comportamento social, e, especialmente nessa conjuntura, para os psicopatologistas determinados a apreciar, aperfeiçoar e usar métodos psicanalíticos de observação e interpretação (Yerkes, 1939, p. 130).

Embora menos diferenciada do que na espécie humana, a personalidade "claramente" existia nos chimpanzés "como a unidade da organização social". Personalidade queria dizer o todo funcional, "o produto da integração de todos os traços e capacidades psicobiológicos do organismo". Em uma personalidade normal, características herdadas e impulsos orgânicos básicos eram integrados com o eu consciente. Em resumo, a personalidade era um objeto científico absolutamente central para a ciência da vida e as ciências humanas. Ter uma personalidade masculina ou feminina não era uma questão menor; sobre seu desenvolvimento apropriado articulavam-se o ajustamento e a felicidade do indivíduo e do corpo político. Yerkes não queria subestimar a diversidade e a variabilidade. A ciência comparativa tinha sido projetada precisamente para lidar de maneira científica com a variabilidade. Para impulsos tão centrais quanto sexo e dominância e para expressões tão importantes como masculinidade e feminilidade, o cultivo da personalidade era uma questão de serviço científico responsável. A possibilidade de prescrição do papel social em bases racionais estava em questão. Se os impulsos e a personalidade pudessem ser medidos mais cedo, um tratamento apropriado poderia ser iniciado. Yerkes era cuidadoso, mas otimista.

> Se no homem a dominância como um traço de personalidade é altamente correlacionada de forma positiva com a liderança, como evidentemente o é nos chimpanzés; se é uma condição da ou marcadamente favorável à iniciativa individual, do interesse examinativo, da inventividade e da criatividade; e se, além disso, se provasse ser mensurável com confiabilidade durante a infância, ela pode muito bem vir a ter valor conspícuo como indicador de aptidões vocacionais e utilidade social e, portanto, também como a base para tratamento educacional diferenciado e escolha ocupacional. Até mesmo o aconselhamento marital poderia ser afetado por ela, pois simpatia e adequação social podem depender de forma bastante apreciável da similaridade ou de seu oposto na dominância como um traço de personalidade de parceiros ou companheiros (Yerkes, 1939, p. 133).

É significativo que o conceito de cultura dependesse da personalidade na antropologia dos anos 1930. Nós acompanhamos Yerkes movendo-se do instinto, através da personalidade, à cultura e à engenharia humana. Os próprios cientistas entrelaçavam sexo, mente e sociedade em uma profissão de serviço científico que estabelecia uma nova e promissora ciência da vida da psicobiologia comparativa de primatas, que abarcava desde o aprendizado através da motivação até a sociologia experimental. A primatologia servia como mediadora entre vida e ciências humanas em um período crítico de reformulação das doutrinas sobre natureza e cultura. Yerkes ordenava sua vida na crença de que essa ciência serviria para fomentar um estado mais elevado de consciência individual e social, o objetivo ideológico do humanismo liberal.

Antes de desenvolver a segunda seção deste capítulo, sobre a sociobiologia, vale a pena retornar das posições maduras de Yerkes, no final dos anos 1930, sobre impulso e personalidade nos primatas como modelos para os humanos ao seu envolvimento, no início dos anos 1920, com a pesquisa de pessoal da indústria.

Na qualidade de chefe temporário do encontro anual da Federação de Pesquisa de Pessoal de 1920, Yerkes desenvolveu temas que permeavam seu trabalho com a engenharia humana. Iniciou com um chamado a "buscar com confiança a pesquisa desinteressada para guiar nossa raça a uma solução sábia" para o problema de se "o sistema industrial e seus produtos [seriam] tratados como fins ou meios para o bem-estar humano" (Yerkes, 1922, p. 56). Ele via a pesquisa de pessoal, o estudo do fator humano da produção, como a disciplina-chave da nova era. "Há todos os motivos para crer que a engenharia humana tomará seu lugar em breve entre as formas importantes da iniciativa prática" (p. 57). Yerkes acreditava que os sistemas industriais tinham evoluído da escravidão ao sistema de trabalho assalariado e ao sistema atual baseado na cooperação e que só agora o valor da pessoa poderia ser percebido. Como a pesquisa de pessoal considerava a pessoa como a unidade própria de produção, essa disciplina abriu caminho para que o fomento científico da cooperação inteligente substituísse a luta de classes entre o trabalho e o capitalismo *laissez-faire*, mal adaptado e evolutivamente ultrapassado. Yerkes e seus colegas liberais advogavam pelo estudo dos traços do corpo, da mente, do espírito e do caráter a fim de posicionar "a pessoa" perfeitamente em um lugar apropriado na indústria. Igualdade claramente não queria dizer uniformidade orgânica; devia, sim, significar que "nos Estados Unidos, dentro dos limites estabelecidos por idade, sexo e raça, as pessoas são iguais à luz da lei e podem exigir como seu direito de cidadãos oportunidades semelhantes de serviço e responsabilidade humanos" (Yerkes, 1922, p. 58).

Pela lógica de Yerkes, igualdade era o direito de todos de ocupar seu lugar natural determinado pela ciência desinteressada. *Diferenças* eram o assunto essencial da nova ciência. A pesquisa de pessoal deveria fornecer informação confiável para o gerente de contratação e aconselhamento vocacional apropriado para a "pessoa". As "vocações" em si mesmas eram vistas como produtos neutros do progresso industrial, de modo que o problema basicamente era o inventário humano em uma democracia. A unidade de análise era a pessoa, transformada pelo conceito científico de personalidade que ligava fisiologia, medicina, psicologia, antropologia e sociologia à função da administração. Além disso, "pessoa" e "personalidade" retinham um sentido fortemente antimaterialista ao mesmo tempo que a ideologia associada permitia a redução científica por métodos objetivos – como a testagem da inteligência, pesquisa motivacional e psicobiologia sexual. O casamento do idealismo filosófico com a ciência natural produziu crianças modernas bem-comportadas na fábrica e em casa. Em resumo,

> agora a indústria tem oportunidades abundantes para desenvolver métodos adequados de mensurar pessoas com

relação às qualidades de caráter, mente e corpo, e para tornar essa informação imediatamente disponível em conexão com colocação, escolha vocacional e orientação (Yerkes, 1922, p. 60).

Embora a pessoa deva ser o *objeto* do gerenciamento científico – uma estrutura essencial de dominação na ciência da cooperação –, a ideologia da autoexpressão também era intrínseca à exposição de Yerkes. A harmonia entre gerenciamento social e de si articulava-se sobre as doutrinas capitalistas da personalidade. A satisfação de instintos básicos, também eles conhecidos através da ciência, era a essência da autoexpressão nesse modelo. A ciência, e não a luta de classes, poderia sustentar maior evolução adaptativa humana. Para ser socialmente útil, o impulso deveria ser um tipo de instinto orgânico compatível com a evolução biológica da cooperação que afinal estava encontrando o desenvolvimento industrial adequado. Yerkes logicamente fez desmoronar o objeto científico da personalidade por sobre o valor espiritual da pessoa:

> Resta agora para a pesquisa de pessoal efetivar uma revolução ou reforma mais significativa e benéfica [do que a invenção das máquinas] ao disponibilizar conhecimento adequado do homem em todos os seus aspectos e relações essenciais, e ao pôr em claro destaque o valor supremo da pessoa (1922, p. 63).

Ao racionalizar a troca de mercado do casamento e da máquina produtiva da indústria, a psicobiologia comparativa tomou seu lugar entre as ciências, tanto a da vida quanto a humana, teorizando a natureza e a humanidade de acordo com a lógica do patriarcado capitalista.

Engenharia de sistemas e ciências da gestão de investimento: Sociobiologia

> *O sexo é uma força antissocial na evolução* [...]. *Quando a reprodução sexuada é introduzida, os membros do grupo tornam-se geneticamente dessemelhantes* [...]. *O resultado inevitável é um conflito de interesses* [...]. *Os resultados desses conflitos de interesses são a tensão e os limites estritos na extensão do altruísmo e da divisão do trabalho.*
>
> E. O. WILSON, *Sociobiology: The New Synthesis*
> [Sociobiologia: a nova síntese]

A engenharia orgânica baseada na pessoa não é a forma dominante da ciência da vida no final do século XX. É possível até mesmo defender que a biologia deixou de existir e que o organismo foi substituído por sistemas cibernéticos, os quais mudaram radicalmente as conexões entre as ciências físicas, as ciências da vida e as ciências humanas[16]. Tais proposições são feitas por sociobiólogos, e eu penso que eles têm argumentos sólidos. Como isso aconteceu? Qual é o resultado, especialmente para as relações entre sexo, mente e lucro? Este capítulo explora apenas uma fração da revolução em biologia que resultou na biologia molecular, genética e ecologia de populações de ecossistemas e sociobiologia. Em meados dos anos 1930, a psicobiologia de Yerkes, bem como os programas de pesquisa de muitos de seus colegas, enfrentava dificuldades na Fundação Rockefeller. Warren Weaver, o novo chefe da Divisão de Ciências Naturais, tinha uma visão bastante diferente do futuro da biologia e da engenharia como uma ciência da vida. Weaver era tanto um instrumento quanto um indício de forças muito maiores[17]. No início dos anos 1960, a revolução nas comunicações consolidou-se no poder; seus efeitos podem ser verificados na biologia em quatro textos reveladores, coletivos e de grande autoridade, que culminaram em um texto introdutório à biologia, bem publicado e afinado com o estado da arte, de E. O. Wilson e seus colegas[18]. Os temas da máquina e do mercado na constituição da ciência da vida capitalista são recorrentes na obra de Wilson, que nasceu em 1929 e obteve seu doutorado em Harvard em 1955, e de seus muitos colegas. A sociobiologia é uma ciência das comunicações, com uma lógica de controle apropriada às condições históricas do capitalismo pós--Segunda Guerra Mundial.

A revolução nas comunicações mudou a estratégia de controle do organismo ao sistema, da eugenia ao gerenciamento de população, da gestão de pessoal às estruturas de organização (sistemas sociotécnicos e ergonomia) baseadas em pesquisa operacional (Lilienfeld, 1978, cap. 4). Uma revolução de comunicações significa uma reteorização de objetos naturais como dispositivos tecnológicos propriamente compreendidos em termos de mecanismos de produção, transferência e armazenamento de informação. Mudanças na tecnologia dos sistemas de comunicação propriamente ditos forneciam parte da fundação material das reformulações científicas fundamentais. A guerra e os problemas da gestão militar encorajaram novos desenvolvimentos na ciência. A pesquisa operacional começou com a Segunda Guerra Mundial e os esforços para coordenar dispositivos de radar e informações sobre posição do inimigo de modo total ou sistemático, concebendo o operador humano e o maquinário físico como o objeto unificado de análise. Modelos estatísticos foram aplicados cada vez mais a problemas de simulação e previsão para tomada de decisões importantes. Depois da guerra, o desenvolvimento explosivo das indústrias eletrônicas e da tecnologia de comunicação se ligava cada vez mais a estratégias de planejamento social e militar para desenvolver e gerenciar sistemas estáveis organizados em torno de diversos eixos de variação[19]. O conhecimento sobre a amplitude da variação e efeitos de interação entre classes de variáveis substituiu a preocupação com estados individuais. O computador, uma máquina de comunicações, efetivava e simbolizava novas estratégias de controle.

Reconheçamos que comunicação significa controle – mas controle de quê? Esse objetivo particular permite realmente a rotulação de estruturas científicas inteiras como capitalistas de algum modo significativo? Sem sugerir uma resposta definitiva para a segunda pergunta, vejamos a primeira. Configurações estáveis complexas, estratégias evolutivas estáveis eram essenciais para a realização do lucro em circunstâncias econômicas e políticas imensamente complexas. O problema que a teoria dos sistemas atacava era a manutenção e a maximização do lucro no capitalismo assolado pela crise no pós-Segunda Guerra Mundial. A abrangência das estruturas intermediárias entre a extração de mais-valia e a realização do lucro exigia todo um conjunto de discursos e tecnologias que constituíam a revolução das comunicações.

Nenhuma ciência humana ou natural ficou imune a essas transformações teóricas e técnicas. Como cada discurso científico se relaciona precisamente com essas mudanças históricas é matéria para estudo detalhado; é certo que as conexões não serão sempre diretas ou simples[20]. Porém, é marcante o fato de que a teoria formal da natureza incorporada na sociobiologia é estruturalmente semelhante às teorias capitalistas avançadas de gestão de investimento, sistemas de controle de trabalho e práticas de seguros baseadas em disciplinas de populações. Além disso, a sociobiologia, como todas as biologias modernas, estuda uma máquina de controle como seu objeto central. A natureza é estruturada como uma série de sistemas cibernéticos interligados, que são teorizados como questões de comunicações. A natureza tem sido constituída sistematicamente em termos de máquina e mercado capitalistas. Vejamos primeiro o mercado.

O mercado é mais bem abordado em termos de história do conceito de seleção natural. Os contemporâneos perceberam que uma economia natural darwiniana, a luta competitiva constante de todos contra todos pelo lucro, sugeria paralelos perturbadores com a economia política. O próprio Darwin reconheceu seu débito para com Thomas Malthus; a escassez era o motor da natureza assim como da história (Malthus, 1798, pp. 26-30, 73-5, 98). As populações biológicas cresceram em um ritmo que garantia escassez permanente, bem como melhorias técnicas permanentes nos meios de produção. O progresso e a escassez eram as formas gêmeas no desenvolvimento capitalista[21]. A reprodução dos organismos biológicos parecia ser o processo básico tanto na natureza quanto na história, e era inerentemente competitiva. A escassez parecia inevitavelmente ligada a um processo natural, e não a uma forma de limitação histórica de apropriação do produto da produção humana. A reprodução, e não a produção, parecia ser o foco apropriado para uma ciência natural da sociedade. Da mesma forma, como Marx notou, os economistas políticos burgueses enfocavam a troca igualitária e competitiva no mercado ao mesmo tempo que ofuscavam as relações de dominação na produção. Essas relações eram garantidas por mecanismos particulares (incluindo a tecnologia) projetados para transferir o *locus* do controle para longe do trabalhador. Tudo isso é familiar. Desse ponto de vista, a sociobiologia é meramente uma extensão e um desenvolvimento da teoria da seleção natural.

Sociobiologia (Wilson, 1975, p. 10) é uma compreensão biológica de *grupos* – sociedades e populações. Como em toda ciência capitalista, o problema fundamental que precisava de explicação era a combinação de indivíduos para o bem comum. De um ponto de partida do individualismo atômico, reproduzido na teoria de Darwin da seleção natural, o *altruísmo* precisava de explicação; parecia uma irracionalidade para uma teoria consistente da seleção. O altruísmo na sociobiologia é definido como "o comportamento autodestrutivo em benefício de outrem" (Wilson, 1975, p. 578). Como os indivíduos poderiam lucrar a longo prazo se eles gastam tempo e cortejam o perigo em generosidade autodestrutiva? O problema parece particularmente agudo nas sociedades naturais mais avançadas – insetos sociais e primatas não humanos, sem falar das ordens humanas. A solução da sociobiologia é a extensão quantitativamente sofisticada da seleção natural e da genética de populações, que produz a noção de "adequação inclusiva: a soma da adequação de um indivíduo mais toda sua influência na adequação de parentes outros que não os descendentes diretos; daí o efeito total da seleção de parentesco em referência a um indivíduo" (Wilson, 1975, p. 586).

As ideias relacionadas com a adequação inclusiva – seleção de parentesco, seleção sexual, investimento parental – permitiam um novo enfoque de um velho argumento: em que nível a seleção pode ocorrer (Wynne-Edwards, 1962; Trivers, 1971, 1972)? Especificamente, o grupo social pode ser o *locus* da seleção? Se sim, o grupo é um tipo de superorganismo, fisiológica e geneticamente análogo a um indivíduo? Para a sociobiologia, a resposta é não[22]. Ou, ainda, tais sugestões não fazem mais sentido. O cálculo genético da sociobiologia diz respeito a estratégias de maximização e combinações de genes.

Todos os tipos de ordens fenomenais são possíveis, de indivíduos assexuados a sociedades de insetos organizadas em castas com apenas um par reprodutor ou sociedades com diversidade de papéis e muitos membros reprodutores. Nenhuma dessas ordens é o objeto central de interesse. O objeto numenal é o gene – chamado por Richard Dawkins de "replicador" – dentro do poço genético. A sociobiologia analisa todos os comportamentos em termos do último nível explicativo, o mercado genético.

Corpos e sociedades são somente as estratégias dos replicadores para maximizar seu próprio lucro reprodutivo. Cooperação aparente de indivíduos pode ser uma estratégia perfeitamente racional se as análises de custo-benefício a longo prazo são feitas no nível dos genes. Tais análises pedem o desenvolvimento e a aplicação de ferramentas matemáticas diretamente relacionadas à economia política e às exigências técnicas feitas por essa ciência. A nova dimensão da economia política e natural do final do século XX é o problema compartilhado de compreender formas muito complexas de combinação, que ofuscam o fundamento competitivo do capitalismo com fenômenos como altruísmo e responsabilidade corporativa liberal em empreendimentos transnacionais.

Na "natureza" o lucro é medido na moeda dos genes, e a reprodução, ou a replicação, é o imperativo natural. Mas reprodução não é o mesmo que sexo. Na verdade, o sexo é uma inovação moderna perigosa, tão desafiadora das lógicas mais antigas do lucro individual que merece considerável atenção. Como qualquer outro sistema capitalista, os sistemas de replicação natural são levados a produzir inovações radicais o tempo todo para não ser ultrapassados pela competição dinâmica. O sexo é um avanço desse tipo. As sociedades podem ser racionalizadas pela sondagem das consequências da vantagem individual e da adequação inclusiva, mas as sociedades mais altamente integradas, as dos insetos, minimizam os efeitos prejudiciais do sexo. Ele é uma limitação para a constituição de sociedades porque indivíduos que se reproduzem de forma sexuada não são idênticos geneticamente e, portanto, competem com diferentes estratégias de investimento (Wilson, 1975, pp. 314 ss.).

Então por que se arriscar com perigosas estratégias de investimento? Porque elas aceleram a inovação – a produção rápida de novos genótipos que podem responder a mudanças de ambiente ou outras contingências. Tal diversificação maximiza as chances de sucesso de longo prazo. Através da produção *rápida* de novos genótipos, não dependente em primeiro lugar de mutações, os reprodutores garantem uma vantagem adaptativa. Naturalmente – defende a sociobiologia –, haverá algumas circunstâncias em que os perigos da competição sexual superam as vantagens da diversificação rápida. A sociobiologia busca uma avaliação quantitativa de estratégias apropriadas. Se o sexo deixa de oferecer uma vantagem, ele deverá ir embora. Mas nenhuma sociedade com a maior parte de seus membros engajada em reprodução sexuada pode ter esperança de paz real. O melhor que se pode antecipar é um gerenciamento harmonioso de estratégias de investimento competitivo, de tal maneira que todo o sistema (a evolução natural) seja preservado.

Uma consequência dessa análise do sexo é a atenção dada a interesses competitivos de machos e fêmeas na reprodução. Alguns dos melhores trabalhos sobre estratégias de investimento parental foram sobre aves, permitindo uma compreensão de questões como tamanho de ninhada e diferenças no comportamento de machos e fêmeas (especialmente a prontidão ao acasalamento)[23]. Elaborou-se a argumentação de que a sociobiologia estabelece em última instância a igualdade entre machos e fêmeas ao demonstrar que eles competem de igual para igual – ainda que com estratégias diferentes – no único jogo que conta: acumular lucro genético. Estratégias diferentes são uma função do diferente comprometimento energético com a reprodução que os sexos estabelecem. Os parceiros devem se enxergar como meios de acumulação de capital não controlado de modo confiável. O sexo que compromete enormes recursos de energia para incubar e alimentar desenvolverá comportamento acanhado e adotará uma posição cética quanto a parceiros errantes. Esses comportamentos fundamentais deveriam certamente ser comandados e restringidos geneticamente (Dawkins, 1976).

Na divulgação do livro de Sarah Blaffer Hrdy sobre o comportamento dos langures, no qual ela enfatizava as estratégias reprodutivas competitivas de machos e fêmeas, a Harvard University Press referiu-se a esse tipo de história natural como feminista (Ford, 1976; Hrdy, 1977). Seria difícil encontrar uma justificativa para a teoria política feminista que fosse mais limitada pelo mercado. Muito da aplicação da sociobiologia aos seres humanos gira em torno da competição sexual (Weinrich, 1977).

Mas deixemos o mercado de lado, apesar de sua riqueza de tópicos não explicados, e olhemos para a teorização da natureza da sociobiologia como uma máquina de comunicações ou de controle. De novo, meu foco não está na aplicação da sociobiologia à vida humana, mas nos conceitos fundamentais dessa ciência. Os genes devem estabelecer dispositivos de mediação estáveis, ou seja, precisam produzir máquinas que *incorporam* estratégias evolutivas estáveis, assim como o capital demanda instituições capitalistas. Sem os mecanismos de transmissão e replicação, os genes são como dinheiro estocado. O mercado requer uma tecnologia de produção consistente com seus próprios imperativos. Aqui nós abandonamos o domínio da competição e da troca e adentramos as fábricas da vida. Que tipo de máquinas de mediação os genes informam? Naturalmente, os sistemas cibernéticos.

A sociobiologia estuda dois tipos fundamentais de sistemas: populações e sociedades. Ambos são estudados em termos de fronteiras de informação e fluxo de energia. Informação e energia são faces diferentes de uma mesma moeda, uma realização tornada possível pela termodinâmica e pelas ciências da informação. As populações são medidas em termos de fronteiras de fluxo de genes ao longo do tempo; os genes são materializações da informação. A sociobiologia estuda as sociedades em termos de zonas de comunicação e troca de informação (Wilson, 1971, pp. 224 ss.; 1975, cap. 1). Indivíduos são sistemas comuns à sociobiologia e a outras áreas da ciência da vida. Eles também são estudados como parte de fluxos estruturados de informação e energia, que interagem com outros indivíduos; o resultado são níveis superiores de ordens (sociedades, populações). Indivíduos são estruturas intermediárias construídas, ou melhor, instruídas pelos genes.

O que os genes realmente fazem são máquinas de comportamento. Dessa forma, o comportamento se torna uma preocupação central para a sociobiologia. Ele é o marca-passo evolutivo, determinando a taxa de mudança no sistema por sua capacidade de rastrear e responder às variáveis. Dawkins, em seu capítulo "A máquina gênica", discute o comportamento em termos de movimento cronometrado e controlado por um computador biológico cujo elemento último é o neurônio (Dawkins, 2007, pp. 33-45). Os genes são como programas para computadores que jogam xadrez; isto é, eles constroem cérebros, órgãos efetores e canais sensoriais. Cérebros são dispositivos de processamento com programas lógicos. Termos como "imaginação" (toda a linguagem mentalística) referem-se a formas de simulação tornadas possíveis por cérebros avançados. A tarefa dos cérebros é a predição de contingências de bloqueio do sistema, incluindo o ambiente e o controle da taxa de movimento. O objetivo do sistema é a maximização do lucro genético, tornando necessária a estruturação de formas específicas de controle. Velocidade e capacidade de processamento são os parâmetros básicos do cérebro como um dispositivo de controle.

Wilson (1975, cap. 7) chama o comportamento social de dispositivo de rastreamento de mudanças no ambiente. Ele elabora o conceito de sistemas de rastreamento projetados hierarquicamente em múltiplos níveis. Relacionando os mecanismos apropriados de rastreamento à escala de tempo apropriada, ele trabalha "para baixo" desde os níveis de adaptação evolutiva (incluindo mudanças morfogenéticas e uma hierarquia de "respostas" organísmicas, de sistemas de instinto-reflexo a sistemas de aprendizado generalizado) aos de adaptações individuais (incluindo aprendizado, socialização e jogo). Nada é tão disparatado quanto discutir sobre natureza e criação. A questão é que nível de dispositivo de rastreamento se está considerando.

> O ponto importante a se ter em mente é que fenômenos tais quais a mediação hormonal do comportamento, o desenvolvimento ontogenético do comportamento e a motivação [...] são de fato apenas conjuntos de adaptações ligadas a mudanças ambientais de durações diferentes. Eles não são propriedades fundamentais dos organismos em torno das quais a espécie deve moldar sua biologia [...]. Os fenômenos não podem ser explicados de forma geral pela procura de características limitadoras no

córtex adrenal, no mesencéfalo dos vertebrados ou outros órgãos de controle, pelo motivo de que esses próprios órgãos evoluíram para servir aos requisitos de sistemas de rastreamento múltiplos especiais possuídos por espécies particulares (Wilson, 1975, p. 145).

Portanto, a fisiologia é subordinada a outro nível de análise, o da pesquisa operacional dirigida aos dispositivos de rastreamento biológico muito mais sensíveis do que o radar. Essa abordagem do comportamento, da adaptação e do cérebro em termos operativos análogos aos estudados na Segunda Guerra Mundial contrasta fortemente com as doutrinas psicobiológicas da mente, do cérebro e da sociedade de Yerkes. O inventário biológico e o gerenciamento de pessoal foram superados. A distância é grande entre pessoas ou superorganismos (a mente coordena o instinto sexual para produzir cooperação) e sistemas de rastreamento múltiplos (com a mente como estratégia dos genes).

A teoria das comunicações relaciona-se de perto com o tratamento sociobiológico do comportamento. Da pesquisa operacional às ciências da informação é apenas um curto passo. Comunicação quer dizer enviar e receber sinais significativos que resultem em probabilidades alteradas de comportamento. De acordo com Wilson (1975, p. 201), uma tarefa de sua ciência é construir a "zoossemiótica", isto é, o estudo das propriedades gerais da comunicação[24]. O que é básico a essa tarefa é uma análise dos *modos* da comunicação, que requer atenção aos canais sensoriais, sejam eles auditivos, táteis, acústicos ou químicos.

> É, portanto, legítimo analisar as vantagens e desvantagens das diversas modalidades sensoriais como se elas estivessem competindo em um mercado aberto pelo

privilégio de carregar as mensagens. Isso posto de outra forma, mais familiar, podemos apresentar a razoável hipótese de que a espécie evolui em direção à mistura de indicações sensoriais que maximizam a eficiência energética, a informacional ou ambas (Wilson, 1975, p. 231).

É nesse contexto que devemos considerar uma das contribuições de pesquisa mais importantes de Wilson para a sociobiologia: um estudo da comunicação química dos insetos mediada por feromônios. Feromônios são substâncias químicas, geralmente de origem glandular. "Um indivíduo libera o material como um sinal e outro responde depois de sentir o gosto ou o cheiro dele" (1975, p. 591). Insetos sociais fazem uso extensivo desse método. Por volta de 1958, Wilson (1962; 1971, caps. 12-4) adaptou uma técnica matemática para medir a quantidade de informação transmitida pelos rastros de odor de formigas-lava-pés e compará-la com a quantidade transmitida pela dança das abelhas produtoras de mel. O projeto geral consistia na tradução de todo tipo de comportamento em fragmentos que poderiam ser tratados pela teoria convencional da informação relacionando-os a energia, capacidade, ruído, ambiguidade e assim por diante. O objetivo de Wilson era entender a comunicação como parte de estratégias evolutivas estáveis hierarquicamente classificadas, diferenciadas pela escala de tempo e modalidade de material, no interesse da adequação genética ou da maximização do lucro genético.

Os sistemas de territorialidade e dominância são modos de comunicação que mantêm configurações estáveis ao longo de períodos intermediários de tempo (Wilson, 1975, caps. 12-3). A agressão, uma forma de competição, é basicamente um tipo de comunicação que deve ser analisada em termos de conteúdo funcional e eficiência energética. Em princípio, se o engenheiro evolutivo entender que ela deixa a desejar, a agressão, bem como o sexo, é dispensável. Isso é muito improvável; mas expressões ultrapassadas de agressão devem ser esperadas, fornecendo modelos de terapia social e psicológica em ordens humanas. A obsolescência é um tema central na biologia de dispositivos tecnológicos automatizados. O contraste com a psicobiologia organísmica de Yerkes que culmina na pessoa é evidente. Para um sociobiólogo, a dominância não é um traço, nem mesmo uma predisposição organísmica individual, mas uma propriedade do sistema. O tipo de intervenção de engenharia apropriada à sociobiologia é a análise e desenvolvimento de sistemas, não o diagnóstico clínico baseado em uma analogia com a fisiologia e com a medicina científica. Mas ambas as formas de engenharia defendem um papel específico para o especialista científico no desenvolvimento de (sistemas de) história no nível humano.

O ponto central do desenvolvimento de sistemas é a otimização. Otimização não significa perfeição. Um sistema tem que ser bom o suficiente para sobreviver sob determinadas condições. A natureza pode ser preguiçosa, e parece ter abandonado um projeto teológico natural de perfeição adaptativa. Yerkes buscava encontrar a perfeição na adaptatividade, mas os sociobiólogos não. Otimização também não significa eficiência produtiva máxima em todos os momentos. Insetos em sociedades otimizadas podem ser preguiçosos ou esforçados; isso foi medido com precisão. O que é crucial para a otimização do sistema são os efeitos de *massa* de muitas variáveis, não a perfeição da formiga operária individual. Assim, a gestão científica taylorista é inapropriada como análoga ao estudo científico moderno da economia natural.

No início dos anos 1960, Wilson apoiou-se na ciência de sistemas da ergonomia que tinha sido desenvolvida na sociologia humana de produção capitalista[25]. Ergonomia é o estudo quantitativo da distribuição, desempenho e eficiência do trabalho; deve dar conta da história dos sistemas, porque essa história resulta em limites sobre os materiais disponíveis e em outras restrições. Em sistemas naturais, essas restrições seriam provavelmente inerentes aos programas genéticos. Sistemas existentes de produção na economia natural e política são soluções de meio-termo; o engenheiro determina a melhor escolha de trajetórias possíveis, sem se desculpar com o ativista utópico. Wilson aplicou a análise ergonômica ao problema do número, tipo e momento de produção de várias castas em sociedades de insetos, a fim de "analisar a otimalidade". Tal análise deveria revelar quando e quantas formas que se reproduzem sexualmente serão encontradas em determinadas condições ambientais particulares em uma dada espécie.

> Primeiro, considere o conceito de custo na reprodução em colônia [...]. Pode-se esperar que a colônia madura, ao alcançar seu tamanho predeterminado, contenha proporções de castas que se aproximam da *mistura ótima*. Essa mistura é simplesmente a proporção de castas que pode alcançar a taxa máxima de produção de rainhas e machos virgens enquanto a colônia está em – ou próxima de – seu tamanho máximo. É útil pensar em uma colônia de insetos sociais operando algo como uma fábrica construída dentro de uma fortaleza [...] [a] colônia manda coletores para encontrar comida enquanto converte o alimento protegido dentro do ninho em rainhas e machos virgens tão rápida e eficientemente quanto possível. A taxa de produção de formas sexuadas é um componente importante, mas não exclusivo, da adequação da colônia (Wilson, 1971, p. 342).

Seria difícil encontrar um exemplo mais claro de uma análise de objetos biológicos em termos de ciências de sistemas fundamentada no combate militar, sexualidade competitiva e produção capitalista. A ciência da sociobiologia de Wilson não vê mais o sexo em termos do problema da personalidade e das ciências do pessoal aplicadas à família, educação e indústria. Os termos de referência de Yerkes não têm lugar na nova biologia dos sistemas de comunicação otimizados avaliados por um engenheiro de projeto. O aspecto inquietante de tudo isso é que os sociobiólogos podem de fato prever, como têm previsto corretamente, distribuições de castas de insetos com essas análises.

Wilson concluiu o capítulo de *Sociobiology* sobre as origens e evolução das comunicações chamando atenção ao aspecto central da biologia como uma ciência da engenharia, isto é, uma ciência que estuda o design de sistemas, com vistas à melhoria, mediada pelo homem, de sistemas de controle naturais potencialmente ultrapassados. "Se a teoria da seleção natural está realmente correta, uma espécie em evolução pode ser metaforizada como um engenheiro de comunicações que tenta montar um dispositivo de transmissão tão perfeito quanto os materiais à mão permitem" (1975, p. 240). Restrições filogenéticas à evolução de sistemas naturais poderiam, no caso humano, ser estudadas e talvez reprojetadas. Haveria, contudo, limites ao design, limites cruciais de uma perspectiva política humana que nega uma necessidade natural de sistemas de controle hierárquico e outros modos de dominação, como o feminismo socialista.

A visada teórica da natureza subjacente à engenharia genética e à bioética como um tipo de indústria de controle de qualidade aparece claramente na sociobiologia. Em *Da natureza humana*, Wilson (1981[1978]) enfatiza

TABELA 2
CIÊNCIA DA VIDA NO CAPITALISMO E NO PATRIARCADO E PARA O CAPITALISMO E O PATRIARCADO

Biologia como ciência da engenharia

Máquina (produção)	Controle	Engenharia
máquina como organismo	funcionalismo	ajustamento, inventário e normalização da diversidade
máquina como sistema cibernético	comunicação, informação	integração expandida, redesign

Biologias-chave: fisiologia, biologia celular e de desenvolvimento, biologia molecular.
Subsistemas de máquina-chave: sistema nervoso, sistema reprodutivo (mente e sexo, cultura e natureza, inteligência e instinto).
Metáforas básicas: balanço, equilíbrio, estresse.
Modelo de ruptura: obsolescência, defeito, ruído ou desordem.
Ética básica: bioética como controle de qualidade.
Processos básicos que permitem uma perspectiva de engenharia: ruptura e montagem, remontagem, automontagem (por exemplo, vírus, membranas, sistema visual, organelas); regulação e controle (linguística, novas lógicas, indústrias e ciências eletrônicas fornecendo categorias biológicas básicas).

Biologia como ciência de investimento

Mercado (troca)   *Gerenciamento de portfólio*

Biologias-chave: genética, biologia de populações, ecologia e evolução.
Estratégia: autointeresse individual, maximização de lucro, acumulação, diversificação.
Escândalo básico: altruísmo.
Ética básica: observância de contrato e oportunismo.
Processos básicos que permitem uma perspectiva de investimento: competição e cooperação como formas de estratégia de maximização, estratégias de jogo, contrato e troca na origem de toda a sociedade (indústrias-chave fornecendo categorias biológicas: seguradoras, consultorias, publicidade).

as restrições e as trajetórias profundamente estabelecidas, mas não há barreira lógica, muito menos moral, para uma abordagem da engenharia completa para sistemas ultrapassados[26]. Nesse sentido, as racionalizações do *status quo* do livro, ainda que extensas e explicitamente sexistas, racistas e classistas, estão na superfície. O fundamento da sociobiologia é uma análise capitalista e patriarcal da natureza, que requer dominação, mas é muito inovador quanto a suas formas. Os limites do redesign de engenharia na sociobiologia são estabelecidos pela dinâmica capitalista da apropriação privada do valor e da consequente necessidade de uma teleologia precisa da dominação. O sexismo fundamental está menos na racionalização dos papéis sexuais conforme predispostos geneticamente do que na lógica básica de engenharia da dominação "humana" da "natureza". O humanismo da sociobiologia, que Wilson corretamente cita em sua defesa, é precisamente o cerne do sexismo de sua ciência[27]. Além disso, é claro, o raciocínio sociobiológico aplicado às sociedades humanas facilmente recai em uma naturalização simplista da segregação de trabalho, das hierarquias de dominância, do chauvinismo racial e da "necessidade" de a dominação em sociedades sexualmente fundamentadas controlar os aspectos mais perversos da competição genética. Porém, de modo irônico, a sociobiologia é provavelmente *menos* ligada ao sexismo e ao racismo explícitos do que eram a psicobiologia e outras biologias orgânicas funcionalistas. A sociobiologia é uma ciência radical da engenharia que pode prontamente purificar seus objetos de falhas de obsolescência em seu design natural. As divindades do corpo orgânico não são sagradas para os novos designers de estratégias evolutivas estáveis. Não admira que Wilson (1978, p. 209) termine *Da natureza humana* com uma rejeição a Pandora e um apelo a renovar o culto a Prometeu, o titã que simboliza a libertação humana através da dominação. Em grego, *Prometheus* quer dizer "previdência", ótimo resultado para uma ciência das comunicações.

Conclusão: Uma ciência feminista-socialista é possível?

> A natureza, acima de tudo, esbanja [...]. [Seu modelo de funcionamento] é o cérebro infantil de um perturbado maníaco-depressivo com capital ilimitado. É a extravagância. A natureza experimentará qualquer coisa uma vez. Isso é o que nos diz a forma do inseto. Nenhuma forma é repugnante demais, nenhum comportamento é grotesco demais. Se é de compostos orgânicos que se trata, então deixe que eles se combinem. Se funciona, se viceja, deixe que crepitem na grama; sempre há espaço para mais um; você mesmo não é nenhuma grande beleza. É uma economia pródiga; embora nada se perca, gasta-se tudo.
>
> ANNIE DILLARD, *Pilgrim at Tinker Creek*

Vimos duas variedades de biologia como ciência da engenharia em relação ao conhecimento e práticas do capitalismo patriarcal. Não houve uma distinção clara entre ciência objetiva e ideologia abusiva porque as relações do conhecimento com os determinantes históricos requerem conceitos mais complexos. Em um sentido importante, a ciência, como o capital, tem experimentado algum progresso. O computador não é somente uma máquina construída de acordo com as leis de dominação relacionadas com o trabalho e com a guerra. As ciências da comunicação, incluindo a sociobiologia, são conquistas humanas na interação com o mundo. Porém, a construção de uma economia natural de acordo com as relações capitalistas, bem como sua apropriação para propósitos de dominação reprodutiva, é algo profundo, que está no nível da teoria e da prática fundamentais, e não no nível dos mocinhos e bandidos.

Uma ciência socialista-feminista deverá ser desenvolvida no processo de construir vidas diferentes na interação com o mundo. Somente o esforço material pode acabar com a lógica da dominação. Marx insistia que não se deve dar um salto muito rápido, ou cairemos em uma utopia fantástica, impotente e ignorante. Abundância é importante. Com efeito, ela é essencial para a descoberta total e a possibilidade histórica da natureza humana. É importante sabermos se nos construímos na abundância ou na necessidade não satisfeita, incluindo a necessidade de conhecimento e sentido genuínos. Mas a história natural – e sua progênie, as ciências biológicas – tem sido uma disciplina baseada na escassez. A natureza, incluindo a natureza humana, tem sido teorizada e construída na base da escassez e da competição. Além disso, nossa natureza tem sido teorizada e desenvolvida através da construção da ciência da vida no capitalismo e no patriarcado, e para eles. Isso é parte da manutenção da escassez na forma específica da apropriação da abundância para o bem privado, e não para o bem comum. Também é parte da manutenção da dominação na forma de lógicas e tecnologias cada vez mais complexas de sistemas de comando e controle fundamentais para o patriarcado. Ainda ignoramos o quanto essas práticas influenciam nossa teorização da natureza, e *precisamos* nos engajar na prática da ciência. É uma questão de esforço e luta. Eu não sei como seria a ciência da vida se a estrutura histórica de nossas vidas minimizasse a dominação. Mas sei que a história da biologia me convence de que o conhecimento básico refletiria e reproduziria o novo mundo, da mesma maneira como ele participou na manutenção de um velho mundo.

PARTE DOIS

LEITURAS CONTESTADAS: NATUREZAS NARRATIVAS

CAPÍTULO QUATRO
NO PRINCÍPIO ERA A PALAVRA: A GÊNESE DA TEORIA BIOLÓGICA

> *"Quando eu uso uma palavra"*, disse Humpty Dumpty em tom de desprezo, *"ela quer dizer exatamente o que eu decido que ela quer dizer – nem mais nem menos."*
> *"A questão"*, disse Alice, *"é se você pode fazer as palavras significarem tantas coisas diferentes."*
> *"A questão"*, disse Humpty Dumpty, *"é decidir quem é o mestre – só isso."*
>
> Lewis Carroll, *Alice através do espelho*

> *Mestre: uma pessoa com a habilidade ou o poder de usar, controlar ou dispor de algo; chefe masculino da casa; um vencedor ou conquistador; um homem eminentemente habilidoso em algo; alguém que leva esse título.*
>
> The Random House Dictionary
> of the English Language

As feministas têm algo específico a dizer sobre as ciências naturais? Será que elas deveriam se concentrar em criticar a ciência sexista e as condições de sua produção? Ou deveriam estar estabelecendo a fundação de uma revolução epistemológica que iluminasse todas as facetas do conhecimento científico? Há alguma teoria feminista do conhecimento em desenvolvimento hoje e que seja análoga em suas implicações a teorias que são herdeiras da ciência grega e da Revolução Científica do século XVII? Uma epistemologia feminista que orientasse a investigação científica seria um membro familiar de teorias existentes da representação e do realismo filosófico? Ou deveriam as feministas adotar uma forma radical de epistemologia que negue a possibilidade de acesso a um mundo real e a um ponto de vista objetivo? Os padrões feministas de conhecimento genuinamente encerrariam o dilema da cisão sujeito-objeto ou a clivagem entre conhecimento não invasivo, predição e controle? O feminismo oferece *insights* quanto às conexões entre ciência e humanismo? As feministas têm algo novo a dizer sobre as relações controversas entre conhecimento e poder? A autoridade feminista e o poder de nomeação poderiam dar ao mundo uma nova identidade, uma nova história? Podem as feministas dominar a ciência?

Essas questões grandiosas podem ser abordadas de modo útil através de uma meditação sobre quatro livros recentes dedicados a um pequeno nicho da ciência natural contemporânea – o debate sobre determinismo biológico e natureza humana. Uma coisa é inegável sobre a biologia desde suas formulações iniciais no final do século XVIII e início do XIX: a biologia conta histórias sobre gêneses e natureza. Além disso, as feministas modernas herdaram nossa história de uma voz patriarcal. A biologia é uma ciência da vida, concebida e criada a partir de uma palavra do pai. As feministas herdaram o conhecimento por uma linha paterna. A palavra era a de Aristóteles, de Galileu, de Bacon, de Newton, de Lineu, de Darwin; a carne era de uma mulher[1]. E a palavra foi feita carne, naturalmente. Nós fomos engendradas. Sandra Gilbert e Susan Gubar (1979), em seu estudo sobre as escritoras do século XIX, analisam o trabalho das mulheres de construir uma voz, ter autoridade, escrever um texto, contar uma história, dar à luz a palavra. Ser autor é ter o poder de originar, de dar nome. As mulheres que buscam produzir conhecimentos naturais, como nossas irmãs que aprenderam a escrever e a falar, também devem decifrar um texto – o livro da natureza – escrito pelos homens.

Gilbert e Gubar, analisando a influência extraordinária da justificativa de Milton sobre os caminhos de Deus em escritoras mulheres que buscavam contar suas histórias no século XIX, sugerem que todas começamos de alguma forma como filhas de Milton, forçadas a ler um livro em uma língua que dá significado à nossa falta, à nossa diferença. *The Madwoman in the Attic* [A louca no sótão] afirma que as filhas literárias de Milton adotaram duas estratégias principais para alcançar autoridade: ou elas reinterpretaram a história da origem para acertar da segunda vez ou proclamaram uma história totalmente nova de forma rebelde. Com grande semelhança, feministas que se responsabilizam por histórias de origem modernas – isto é, pela biologia – podem tentar consertar a história, depurar a ciência desleixada sobre a evolução, os cérebros e os hormônios, para mostrar como a biologia daria certo de verdade sem conflitos entre razão e autoridade. Ou as feministas podem anunciar de forma corajosa um nascimento completamente novo. Nos dois casos, as feministas estão lutando por uma voz. E, assim, estratégias retóricas e disputas para estabelecer os termos do discurso estão no centro dos embates feministas na ciência natural. Os quatro livros discutidos neste capítulo podem ser lidos principalmente como entradas na disputa por estratégias retóricas para estabelecer os termos que definem a boa ciência. Como saberíamos em quem acreditar? Depois de examinar esses quatro livros, as histórias que eles contam e os modos de contar que eles adotam em sua tentativa de provar a autoridade, podemos retornar às questões do parágrafo inicial com novos ouvidos.

Comecemos do começo. David Barash (1977), zoólogo e sociobiólogo da Universidade de Washington, fez uma pesquisa de sondagem sobre estupro em patos-selvagens e escreveu o influente livro *Sociobiology and Behavior* [Sociobiologia e comportamento]. Em *The Whisperings Within* [Os sussurros internos], Barash (1979) pretende revelar para um público amplo a voz interna da biologia, o bolo da natureza sob a cobertura da cultura e a biogramática dos genes que estruturam a mensagem do organismo – tudo de modo que o público moderno possa vir a se conhecer e realizar seu potencial. Ele sustenta que a biologia é a ferramenta mais poderosa no projeto humanista de conhecer e alcançar o eu[2]. Barash faz uso desenfreado de dispositivos literários e da estrutura temática do livro do Gênesis e seus comentadores. A editora Harper & Row efetivamente vendeu *Whisperings* com uma sobrecapa em que um jovem branco loiro e uma jovem branca de cabelo castanho, ambos de olhos azuis, apareciam em pé, com os genitais escondidos, em um jardim dominado por plantas em forma de espada que só poderiam ter saído do viveiro de Lewis/Luis no livro *Uma mulher no limiar do tempo*, de Marge Piercy. Barash solicitou essa arte: sua primeira citação é de Pio XII sobre a lei natural e o sexo reprodutivo no casamento; a primeira frase no capítulo 2 é: "No princípio era o gene" (p. 16). Milton talvez não tivesse gostado dessas novas histórias infantis ou reconhecido seu Adão e Eva na parceria original de Barash em que macho e fêmea são "coacionistas em qualquer prole", engajados na "eterna disputa evolutiva para tomar a dianteira"; mas a linhagem segue intacta (Barash, 1979, pp. 123 e 126)[3]. O determinismo feroz de Milton foi traduzido na doutrina sobre as pessoas de Barash como "egos temporários, encapsulados na pele, que servem como ferramentas complexas pelas quais seus genes potencialmente imortais se replicam" (p. 2).

De fato, a preocupação de Barash com as linhagens é sua estratégia retórica central. Ele invoca a autoridade do pai e a chama de conhecimento científico. Mais importante, deseja estabelecer que Darwin gerou a sociobiologia a partir de seus filhos, especialmente homens como ele, Robert Trivers e W. D. Hamilton. Ao apresentar especialistas para validar o pensamento sociobiológico, Barash raramente deixa um nome ou um argumento sozinhos. Suas autoridades são o biólogo de Harvard X, o grande físico Y, o importante biólogo evolutivo Z e assim por diante (pp. 29, 34, 91, 133, 135, 166, 221 e 240). No capítulo 1 – uma homilia devota antes da história, no capítulo 2, da gênese do gene, seu grande drama da infinita replicação, reprodução sexual e lutas titânicas entre seus seguidores –, Barash chama a sociobiologia de filha de Copérnico e da Revolução Científica. A promessa da ciência – conhecer o homem – pode finalmente se realizar. "A sociobiologia, na mesma tradição, pode nos ajudar a descobrir nossa própria natureza e permitir que vislumbremos os sussurros da biologia dentro de nós" (p. 9). O verdadeiro cientista na linhagem legítima deve encarar o escárnio dos que zombam, dos que preferem a falsidade porque ela é cômoda[4]. Como Darwin, o revelador da verdade, brilhante e corajoso, ele receberá a honra ao final. E a sociobiologia promete mais do que o conhecimento de si; ela também promete, como todos os humanismos, a unidade humana, uma conjunção real da natureza abaixo da cobertura meramente verbal da cultura. O herói solitário, a criança verdadeira, nos conduzirá de volta ao jardim de nós mesmos[5].

Assim, atenção às patrilinhagens é a primeira estratégia fictícia de Barash para a produção de fatos. A segunda é a legitimação da autoridade e do poder da sociobiologia para alcançar as promessas do humanismo. A sociobiologia é fundamentalmente um humanismo científico que torna possível a autorrealização com a revelação da moeda comum, o meio de troca, o equivalente que define a realidade, o gerador de sentido. À primeira vista, os "egos encapsulados na pele" de Barash que servem aos fins de replicação do prolixo código-gene-moeda-palavra interno parecem parte de uma estratégia de redução e objetificação profundamente oposta ao humanismo e à subjetividade humana, audodefinição e liberdade. Na superfície, Barash oferece uma doutrina do determinismo biológico necessário a todas as formas principais de dominação que são especialmente conduzidas pelos motores da competição impiedosa e da dominância masculina. No princípio era o gene. E o gene tinha fome; viver era multiplicar-se. Mas a "mensagem última" da sociobiologia é bastante diferente: é a identificação do especialista apropriado que tenha autoridade de exercer poder efetivo sobre a natureza através do conhecimento da palavra, do controle da moeda, da quebra do código da voz secreta da natureza. A mensagem de Barash é a tecnologia do poder. Ele rejeita a "falácia naturalista"; para ele, "é" não é "seria"[6]. Saber como ler a palavra, como avaliar o valor da moeda, dá o poder da determinação aos que usam essas ferramentas. Naturalmente, a liberdade e a necessidade se reúnem como devem se reunir de acordo com os humanistas – no fim, liberdade é fazer o que *realmente* queremos fazer, e isso é revelado ao se ouvir a voz interior, interpretada na patrilinha da sociobiologia. Contudo, podemos mudar o que queremos; o poder humanista é radical. Poder e autoria fabricam a realidade. A voz patriarcal da sociobiologia é menos o sexismo efusivo que ondula sobre todo o plano do texto do que a lógica da dominação embutida na modelagem da ferramenta da palavra. Ciência e humanismo sempre foram companheiros de leito. Seus argumentos são as disputas entre os dois tornadas uma só carne.

Sujeito e objeto precisam um do outro. Sua união dá à luz a voz autoral patriarcal.

Uma questão incômoda persiste quando lemos os textos da sociobiologia: alguém de fato ouve essas histórias? Uma resposta afirmativa emerge da leitura dos dezessete ensaios na coletânea de Gregory *et al.*, *Sociobiology and Human Nature* (1978). Ironicamente, os editores basearam esse livro em um simpósio realizado sob os auspícios oficiais do Programa de Convergência Ciência-Humanidades (NEXA), financiado pelo Fundo Nacional para as Ciências Humanas, para explorar

> as implicações humanísticas da investigação em sociobiologia [...]. O programa NEXA forneceu um ambiente em que biólogos, sociobiólogos, antropólogos, psicólogos, físicos, economistas e humanistas pudessem combinar seus esforços para compreender o impacto das questões que estão sendo levantadas no momento na pesquisa sociobiológica (p. x).

Os especialistas, então, se reuniram para mediar e interpretar o desentendimento marital entre ciência e humanismo e para mostrar sua união mais elevada. E eles falaram – individualmente, com autoridade, unidos em debate pelo poder dos editores e moderadores do simpósio – usando a retórica com a qual nos acostumamos. Cada um dos falantes parecia especialmente ansioso para que sua versão da história da ciência fosse adotada, de modo que a linhagem legítima pudesse ser estabelecida. (A única mulher convidada – uma acadêmica sênior, Marjorie Greene – recebeu a tarefa de discutir as implicações sociobiológicas para uma filosofia da *mente*! A voz patriarcal às vezes é engraçada de cara.) Essa coletânea de fato contém alguns ensaios bastante interessantes e com boa argumentação, mas esta discussão lhes fará a injustiça de uma análise limitada a fim de ater-se ao tema das estratégias retóricas importantes para o domínio feminista do discurso científico.

E. O. Wilson, o arquicientista do momento, introduz a edição com a retórica do inocente buscador da verdade, o cientista eternamente jovem tomado de surpresa por todo o *furor* (Gregory *et al.*, 1978, p. 1). Ele reitera que a sociobiologia visa apenas prover perspectiva para a formulação dos objetivos sociais mais elevados, para fazer uma ponte entre as duas culturas, ciência e humanidades. Barash, com autoridade de fala reconhecida pelo convite para esse fórum caro e financiado pelos impostos dos contribuintes, fornece um manifesto para uma revolução científica e vocifera sobre os *"insights* epifânicos" dos teóricos do custo-benefício na história da sociobiologia (p. 11). O sociobiólogo Pierre L. van den Berghe prega para as ciências sociais desamparadas e defende que somente um retorno às campinas da biologia poderá reenraizar as ciências humanas no solo da verdade; a história da ciência o demonstra. Sherwood Washburn critica a sociobiologia com indignação por ter arruinado a ciência social no processo de biologização; sua história da ciência mostra a necessidade de explicação social de fatos sociais[7]. O físico e historiador das ciências físicas Gerald Holton, cuja autoridade de fala deve derivar de sua associação com a mais real das ciências (ele nota em seu primeiro parágrafo que checou seus pronunciamentos acerca da biologia com os especialistas relevantes), louva a sociobiologia porque ela "assume riscos" e "acaba com os desafios" (pp. 75 e 79). Em resumo, a sociobiologia tem atributos masculinos apropriados. Holton continua, falando sobre a linhagem de Ernst Haeckel, Jacques Loeb, Lucrécio e, é claro, Newton. Seu ponto é avaliar se a sociobiologia está à altura dos padrões de uma nova síntese. O psicólogo animal Frank Beach argumenta de forma persuasiva que a ciência real tem mais a dizer sobre os mecanismos proximais e sobre a investigação empírica detalhada e descarta posições definitivas levianas e teorias prematuras arriscadas. Comparando a história da biologia evolutiva com a da frenologia, o historiador e filósofo David Hull rejeita quaisquer pronunciamentos sobre a verdade das teorias científicas e destaca que os julgamentos da história têm a ver com o sucesso – aquele que arregimenta recursos para se manter no jogo pratica, por definição, boa ciência. Em resumo, ele adapta os padrões sociobiológicos a uma história da ciência cínica e agnóstica que tem a virtude de mostrar que a ciência, historicamente, é produzida a partir de disputas de poder. Garrett Hardin, famoso nos Estados Unidos por afundar botes salva-vidas e profanar bens comuns, adota uma retórica simplista de anticomunismo. Os que se opõem à verdade de um mundo egoísta são marxistas que se autoenganam. Joseph Alper fala pela Science for the People, resumindo a crítica das ideologias da objetividade e demonstrando a falsa neutralidade política da sociobiologia.

O último artigo dessa coletânea de especialistas é na verdade um pronunciamento de um ganhador do Nobel por seu trabalho sobre a condição humana! George Wald, bom amigo de radicais da ciência, insiste imodestamente que "um cientista não deveria apenas estudar a natureza, mas tomar conta da humanidade, da vida e de nosso planeta" (p. 282). O texto avançou de um inocente a outro, de Wilson a Wald. Após esse final devoto, as vozes dos editores reingressam para resumir tudo o que veio: Wilson, falando pelos sociobiólogos, conduziu nossa atenção (como se ela tivesse vacilado!) na busca por "nossa humanidade". "Nós não temos recurso senão aceitar esse desafio. E, paradoxalmente, ele merece nosso agradecimento por tê-lo lançado de uma forma tão extrema" (p. 294). *Deo gratias*.

Voltemos agora às filhas científicas de Milton que estão fazendo um balanço dessa herança retórica. Nós não estabelecemos os termos originais do discurso; esse fato determina nossos textos. Quais são os graus de liberdade para a remodelação feminista da produção da ciência? Novamente, abordemos nossa questão explorando as estratégias retóricas apresentadas nos textos em mãos. *Genes and Gender* [Genes e gênero] (Hubbard e Lowe, 1979) joga descaradamente com a problemática central da gênese na biologia; o título do livro *Women Look at Biology Looking at Women* [Mulheres olham para a biologia olhando para mulheres] (Hubbard *et al.*, 1979) não poderia ser mais explícito quanto ao tema do espelho na fictícia produção científica da realidade. Entre as capas desses dois livros, continuam os comentários explícitos sobre o poder produtivo e reprodutivo da palavra. A linguagem é uma preocupação principal de quase todas as autoras nas duas coletâneas de ensaios. Susan Leigh Star explicita o tema disseminado em *Genes and Gender*: o poder de determinar a linguagem do discurso é o poder de tornar carne, de

> somatizar nossa opressão [...]. Não temos no momento uma linguagem que não reflita uma dicotomia cartesiana entre natureza e criação para discutir diferenças sexuais. É difícil resistir ao impulso de perguntar: "Mas quais são, de fato, *no fundo*, as diferenças entre homens e mulheres?" *O que precisamos começar a esclarecer como cientistas e feministas é que não há esse lugar, esse "no fundo"*. Literal, empírica, fisiológica, anatômica e neurologicamente [...] o único local apropriado de pesquisa sobre nós mesmas que falamos entre nós é a rede cambiante e complexa de nossas intera-

ções, à luz da linguagem, das estruturas de poder, dos ambientes naturais (internos e externos) e das crenças que a tecem no tempo (Hubbard e Lowe, 1979, p. 116).

Star escreve isso num livro que se põe como tarefa o restabelecimento de padrões de pesquisa sobre todos os aspectos das diferenças entre os sexos. *Genes and Gender* conclui que tal pesquisa é agora impossível – ela não está à altura dos padrões do conhecimento científico. Esse grupo de feministas se dedicou a ditar as regras da investigação. E Star fala nesse grupo não como ganhadora do Prêmio Nobel ou como sociobióloga catedrática de alguma universidade de ponta reivindicando o manto de Darwin, ou mesmo de Newton. Ela fala como editora de poesia da *Sinister Wisdom* [Sabedoria sinistra] e como pós--graduanda em geriatria estudando assimetria cerebral em um seminário de graduação em Radcliffe, uma instituição que levou muitas mulheres a posições de autoridade. As autoras de *Genes and Gender* tentam persuadir pesquisadores a aceitar novos padrões e, efetivamente, a abandonar seus campos, de modo análogo ao de um físico que diz aos biólogos que tudo que eles não podem quantificar não se qualifica como objeto da ciência. Permanece a questão de saber se a seleção natural e a biologia evolutiva em si mesmas não teriam que abandonar o campo diante da implementação desse padrão. O que leva as autoras de *Genes and Gender* a chegar a essa conclusão niilista?

A princípio, elas citam a ubiquidade da "má ciência" no campo das diferenças de sexo[8]. Essa estratégia surge da inevitabilidade histórica de as feministas partirem da herança de uma voz patriarcal. Nós somos obrigadas a comentar os textos recebidos. Afinal de contas, não se começa do zero quando John Money tem a clínica de gênero,

E. O. Wilson tem a cátedra no Museu de Zoologia Comparativa e assim por diante. As filhas feministas de Milton estão tão preocupadas com linhagens quanto Barash, Holton ou Hardin. A estratégia da reinterpretação das histórias recebidas é amplamente usada pelas autoras desse livro. Conforme os "engendramentos" são apresentados por essas autoras, Darwin e Galileu tornam-se anti-heróis que ou cientificizaram o preconceito social vitoriano ou alienaram o sujeito do objeto em uma doutrina da primazia das qualidades quantificáveis (pp. 15-7). A crítica da má ciência conduz diretamente a uma análise das condições materiais da produção de conhecimento e a uma identificação pessoal da voz objetiva por trás dos "fatos puros e não adulterados". A realidade tem um autor. O autor sempre tem um nome próprio, mas que desaparece em sentenças declarativas ou mesmo em gráficos embutidos em artigos publicados derivados de laboratórios com financiamentos elevados[9].

Por meio desses tipos de análises, as autoras de *Genes and Gender* querem nos persuadir de que a má ciência não surgiu por acidente, mas sistematicamente – e, além disso, *deve* continuar a surgir, não importa o quanto cientistas individuais tentem fazer boa ciência sobre sexo e gênero. Fatos são carregados de teoria. Teorias são carregadas de valor. Valores são carregados de história. E a história nesse caso torna impossível para qualquer pesquisador afastar-se o bastante de dominações de gênero vividas para estudar gênero com alguma autoridade. Na verdade, a própria constituição de gênero e sexo como objetos de estudo é parte da reprodução do problema – o problema da gênese. O projeto histórico do humanismo e de suas ciências da vida e humanas associadas é a busca pela realização da pessoa. A constituição de sexo e gênero como objetos privilegiados de conhecimento é uma ferramenta na busca pelo eu. Essa construção regenera a regressão infinita da busca pelo sujeito ilusório que paradoxalmente se encerra em geral na descoberta do objeto totalitário – a natureza, o gene, a palavra.

Essas são palavras fortes, e sua dificuldade é revelada quando as feministas de *Genes and Gender* desejam emergir do agnosticismo e dizer o que é o caso quanto ao sexo e ao gênero. As feministas também querem adotar a segunda estratégia das filhas literárias de Milton e contar histórias verdadeiramente novas com autoridade. Mas a crítica da má ciência, que desliza em direção a uma doutrina radical de que todas as afirmações científicas são ficções históricas transformadas em fatos pelo exercício do poder, gera problemas quando as feministas falam sobre produzir uma ciência *feminista* que é não somente melhor, mas também mais *verdadeira* em prever e controlar o corpo do mundo. A história de sucesso de David Hull na publicação do NEXA (a de que a ciência se torna oficial mediante sobrevivência oportunista) não serve para as feministas porque elas não querem adotar a máscara de não ter posição, de meras espectadoras nos bastidores da história da ciência. Um ceticismo corrosivo não poderá ajudar no parto de novas histórias. Naomi Weisstein coloca bem a questão em *Women Look at Biology* quando afirma que "[a] evidência tornou-se um herói para mim" (Hubbard *et al.*, 1979, p. 187)[10].

O processo de expor a má ciência, ao mostrar o caráter fictício de toda ciência e então propor os fatos reais, resulta em contradições repetidas e não examinadas nos ensaios feministas dos dois livros[11]. Tais contradições são importantes; elas também nos trazem de volta para as questões da abertura deste capítulo. Ruth Hubbard, uma espécie de mãe científica na produção dos dois livros, *Genes and Gender* e *Women Look at Biology*, fornece uma análise sofisticada dos temas e mostra claramente algumas contradições na análise feminista existente da biologia.

Em "Have only men evolved?" [Só os homens evoluíram?], Hubbard começa com uma crítica ampla das teorias da representação e das ideologias da objetividade na ciência em geral:

> Para os seres humanos, a linguagem desempenha um papel importante na geração da realidade [...]. Contudo, todos os atos de nomeação acontecem contra um pano de fundo do que é socialmente aceito como real. A questão é *quem* tem sanção social para definir a realidade mais ampla em que as experiências do dia a dia de uma pessoa devem situar-se para que ela possa ser considerada sã e responsável [...]. No momento, a ciência é o legitimador mais respeitável de novas realidades (Hubbard *et al.*, 1979, pp. 8-9)[12].

A linguagem *gera* a realidade no contexto inescapável do poder; ela não *representa* ou *aponta para* um mundo cognoscível escondido em algum lugar externo aos limites evanescentes das investigações sócio-históricas particulares. Contudo, a tarefa do cientista, como Sísifo, é tentar produzir uma imagem do mundo que seja "mais do que um reflexo de vários aspectos de nós mesmos e de nossos arranjos sociais" (p. 11). Em seguida, Hubbard traz uma leitura matizada das histórias de origem da evolução humana "engendradas" pelo masculino. Mas então, em meio à discussão da dificuldade de reconstruir o passado, ela insere uma pequena frase que assevera categoricamente um fato:

> Desde o tempo em que nós e os macacos nos afastamos, cerca de 15 milhões de anos atrás, os principais traços da evolução humana que se podem ler nas descobertas

paleontológicas são a posição ereta, a redução no tamanho dos dentes e o aumento do tamanho do cérebro (p. 29).

Talvez, mas quais são as regras interpretativas que tornam essa história legível de forma inequívoca, e como elas diferem das regras para ler a evolução social e do comportamento? A principal diferença parece ser a de que há *agora* um consenso *não*-ligado-ao-gênero sobre a posição ereta, de modo que a leitura não seja contestada. Mas o fim da controvérsia quer dizer que uma história alcançou o estatuto de fato, escapou da determinação social e se tornou objetiva? É isso que sugere uma inocente sentença declarativa no meio de uma desconstrução feroz. Contudo, a posição ereta e os períodos de divergência entre macacos e linhagens de hominídeos têm sido arenas de combate mortal na teoria evolutiva mais de uma vez.

Esses problemas tornam-se agudos na conclusão do artigo, quando Hubbard sugere tarefas para as feministas à medida que elas se responsabilizam pela produção da ciência. De maneira particular, a ligação oculta entre teorias da representação e os projetos humanistas da autodescoberta causa problemas. Hubbard adverte que as mulheres não devem produzir histórias especulares "estrocêntricas", exceto, talvez, na forma de piadas ou paródias. Nós devemos vasculhar os trabalhos recentes para encontrar dados brutos. Mas como, uma vez que nos disseram que *todos* os fatos estão carregados de teoria e, portanto, de valor e de história? Devemos desmitologizar a ciência masculinista; e, capazes de "pensar além dela, devemos fazer o trabalho necessário no campo, nos laboratórios e nas bibliotecas e conceber modos de ver os fatos e de interpretá-los" (p. 32). "Falsos fatos" e "ciência androcêntrica" perduraram por muito tempo, e uma ciência feminista é necessária para que nos encontremos, para obter nossa verdadeira herança. "Ver nossas alternativas é essencial para adquirir o espaço em que possamos explorar quem nós somos, de onde viemos e para onde queremos ir" (p. 32). Em resumo, o feminismo é um humanismo *verdadeiro* baseado no conhecimento *verdadeiro* ou, pelo menos, em interpretação verdadeira. No entanto, todos os problemas epistemológicos e políticos do humanismo e do realismo estão latentes – ou patentes – aqui.

As feministas querem alguma teoria da representação para evitar o problema do anarquismo epistemológico. Uma epistemologia que justifique não tomar uma posição sobre a natureza das coisas é de pouca utilidade para as mulheres que tentam construir uma política compartilhada[13]. Mas as feministas também sabem que o poder de nomear uma coisa é o poder de objetificar, de totalizar. O *outro* é ao mesmo tempo produzido e localizado *fora* do *mais real* nos discursos gêmeos da vida e das ciências humanas, da ciência natural e do humanismo. Essa é a criação da diferença que afeta o conhecimento "ocidental"; é a voz patriarcal na produção do discurso que pode nomear apenas ao subordinar dentro das linhagens legítimas.

Nancy Hartsock e Sandra Harding tentam resolver esse dilema ao afirmar de modos ligeiramente diferentes que, devido à nossa posição histórica, nós, mulheres, através da nomeação, podemos ter uma teoria da objetividade, da produção material-social radical de conhecimento e do fim possível da dominação. Não temos nada a esconder; portanto, o eu não poderá usar seus truques usuais e retirar-se ao ser substituído por um fetiche[14]. Sujeito e objeto podem coabitar sem a dominação mestre-escravo. Harding e Hartsock trabalham a partir da premissa marxista de que os oprimidos não têm interesse nas aparências que se passam por realidade e, portanto, podem mostrar como as coisas realmente funcionam. As ciências da vida e humanas foram meramente obscurecidas pela posição dos conhecedores – no topo. Considero essa abordagem promissora, mas não totalmente convincente. Esse argumento deve esperar. O que se torna bastante claro, contudo, é que as feministas agora entraram nos debates sobre a natureza e o poder do conhecimento científico com autoridade: nós temos algo a dizer. O único problema que persiste é "o quê?", e aqui estamos falando em muitas vozes. Uma voz em favor de começar de novo é a que o epílogo de *Women Look at Biology* oferece:

> A antítese homem-natureza foi inventada pelos homens. Nosso trabalho é reinventar uma relação que realizará (no sentido literal de tornar real) a unidade da humanidade com a natureza e tentará compreender seu funcionamento de dentro [...]. A ciência é um constructo humano que surgiu sob um determinado conjunto de condições históricas quando a dominação do *homem* sobre a natureza passou a parecer um objetivo positivo e digno. As condições mudaram, e nós sabemos agora que o caminho pelo qual estamos viajando é mais propenso a destruir a natureza do que a explicá-la ou melhorá-la. As mulheres têm reconhecido com mais frequência que os homens que somos parte da natureza e que seu destino está nas mãos humanas, que não cuidaram bem dela. Devemos, agora, agir a partir desse conhecimento (Hubbard *et al.*, 1979, p. 209).

Essa é uma voz feminina; seria ela também um sussurro humanista?

CAPÍTULO CINCO
A DISPUTA PELA NATUREZA PRIMATA: FILHAS DO HOMEM-CAÇADOR NO CAMPO, 1960-80

> *Pois tais coisas passaram como argumentos*
> *Para os símios antropoides.*
>
> CHARLOTTE PERKINS GILMAN, "Similar Cases"

A linguagem não é inocente em nossa ordem primata. Na verdade, diz-se que a linguagem é a ferramenta da autoconstrução humana, aquilo que nos separa do jardim dos animais mudos e tolos e nos leva a nomear as coisas, a forçar sentidos, a criar oposições e, assim, dar forma à cultura humana. Mesmo aqueles que rechaçam conversas tão radicais devem reconhecer que reformas importantes na vida e no conhecimento públicos estão atreladas a projetos de purificação da linguagem. Na história da ciência, os pais das coisas têm sido antes de tudo os pais das palavras – ou, ao menos, é assim que se conta a história para os estudantes da disciplina. Aristóteles nomeou os seres e assim construiu as regras da lógica; Bacon denunciou Aristóteles em um projeto de reforma da linguagem a fim de permitir, em última instância, o conhecimento verdadeiro. Bacon também precisou de uma nova lógica apropriada a seus nomes corretos. Lineu legitimou o parentesco dos seres humanos com os animais em 1758 a partir da ordem que ele nomeou, a dos primatas. A taxonomia de Lineu era uma lógica, uma ferramenta, um esquema para ordenar as relações das coisas mediante seus nomes. Lineu pode ter se considerado o olho de Deus, o segundo Adão, que construiu a ciência, o conhecimento confiável, ao proclamar, enfim, os nomes corretos das coisas[1]. E mesmo em nossos tempos, em que tais gigantes e pais já estão mortos, o debate científico é uma disputa pela linguagem adequada a anunciar o que conta como conhecimento público. O debate científico sobre macacos, grandes primatas e seres humanos, ou seja, sobre os primatas, é um processo social de produção de histórias – histórias importantes que constituem significados públicos. A ciência é o nosso mito. Este capítulo é uma história sobre parte desse mito, particularmente sobre aspectos de esforços recentes para documentar a vida de macacos asiáticos comedores de folhas chamados langures.

Este capítulo não é inocente. Ele se constitui de uma história interessada na busca por indícios sobre como fazer perguntas feministas acerca de significados científicos públicos em uma área das ciências da vida tão crucial às narrativas sobre a natureza humana e sobre as possibilidades humanas. O feminismo, em parte, é um projeto para a reconstrução da vida pública e dos significados públicos; o feminismo é, portanto, uma busca por novas histórias e, assim, por uma linguagem que nomeie uma nova visão de possibilidades e limites. Isto é, o feminismo, como a ciência, é um mito, uma disputa pelo conhecimento público. Poderiam as feministas e os cientistas lutar juntos pelas histórias sobre primatas sem reduzir os sentidos políticos e científicos a uma tagarelice?

Vou explorar os escritos de quatro primatólogas ligadas entre si em uma rede específica da antropologia física – primatólogas que são todas mulheres euro-americanas – a fim de investigar alguns dos aspectos dessa questão. Especificamente, a prática da ciência dessas mulheres em um campo da biologia/antropologia moderna estrutura de forma substancial o discurso de modo intrigante para as feministas? Deveríamos esperar de mulheres algo diferente do que esperamos de homens? Quais são as perguntas corretas a fazer sobre o lugar do sexo e do gênero na estruturação social dos significados científicos nas áreas do conhecimento científico sob investigação: comportamento animal e teoria evolutiva? Que perguntas parecem menos relevantes? Retornaremos a essas questões após seguir as carreiras de alguns de nossos parentes primatas, primatólogos brancos americanos e langures.

Por que olhar através da janela das palavras e das histórias? A essência de uma ciência não está em outro lugar, como, talvez, na construção de proposições testáveis sobre a natureza? Mas, então, o que pode contar como um objeto de estudo? O que é um objeto biológico? Por que esses objetos mudam de forma historicamente tão radical? Tais debates são complicados; aqui eu pretendo apenas estabelecer a importância de prestarmos mais atenção às histórias na biologia e na antropologia, às estruturas comuns dos mitos, das histórias científicas e das teorias políticas, a fim de levar todas essas formas a sério. As histórias são um aspecto central da constituição de um objeto de conhecimento científico. Não desejo reduzir a prática científica natural à prática política, ou o inverso, mas observar a tessitura de múltiplos níveis de sentido na elaboração social do que pode contar como explicação em uma área da biologia/antropologia em que o sexo e o gênero parecem importar bastante.

Quem estuda história da primatologia se confronta imediatamente com uma rica tapeçaria de imagens e narrativas. Para uma pessoa formada na herança mitológica judaico-cristã, requer atenção a persistência extraordinária da história do Gênesis nas reconstruções científicas da evolução humana, e não apenas nos floreios das apresentações populares. Igualmente proeminentes são as histórias de origem secular[2]. A história das relações entre ciência e religião é representada no palco primata, por exemplo na disputa do começo do século XX pelas definições médicas do comportamento sexual, usando modelos animais (Yerkes, 1943), em lugar das definições morais. Um dos primeiros tratamentos da organização das sociedades primatas selvagens publicados em livro só pode ser compreendido segundo a linha de Thomas Hobbes e do Leviatã social (Zuckerman, 1932). Histórias sobre a origem da família, da linguagem, da tecnologia, da cooperação e compartilhamento, da dominação social, todas elas demandam sensibilidade a ecos de significância incorporados na metáfora disponível e nas regras para contar histórias significativas em condições históricas particulares. É impossível não suspeitar que muitos níveis de histórias se encontram no cerne das coisas quando, sem nem mesmo falar sobre primatas humanos, primatólogos contemporâneos precisam falar seriamente sobre haréns, cuidado maternal em dupla jornada, sinalização social como sistema cibernético de controle de comunicação, tomada de controle de bandos e infanticídio, rápida mudança social, disponibilidade de tempo e energia, estratégias reprodutivas e investimentos genéticos, conflitos de interesse e análises de custo-benefício, natureza e frequência de orgasmos em fêmeas de animais não humanos, escolha sexual de fêmeas, liderança e chefes masculinos, papéis sociais e divisão de trabalho[3].

Mas por que explorar a tessitura de múltiplos significados na prática da primatologia a partir da investigação desses obscuros macacos asiáticos comedores de folhas?[4] Os langures constituem um grupo importante de símios, conhecido dos primatólogos, mas virtualmente desconhecidos até pouco tempo atrás para um público mais amplo que não teria dificuldades em reconhecer um gorila, ainda que este seja um mamífero mais raro. É certo que os grandes primatas – especialmente os chimpanzés – e os cercopitecos – sobretudo os babuínos e os macacos resos – estiveram com mais frequência e importância no centro dos debates sobre a evolução humana, sobre modos legítimos e ilegítimos de debater um modelo animal para qualquer dimensão humana, sobre a natureza e o significado da organização social dos primatas e sobre o impacto do gênero na construção social de fatos e teorias (Fedigan, 1982)? Talvez isso seja verdade, até que a questão do infanticídio surgiu no centro do debate sobre a vida social e evolução dos langures (Ford, 1976). Por que e quando os langures machos matam bebês? Como tais atos devem ser chamados? Quais devem ser as regras para a observação confiável desses atos? Eles realmente acontecem? O que deve ter estatuto social de fato e de explicação científica? Essas são questões restritas a um pequeno nicho da primatologia que instigou o foco deste capítulo. Por que e como essas questões vieram a se tornar cruciais para o discurso técnico no final dos anos 1970? Uma resposta a essa pergunta nos levará de volta a uma exploração da prática científica como produção social de importantes histórias públicas.

Antes, contudo, lembremo-nos de que a biologia evolutiva nos séculos XIX e XX é parte do debate público sobre o lugar humano na natureza – isto é, sobre a natureza da política e da sociedade. O comportamento social dos primatas inescapavelmente é estudado como parte da luta complexa nas democracias liberais do Ocidente para determinar quem é um cidadão maduro e saudável e por quê. A argumentação sobre a política humana a partir de um estado de natureza é uma velha tradição no discurso político ocidental; sua forma moderna é o entrelaçamento de histórias na economia natural e política, na biologia e nas ciências sociais. Além disso, quero argumentar que as histórias de primatas, populares e científicas, ecoam e baseiam-se em processos sociais materiais de produção e reprodução de vida humana. Particularmente, a bioantropologia primata dos anos 1920 figurou com destaque em disputas ideológicas e práticas sobre quem controlaria os meios humanos de reprodução, assim como em disputas sobre as causas e controles da guerra humana e contendas a respeito da engenhosidade técnica e das capacidades cooperativas na família e nas fábricas. Tais generalizações, creio, são verdadeiras tendo ou não alguns cientistas que estudam primatas a intenção de que seu trabalho faça parte de tais lutas; suas histórias são parte dos recursos públicos para as disputas. E os primatólogos contam histórias que são notavelmente apropriadas a seus tempos, lugares, gêneros, raças, classes – assim como a seus animais.

Se vamos lidar com os bebês langures desaparecidos, talvez assassinados, e com as mulheres euro-americanas que observam macacos profissionalmente, uma série de breves ilustrações deve bastar para o argumento mais extenso. Durante os anos 1920, nas mãos de psicobiólogos, psicólogos comparatistas e fisiologistas reprodutivos e neurais, os primatas em laboratório figuravam proeminentemente nos debates sobre a função mental e a organização sexual nos humanos. Aconselhamento marital, política de imigração e indústria de testagem estão todos em dívida direta com os primatas e com os primatólogos, que, nas palavras de Robert Yerkes, eram os "servos da ciência". Os primatas pareciam modelos de cooperação natural não obscurecidos pela linguagem e pela cultura. Durante os anos 1930, no trabalho de campo inicial com primatas selvagens, a fisiologia sexual da cooperação natural (nas formas de dominância de machos sobre fêmeas e da estrutura demográfica dos bandos) surgiu nas argumentações acerca da terapêutica social humana para desordens sociais – tais como greves e divórcios. Modelos primatas de famílias nucleares e de paternidade nos subúrbios, bem como de resultados dolorosos de ausências maternas, apareceram nos debates públicos sobre os problemas sociais dos Estados Unidos ao longo dos anos 1950 e 1960. Modelos primatas para a depressão em humanos também foram buscados com avidez, e grande dose de engenhosidade técnica foi gasta na produção confiável de psicoses em macacos. Políticas populacionais e questões sobre regulação de populações baseavam-se em estudos de primatas, assim como a psiquiatria (que propôs até mesmo o controle telemétrico) de primatas humanos estressados, talvez negros, nas cidades sublevadas dos anos 1960. A questão premente sobre a natureza naturalmente cooperativa ou aguerrida "do homem" era debatida em simpósios e salas de aula ao longo da Guerra do Vietnã, com constantes dívidas para com o desenvolvimento de novas teorias da evolução humana baseadas nos fósseis recentes do sul e do centro da África, nos novos estudos de campo com primatas vivos e na antropologia dos modernos caçadores-coletores. Os primatólogos podiam ser encontrados em todos os lados da maioria dos debates, incluindo o "lado" de não querer ser parte de nenhuma atitude política explícita. Do ponto de vista de primatólogos praticantes, as questões políticas diretas talvez mais cruciais envolviam a rápida destruição de primatas não humanos em toda sua extensão. Porém, tal preocupação rapidamente enredou até mesmo os cientistas mais apolíticos na política internacional, determinada sobremaneira pela história do imperialismo.

Não deveria surpreender ninguém o fato de que a bioantropologia dos langures começou a interessar um público amplo nos Estados Unidos nos anos 1970 e 1980, quando passaram a ser proeminentes questões acerca da violência doméstica (especificamente agressão de mulheres e crianças), liberdade reprodutiva (ou, com frequência, coerção), aborto, parentalidade (um eufemismo para a maternidade e um olhar ambivalente para a paternidade) e mulheres "autônomas" que não são definidas em termos de um grupo social (isto é, família). A maternidade em si mesma é "egoísta"? Não é possível não se espantar com a pletora de publicações feministas e antifeministas, biológicas e homiléticas, sutis e gritantes sobre a maternidade humana e não humana e sobre estratégias reprodutivas femininas. Não é fácil desenredar os fios técnicos e populares na história dos langures nesse contexto, e esse desenredamento, de todo modo, constitui um determinado movimento ideológico no interesse de preservar a pureza da ciência. Para o momento, talvez seja mais intrigante, até mesmo mais responsável, deixar essa teia enredada e tentar identificar os argumentos principais a respeito do infanticídio entre os langures de Hanuman (*Semnopithecus entellus*), macacos sagrados da Índia.

Primatologia patrilinear: Um modo de vida

Em biologia, é apropriado iniciar com a descendência, com a modificação, e, na antropologia, com o objeto social do parentesco; assim, abordaremos os temas deste capítulo através da ficção de uma patrilinha – a de um pai bastante visível na ordem primata, Sherwood Washburn. Todas as mulheres cujos trabalhos iremos analisar (Phyllis Jay – mais tarde, Dolhinow –, Suzanne Ripley, Sarah Blaffer Hrdy e Jane Boggess) são filhas ou netas "acadêmicas" em uma importante rede de primatólogos nos Estados Unidos pós-Segunda Guerra Mundial. É diretamente a partir da linguagem de Washburn que os estudiosos de langures nesta história herdaram elementos-chave de suas estratégias imaginárias, de suas histórias admissíveis e de suas ferramentas com as quais produziram os contornos de uma história diferente. A primatologia tem sido uma produção histórica coletiva, e não a criação de um pai onipotente. Contudo, as análises, as atividades empresariais e o poder institucional de Washburn enxertaram a ciência dos primatas como um ramo da antropologia física sobre as raízes da teoria evolutiva moderna neodarwiniana e da antropologia social estrutural-funcional. As regras dessas ciências-raiz devem ser esboçadas para acompanhar os debates sobre os bebês langures.

Todas as mulheres discutidas neste capítulo experimentaram múltiplas influências em seu trabalho; a ficção de uma patrilinha não deveria indicar influência única nem harmonia necessária. Com efeito, cabe esperar que famílias sejam cenários de conflitos intensos. Mas a patrilinha, uma linguagem de filhas e filhos, de fato indica a identificação pública das pessoas como atuais ou antigos alunos e alunas de uma figura proeminente e a discussão comum sobre "proles" acadêmicas entre biólogos e antropólogos. A própria linguagem é carregada de questões de independência e influência, de realizações individuais e de identidades atribuídas. Parte da luta das mulheres contra o patriarcado tem sido a de insistir em serem nomeadas independentemente dos pais. O meu uso da linguagem familiar pretende sugerir problemas e tensões, bem como notar um ponto de partida ambivalente nas atuais relações sociais científicas historicamente ordenadas por hierarquias macho-dominantes. Há pouca dúvida de que o poder profissional de Washburn teve profundo efeito em seus estudantes mulheres e homens. Como qualquer nome de família, o patronímico acadêmico é uma ficção social. A linguagem de uma patrilinha não conta a história natural de uma família acadêmica; ela nomeia uma linhagem de lutas, preocupações mútuas e herança de ferramentas e identidades sociais públicas.

O principal legado intelectual da patrilinha da antropologia física de Washburn foi o imperativo de reconstruir não estruturas fixas, mas modos de vida – transformar fósseis em fundamentos de animais vivos e interpretar os primatas vivos de modos cuidadosamente regrados como modelos de aspectos dos modos humanos de vida. Adaptação, função e ação eram os verdadeiros objetos científicos, e não as estruturas congeladas ou hierárquicas, escalas naturais de perfeição ou complexidade. Ao desenvolver a anatomia comparativa funcional como parte da teoria sintética da evolução e estender a abordagem ao comportamento social de primatas vivos, Washburn e seus alunos integraram a teoria da seleção genética, o campo disciplinado e a metodologia experimental à prática da reconstrução evolutiva.

O produto mais bem conhecido da prática na patrilinha de Washburn foi a hipótese do "homem-caçador", dos anos 1960. A hipótese sugeria que as adaptações evolutivas cruciais que tornavam possível um modo de vida humano na linhagem dos hominídeos em seu ambiente ecológico provável foram aquelas associadas com uma nova estratégia de obtenção de alimento, uma inovação de subsistência que carregava as implicações de um futuro humano baseado em cooperação social, habilidade técnica aprendida, famílias nucleares e, por fim, linguagem plenamente simbólica. É importante enfatizar desde o início que os elementos fundamentais da hipótese do homem-caçador que guiaram a maior parte dos estudos de campo sobre primatas por mais de uma década foram a cooperação e o grupo social como adaptações principais. Fenômenos como agressividade, competição e estruturas de dominância foram vistos primariamente como mecanismos de cooperação social, eixos de vida organizada em grupo, pré-requisitos da organização. A hipótese do homem-caçador, é claro, tratava especialmente de modos de vida masculinos como motores do passado e do futuro humanos. A caça era uma inovação e uma especialidade masculina, insistia a história. E o que não fosse caça sempre haveria sido. A caça era o princípio da mudança; o restante era uma linha de base ou um sistema de apoio[5].

Assim, as filhas de Washburn entraram no campo de pesquisa como parte de uma família social complexa de cientistas da vida que exercem sua prática nas fronteiras disputadas da biologia e da antropologia, discutindo os significados de objetos de conhecimento há muito disputados chamados primatas e construindo histórias de origem e ação sobre as visões disputadas de restrições passadas e possibilidades futuras. Os estudos de campo e de laboratório sobre primatas vivos desenvolveram-se exponencialmente, a partir de níveis modestos no período pré-guerra, quase simultânea e internacionalmente após a Segunda Guerra Mundial por motivos complexos, tais como pesquisa sobre poliomielite, novas descobertas de fósseis hominídeos na África, desenvolvimento japonês de estudos longitudinais de sociedades primatas como parte de uma antropologia comparativa e buscas por sistemas de modelo animal para distúrbios emocionais e desorganização social humanos em um modelo de controle cibernético do gerenciamento social. Mas tais razões nos levariam para além das preocupações deste capítulo. Washburn era um entre uma dúzia de atores-chave em desenvolvimentos fixados a partir de determinantes históricos amplos, como a guerra, novas tecnologias para viagens internacionais e controle de doenças tropicais, institucionalização da pesquisa médica moderna e organização da conservação internacional em ordens mundiais neoimperialistas descolonizadas mas ainda em disputa[6].

Washburn obteve seu doutorado em antropologia física em Harvard em 1940. Seu treinamento refletia a herança médica e a base social racista colonial da antropologia física e da primatologia. Educado em métodos antropomórficos tradicionais e anatomia primata, ele ensinou anatomia médica na Faculdade de Médicos e Cirurgiões da Universidade de Columbia até 1947, quando se mudou para a Universidade de Chicago, onde trabalhou com seus primeiros e destacados alunos de pós-graduação em comportamento social (em oposição à anatomia comparativa estritamente funcional), incluindo Phyllis Jay. Washburn pertencia à geração de antropólogos físicos que impugnaram a prática de sua ciência em construir hierarquias raciais, uma prática da ciência comparativa da vida baseada em premissas de crescente complexidade e perfeição na evolução com padrões teleológicos implícitos e explícitos de organização social branca, masculina, profissional e burguesa. Ele lutou ativamente para afastar a antropologia física de parte dessa herança, sobretudo ao elaborar regras para contar histórias evolutivas que não produzissem facilmente significados racistas[7]. Washburn não enxergava ou desafiava estruturas científicas semelhantes para o conhecimento ou a produção da ordenação hierárquica de gênero – não por má-fé, mas porque as lutas mundiais contra o racismo estavam pondo fim ao colonialismo e tornando visíveis muitas de suas regras a fim de gerar conhecimento público, incluindo as ciências da vida. O movimento feminino dos anos 1970 possibilitou diferentes construções científicas de gênero, mas não a inclusão da genialidade nas cabeças de homens ou mulheres. Mesmo assim, algumas mulheres e homens específicos de fato produziram a transformação de debates sobre sexo e gênero nas disputas científicas fundamentadas em possibilidades de mudanças sociais. Esses cientistas de primatas não tinham uma relação com os diversos feminismos ou outras dimensões de relações sociais revolucionadas entre mulheres e homens que fosse mais direta do que a que Washburn tinha com as lutas de libertação da África, da Ásia ou dos Estados Unidos. Mas Washburn e suas crias acadêmicas também não tinham relações diretas com a vida social dos babuínos e langures. As mediações das histórias públicas são múltiplas. Contudo, estamos nos adiantando em nossa história e asseverando aquilo que tem que ser contado.

Em meados dos anos 1940, Washburn estava praticando antropologia física como ciência experimental; nos anos 1950, estava desenvolvendo um poderoso programa para reinterpretar os conceitos básicos e métodos de seu campo em harmonia com a recente genética de populações, com a sistemática e a paleontologia de Theodosius Dobzhansky, Ernst Mayr e George Gaylord Simpson. Em 1958, ele obteve um financiamento da Fundação Ford para estudar a evolução do comportamento humano de múltiplos pontos de vista, incluindo provisão inicial para estudos de campo de babuínos na África Oriental.

Esse trabalho foi feito em colaboração com seu aluno Irven DeVore; ele fundamentou o primeiro desenvolvimento de um modelo comparativo de babuínos para interpretar a evolução dos hominídeos do ponto de vista do homem-caçador. Em uma submissão de pedido de financiamento subsequente para a Fundação Nacional da Ciência ("Análise do Comportamento Primata", 1961), DeVore e Washburn figuravam como os pesquisadores principais, ainda que o financiamento também fosse aplicado ao trabalho de outros pesquisadores. Reconhecendo as diferenças entre dados e interpretações sobre os babuínos, o relatório final para a fundação dava bastante atenção à investigação sobre os langures de Jay. Esses primeiros pedidos de verba citavam a relevância dos estudos de comportamento social de babuínos para a psicologia e a psiquiatria humanas. O psiquiatra David Hamburg, dos Institutos Nacionais da Saúde (NIH), e o psicólogo comparativo Harry Harlow, da Universidade de Wisconsin, estavam entre os consultores listados nas propostas. Em 1959, em Berkeley, Washburn obteve financiamento para uma das primeiras estações de campo de primatas nos Estados Unidos. Desde o início de sua carreira, ele deu aulas, escreveu textos de divulgação científica, produziu filmes pedagógicos, reestruturou currículos em todos os níveis educacionais e ajudou a determinar as carreiras de figuras proeminentes na evolução e na primatologia[8].

Estou incluindo na patrilinha de Washburn estudantes de comportamento e evolução dos primatas das Universidades de Chicago e da Califórnia que receberam seus doutorados depois de 1958. Dela também fazem parte muitos alunos de alunos e pessoas que receberam seus títulos em outros lugares. Por exemplo, Jane Boggess (1976) foi aluna de doutorado de Phyllis Jay/Dolhinow (1963), que, por sua vez, fez seu doutorado sob orientação de Washburn; Sarah Blaffer Hrdy (1975) foi orientanda de doutorado de Irven DeVore (1962), de Harvard, que foi orientado por Washburn. Não se deve esperar harmonia em uma família. De fato, veremos a emergência de grandes debates entre os filhos de Washburn, além de desvios importantes com relação às histórias contadas pelo pai. DeVore e Washburn entraram em conflito sobre a sociobiologia desde o final dos anos 1970. Jay/Dolhinow e Boggess compartilham de posições opostas às de Ripley e Hrdy. Todas essas oposições centram-se em estratégias reprodutivas e seus significados. Também veremos um campo de discurso e transformações comuns de histórias herdadas que têm como resultado centralizar debates sobre sexo e gênero de formas que não eram possíveis antes dos anos 1970.

Um levantamento preliminar da linhagem direta de Washburn (nas Universidades de Chicago e da Califórnia em Berkeley) mostra pelo menos quarenta estudantes de doutorado, dos quais quinze são mulheres profissionais ativas. Esses números devem ser postos no contexto de estatísticas preliminares grosseiras para toda a primatologia. Há três principais associações profissionais a que pertencem os cientistas de comportamento de primatas e da evolução:

(1) A Sociedade Internacional de Primatologia (IPS, fundada em 1966) tem cerca de 750 membros, dos quais 380 são dos Estados Unidos e 120 (16%) são mulheres. Com base em dados de endereços profissionais, cerca de 130 membros da IPS se consideram antropólogos; só 17% desses são mulheres.

(2) A Sociedade Americana de Primatologia (ASP, fundada em 1977) tem cerca de 445 membros, dos quais 23 são estrangeiros, a maioria canadense. Cerca de 30% (131) são mulheres, e aproximadamente 16% (setenta)

dos membros indicaram endereço em alguma divisão institucional antropológica. (Nenhuma especialidade, nem mesmo medicina – 16% – ou psicologia – 13% –, apresentou representação maior.) Há cerca de trinta mulheres antropólogas (45% dos membros que são antropólogos) listadas na ASP, sete das quais receberam o doutorado originalmente na Universidade da Califórnia em Berkeley. A linhagem de Washburn é, desde o início, lembrada por muitos dos que a ela pertencem como apresentando, para a profissão, números atipicamente grandes de mulheres estudantes de pós-graduação. É fato que as mulheres proeminentes nos debates sobre primatas estão na linhagem de Washburn, mas essas estatísticas indicam que, por volta de 1980, as mulheres geralmente praticavam primatologia nos Estados Unidos dentro da especialidade da antropologia em grandes números em comparação com as cifras totais internacionais e em comparação com outras especialidades relacionadas a primatas nos Estados Unidos.

(3) A Associação Americana de Antropologia Física (AAPA) tem cerca de 1.200 membros, dos quais aproximadamente 26% são mulheres.

Nenhuma dessas cifras indica com precisão quantas pessoas estudam o comportamento e a evolução dos primatas em oposição a muitos outros aspectos da primatologia, e decidir a especialidade de um praticante é normalmente bastante arbitrário: onde termina a antropologia e começa a psicologia comparativa? Além disso, os endereços profissionais são às vezes ambíguos. Mas mesmo essas cifras grosseiras indicam a natureza coletiva e internacional dos estudos de primatas, a participação significativa de mulheres nesse campo, especialmente nos Estados Unidos, e a presença visível de membros da linhagem de Washburn[9].

Quais são os mecanismos sociais de transmissão das regras para contar histórias? Como trabalhou a linhagem de Washburn para dar às filhas do homem-caçador ferramentas para modificar sua herança na construção científica de sexo e gênero tanto como objetos quanto como condições de estudo? Nós já observamos o esqueleto lógico das histórias evolutivas contadas por Washburn. A regra principal era tecer histórias sobre função e ação, sobre modos de vida. Fica por observar de modo igualmente rápido como poderia ser chamado seu "plano" para estabelecer histórias com autoridade sobre primatas. O principal elemento no "plano" consistia em abrir espaço para seus alunos falarem, de início sob a égide de sua substancial autoridade social, mas por fim com suas próprias bases profissionais. Outro componente principal no treinamento de Washburn era a insistência no que, nos anos 1960, era uma estrutura pouco usual de curso e de trabalho de campo e laboratório na antropologia física. Alunos de Washburn, não importando qual seria sua concentração ao final, idealmente estudavam anatomia comparativa funcional, teoria sociocultural na antropologia social e investigações de campo de primatas vivos. Alguns alunos não estudavam efetivamente esses três elementos, mas o ideal era enfatizado nos pedidos de financiamento e em outras descrições de seus projetos de reforma da antropologia física. Fósseis, caçadores-coletores modernos e primatas vivos eram necessários ao programa de Washburn que produzia a hipótese sintética do homem-caçador, a qual guiava a pesquisa e informava as histórias explicativas. Seus alunos eram equipados para papéis de liderança em uma disciplina emergente. Esse era um pai que sabia como fundar as bases materiais de sua herança.

Pode-se dizer que a patrilinha da primatologia de Washburn nasceu com o seminário de 1957-58 da Universidade de Chicago "Origens do Comportamento Humano". Membros desse grupo, incluindo Phyllis Jay e Irven DeVore, tornaram-se figuras formativas nos estudos de campo de primatas em desenvolvimento; e o conhecimento de japonês de outro participante, o jesuíta John Frisch, permitiu uma concepção inicial mais completa do trabalho contemporâneo de colegas japoneses.

Os alunos de Washburn não eram membros de um laboratório particularmente autoritário. Eles escolhiam seus próprios tópicos e também se opunham a Washburn de muitos modos, trabalhando de forma independente com relação a suas ideias e apoio. Mas diversos deles relatam a percepção, em retrocesso, de que a empolgação intelectual com uma nova síntese na antropologia física e o apoio de Washburn às escolhas e oportunidades dos alunos (assim como a indiferença a outras escolhas) sugeriam a existência de um plano mais explícito. Por exemplo, uma vez que a anatomia funcional apropriada para um modo de vida ligado à caça era uma parte essencial da história, não era surpreendente encontrar estudantes nos anos 1960 investigando novos complexos adaptativos anatômicos tornados visíveis pela hipótese do homem-caçador. Diferentes alunos podiam ser encontrados estudando a mão, a coluna vertebral, o pé, a comunicação, a amplitude, a dieta, o comportamento materno e assim por diante.

Duas sessões especiais dos encontros da Associação Americana de Antropologia (AAA) foram típicas dos mecanismos sociais que Washburn disponibilizava a seus estudantes e associados e que fundamentaram firmemente a hipótese do homem-caçador na disciplina. Em 1963, um simpósio de dia inteiro contou com a participação de quinze alunos de Washburn, seis dos quais eram mulheres. Adrienne Zihlman falou sobre amplitude e comportamento. Depois ela faria seu doutorado sobre bipedalismo dentro do quadro da hipótese da caça e, mais tarde, se tornaria uma figura central no desafio a esse quadro explanatório e na proposta de uma alternativa sintética importante. Sua colega em parte dessa tarefa, Nancy Tanner (morta em 1989), foi uma antropóloga social que trabalhou como assistente de ensino enquanto era aluna de pós-graduação. Judith Shirek falou sobre dieta e comportamento. Seu doutorado tratou da comunicação visual em uma espécie de macacos. Phyllis Jay falou sobre dominância em 1963. Seu doutorado tratou da organização social dos langures. Suzanne Chevalier apresentou um trabalho sobre o comportamento mãe-bebê. Sua pesquisa posterior levantou questões e métodos de Masters e Johnson na consideração do orgasmo feminino de primatas não humanos dentro do contexto do desafio generalizado às noções sobre a importância primária da atividade sexual masculina. Suzanne Ripley apresentou os resultados de seu estudo sobre comportamento materno em langures, a espécie central para sua tese e trabalho posterior. Jane Lancaster falou sobre os ciclos reprodutivos anuais dos primatas, uma apresentação inicial do que se tornou depois um novo ponto de vista fundamental para o estudo da reprodução de primatas fora do laboratório. Sua tese foi sobre comunicação de primatas. Seu trabalho posterior se tornaria uma parte importante da revolta das filhas contra a síntese do homem-caçador. Os alunos homens de pós-graduação de Washburn também falaram sobre aspectos da hipótese da caça em seu enredo tripartite de anatomia, comportamento primata e antropologia social. A sessão de 1966 da AAA chamou-se "Design do homem"; todos os componentes da história de caça centrada em homens estavam em seus lugares, inclusive abordagens a complexos adaptativos psicológicos e emocionais, dentro do contexto da ideologia do estresse proposta pela psiquiatria moderna.

Washburn resumiu as falas da sessão em um discurso breve e direto sobre "O modo de vida caçador"[10]. As lições para a disciplina da antropologia física seriam difíceis de esquecer. E quaisquer que fossem os significados que os alunos individuais atribuíssem a seu próprio trabalho e ao período de seu treinamento de pós-graduação, parece bastante provável que, nos anos 1960, os significados públicos das apresentações da Universidade da Califórnia em Berkeley, enquadrados pelas interpretações de Washburn – e às vezes por um direcionamento mais ativo –, incluíam: (1) a primazia do "modelo babuíno" para uma compreensão funcional comparativa da evolução hominídea; (2) o papel crucial do grupo social (e um papel muito menor dos laços sexuais) como chave da adaptação comportamental dos primatas; e (3) o drama central de uma inovação de subsistência masculina – a caça – na história da origem humana, que incluía o bipedalismo, ferramentas, linguagem e cooperação social. Novamente, hierarquias de dominância masculina eram um mecanismo-chave dessa cooperação promissora.

A conexão langure

É importante estar claro que as filhas da patrilinha de Washburn foram criadas para falar em público, para ter autoridade, para ser autoras de histórias. Com frequência, elas também ocupavam posições de ensino que permitiam tempo para pesquisa e publicação. Uma longa história sobre essas estudantes de primatas, seus irmãos e sua tribo – bando? – mereceria ser contada. Porém, observemos apenas um conjunto de histórias criadas pelas filhas do homem-caçador no campo, a saga dos langures[11]. Olhando mais de perto para apenas uma parte de uma dessas histórias, talvez possamos esclarecer como as histórias com significados públicos mudam dentro das ciências da vida.

Uma conclusão dessa exegese idiossincrática deve ser anunciada de antemão: a história dos langures, com todos os seus múltiplos significados públicos, não é uma reflexão mecânica sobre ideologia e forças sociais externas à antropologia/primatologia; também não é produto de ciência objetiva diligente que sempre melhora seus próprios métodos para ver em última instância apenas macacos originários. As ciências naturais não são nem tão domesticadas nem tão desconcertantes. Esses dois pontos de vista são caricaturas da produção da ciência como um mito, ou seja, conhecimento público carregado de significado. Mas os dois polos da caricatura contêm uma sugestão do que eu considero verdadeiro e do que torna o processo de construção da ciência interessante para uma pessoa que se pergunta como novos tipos de histórias podem nascer. Histórias científicas naturais são supostamente frutíferas; em geral, elas levam as pessoas a praticar ciência para ver coisas sobre as quais não sabiam antes, para encontrar o desconhecido. Histórias científicas têm uma regra intrigante de construção: apesar das melhores precauções, elas forçam um observador a ver o que não se pode esperar e provavelmente não se quer ver. As ferramentas para formular essa visão são bastante materiais, até mesmo mundanas. Por exemplo, primatólogos, ao longo de décadas, desenvolveram critérios muito explícitos para coletar dados dignos de respeito e instaram uns aos outros a aplicar esses critérios: número de horas no campo, posição física do observador, habilidade para reconhecer animais, similaridade interobservadores ao nomear e contar "unidades" de comportamento, formato dos formulários e do armazenamento de dados, procedimentos de amostragem para prevenir preferências de observação do que *já* é interessante, e assim por diante. A patrilinha de Washburn fornecia à prole ferramentas para forçar uma visão provocativa num ambiente histórico que estruturasse a possibilidade de histórias diferentes. O problema principal em defender essa posição do ponto de vista das forças sociais que determinam histórias científicas do "exterior" *versus* a prática científica penosa que eliminava o viés desde o "interior" é que interior e exterior são metáforas erradas. Forças sociais e prática científica diária existem no interior. Ambas são partes do processo de produção de conhecimento público, e nenhuma delas é uma fonte de pureza ou poluição. De fato, a prática científica diária é uma força social importante. Mas tal prática só é capaz de tornar visível o que as pessoas podem aprender a ver historicamente. Todas as histórias são mediadas de forma múltipla (Latour e Woolgar, 1979).

Uma palavra de cautela é necessária: não se está tentando, neste capítulo, descrever, muito menos explicar, toda a carreira, registros de publicação ou influências históricas de Dolhinow, Ripley, Hrdy ou Boggess. Momentos específicos na história da primatologia moderna e trabalhos particulares recebem o foco aqui a fim de iluminarmos debates públicos sobre a natureza humana feminina e sobre parentalidade e violência. Esses debates levantam questões políticas e históricas sobre narrativas de origem científica e levam a disputas pela nomeação dos significados e das possibilidades no contexto de disputas contemporâneas nos Estados Unidos para definir e julgar a cooperação e a competição humanas masculinas e femininas, violência doméstica, aborto, liberdades e restrições políticas sobre reprodução, patologia, estresse social e argumentos sociobiológicos sobre tendências herdadas no comportamento social humano, inclusive papéis sexuais. Essas preocupações são tradicionais na história da biologia evolutiva e da antropologia física. Os primatas são objetos privilegiados em disputas históricas específicas para nomear o lugar humano não marcado na natureza, bem como para descrever a natureza igualmente não marcada da sociedade humana.

Grupos sociais na saúde e na doença: Uma questão de modelos

Phyllis Jay, hoje Phyllis Dolhinow, professora titular do Departamento de Antropologia da Universidade da Califórnia em Berkeley e orientadora da tese de outra das filhas desta história, Jane Boggess, foi membra do seminário de Chicago sobre as origens do comportamento humano e uma das primeiras alunas de pós-graduação de Washburn a estudar o comportamento social. Ela conduziu observações sobre macacos langures (*Presbytis entellus*) nas regiões central e norte da Índia por 850 horas em mais de dezoito meses em 1958-60, trabalho que constituiu o núcleo de sua tese "The social behavior of the langur monkey" [O comportamento social dos macacos langures] (1963a) e de diversas outras publicações (Jay, 1962, 1963b, 1965; Dolhinow, 1972). Jay foi a primeira observadora sistemática desses macacos em campo no pós-Segunda Guerra Mundial; seu estudo foi seguido rapidamente pelos de um time de observadores do Centro de Macacos do Japão com colegas indianos, trabalhando no sul da Índia de 1961 a 1963, e pelo de Suzanne Ripley, sua colega estudante de pós-graduação de Washburn, que completou um estudo de um ano em 1963 sobre langures-cinzentos no Sri Lanka. A história de Jay é complexa; contudo, devo isolar alguns elementos para uma análise mais de perto: a questão de como estabelecer um modelo para um aspecto dos modos de vida dos primeiros hominídeos, a estrutura da argumentação sobre o grupo social organizado como adaptação evolutiva, os critérios para o estabelecimento do comportamento social como patológico ou saudável, as mudanças de posição de fenômenos dentro do campo de visão de um observador e a estratégia para explicar essas mudanças e a transformação de significados de histórias quando as mudanças ocorrem. O foco aqui incide sobre as publicações iniciais de Phyllis Jay, baseadas em um estudo de campo feito durante sua pós-graduação nos primeiros anos de um interesse renascido, no pós-Segunda Guerra Mundial, sobre o comportamento primata naturalístico. No início dos anos 1960, a primatologia era, de muitos modos, estruturalmente diferente do que se tornara por volta de 1980, quando Hrdy e Boggess realizaram seu primeiro trabalho de campo e o publicaram. Alteraram-se o tamanho das literaturas relacionadas, a padronização do procedimento de campo, a dinâmica das redes sociais de carreira e das possibilidades profissionais e as relações com outros debates em biologia (por exemplo, dentro da ecologia e da biologia de populações) e em antropologia (por exemplo, sobre a sociobiologia aplicada a grupos humanos). Uma tese deste capítulo é que algumas dessas mudanças se deram em função de lutas políticas importantes, simultaneamente contribuindo para elas: tais lutas dizem respeito às relações sociais de reprodução humana e ao lugar político de todas as fêmeas primatas na natureza.

Enquanto Jay estava em campo observando langures, suas colegas de pós-graduação estavam observando babuínos na África. Washburn e Irven DeVore conduziram um estudo de doze meses e 1.200 horas com babuínos no Quênia em 1959, seguindo um estudo preliminar de duzentas horas conduzido por Washburn em 1955, como uma oportunidade quase acidental em uma conferência pan-africana sobre a evolução humana. O trabalho de campo com babuínos explorava o poder de um modelo científico de certos aspectos reconstruídos de complexos adaptativos comportamentais de hominídeos que se postulava serem associados com a vida na savana e com a inovação da caça. A construção de modelos, na escola de Washburn, não queria dizer a busca de uma visão mais simples de um comportamento humano supostamente mais complexo, muito menos a busca de uma espécie que era considerada uma versão mais simples dos hominídeos. As escalas de complexidade não eram, aqui, os objetos de conhecimento. Outras espécies de primatas poderiam ser modelos de aspectos bastante específicos de complexos adaptativos, como amplitude, dieta ou correção de intensidade de hierarquias de dominância com pressão predatória. Tais modelos, como quaisquer outros sistemas modelares biológicos, deveriam ser submetidos à observação e à manipulação experimental no campo e no laboratório. Logicamente, sistemas de modelos primatas tinham o mesmo estatuto que os subsistemas de membrana celular *in vitro* ou mesmo totalmente sintéticos tinham no estudo do movimento celular. Os babuínos pareciam ser modelos promissores no estudo da evolução humana porque eram primatas de vida no solo e dependentes de um grupo social estruturado para a sobrevivência. Comportamento, ecologia, anatomia funcional – todos deveriam ser correlacionados em uma história explicativa. Os modelos poderiam ser esclarecedores tanto como contrastes quanto como comparações; a construção de modelos era parte da construção de uma ciência evolutiva *comparativa*. Na verdade, Washburn e DeVore (1961) concluíram que as diferenças entre babuínos e hominídeos eram *bastante* significativas. Mas havia um ponto comum a todas as comparações: o *Homo sapiens*. Em seu início, a escola de Washburn não levantava questões típicas de zoólogos, mas de estudantes do modo de vida humano. E os babuínos emergiram inicialmente como sistemas de modelos privilegiados que determinavam significados para outras espécies estudadas por alunos de Washburn, como macacos-vervet e langures. Os babuínos pareciam ser o sistema de modelo correto para as discussões sobre a cooperação macho-macho, hierarquias de dominância masculinas como um modo de organização social adaptativa e indispensabilidade masculina na defesa do bando para o potencial de vida dos hominídeos na savana.

Esse centro de babuínos teria estruturado os significados da história de Phyllis Jay sobre os langures? Seus trabalhos iniciais estão cheios de referências à história de DeVore sobre os babuínos, uma história com um enredo potente dedicado à vida dos machos, especialmente em seu suposto papel de protetores, mantenedores internos da paz e organizadores do bando mediante o mecanismo de sua hierarquia de dominância. DeVore viu nos babuínos uma estrutura de bando centrada nos machos: ela se compunha de um núcleo de machos dominantes aliados, imensamente atraentes para fêmeas e crianças, enquanto outros machos ficavam na periferia quando o bando estava sedentário, ou atrás, seguindo-o como guardas especiais, quando o bando parecia estar ameaçado por algum perigo. Provou-se difícil para todos ver esse quadro fisicamente, mas simbolicamente ele foi repetido em múltiplas variações, inclusive em ilustrações de livros didáticos[12]. Se a dominância masculina era o mecanismo de organização de bando, então variações na dominância masculina deveriam ser o objeto de atenção para gerar histórias comparativas. Um corolário implícito foi que graus de organização social estavam correlacionados com a plenitude do desenvolvimento desse mecanismo adaptativo indispensável para a vida em um grupo social – hierarquias masculinas estáveis, o germe da cooperação. O vínculo lógico para a terapêutica médico-psiquiátrica de grupos sociais deveria estar claro: a desordem social implica uma ruptura de mecanismos adaptativos centrais. Machos estressados se engajariam em comportamentos de dominância inapropriados (excessivos ou deficientes) – à custa da organização do bando e até mesmo da sobrevivência.

DeVore e Jay viam o grupo social organizado como a unidade adaptativa básica da espécie. Essa não era necessariamente uma posição selecionista de grupo, e tal questão mal foi levantada até que os desafios sociobiológicos à teoria da seleção neodarwiniana ou a extensões dela surgiram nos anos 1970. Papéis sociais eram objetos básicos de estudo porque eles estruturavam grupos. Laços sociais mantinham a unidade de bando, e as relações de dominância masculina não eram o único tipo de laços sociais para nenhum dos observadores. Porém, nas explicações de DeVore, esses eram laços que em última instância tornavam o grupo possível, e os grupos tornaram possíveis os primatas, bem como o modo de vida humano, o objeto proeminente de conhecimento na patrilinha de Washburn. Note-se que o nível explicativo básico é o dos mecanismos e dos complexos adaptativos. Os artigos iniciais de Jay mostravam uma série de oposições fascinantes a essa estrutura de história, porque seus langures não conseguiam agir como bons babuínos, mas ainda assim mantinham grupos bastante estáveis.

A maior parte dos trabalhos de Jay sobre a vida dos langures tratava em geral dos filhotes e das mães. Sua abordagem da organização social era longitudinal e desenvolvimentista, em contraste com o enredo tópico de DeVore com os atores centrais, machos adultos dominantes, em um ambiente de savana configurado para as possibilidades dos hominídeos. Li o trabalho inicial de Jay como substantivamente mais complexo do ponto de vista biológico e ecológico e mais multicentrado do que o de DeVore. Jay publicou artigos separados sobre filhotes e mães. A despeito de suas publicações frequentes sobre o tema, algumas de suas estudantes de pós-graduação se lembram de tentar evitar identificação excessiva com o tema de fêmeas e filhotes – atenção demais às fêmeas polui o observador, identifica o *observador* como periférico. De todo modo, Jay recebia convites frequentes para escrever sobre esse tema nos primeiros livros coletivos sobre primatas. De novo, fosse qual fosse a sua opinião sobre a biologia dos langures, ela estava publicamente associada com uma história *não* nomeada como o centro comparativo de inovação em hominídeos. Os babuínos eram o sistema-modelo privilegiado, e isso, nas mãos de DeVore, significava atividade masculina. Embora DeVore soubesse que os filhotes eram centros de atração, e que todos os observadores registravam a socialização deles ao descrever a gênese da estrutura de grupos, a *explicação* de um grupo não poderia basear-se na atividade de mães e filhotes. Jay via explicitamente os filhotes como um centro fundamental de atração na estrutura de bandos de langures, mas essa subtrama não era um componente principal das *conclusões* de sua história. Ela descreveu a passagem dos filhotes entre as fêmeas, a relativa falta de interesse masculino nos filhotes, as diferenças sexuais no seu desenvolvimento, a falta de hierarquias de dominância bem definidas entre fêmeas adultas, as alianças temporárias de fêmeas adultas em conflito com outras fêmeas (nenhuma organização fêmea-fêmea era considerada estável ou primária pelos ocidentais até bem depois de 1960, e as matrilinhas continuaram a ser de acordo com os *filhos* por ainda mais tempo), a baixa incidência de agressão nos bandos e sua organização geralmente mais dispersiva do que a dos babuínos de DeVore. Ela defendia que a relação mãe-filhote era a mais intensa na vida de um langur, sustentando também que todas as estruturas de dominância eram excessivamente complexas e sutis e não muito relevantes na existência diária. Em resumo, Jay via literal e fisicamente o que quase não podia figurar em suas conclusões principais, porque outra história ordenava o que valia como explicação última. A antropologia física de Washburn do homem-caçador requeria estudos comparativos do comportamento social dos primatas, mas o centro de comparação não tão silencioso vivia na savana africana e exercia uma ameaça dominante com relação a outras estruturas e conclusões de histórias. Quando o objetivo científico é conhecer o lugar do "homem" na natureza, nem todas as comparações são iguais.

Quando possível, Jay conduzia suas observações fisicamente a partir *de dentro* do bando. Ela atuava como uma subordinada do bando, sem olhares diretos para evitar qualquer provocação. Ainda que a maioria dos bandos de langures que Jay observou não pudessem ser observados de dentro porque, por exemplo, estavam no alto de árvores, o único comentário metodológico explícito de Jay em seus primeiros trabalhos sobre sua própria relação física como observadora a nomeava explicitamente *dentro* do grupo, *nem* dominando *nem* intervindo para provocar a dominância dos animais entre eles. Em contraste, DeVore observava da periferia, protegido por um Land Rover, em parte por causa da presença de leões na região; a vida cotidiana, portanto, parecia diferente. DeVore também provocou experimentalmente as interações de dominância macho-macho, que deviam parecer mostrar significados centrais, chamados de observações. Jay, por outro lado, gastou muito menos espaço descrevendo as atividades dos machos do que as das fêmeas e dos filhotes e teve dificuldade em especificar exatamente o que os machos faziam de importante na vida cotidiana do bando. Contudo, ela concluiu explicitamente: "Os machos adultos mantêm a estabilidade interna do bando ao fundamentar e reafirmar uma hierarquia de dominância masculina estável que estrutura as relações entre os machos adultos dentro do bando" (Dolhinow, 1972, p. 230). Os machos eram líderes que coordenavam a unidade e a estabilidade do bando, a despeito da estrutura de observação de seus trabalhos. Foi a geração de filhas de Washburn depois de Jay que transformou as observações constantes de grupos matrifocais em uma *explicação* da estrutura do bando e em modelos privilegiados da evolução dos hominídeos[13].

Embora as fêmeas e os filhotes estivessem bastante visíveis para Jay, ela não viu algo que outros observadores em outros lugares começaram a relatar em termos dramáticos: machos matando filhotes depois de se mudarem para um bando e expulsarem o macho ou machos que ali residiam anteriormente. Por exemplo, Yukimaru Sugiyama, do Laboratório de Antropologia Física da Universidade de Kyoto, e parte da equipe do Centro de Macacos do Japão que estudava langures em Dharwar de 1961 a 1963 contaram uma história de animais para os quais, "tirando o fato de que um grande macho adulto lidera o bando, não há outra diferenciação social evidente". Sugiyama observou o que chamou de "mudança social" nos bandos, incluindo a "reconstrução" mediante ataque bem-sucedido de um bando misto por um grupo todo de machos. Depois, todos os machos usurpadores foram expulsos, exceto um. Nos dois meses seguintes, o macho remanescente aparentemente mordeu uma fêmea jovem e todos os cinco filhotes do bando, e nenhum deles sobreviveu. Contudo, parece que Sugiyama *não viu* o macho matando os filhotes. O mesmo observador também provocou experimentalmente a mudança social de um bando ao remover o único macho (chamado de "soberano macho dominante que protegeu e liderou o bando") de outro grupo misto. Por fim, um macho que entrou nesse outro bando matou quatro filhotes; tais eventos parecem ter sido testemunhados diretamente. Nesses estudos, as manipulações experimentais importantes de grupos, isto é, de sistemas-modelo para o estudo da organização social, eram *sempre* de machos de status elevado, pontos presumidos de vitalidade orgânica e "mudança social"[14].

Não é que Jay não pudesse registrar um evento tão drástico; nada assim ocorreu durante seu estudo ou em sua região da Índia. Mas ela comentou as observações que outros fizeram sobre as mortes de filhotes ao notar a variabilidade extraordinária de habitat e comportamento característicos de langures e a necessidade de mais estudos correlacionando ecologia e comportamento social. É aqui que os critérios para decidir a significância da tomada de poder de grupos por machos e do infanticídio começaram a ser enunciados. Para Jay, tal "rápida mudança social" ocorria no contexto de uma alta densidade populacional de langures, que produzia estresse, o que, por sua vez, gerava patologia social. O infanticídio não *explicava* nada. Em todo caso, tais eventos ocupavam a periferia de um palco montado para representar o sucesso de grupos sociais como adaptações primatas. Esse palco foi necessário para o homem-caçador como anunciador da cooperação humana baseada em masculinidade expressada por relações saudáveis de dominância. Jay notou as observações de infanticídios, mas sua história não mudou por causa deles.

Passemos agora a um esforço importante para destruir esse palco no confronto da explicação sociobiológica com as regras de significados que deram origem à linhagem de Washburn. Retornaremos então à questão do evento-chave nas histórias explicativas contra a ocorrência acidental de patologia social. Para Sarah Blaffer Hrdy, a ênfase no grupo social parecia obscurecer, ironicamente, a igualdade feminina – na verdade, igualdade em estratégias reprodutivas. Porém, as estratégias reprodutivas estão no cerne das disputas por significados políticos nos anos 1970 e 1980, incluindo a cidadania humana feminina plena nos Estados Unidos, baseada na autonomia reprodutiva, a "posse do próprio corpo". As estratégias reprodutivas têm a ver com os investimentos do corpo. Recordemos que, ao menos desde Thomas Hobbes e os debates do século XVII na Inglaterra acerca da soberania, cidadania e sufrágio, defendia-se que a posse de si mesmo – o direito e a capacidade de dispor do próprio investimento e constituição – fundamentava a ação política legítima, particularmente a formação da sociedade civil em contraste com uma família reprodutiva supostamente natural. A lógica sociobiológica do feminismo que estamos por vislumbrar bebe das fontes teóricas da democracia política ocidental. A poluição dessas águas não data das publicações sociobiológicas de E. O. Wilson sobre a natureza humana. A lógica da biologia da competição reprodutiva é meramente uma forma comum e antiga de argumentação na economia política e na teoria política capitalistas que herdamos. A biologia tem sido intrinsecamente um ramo do discurso político, não um compêndio de verdades objetivas. Além disso, apenas notar tal conexão entre o discurso biológico e o político/econômico *não é* um bom argumento para deixar de lado o argumento biológico como se fosse má ciência ou mera ideologia. Não deveria nos surpreender que as disputas sobre o infanticídio entre os langures toquem em feridas políticas e científicas.

Uma odisseia langur:
Heróis, sexo e gestão de investimento

Na versão de Sarah Blaffer Hrdy da vida dos langures, o infanticídio e as tomadas de poder de bandos por machos tornaram-se a chave para o significado do comportamento social desses animais. O trabalho de Hrdy (1977) foi anunciado com significados que Jay/Dolhinow nunca reivindicou: a sobrecapa do livro publicado pela Harvard University Press anuncia que

> *The Langurs of Abu: Female and Male Strategies of Reproduction* [Os langures de Abu: estratégias femininas e masculinas de reprodução] é o primeiro livro a analisar o comportamento de primatas selvagens do ponto de vista de ambos os sexos. Trata-se também de uma exploração pungente e sofisticada de padrões de comportamento de primatas de um ponto de vista feminista.

Hrdy, antiga aluna de pós-graduação de Irven DeVore em Harvard, também trabalhou com Robert Trivers e E. O. Wilson. Esses três homens são teóricos fundamentais da sociobiologia. DeVore, desde o início em oposição a Washburn, reinterpretou a antropologia social dos caçadores-coletores humanos em termos dos sistemas comportamentais que emergem de um cálculo de interesse do parentesco genético. Para Hrdy, o grupo social primata tornou-se um resultado possível das estratégias de reprodutores individuais para maximizar sua adaptação genética, para capitalizar seus investimentos genéticos. A história social de origem da economia utilitária e da política liberal pura era a norma; a competição individual produziu todas as formas de combinação da máquina animal eficiente. A vida social era um mercado em que se faziam investimentos, testados na única moeda que conta: o crescimento genético.

Em algumas circunstâncias, o infanticídio tornou-se uma estratégia reprodutiva racional de langures machos, ao qual se opunham em uma medida racional as fêmeas, cujos interesses reprodutivos certamente não eram os mesmos dos machos. Efetivamente, o conflito sexual de base de um ponto de vista sociobiológico é uma consequência necessária da reprodução sexual. Qualquer diferença genética introduz algum grau de conflito, mesmo que ele se exprima em coalizão. O padrão aqui é o oposto de ver as hierarquias de dominância como mecanismos de coordenação para o complexo adaptativo principal, o grupo social. Os sociobiólogos poderiam ver ainda as hierarquias de dominância como padrões que coordenam um grupo social, mas a lógica básica é diferente. Todas as estruturas biológicas são expressões de um cálculo genético de interesse, isto é, as melhores resoluções possíveis (não perfeitas) do conflito fundamental quando todos os elementos em um sistema precisam uns dos outros para seu próprio sucesso reprodutivo. Note-se que o nível crucial de explicação não é o mecanismo, a função ou o modo de vida, mas simplesmente a estratégia de maximização de adaptação. A explicação é a teoria dos jogos. A sobrecapa do livro de Hrdy pode chamar de "feminista" seu uso dessa lógica porque ela deu atenção sistemática à atividade feminina em seu interesse reprodutivo e não explicou o comportamento individual em termos de papéis para coordenar elementos visando a sobrevivência do grupo. O que Jay/Dolhinow chama de adaptação, Hrdy chama de seleção. É somente em uma situação de controvérsia direta que emergem todas as diferenças de sentido desses dois termos evolutivos aparentemente harmoniosos.

Embora Hrdy provavelmente não tenha escrito o texto da sobrecapa de seu livro, ele enquadra sua história para os leitores. Contudo, ela escreveu a dedicatória e os agradecimentos, ambos apresentações maravilhosas, ou histórias em miniatura, que sugerem significados públicos na abertura de um livro repleto de uma linguagem de lutas heroicas e de viagens odisseicas para preservar os produtos do investimento genético em tempos perigosos. O livro, dedicado à sua mãe, começa com um "catálogo de heróis". Diz Hrdy: "Eu soube dos langures de maneira acidental, quando preenchia um requisito de distribuição em um dos cursos de graduação mais populares de Harvard, comportamento primata, estrelando Irven DeVore." Seu professor assistente naquele curso era Trivers. Mais tarde, "na viagem que se seguiu, os professores DeVore e Trivers, juntamente com um catalisador todo-poderoso, Edward O. Wilson, me apresentaram um domínio de teoria que transformou minha visão do mundo social". A natureza mundana da socialização científica de novo aparece claramente. Após agradecer aos próprios langures, animais que recebem seu nome a partir de deuses e heróis das mitologias hindu e romana (Hanuman, o deus-macaco do hinduísmo, e Entelo, um lutador campeão na *Eneida*), Hrdy conclui:

> Qualquer pessoa que seja heroica o suficiente para ler este livro até o fim aprenderá o motivo de a identificação dos langures com guerreiros ter sido uma escolha taxonômica apropriada e por que a saudação final deve ser para a presciência dos naturalistas britânicos do século XIX, que foram os primeiros a estudar os *hanuman* (1977, pp. v-x).

Uma saudação às empreitadas naturalistas e imperialistas da Grã-Bretanha no apogeu de seu triunfo burguês, concebido ideologicamente como fruto do capitalismo irrestrito, não poderia ser mais apropriada à lógica da história que se segue.

O livro de Hrdy é uma polêmica contínua contra o que ela enxerga como argumentos de seleção de grupo e teoria de sistema social estrutural-funcional. Dolhinow e seus alunos são os antagonistas principais de Hrdy em uma disputa "heroica" pela visão correta. O propósito, como o das histórias na linhagem ortodoxa de Washburn, é iluminar a lógica do modo de vida humano através da narração de histórias científicas, produzindo, assim, significados públicos. Como Hrdy afirma:

> Não surpreende que, quando começamos a estudar de modo intensivo nossos parentes não humanos mais próximos, os macacos e os grandes primatas, uma idealização de nossa própria sociedade tenha sido estendida à deles: assim, de acordo com os primeiros relatórios primatológicos, os macacos, como os humanos, mantêm siste-

mas sociais complexos que visam a garantia da sobrevivência do grupo. É esse equívoco particular sobre nós mesmos e sobre os outros primatas que dá significado à história do estudo dos langures. Ao revelar nossos equívocos sobre os outros primatas, a saga dos langures pode desmascarar equívocos sobre nós mesmos (1977, p. 11).

Fazendo menção a uma linguagem de comando, controle, guerra, adultério, propriedade e estratégias de investimento, e por meio de uma novela dramática sobre disputas de poder, Hrdy tece uma narrativa que é fundamentalmente uma história política de bandos dominados por combate masculino e cálculos reprodutivos conflitantes entre fêmeas e machos. Ela defende a hipótese de que os machos langures têm diversas estratégias reprodutivas possíveis em virtude das restrições de design de um corpo de macaco comedor de folhas e suas possibilidades de nicho ecológico. Para um macho de fora do bando, uma dessas estratégias é invadir o território e expulsar o macho residente, matar sua prole eventual e provocar nas fêmeas um cio precoce para que elas acasalem com o usurpador o mais rápido possível, antes que ele também seja deposto. Sua prole deve ter a melhor chance de alcançar a maturidade; uma diferença de poucos meses é importante se a frequência de tomadas de poder do bando (rápida mudança social?) é de fato aquela calculada a partir das observações de Hrdy e outros. As fêmeas claramente têm interesse em preservar os investimentos genéticos iniciais, mas só até o ponto de não prejudicar suas melhores chances reprodutivas possíveis. Elas têm estratégias contrárias aos padrões masculinos, bem como padrões de conflito de interesse reprodutivo entre si – e com sua prole. O ponto é que qualquer vínculo explicativo na história se desfaz com um apelo ao cálculo de lucro em condições de mercado (biologia e habitat de espécie). O grau em que esses cálculos estão enraizados em "observações" ou simplesmente se seguem a partir do enredo é bastante controverso – ponto ao qual retornaremos na discussão da obra de Jane Boggess, aluna de Dolhinow, que contém críticas ferrenhas à novela idiossincrática de Hrdy. As próprias regras de observação são muito contestadas pelas filhas da linhagem de Washburn. Mas, acima de tudo, as próprias histórias são contestadas: que "idealizações" acerca da vida primata – humana e não humana – terão estatuto de conhecimento científico?[15]

Direitos reprodutivos entre oportunistas: Langures e pessoas como generalistas ecológicos

Antes de olhar para as respostas às filhas desviantes dentro da linhagem direta (legítima?) de Washburn, olhemos a história dos langures de Suzanne Ripley, uma quase contemporânea de Jay/Dolhinow entre os estudantes de pós-graduação em Berkeley. Ripley também entra na disputa da natureza dos primatas como candidata a modelo de possibilidade humana dentro das restrições herdadas. Seu modelo faz funcionar a lógica dos mecanismos para a regulação de população e recorre à linguagem das lutas contemporâneas das mulheres por direitos reprodutivos, bem como à linguagem do estresse ecológico e das catástrofes de população. O *estresse* é um determinante básico do enredo de sua história. Ele tem sido um tema comum na linhagem de Washburn, e se liga a histórias de adaptações passadas e à ameaça da atual obsolescência humana. Assim como Jay havia publicado "The female primate" [A fêmea primata] em um livro chamado *The Potential of Women* [O potencial das mulheres], e Zihlman havia publicado "Motherhood in transition" [Maternidade em transição] em um congresso organizado em torno de preocupações psiquiátricas e terapêuticas em famílias humanas que resultou no livro *The First Child and Family Formation* [O primogênito e a formação da família], Ripley publicou em um contexto socialmente carregado e em um ambiente bastante respeitado cientificamente: um simpósio interdisciplinar sobre aglomeração, dependência de densidade e regulação de populações em 1978. Os anais foram publicados pela Yale University Press.

O argumento de Ripley (1980) também entrava na disputa pela lógica de modelos para o modo de vida humano; seu argumento, como os de muitas filhas de Washburn, centrava-se na atividade feminina. O problema que ela se dispôs a enfrentar foi o de olhar para o infanticídio humano "do ponto de vista de outra espécie de primatas" (p. 350). Ripley se perguntou se o infanticídio *humano* disseminado seria patológico ou adaptativo. Diferentemente de Dolhinow, Boggess e Hrdy, ela não punha em questão aqui o que contaria como observação; aceitava os "fatos" da tomada de poder de grupo e do infanticídio como algo estabelecido. Ela comparou os habitats excepcionalmente amplos de seres humanos e langures como coletores generalistas aos habitats de seus parentes próximos com restrições semelhantes de design dadas por suas biologias básicas respectivas (colobinos e grandes primatas). Como os langures e os humanos sobrevivem como generalistas dentro dos parâmetros de sua biologia? A resposta são os sistemas sociais flexíveis e a plasticidade comportamental aprendida ligados a práticas reprodutivas. O sexo, um aspecto bem pouco inovador da explicação em ciências da vida, está no centro da explicação. O sexo é o princípio do crescimento (vitalidade) nas histórias biológicas, e a biologia, desde seu nascimento no final do século XVIII, tem sido um discurso sobre os sistemas produtivos, ou melhor, sobre modos de produção. O sexo também é especialmente propenso ao estresse e à patologia. Finalmente, conectar reprodução com produção tem sido o desiderato teórico das economias natural e política por cerca de duzentos anos.

A história de Ripley defende que os generalistas exploram habitats marginais o tempo todo, evitando a especialização e suas consequências confinatórias. Um custo dessa estratégia de vida são os periódicos colapsos populacionais, que ocorrem quando a marginalidade se transforma em desastre; dá-se, então, a necessidade de um sistema reprodutivo-comportamental que possa restabelecer as populações rapidamente. Essa propriedade acarreta a inevitabilidade de excessos periódicos de população quando as condições são favoráveis. Por outro lado, deve-se esperar algum mecanismo retroalimentador de regulação de população em espécies bem-sucedidas, e o infanticídio é um candidato perfeito. Note-se o modelo cibernético geral da máquina animal; esse aspecto dos modelos é típico das histórias pós-Segunda Guerra Mundial. Os motores a vapor e as ligações telefônicas pertencem a uma era anterior da biologia.

O melhor aparato de retroalimentação deveria operar próximo dos passos que unem subsistemas de reprodução e de subsistência das estratégias de vida das espécies. Assim, para os humanos, o infanticídio controlado pelas fêmeas em grupos de caçadores-coletores seria um excelente mecanismo para a manutenção da regulação de população, ou seja, um bom ajuste entre oportunidade de subsistência e números. Ripley assume a degradação da caça e o requisito de considerar a atividade feminina nas inovações de subsistência de hominídeos. O fato de ela poder assumir com tanta tranquilidade essa mudança crucial nas histórias da antropologia física em 1980 é resultado do trabalho de outras, muitas na linhagem de Washburn, no contexto de um movimento "externo" de mulheres.

Entre os langures, o infanticídio é controlado pelos machos, mas essa é uma questão menor. Os langures também necessitam de algum mecanismo para garantir a exogamia em face de sua estrutura de bando bastante cerrada. A agressão masculina e os hábitos de tomada de controle de bandos em condições de aglomeração asseguram esse bem. Os humanos desenvolveram sistemas de relações culturais, e, por isso, os langures aqui não são modelo para Ripley.

Embora haja pouca discordância fundamental, Ripley disputa com Hrdy sobre o nível de explicação biológica final. Para todas as contadoras de histórias deste capítulo, a explicação real é a evolutiva, um enredo em que o passado restringe e possibilita o futuro e contém seu germe de mudança, e até mesmo de progresso. Porém, para Ripley, o infanticídio é um mecanismo, uma estratégia possível e bastante interessante de viabilização para generalistas comprometidos. As estratégias reprodutivas dos langures machos são causas imediatas; as causas finais ("valor biológico último") são a retenção do polimorfismo dos genótipos em *populações* para um generalista ecológico dentro de uma estrutura social que de outra forma produziria endogamia. As causas finais de Hrdy são estratégias das unidades últimas de reprodução: os genes ou os indivíduos. Ripley não está discutindo a seleção de grupo, mas sim as condições genéticas da persistência continuada de sistemas.

Em suas conclusões, Ripley enfoca questões de adaptação, patologia, estresse, obsolescência e limites dos modelos. Diante de um dilema evolutivo análogo, os langures e os humanos, embora filogeneticamente remotos, relacionam-se na modelagem de uma oposição experimentada comum a condições fundamentais para existência contínua. Os dilemas de populações humanas não são novos desse ponto de vista, mas são um aspecto de nossa história evolutiva básica para o qual as pessoas encontraram uma solução comportamental aprendida (infanticídio regulado pelas fêmeas) em sociedades de grupos pequenos. Os humanos modernos, porém, introduzem uma novidade perturbadora. A habilidade de tomar decisões sobre a futura capacidade e tamanho dos ecossistemas não pertence às unidades reprodutoras, e dificilmente se poderia esperar a rápida regulamentação de retroalimentação. O que era uma conquista simples em sociedades de pequena escala é quase impossível em condições modernas. A ameaça de obsolescência diante de tais estresses sugere soluções: pequeno é bom, e as mulheres é que deveriam tomar decisões sobre os laços produtivos e reprodutivos no sistema da vida humana. Naturalmente, valor biológico não é o mesmo que valor social. Ainda assim, Ripley conclui, genuinamente:

> Parece-me que a possibilidade de infanticídio adaptativo é um acompanhamento inevitável do estatuto de uma espécie ecologicamente generalista e apenas um preço que nossa espécie tem de pagar no processo de tornar-se, e permanecer, humana. É a interação entre a capacidade de carga [...] e as combinações de estratégias evolutivas (generalista ou especialista) que determina o valor biológico do infanticídio em problemas de espécies primatas humanas e não humanas (1980, pp. 383-4).

Aqui, a apropriação médica de histórias morais e políticas sobre o comportamento humano, que caracterizava os argumentos sobre o sexo na primatologia anterior, cede espaço à análise biológica de custo-benefício. A economia e a biologia são, logicamente, uma coisa só. Hrdy e Ripley estão ambas dentro das fronteiras de seu discurso técnico ao dar forma a essas histórias públicas. É tudo questão de tornar-se e permanecer humano, um problema estressante.

Quem viu o quê: A desestabilização dos fatos

É claro que Ripley e Hrdy podem simplesmente estar erradas. Ao menos essa conclusão é apresentada em mais uma versão da história langur, a de Jane Boggess, da Universidade da Califórnia em Berkeley. Boggess sustenta que Hrdy e outros que fazem uso do vocabulário da tomada de poder do bando e do assassinato de filhotes realizado por machos não preencheram as condições necessárias para convencer seus pares de que eles sabem do que estão falando. Boggess trabalha para estabelecer que Hrdy e outros extrapolaram com base na lógica de suas histórias, e que as melhores fundações observacionais conduzem a histórias diversas, mais próximas das histórias originais de Dolhinow, mas com maior ênfase explícita no trabalho da seleção natural. O sentido fundamental da história de Boggess é novamente a saúde e a patologia sociais (Boggess, 1979, 1980).

Boggess insiste em nomear a presumida tomada de poder do bando como "rápida mudança social" (terminologia também de Jay), a fim de evitar a teleologia do argumento de investimento sociobiológico. Ela olha para os machos na estrutura do bando em termos do conceito de "instabilidade social masculina" por causa das mudanças frequentes dos membros masculinos do bando.

Não menciona essa transformação intrigante usando a linguagem sobre machos e determinantes da organização de bando; fala com tranquilidade, sem maiores comentários, o que vinte anos antes ninguém via ou dizia. E ela pode dizer tais coisas sem maiores comentários em um artigo inteiramente a respeito do comportamento *masculino*. O comportamento feminino em 1980 é um centro implícito que rege em parte o enredo da história. Quase o oposto era o caso para Jay em 1960. O que aconteceu no meio do caminho foi mais do que os macacos – e mais do que a primatologia. Boggess defende que as mudanças de membros masculinos nos bandos normalmente ocorrem em introduções e exclusões escalonadas, não em tomadas de poder dramáticas. Além disso, o infanticídio raramente era de fato observado de forma direta; e, mesmo quando isso ocorria, a paternidade atribuída, importante para a lógica da história sociobiológica de Hrdy, era bastante duvidosa. A revisão dos relatórios sugere a Boggess que os ataques podem ter sido contra as fêmeas de bandos em circunstâncias estressantes e, além disso, podem ter a ver com um aspecto particular da biologia dos langures (baixa tolerância a estranhos, especialmente por parte das fêmeas). As tomadas de poder e os infanticídios de Hrdy se tornam, aos olhos de Boggess, "substituição súbita e completa dos membros machos adultos e consequente mortalidade infantil" (1979, p. 88).

O estresse seria provavelmente uma condição mediada pelo ser humano que resultava de desorganização recente de habitat. O comportamento resultante dos impactos humanos modernos sobre o habitat dificilmente poderia receber o palco central na história evolutiva dos langures. O infanticídio seria então ou sinal de patologia social resultante do elemento humano não natural ou um "acidente". Boggess defendia que há pouca evidência observacional valiosa de infanticídio como um objetivo, e a lógica de sua história retira a importância dos incidentes que ela concorda que foram de fato vistos. Boggess é bastante explícita sobre os padrões para chamar comportamentos sociais específicos de patológicos em vez de chamá-los de chave para estratégias de investimento genético. Se os comportamentos em questão – o infanticídio e a instabilidade social masculina descontrolada – prejudicam o sucesso reprodutivo de ambos os sexos, chame-os de patológicos e desadaptativos.

> Em certas populações em que há superlotação social e densidades artificialmente altas e em que os machos adultos vivem fora dos bandos mistos, a instabilidade social masculina típica da espécie pode operar contra o sucesso reprodutivo de todos os membros do bando, incluindo os novos residentes masculinos (Boggess, 1979, p. 104).

Boggess valoriza a explicação no nível dos mecanismos; assim como Dolhinow, ela está comprometida com o funcionalismo estrutural e com a teoria evolutiva neodarwiniana. Ela se interessa pelos sistemas sociais como uma adaptação comportamental, enfocando as variáveis ambientais e a amplitude de flexibilidade nesses sistemas.

Porém, Boggess de fato adentra o argumento sobre estratégias de maximização de adaptação genética, necessário no discurso evolutivo contemporâneo. Ela segue a lógica advinda desse argumento ao enfocar a competição de dominância entre machos como estratégia masculina primária para maximizar o sucesso reprodutivo masculino, mas não para a organização do bando em si. Ela descreve com cuidado o que quer dizer com competição de dominância entre machos. O que está em disputa aqui são taxas e formas de competição, mais do que a lógica explicativa. Mas talvez o desafio mais fundamental do trabalho de Boggess para outros estudiosos de langures resida em seus padrões de trabalho de campo e dissecação do que pode contar como dados. Ela herdou e criou padrões elevados para desenvolver suas histórias.

Desemaranhamento e tessitura:
Disputas de significado

Não posso contar uma história a respeito de quem está escrevendo os melhores contos sobre langures, embora eu tenha os meus favoritos. Não tenho a autoridade científica para nomear os fatos, tampouco esse é meu propósito neste capítulo. Por outro lado, certamente não estou afirmando que as mulheres cujos trabalhos sintetizei para retirar os meus significados foram anticientíficas ao modelar a vida humana ou importaram de algum modo ilegítimo as poluições do discurso científico pelos interesses femininos. Elas também não purificaram a ciência ao importar as visões "naturais" das mulheres. Encontro alguns significados intrigantes para a reflexão feminina nesta história sobre transformações de histórias, significados que se apoiam na natureza da responsabilidade feminista de formatar a ciência como um mito público no presente e no futuro.

Sou da opinião que proibir histórias comparativas sobre pessoas e animais empobrece o discurso púbico, presumindo que qualquer indivíduo ou grupo possa impor tais restrições draconianas sobre as histórias que as pessoas contam sobre si mesmas e sobre outros seres nas tradições ocidentais. Mas nenhuma história desse tipo pode ser considerada inocente, livre de determinação por relações sociais historicamente específicas e pela prática cotidiana de produzir e reproduzir a vida do dia a dia. É certo que as histórias científicas não são inocentes nesse sentido. É igualmente verdadeiro que nenhum tipo de história pode estar livre de regras para narrar uma história apropriada em um gênero específico – neste caso, o discurso sobre a ciência da vida. Desmistificar essas regras parece importante para mim. A natureza é construída, constituída historicamente, e não descoberta nua em um leito de fósseis ou em uma floresta tropical. A natureza é disputada, e as mulheres entraram na batalha com entusiasmo. Algumas mulheres têm a autoridade social para escrever histórias científicas.

O fato é bastante novo. Antes da Segunda Guerra Mundial, e na verdade antes do nascimento das filhas da patrilinha de Washburn, as mulheres não entravam na disputa direta pela natureza primata; os homens, sim. Esse ponto é importante, como mostrará até mesmo uma olhadela cética para o trabalho dos líderes da primatologia (por exemplo, Robert Yerkes ou Solly Zuckerman). Muitos primatólogos, incluindo mulheres, defendem que o gênero não determina materialmente os conteúdos da ciência natural; se o fazem, o resultado é chamado de má ciência. Eu creio que as evidências apoiem uma interpretação diferente. No mínimo, o gênero é uma condição inevitável da observação, como também o são a classe, a raça e a nacionalidade.

Da mesma maneira, é uma novidade olhar para um grupo de mulheres que constituem as principais competidoras em um debate publicamente importante. Há vários homens que estudam langures, mas, com um pouco de limitação, o foco nas mulheres euro-americanas não deixa de fora os centros geradores de debate sobre a espécie. Não penso que essas mulheres brancas sejam as figuras principais nas sagas dos langures simplesmente porque esses animais de alguma forma interessam à sua natureza. Mulheres brancas existem na primatologia em quantidades substanciais; elas ocupam quase todas as posições possíveis em várias controvérsias, e alteraram coletivamente as regras das lógicas implícitas e explícitas das histórias. Não é mais aceitável cientificamente propor modelos animais para um modo de vida humano sem considerar a atividade de mulheres e crianças juntamente com a de homens. Esse resultado parece ser o produto complexo de um movimento feminino histórico mundial e de fenômenos tornados visíveis pelas práticas de campo e de laboratório em primatologia de homens e mulheres culturalmente específicos. Não foi somente a prática científica das mulheres que respondeu a essa história recente. Quais seriam de fato as histórias em um campo de prática genuinamente multirracial?

Mulheres cientistas não produzem histórias mais bonitas, muito menos mais naturais, do que os homens; produzem suas histórias na prática social da ciência, pública e guiada por regras. Elas ajudam a criar as regras. Trata-se de um assunto mundano que requer a energia qualificada da vida concreta das mulheres. A responsabilidade pela qualidade das histórias científicas, pelo significado das histórias comparativas, pelo estatuto dos modelos é multifacetada, não mística e potencialmente aberta a mulheres comuns de "dentro" e de "fora" da ciência. Ignorar, deixar de engajar-se no processo social do fazer científico e esperar apenas usar e abusar dos resultados do trabalho científico é algo irresponsável. Eu creio que é ainda menos responsável nas presentes condições históricas buscar histórias anticientíficas sobre a natureza que idealizem as mulheres, a criação de filhos ou alguma outra entidade que se propõe livre da poluição masculina maculada pela guerra. Histórias científicas têm poder demais como mito público para efetivar significados em nossas vidas. Além disso, histórias científicas são interessantes.

A minha moral é que as feministas de todas as partes do campo cultural e com todas as suas diferenças deveriam entrar na disputa por contar histórias e por estabelecer as condições históricas para imaginar enredos. Deveria estar claro que a natureza do feminismo não está menos em questão do que os hábitos sociais dos langures. Parece haver um fundo de verdade na afirmação da sobrecapa da Harvard University Press de que simplesmente colocar mulheres em um centro explicativo é de alguma forma algo feminista. Mas não é qualquer história que serve. A percepção de Hrdy sobre as ilusões de nossa vida social não é a mesma que a minha. As diferenças importam.

As explicações da fisiologia sexual feminina humana fornecem bons exemplos de histórias que se centraram nas fêmeas, mas as histórias permanecem profundamente supremacistas masculinas. A perda do cio na linhagem hominídea tem sido parte da explicação da sociedade primata por muito tempo. Ou, ainda, a perda do cio pelas fêmeas requer uma explicação, como costuma acontecer com as diferenças em nossas narrativas. Um dos pais da primatologia, Solly Zuckerman, seguiu o exemplo de seus pais, de Aristóteles aos naturalistas do século XIX elogiados por Hrdy: o padrão sexual feminino era *para* o controle masculino das mulheres. Zuckerman deu uma explicação biológica funcional. Então, para ele, e para todos nessas comunidades narrativas até bem recentemente, os ciclos menstruais desprovidos de cio das fêmeas humanas permitiam que os machos pudessem contar com a fidelidade sexual feminina, isto é, com mulheres não possuídas por ciclos de insaciabilidade sexual enquanto o macho-dono estava fora produzindo cultura na cooperação com outros machos. Em 1967, um filho da patrilinha de Washburn, Donald Lindberg, enfatizou o fato, conhecido desde Darwin, da seleção sexual feminina: as fêmeas animais geralmente determinam com quem elas irão acasalar. Lindberg pôs esse princípio no contexto dos debates sobre fisiologia e evolução dos primatas. Alguns anos depois, uma filha, Adrienne Zihlman, pegou o elemento de Lindberg e o teceu em uma história sobre as condições fisiológicas para a evolução do modo de vida humano – um modo de vida que dependia de maior controle feminino sobre sua própria sexualidade, no contexto de inovações de subsistência de coleta e compartilhamento e de práticas reprodutivas alteradas que tinham como efeito selecionar machos que soubessem cooperar com grupos sociais centrados nas fêmeas, fundamentais para a evolução humana[16]. Eu gosto dessa nova história; também sugiro que ela mudou as regras do que se pode considerar no debate científico sobre o cio. Pelo menos há uma história amplamente difundida contada por alguém que tem autoridade para criar e trabalhar segundo as regras do discurso científico. Outra filha na linhagem de Washburn, Jane Lancaster (1978), incorporou a nova história sobre a autodeterminação sexual feminina em um artigo popular muito difundido na *Human Nature*. As histórias se espalham[17].

Este capítulo defendeu que as histórias de Jay (e de DeVore) sobre o grupo social como a principal adaptação primata, os desafios sociobiológicos de Hrdy baseados na teoria dos jogos, na economia política liberal estrita e nas histórias de origem hobbesiana, a curiosa representação de Ripley sobre os direitos reprodutivos em condições de estresse e a desestabilização de Boggess do que conta como fato são produtos científicos importantes da boa prática científica julgada por padrões aplicáveis em sua publicação. Essa tradição da prática tem sido simbolizada pelo dispositivo ficcional das controvérsias em uma patrilinha. Defendi que todas as histórias científicas examinadas também foram moldadas materialmente pelas lutas políticas contemporâneas, particularmente pelo conflito sobre o comportamento social reprodutivo das mulheres no último quarto de século. O ponto principal foi a insistência na desmistificação da emergência de significados científicos no discurso público. São pessoas em configurações históricas particulares que criam esses significados; isso está na natureza dos primatas.

IMAGENS

Imagem 1
Cyborg, 1989, óleo sobre tela, 36" × 28", por Lynn Randolph©

Imagem 2
Este painel foi feito para o NAMES Project AIDS Memorial Quilt por Jaye Miller, amante e companheira de vida de Robert, e seus amigos Debra Martin, Rusten Hogness e Donna Haraway.

Fotógrafo © 1978 Matt Herron

ORQUESTRA IMUNOLÓGICA DE GERSHON

A Orquestra Imunológica em 1968, com foco na cooperação celular. Os músicos são as células B, as células T e os macrófagos regidos pelo gerador de diversidade (G.O.D.).

Imagem 3

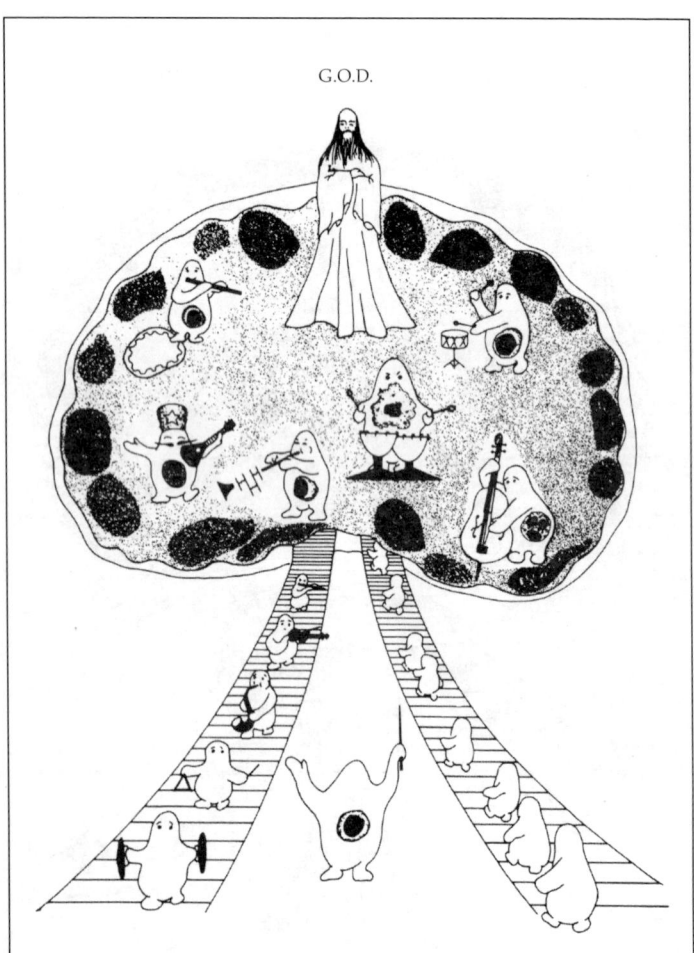

A Orquestra Imunológica em 1974. O papel do timo como célula ajudante, citotóxica e supressora é conhecido, e Gershon representou a célula T como regente.

Imagem 4

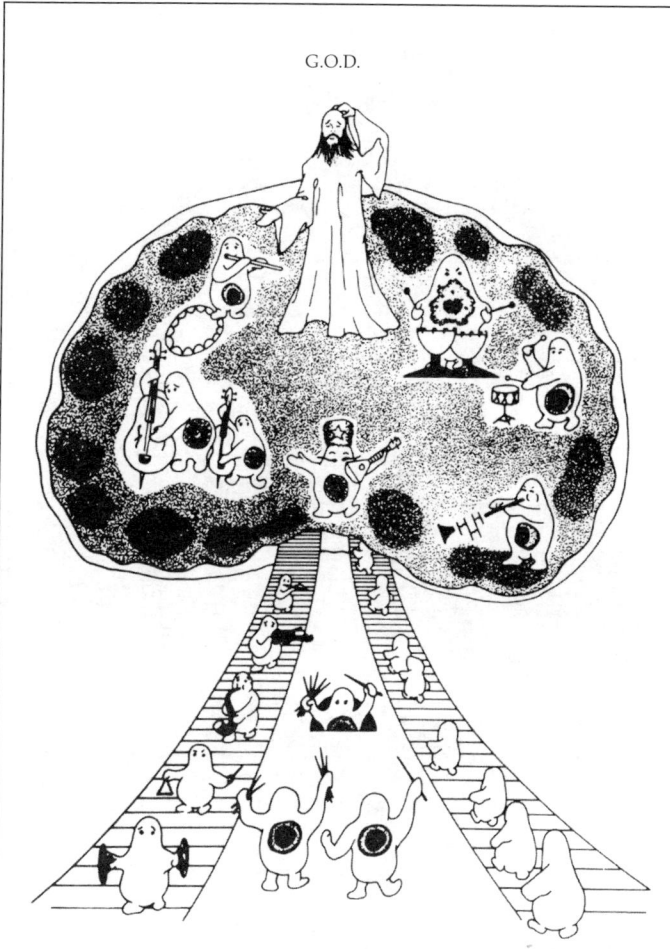

A Orquestra Imunológica em 1977. Com a descoberta dos subgrupos de células T, as células Ly-1 e Ly-2,3 tornam-se corregentes e a célula Ly-1,2,3 torna-se ponto. Esta situação complicada deixou o gerador de diversidade claramente confuso.

Imagem 5

A Orquestra Imunológica em 1982. A célula T é o maestro e as células Lyt-1' (ajudante) e Lyt-2* (supressora) são pontos, cada uma indicando sua própria interpretação. O gerador de diversidade parece resignado aos apelos conflitantes dos anjos de ajuda e supressão. Nas laterais, estão a rede de idiótipos e o gene IR (como produtores?). As caricaturas são de Niels Jerne e Baruj Benacerraf.

Imagem 6

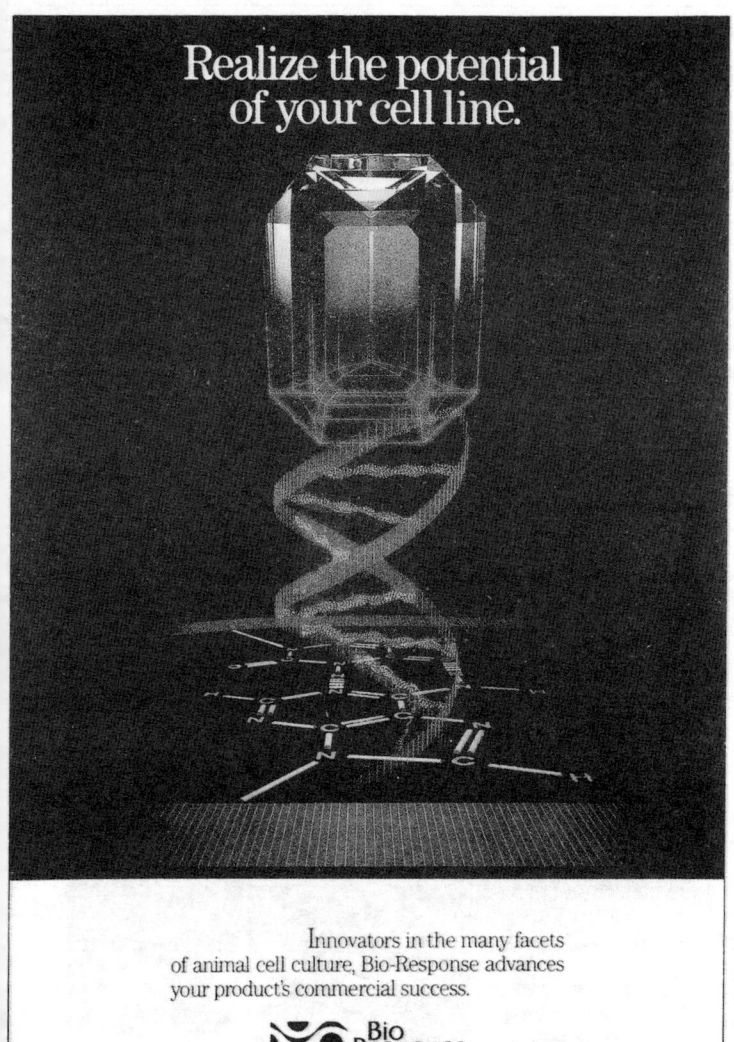

Imagem 7
No título do anúncio: "Realize o potencial de sua linha celular." No texto de baixo: "Inovando em muitas facetas da cultura celular, a Bio-Response contribui para o avanço do sucesso comercial de seu produto."

Imagem 8

No título do anúncio: "Não há elos perdidos em uma estação de trabalho da MacroGene".

Cortesia de Electrophoresis Division, Pharmacia LKB Biotechnology Inc.

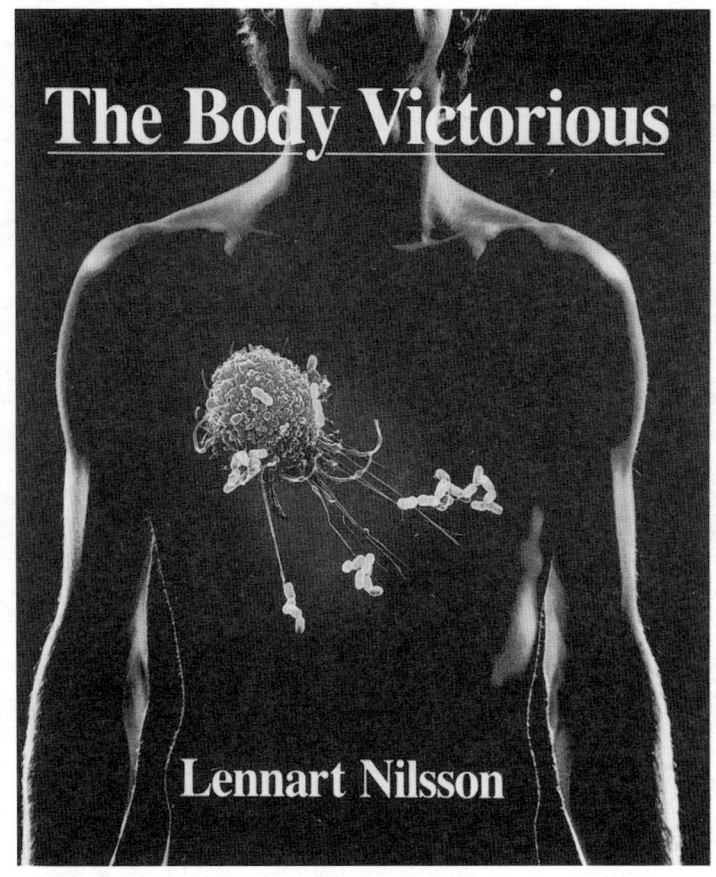

Imagem 9

O corpo vitorioso, 1987.

Sumário

Agradecimentos, por Lennart Nilsson 8
Prefácio, por Lennart Nilsson 9
Ameaças à humanidade 10

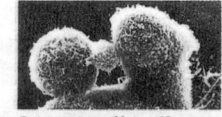

O sistema imunológico 18

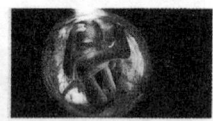

Imunidade no recém-nascido 32

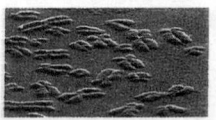

Cromossomos 40

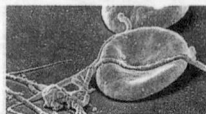

Coagulação sanguínea 48

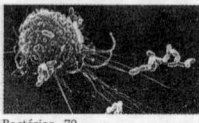

Bactérias 70

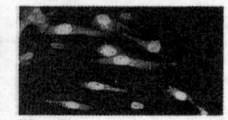

Vírus 80

Câncer 94

O aparelho respiratório 110

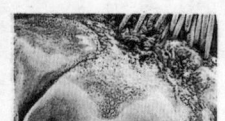

Dentes 148

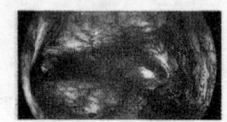

O aparelho digestivo 162

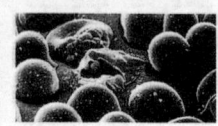

Parasitas 176

Doenças autoimunes 184
O futuro 190
Créditos 195
Índice remissivo 196

Imagem 10

Evolução dos sistemas de reconhecimento

UNICELULAR → MULTICELULAR → CELOMADOS → VERTEBRADOS

PROTOZOÁRIOS
fagocitose

BACTÉRIAS
enzimas

"autorreconhecimento"

CORAIS
rejeição do enxerto "sem autorreconhecimento"

ESPONJAS
agregação específica

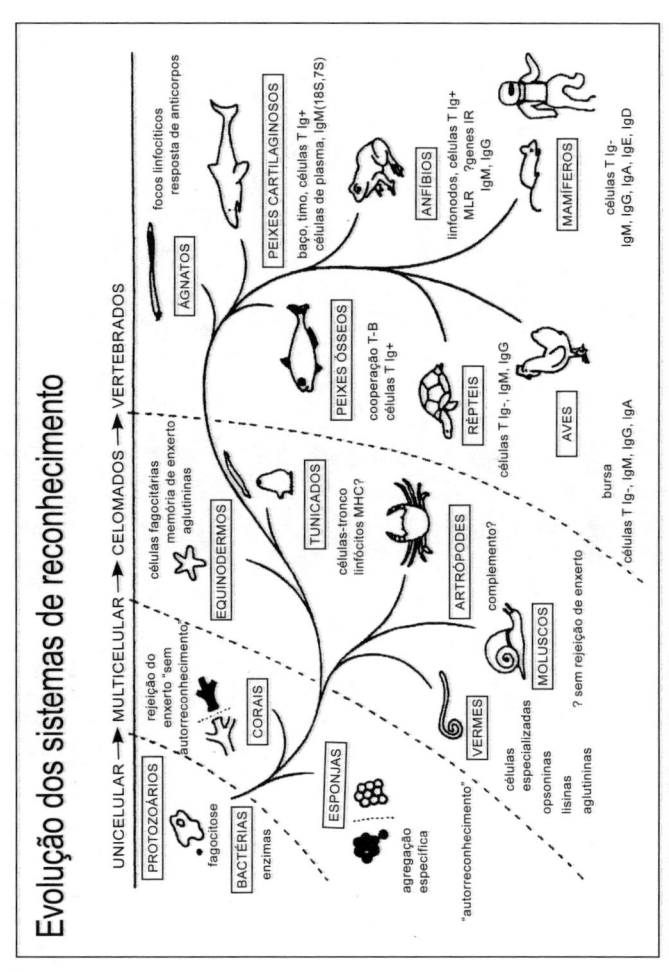

VERMES
células especializadas
opsoninas
lisinas
aglutininas

EQUINODERMOS
células fagocitárias
memória de enxerto
aglutininas

MOLUSCOS
? sem rejeição de enxerto

TUNICADOS
células-tronco
linfócitos MHC?

ARTRÓPODES
complemento?

ÁGNATOS
focos linfocíticos
resposta de anticorpos

PEIXES CARTILAGINOSOS
baço, timo, células T Ig+
células de plasma, IgM(18S,7S)

PEIXES ÓSSEOS
cooperação T-B
células T Ig+

RÉPTEIS
células T Ig-, IgM, IgG

ANFÍBIOS
linfonodos, células T Ig+
MLR ?genes IR
IgM, IgG

AVES
bursa
células T Ig-, IgM, IgG, IgA

MAMÍFEROS
células T Ig-
IgM, IgG, IgA, IgE, IgD

Cortesia de Blackwell Scientific Publications

Imagem 11

CAPÍTULO SEIS
LENDO BUCHI EMECHETA: DISPUTAS PELA "EXPERIÊNCIA FEMININA" NOS ESTUDOS DE MULHERES[1]

Ensinar em uma sala de aula de estudos de mulheres é uma atividade historicamente específica. Um ensino como esse herda, constrói e transmite leituras e práticas de escrita específicas e politicamente complexas. Essas práticas materiais são parte do aparato para a produção do que conta como "experiência" nos níveis pessoal e coletivo do movimento feminino[2]. É crucial ser responsável pela política da experiência na *instituição* dos estudos de mulheres. Tal responsabilização não é fácil, nem é óbvio quais formas ela pode ter, tampouco como poderiam ser abordadas as lutas por diferentes articulações da experiência e por posicionamentos diferentes para realizar essas articulações. Também não se pode permitir que a experiência apareça como infinitamente plural e indisputável, como se fosse autoevidente, prontamente disponível quando olhamos "para dentro" de nós mesmas, de uma pessoa e de um grupo só. A experiência é um *produto* e um *meio* crucial do movimento feminino; nós devemos lutar pelos termos de sua articulação. As mulheres não encontram a "experiência" pronta, à mão, não mais do que elas/nós encontramos a "natureza" ou o "corpo" pré-formado, sempre inocente e esperando do lado de fora das violações da linguagem e da cultura. Assim como a natureza é um dos produtos da cultura mais desconcertantes e não inocentes, a experiência é um dos aspectos menos inocentes, menos autoevidentes do movimento histórico e incorporado.

Através do terreno politicamente explosivo da experiência compartilhada, as feministas estabelecem conexões e se põem em movimento. A complexidade, a heterogeneidade, o posicionamento específico e a diferença carregada de poder não são a mesma coisa que o pluralismo liberal. A experiência é uma semiose, uma incorporação de significados (De Lauretis, 1984, pp. 158-86). A política da diferença que as feministas têm a necessidade de articular precisa ser enraizada em uma política da experiência que busca especificidade, heterogeneidade e conexão *mediante luta*, não mediante apelos psicologísticos e liberais de cada uma para sua infinita diferença. O feminismo é coletivo; a diferença é política, isto é, diz respeito ao poder, à responsabilização e à esperança. A experiência, como a diferença, trata de conexão contraditória e necessária.

Escrevo aqui como uma mulher euro-americana, profissional, catedrática, feminista, de classe média e nos seus quarenta anos, que trabalha com alunos de graduação e de pós-graduação num *campus* com uma cultura feminista ativa. Não é a mesma coisa ensinar estudos de mulheres na Universidade da Califórnia em Santa Cruz em 1989 e na Universidade do Havaí em 1970. A Universidade do Havaí, em muitos sentidos, era obviamente uma instituição colonial, posicionada na periferia do privilégio educacional dos Estados Unidos. Muitos dos estudantes em minhas turmas eram mulheres e homens negros, que estavam cursando hotelaria e outros cursos ligados à indústria do turismo. O termo "feminismo" quase não era utilizado, e o Movimento de Libertação das Mulheres (MLF) parecia a mim e a muitos de meu grupo algo bastante novo, radical e único de modo não problemático. Equivocamo-nos em muitos desses julgamentos. A Universidade da Califórnia em Santa Cruz é um *campus* relativamente de esquerda, feminista e – o que deveria ser um oximoro – predominantemente branco que se encontra na seção mais privilegiada da educação pública superior em um período de racismo severo, antagonismo de classe, chauvinismo linguístico, sexismo, homofobia e reacionarismo político de muitos tipos no estado da Califórnia e em todo o país. Este também é um período de tremenda transformação na composição racial e étnica e nas relações de poder no estado e no país. E de excitante produção multicultural: o último quarto do século XX é um período de um renascimento multicolorido, cultural e político, local e global. Os dias da hegemonia branca – uma consolidação de poder agora talvez mais perigosa do que nunca – parecem visivelmente contados. Essas questões afetam profundamente as construções da "experiência feminina" na sala de aula.

Nessas circunstâncias, eu frequentemente sou responsável por ministrar o curso "Questões metodológicas no estudo de mulheres", uma disciplina obrigatória no currículo da graduação em estudos de mulheres. No potente momento político de hoje, as intersecções intensas e as *co*construções da teoria feminista, a crítica do discurso colonial e a teoria antirracista reestruturaram fundamentalmente, seja de forma individual, seja de forma coletiva, os significados sempre contestados do que conta como "experiência feminina". O que pode contar como "experiência feminina" mudou nas práticas discursivas do feminismo ao longo de sua história. Mostrando como as disposições do ensino são também em si mesmas práticas teóricas, aquelas de nós que ensinam estudos de mulheres precisam estar em acordo nessas questões em nossas abordagens pedagógicas para alunos iniciantes. A pedagogia dos estudos de mulheres é uma prática teórica através da qual a "experiência feminina" é construída e mobilizada como um objeto de conhecimento e ação. Neste capítulo, pretendo inspecionar uma pequena parte do aparato discursivo de produção da "experiência feminina" nas salas de aula de estudos de mulheres que frequento e pelas quais sou responsável, juntamente com outras pessoas, no circuito do movimento feminino.

Uma aula típica poderia começar com a piada logicamente séria que diz que, especialmente para a categoria complexa de pessoas ainda mais complexas chamadas "mulheres", A e *não A* são verdadeiros ao mesmo tempo. Esse exagero correto insiste que mesmo as questões mais simples na análise feminista requerem momentos contraditórios e uma cautela em sua resolução, seja ela dialética, seja de outro tipo. "Conhecimentos situados" é um termo abreviado para se referir a essa insistência. Os conhecimentos situados crescem com a responsabilização[3]. O estar situado em um espaço intermediário intangível caracteriza os atores cujos mundos podem ser descritos por galhos ramificados, como o mapa ou árvore da consciência que desenhei na figura 3[4]. Conhecimentos situados são ferramentas particularmente poderosas para produzir mapas da consciência para pessoas que foram inscritas nas categorias marcadas de raça e sexo tão exuberantemente produzidas nas histórias de dominações masculinistas, racistas e colonialistas. Conhecimentos situados são sempre conhecimentos *marcados*; são reproduções, reorientações dos grandes mapas que globalizaram o corpo heterogêneo do mundo na história do capitalismo e colonialismo masculinistas.

A "árvore da consciência feminina" ou "árvore da experiência feminina" é um modelo em diagrama simples para indicar como a teoria feminista e o estudo crítico do discurso colonial interseccionam-se em termos de dois pares binários cruciais – *local/global* e *pessoal/político*. Enquanto os tons do pessoal/político soam com mais força no discurso feminista, e os do local/global, na teoria crítica do discurso colonial, os dois pares binários são ferramentas essenciais para a construção de cada um. Naturalmente, também, cada termo de um par constrói seu oposto. Eu posicionei o par "local/global" no início do diagrama. Para começar, partindo de uma prática descritiva específica (que nunca pode estar disponível de forma inocente: as descrições são *produzidas*), colocam-se os termos "experiência feminina" ou "consciência feminina" no topo. A simples "máquina dicotomizadora" bifurca imediatamente a experiência em dois aspectos, "local/global" ou "pessoal/político". De qualquer lugar que se comece, cada termo por sua vez também se bifurca: o "local" em "pessoal /\ político", e o "global" em "pessoal /\ político". Da mesma forma, continuando indefinidamente, cada ocorrência do par analítico "pessoal/político" divide-se em "local/global".

Esse pequeno e barulhento motor analítico funciona quase como os sistemas dicotômicos dos retóricos europeus do Renascimento, como Petrus Ramus, que persuadiam, ensinavam e taxonomizavam ao mesmo tempo através de uma tecnologia analítica que fabrica palpavelmente seus objetos ao bissetá-los. A referência ao Renascimento europeu deve nos alertar para a história ocidental particular da análise binária em geral e dos pares adotados aqui em particular. Outros pares binários que poderiam muito bem aparecer em minha árvore são "libertador/opositivo" ou "resistência/revolução", pares profundamente imbricados em histórias ocidentais particulares (Ong, 1988). Notar essa tradição não invalida seu uso, mas o *localiza* e insiste em sua parcialidade e responsabilidade. A diferença é importante. Binarismos, muito suspeitos para as feministas que eu conheço, podem acabar sendo preciosas ferramentas vez ou outra.

FIGURA 3

ÁRVORE OU MAPA DA CONSCIÊNCIA/EXPERIÊNCIA FEMININA

AaBbCcDdEeFfGgHhIiJjKkLlMmNnOoPpQqRrSsTtUuVvWwXxYyZz

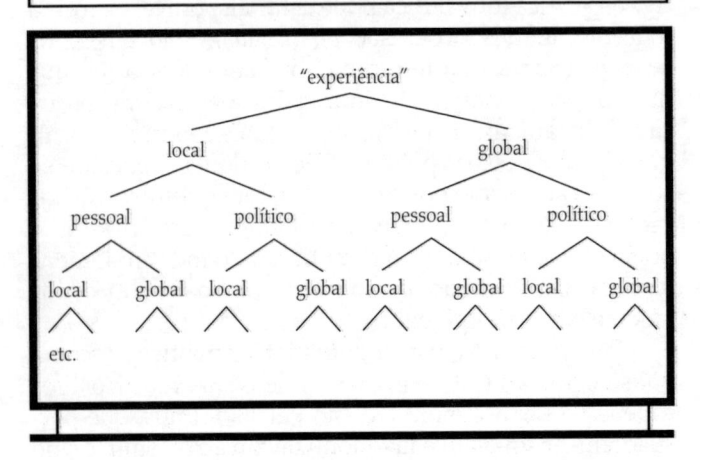

```
                            "experiência"
                    ┌────────────┴────────────┐
                  local                      global
              ┌─────┴─────┐             ┌─────┴─────┐
           pessoal      político     pessoal      político
           ┌──┴──┐      ┌──┴──┐      ┌──┴──┐      ┌──┴──┐
         local global local global local global local global
         /\    /\   /\    /\    /\    /\    /\    /\
         etc.
```

De fato, a ruidosidade do motor analítico é parte de sua utilidade para a responsabilidade feminista. É difícil confundir a representação com uma realidade inocente, numenal, transcendente. A tecnologia representacional é por demais estrondosa.

A árvore claramente não garante acesso não mediado a um referente impreciso para "experiência feminina". Contudo, ela garante um discurso aberto e ramificante com alta probabilidade de reflexividade sobre sua própria tecnologia interpretativa e produtiva. Sua arbitrariedade e sua inescapável incrustação dentro das tradições da retórica e semântica ocidentais são virtudes para projetos feministas que ao mesmo tempo constroem o objeto potente – "experiência feminina" – e insistem nas redes de responsabilização e política inerentes às formas específicas que esse artefato assume.

Sugiro que esse pequeno diagrama/máquina represente uma geometria inicial para esboçar alguns dos múltiplos modos como os discursos anticolonial e feminista conversam e dependem um do outro para seu próprio progresso analítico. É possível avançar pela árvore analítica/descritiva, tomar decisões para *excluir* certas regiões do mapa – por exemplo, ao concentrar-se somente na dimensão global de um aspecto político de uma experiência local particular. Porém, o restante do diagrama está presente implicitamente, fornecendo uma câmara de eco ressoante para qualquer traçado particular dentro da árvore da "experiência feminina".

O que deve ficar claro por esse modo de análise é que o que conta como "experiência" nunca é anterior às ocasiões sociais, discursos e outras práticas através dos quais a experiência torna-se *articulada* em si mesma e *capaz de ser articulada* a outros relatos, permitindo a construção de uma abordagem da experiência *coletiva*, uma operação potente e frequentemente confusa. A "experiência feminina" não preexiste como uma espécie de recurso anterior, pronta a ser simplesmente apropriada em uma descrição ou outra. O que pode contar como "experiência feminina" estrutura-se em agendas múltiplas e frequentemente desarmônicas. "Experiência", assim como "consciência", é uma construção interna, um artefato de importância fundamental. A experiência também pode ser *re*-construída, *re*-lembrada, *re*-articulada. Um meio poderoso de fazer isso é ler e *re*-ler a ficção de modo que se crie o efeito de ter acesso à vida e à consciência de outra pessoa, uma pessoa individual ou coletiva, com um tempo de vida chamado de história. Tais leituras existem em um campo de leituras ressoantes, no qual cada versão acrescenta tons e formas às outras, em ondas cacofônicas e harmoniosas.

Afirmações sobre a "experiência feminina" são particularmente suscetíveis a derivar daquilo que Wendy Rose, em um poema sobre apropriações da experiência dos indígenas dos Estados Unidos, chama adequadamente de "o turismo da alma" – ou suscetíveis a contribuir com ele. Os estudos de mulheres precisam negociar a linha bastante tênue que há entre a apropriação da experiência (nunca inocente) de outra pessoa e a construção delicada das afinidades quase-possíveis, as conexões quase-possíveis que na verdade podem fazer a diferença em histórias locais e globais. Os discursos feminista e anticolonial estão engajados nesse esforço muito sutil e delicado de construir conexões e afinidades e de não produzir a experiência de si mesmo ou do outro como um recurso para uma narrativa fechada. Essas questões são difíceis, e "nós" falhamos com frequência. É fácil encontrar discursos feministas, antirracistas e anticoloniais que reproduzem outros e a si mesmos como narrativas fechadas, sem saber como construir afinidades, mas sabendo como construir oposições. Contudo, a "nossa" escrita também é repleta de esperança de que aprenderemos como estruturar afinidades em vez de identidades.

A construção da "experiência feminina" a partir da leitura de ficção na sala de aula de estudos de mulheres e de publicações sobre esses estudos é a prática que examinarei neste capítulo. Meu foco é em objetos particularmente não inocentes neste momento de "nossa" história em Santa Cruz e no mundo: a ficção de mulheres africanas, leituras divergentes dessa ficção e o campo de construções de consciência e "experiência feminina" na "diáspora africana" como uma figura alegórica para muitas circunscrições políticas, locais e globais. Os romances com os quais vou trabalhar foram escritos em inglês; o gênero, a língua e os modos de circulação demarcam histórias cheias de contradições e luta coloniais e pós-coloniais. As contradições e as lutas são ainda mais acentuadas para a escrita e a leitura femininas dessas ficções potentes. Como Lata Mani (1987) deixou claro em seu estudo acerca do discurso colonial sobre a prática do sati* na Índia no século XVIII, construções da "experiência feminina" podem ser fundamentais para a invenção da "tradição", da "cultura" e da "religião". As mulheres são um "lugar privilegiado" do discurso. Nesse terreno, a taxação, as políticas migratórias e de trabalho e o direito familiar têm sido e ainda podem ser legitimados ou contestados. As "autoconstruções" femininas da experiência, história e consciência também serão base para a prática material – incluindo a "nossa". (Perceba-se o quanto "experiência", "história" e "consciência" são termos complexos de origem europeia, com ressonâncias específicas em muitas culturas dos Estados Unidos, incluindo as etnofilosofias euro-americanas essenciais para os contextos acadêmico e ativista.)[5]

---

* No original, *suttee*. Prática em que uma viúva se suicida atirando-se na pira funerária do marido. [N. do T.]

A leitura de ficção tem ocupado um potente espaço na prática dos estudos de mulheres. A ficção pode ser apropriada de muitas maneiras. A própria questão do que pode ser considerado ficção é controversa, resolvida em parte por considerações do mercado, práticas linguísticas e semióticas, tecnologias de escrita e circuitos de leitores. É possível salientar ou obscurecer as práticas editoriais para tornar alguma obra de ficção particularmente visível ou particularmente indisponível nos mercados de estudos de mulheres. O objeto material, o livro em si mesmo, pode ser tornado invisível e transparente ou trazer fisicalidade às circulações de sentidos e poder. Esses pontos foram defendidos enfaticamente na leitura de Katie King (1988) do "gênero" como biomitografia em *Zami: uma nova grafia do meu nome*, de Audre Lorde (1982). As leituras podem funcionar como tecnologias de construção do que pode contar como "experiência feminina" e para mapear as conexões e separações entre mulheres e os movimentos sociais que elas constroem e dos quais elas participam nos mundos locais e global. A ficção pode ser mobilizada para provocar tanto identificações quanto oposições, divergências e convergências em mapas da consciência. A ficção também pode ser lida para produzir conexões *sem* identificações. Obras de ficção publicadas por e sobre "mulheres de cor" ocupam um nó particularmente potente na prática de estudos de mulheres no presente momento histórico em muitos lugares. Apropriações através de práticas de leitura específicas dessas obras estão longe de ser inocentes, não importando os espaços de intersecção de raça, classe e gênero de qualquer leitor.

Deve-se engajar e produzir leituras: elas não fluem naturalmente a partir do texto. As leituras mais diretas de qualquer texto também são argumentos situados sobre campos de sentidos e de poder. Qualquer leitura também é um guia para possíveis mapas da consciência, coalizão e ação. Talvez esses pontos sejam especialmente verdadeiros quando a ficção parece oferecer as verdades problemáticas da autobiografia pessoal, da história coletiva e/ou da alegoria admonitória. Esses são os efeitos textuais que convidam à identificação, à comparação e ao discurso moral, todos dimensões problemáticas do discurso dos estudos de mulheres. Disputar leituras de maneira crítica é uma prática fundamental dos estudos de mulheres que simultaneamente insiste na qualidade construída da política e dos sentidos e torna os leitores responsáveis por suas construções como formas de fazer e desfazer a categoria potente e polissêmica de "mulheres". Nessa categoria, os discursos feminista, colonial, anticolonial e mulherista convergem e divergem de modo poderoso. Em parte aliadas e em parte em disputa, leituras diferentemente situadas de mulheres da ficção escrita por uma "mulher de cor do Terceiro Mundo", que do ponto de vista pessoal e textual habita o "Primeiro Mundo", trazem para o primeiro plano as questões que estou tentando esboçar. As próprias leitoras estão ligadas e separadas por múltiplas histórias e locais, incluindo raça, sexualidade, nacionalidade e acesso a públicos leitores e às próprias obras de ficção. Como são esses mapas de leitura de modos possíveis de afinidade e diferença no terreno pós-colonial dos discursos liberatórios de mulheres? Como as figuras da unidade das mulheres na diáspora africana adentram os locais nacionalistas, feministas, mulheristas, pós-modernistas, negros, multiculturais, brancos, de Primeiro Mundo, de Terceiro Mundo e de outros locais políticos?

Assim, correndo o risco de cair no "turismo da alma" sobre o qual nos alertou Wendy Rose, destacarei aqui três leituras diferentes de uma autora popular, cuja maior parte dos leitores provavelmente não tem interesse em estudos de mulheres, mas cuja ficção aparece em cursos sobre esses estudos e é também um objeto de disputa em crítica literária e política mulherista/feminista. Antes de entrar nas três leituras, apresento resumidamente a vida da autora – resumo que fará parte das minhas apostas na leitura de sua obra.

Trata-se de Buchi Emecheta, nascida na Nigéria em 1944, originária do vilarejo de Ibuza. Emecheta casou-se em 1962 e foi para Londres com seu marido, que recebeu uma bolsa de estudos. Na Inglaterra, o casal teve cinco filhos em circunstâncias difíceis, e o casamento terminou de maneira dolorosa. Emecheta se viu uma mãe solteira em Londres, negra, imigrante, vivendo de benefícios de moradia social, frequentando a universidade, primeiro em um curso de biblioteconomia e depois em um doutorado em sociologia[6].

Emecheta também se tornou escritora. Esse tornar-se escritora constituiu-se a partir das redes de "experiência" implícitas no texto biográfico do parágrafo anterior. Ela era uma mãe, uma imigrante, uma mulher independente, uma africana, uma igbo, uma ativista, alguém que "esteve-em", uma escritora. Conta-se que seu marido destruiu seu primeiro manuscrito porque não conseguia lidar com a ideia de que sua esposa pensasse e agisse por conta própria (Schipper, 1985, p. 44). Ela publicou uma série de romances que são ao mesmo tempo pedagógicos, populares, históricos, políticos, autobiográficos, românticos... e conflituosos.

Sigamos mais um pouco em um estudo das sobrecapas e textos de referência sobre a vida de Emecheta. Além de ficarmos sabendo sobre seus títulos acadêmicos, um emprego como socióloga e seu hábito de levantar-se cedo para escrever nas primeiras horas do dia, aprendemos que, além de livros infantis, ela escreveu oito romances, incluindo *As alegrias da maternidade* (2018[1979]), publicada na prestigiosa African Writer Series, cujo editor fundador foi Chinua Achebe, autor de *O mundo se despedaça* e outras obras de ficção de renome internacional. No Reino Unido a obra de Emecheta é publicada pelas editoras Allen & Unwin e Allison & Busby, nos Estados Unidos pela Braziller e na Nigéria pela Ogwugwu Afor*. Até recentemente, era mais fácil comprar livros de Emecheta na Inglaterra ou nos Estados Unidos do que na Nigéria. Sua obra é lida como ficção de massa em edições de bolso em trens e ônibus na Inglaterra mais do que em salas de aula. Mais recentemente, seus livros são publicados ao mesmo tempo na África e no Ocidente, e são parte de debates entre leitores anglófonos africanos. Em parte por causa do tratamento de questões de mulheres africanas por uma expatriada identificada com o feminismo, a escrita de Emecheta é controversa, talvez especialmente na Nigéria e entre universitários políticos onde quer que seja lida.

A crítica holandesa Mineke Schipper (1985, p. 46) afirmou que "os romances de Emecheta são extremamente populares na Nigéria e em outros lugares, mas eles têm sido por vezes recebidos com frieza ou até mesmo ignorados por críticos africanos". As relações de Emecheta, bem como de seus leitores, com o feminismo estão no cerne da questão. Adotando uma perspectiva que bell hooks chamou de intrínseca ao movimento feminista, a abordagem de Emecheta sobre sua escrita, em uma entrevista concedida pela autora em 1979, recusa-se explicitamente a restringir a atenção a mulheres:

---

* No Brasil, a editora Dublinense já publicou quatro de seus romances. [N. do T.]

Os temas principais de meus romances são a sociedade e a família africanas: a vida histórica, social e política na África como é vista por uma mulher através dos eventos. Eu sempre tento mostrar que o homem africano é oprimido e oprime por sua vez as mulheres africanas [...]. Eu não me dedico apenas à causa das mulheres africanas, mas escrevo sobre toda a África (Bruner, 1983, p. 49).

As alegrias da maternidade, romance que se passa de modo geral entre os anos 1920 e 1930 na Nigéria, trata de conflitos e contradições cheias de nuances na vida de uma jovem casada que não conseguia conceber uma criança. Em seguida, a jovem concebe filhos demais, mas somente depois de perder acesso a suas redes de trabalho e sua renda. A mãe muda-se da aldeia para a cidade, e seus filhos emigram para o Canadá, Estados Unidos e Austrália. Embora tenha tido muitos filhos, ela morre sem nenhum, em uma história extraordinariamente dolorosa de confrontamento entre as realidades urbana e da aldeia para as mulheres no começo do século XX na Nigéria.

Porém, assim como para Achebe, para Emecheta não há momento de inocência na história da África antes do início do conflito entre "tradição" e "modernidade". A maior parte da ficção de Emecheta passa-se em Ibuza no início do século XX, quando os grandes padrões do sincretismo cultural na África eram as matrizes das vidas dos personagens. Em *Preço de noiva* (2020[1976]) e em *The Slave Girl* [A menina escrava] (1977), Emecheta trata de questões fundamentais em torno do casamento, do controle da própria vida de diferentes pontos de vista femininos, e de posições contraditórias, especialmente para seus personagens femininos igbos, em cada lugar do mapa cultural africano, sejam eles marcadamente estrangeiros ou locais. A vida na Europa também era um lugar de luta para as personagens de Emecheta. *Cidadã de segunda clas-*

se (2019b[1974]) explora o rompimento do casamento da protagonista em Londres. *No fundo do poço* (2019a[1972]) segue a protagonista como mãe solteira em uma moradia social britânica e sua solidariedade com mulheres britânicas trabalhadoras, brancas e negras, e com organizações feministas que desafiavam os termos do estado de bem-estar social. *Double Yoke* [Duplo jugo] (1983a) retorna à Nigéria no final do século XIX para retomar a interrogação de Emecheta dos termos das lutas das mulheres nas redes locais e globais da diáspora africana, vistas a partir de uma reconstrução ficcional dos caminhos de viagens de e para uma região de minorias na Nigéria[7].

Em meu curso "Questões metodológicas no estudo de mulheres", os alunos leem ensaios politicamente engajados de duas teóricas da literatura que localizam Emecheta em seus paradigmas de ficção de mulheres e de unidade feminina na diáspora africana. Uma é Barbara Christian, professora de estudos afro-americanos na Universidade da Califórnia em Berkeley e pioneira da crítica literária feminista negra, e a outra é Chikwenye Okonjo Ogunyemi, professora de literaturas afro-americana e africana no Departamento de Inglês da Universidade de Ibadan, na Nigéria. Com mulheres de Ibadan e Ife, Ogunyemi participou em 1988 de um grupo que desenvolveu os estudos de mulheres na Nigéria (Tola Olu Pearce, comunicação pessoal). Ela publicou outros trabalhos sobre a obra ficcional de Emecheta (Ogunyemi, 1983), mas, no texto que lemos no curso, foi a explícita marginalização de Emecheta por Ogunyemi que organizou nossa leitura de seu ensaio nesse contexto específico de publicação e em outros aspectos políticos. Barbara Christian publicou *Black Feminist Criticism* [Crítica Feminista Negra] (1985), na série "Athena", da Pergamon Press, uma importante coleção feminista no universo de publicações de estudos de mulheres dos Estados Unidos e Grã-Bretanha. O terceiro texto era meu, desenvolvido a partir das perspectivas de uma professora euro-americana de estudos de mulheres em uma universidade majoritariamente branca nos Estados Unidos, originalmente apresentado em um evento que visava coconstruir o estudo crítico do discurso colonial e da teoria feminista. Eu queria que meus estudantes de graduação de estudos de mulheres lessem, relessem, "deslessem" e, portanto, refletissem sobre o campo de leituras possíveis de uma autora contestada específica, incluindo as construções discursivas de sua vida sobre as superfícies literais dos próprios romances publicados. Essas leituras dirigiam-se às obras de ficção nas quais todos apostávamos: os editores, Emecheta, Ogunyemi, Christian, eu e cada um dos alunos, além dos leitores anônimos de milhares de exemplares em vários países. Eu queria observar como essas apostas localizavam leitores em um mapa de discursos liberatórios autoconscientes de mulheres, incluindo construções como "mulherismo", que pretendem obliterar "feminismo" e propor uma genealogia normativa diferente para o movimento de mulheres. O objetivo era fazer essas leituras criticamente reflexivas se abrirem às complexidades de localização e afinidades em desenhos em parte abertos e em parte opositivos de mapas da consciência feminina nas redes local/global e pessoal/política dos conhecimentos situados.

Inicialmente, examinemos como Ogunyemi (1985, pp. 66-7) leu – ou recusou-se a ler – Emecheta em um ensaio publicado para um público em grande parte não africano na revista *Signs: Journal of Women in Culture and Society*, um importante organismo acadêmico de teoria feminista nos Estados Unidos. De dezessete correspondentes internacionais para a *Signs*, apenas uma era africana em 1987 – Achola Pala, do Quênia. Muitos artigos da revista são indicados como leitura em cursos de estudos de mulheres, em que a maioria dos estudantes é euro-americana. O artigo de Ogunyemi se caracterizava como um argumento para que ela se distanciasse do rótulo "feminista" e se associasse com o marcador "mulherista". Ela afirmava que havia desenvolvido esse termo independentemente e que depois encontrou o uso que Alice Walker fez dele. Ogunyemi produziu uma arqueologia ou mapeamento da literatura africana e afro-americana anglófona escrita por mulheres desde o final da colonização, mais ou menos a partir de 1960. O mapa conduzia a um lugar de esperança política chamado mulherismo. Ogunyemi usou o termo para designar uma mulher dedicada à sobrevivência e à totalidade do "todas as pessoas", homens e mulheres, África e seu povo em diáspora. Ela localizou seu discurso sobre Emecheta na junção da diáspora das literaturas afro-caribenha, afro-americana e africana. Ogunyemi defendia que uma mulherista representa um momento particular de maturidade que afirma a unidade de todas as pessoas através de uma exploração multifacetada das experiências de mulheres como "mães de todos". A mãe que costura as feridas de um povo espalhado é uma imagem importante e potente para o movimento mulherista, distanciado tanto do chauvinismo negro masculino quanto do negativismo feminista, da iconoclastia e da imaturidade.

Porém, a principal imagem de Ogunyemi era algo oblíqua com relação à da mãe: era a de *uma mulher casada*. Ogunyemi leu a ficção produzida desde os anos 1960 a fim de construir as relações das mulheres na diáspora como "coesposas amigáveis com um marido invisível" (1985, p. 74). Em sua arqueologia da literatura anglófona africana e afro-americana que encontra os traços do mulherismo nas mães-escritoras precursoras, Ogunyemi rejeitou Emecheta. A obra ficcional de Emecheta não afirmava o casamento como a imagem da maturidade completa que poderia representar a unidade do povo negro internacionalmente. Bem ao contrário, as explorações de Emecheta envolviam frequentemente uma abordagem do fracasso do casamento. Particularmente, longe de recuperar a poligamia como uma imagem do movimento feminino liberatório, Emecheta olhava para essa prática como uma "instituição decadente" que desapareceria "à medida que as mulheres se tornassem cada vez mais educadas e livres para decidirem por si sós" (Bruner, 1983, p. 49). A ficção de Emecheta contempla criticamente o casamento em sua totalidade, mesmo onde é reafirmado positivamente, como em *Double Yoke*. Vendo os personagens da romancista como meramente rebeldes, Ogunyemi tratou a relação ficcional e pessoal de Emecheta com o casamento de forma ríspida, mesmo desdenhosa, afirmando que ela começou a escrever "depois de um fiasco matrimonial", que suas obras feminizam os homens negros e, por fim, que ela mata suas heroínas no nascimento, na escravização pelo casamento, na loucura ou no abandono pelos filhos. Ogunyemi chegou até mesmo a dizer que "a destruição por Emecheta de suas heroínas é um traço feminista que pode ser atribuído parcialmente ao narcisismo da escritora" (1985, p. 67).

Na prática política, Emecheta aliou-se com as feministas irlandesas e britânicas e desenvolveu um discurso internacional bastante diferente da abordagem mulherista de Ogunyemi. Além de criticar o discurso e a história de Emecheta sobre o casamento, Ogunyemi ressaltou o estatuto de exilada da autora. Tendo vivido no exterior por vinte anos, Emecheta retornou à Nigéria para lecionar em 1980-81 como pesquisadora sênior na Universidade de Calabar. Nessa ocasião, Ogunyemi problematizou a "autenticidade" de Emecheta ao retornar como escritora emigrante. Na arqueologia da literatura africana anglófona elaborada por Ogunyemi, o socialismo, o feminismo e o lesbianismo representavam explicitamente um momento imaturo, talvez recuperável mais tarde, mas no momento não incorporável dentro das vozes das "coesposas", que configuravam um tipo normativo de unidade de mulheres negras. Mulherismo significava que as demandas da "cultura" têm precedência sobre as da "política sexual". Por causa dessa relação, para a escritora mulherista que ainda não tivesse esquecido as iniquidades do patriarcado, "as sociedades matrilineares e polígamas na África são fontes dinâmicas do romance mulherista" (1985, p. 76). Ogunyemi propôs uma lógica da inclusão e exclusão em um cânone literário emergente como parte de uma política sobre nacionalismo, gênero e internacionalização, argumentada através das imagens centrais do casamento polígamo africano.

Barbara Christian fez uma leitura muito diferente de Emecheta. Em *Black Feminist Criticism*, Christian leu *As alegrias da maternidade* em relação estreita com *Meridian*, de Alice Walker (1976), especificamente com o objetivo de reivindicar uma tradição matrilinear em torno de imagens de um feminismo particular – que o texto de Christian traz ao primeiro plano. Ela localizou o discurso sobre a conexão matrilinear e a maternidade nesses dois romances importantes dos anos 1970 a fim de discutir a exaltação e a destruição/ruptura simultâneas da maternidade para mulheres negras nas tradições africanas, na escravidão afro-americana e nos contextos pós-escravidão e pós-movimentos de direitos civis nos Estados Unidos[8]. Christian desvelou as contradições e complexidades da maternidade, refletindo sobre os muitos modos pelos quais ela é apreciada, celebrada, reforçada e transformada em um duplo vínculo para as mulheres em todos esses contextos históricos. Assim, embora ela tocasse de leve na questão do momento utópico da maternidade antes de os "invasores" chegarem, eles não eram apenas os traficantes brancos de escravos. Na verdade, os invasores pareciam ser coevos à maternidade; o mundo parece estar sempre quase caindo aos pedaços.

Para Christian, contudo, a mãe não era uma imagem mais fundamental para a unidade das mulheres na diáspora africana ao longo do tempo e do espaço do que era para Ogunyemi. Christian leu *Meridian* e *As alegrias da maternidade* em uma delicada relação de eco a fim de pôr em primeiro plano um tipo específico de feminismo que também carregava consigo uma agenda de afirmação do lesbianismo dentro do feminismo negro e do modelo de herança da África do laço entre mãe e filha, cuidando uma da outra nas condições impossíveis de um mundo que constantemente perturba o cuidado. Christian estava comprometida em impedir a marginalização do lesbianismo no discurso feminista de mulheres de cor, e de modo sutil alistou Emecheta como um de seus textos, precisamente pelas mesmas razões que levaram Ogunyemi a excluir Emecheta de sua genealogia do mulherismo na diáspora africana. Mas, assim como Ogunyemi, Christian propôs uma narrativa de maturação na história da escrita de suas antepassadas escritoras. A trajetória da maturação para cada teórica fornecia um modelo específico do crescimento da noção de si e da comunidade para as mulheres da diáspora. Ogunyemi esquematizou a história das consciências das escritoras da África Ocidental desde os movimentos de independência nacional em termos de um "flerte" inicial com o feminismo e o socialismo, culminando em um mulherismo maduro organizado em torno do tropo da comunidade de mulheres como mães, curandeiras e escritoras centradas na imagem de "coesposas com um marido ausente". Não se poderia evitar que esta última imagem fosse uma severa lembrança das realidades de trabalho e migração de muitas mulheres rurais na África colonial e pós-colonial, mesmo se ela invocasse a autossuficiência positiva de mulheres casadas, em contraste com a figura estereotipada ocidental do casal burguês branco (hetero)sexualizado, com sua esposa dependente e isolada e sua consequente política de protesto negativa "feminista".

A narrativa de Christian esquematizava a história das consciências das escritoras afro-americanas em termos de uma cronologia com semelhanças sugestivas e diferenças com relação à narrativa de Ogunyemi. Christian afirmava que, antes de cerca de 1950, as mulheres negras americanas escreviam para públicos que em grande parte as excluíam. Ela caracterizou a ficção como dirigida-ao-outro, em vez de uma busca interior, em resposta às definições racistas de mulheres negras por parte da sociedade branca dominante. Zora Neale Hurston era uma exceção a esse padrão. Christian relacionou um processo de autodefinição inicial, nos anos 1950, à emergência de atenção às mulheres comuns de pele escura. Em linhas gerais, os anos 1960 foram uma década de encontro da unidade na negritude compartilhada; os anos 1970, um período de exposição do sexismo na comunidade negra; e os anos 1980, um período da emergência de uma cultura diversa das mulheres negras engajadas em encontrar a si mesmas e em formar conexões entre mulheres que prometessem transcender raça e classe em uma comunidade mundial baseada nos laços entre mãe e filha. Nos anos 1980, o terreno para compreensão crescente da pessoidade (*personhood*) das mulheres negras, esquematizadas nas ficções da diáspora, era mundial.

Concluirei sugerindo uma terceira leitura não inocente da obra ficcional de Emecheta: a minha, como uma feminista euro-americana, de classe média, acadêmica e que produzi essa leitura como parte de uma prática pedagógica nos estudos de mulheres nos Estados Unidos nos anos 1980, em uma sala de aula em que havia bem mais alunos brancos do que negros e muito mais mulheres do que homens. Imersa em debates sobre pós-modernismo, multiplicidade das subjetividades sociais impostas e autoformadas das mulheres e questões acerca da possibilidade da política feminista nos mundos local e global do final do século XX, minhas próprias apostas eram nas ambiguidades potentes da ficção de Emecheta e nas ficções sobre sua vida. Minha leitura valorizou seus estatutos heterogêneos como exilada, nigeriana, igbo, feminista irlandesa/britânica, mulher negra, escritora canonizada na African Writers Series, escritora popular publicada em edições de bolso e de literatura infantil, bibliotecária, mãe dependente de benefícios, socióloga, mulher solteira, reinventora e desconstrutora da tradição africana, membra do Conselho Consultivo sobre Raça e Igualdade do Ministério do Interior do Reino Unido, tema de disputa entre teóricas engajadas feministas e mulheristas multirraciais e figura internacional. Quanto a Ogunyemi e Christian, houve um momento utópico, aninhado em minha leitura, de esperança por um espaço de responsabilização política e de cuidado com ambiguidades, multiplicidades e afinidades sem identidades imutáveis – estas correm o risco de serem os prazeres do eterno turista da experiência em terrenos pós-modernos devastados. Mas eu quis me manter com as afinidades que se recusavam a se resolver em identidades ou buscas de um eu verdadeiro. Minha leitura naturalizava precisamente os momentos de ambiguidade, o estatuto de exilada e o dilema de alguém que "esteve-em", para quem o tempo das origens e retornos é inacessível. A contradição mantida em tensão com a formação da responsabilidade foi a minha imagem da esperada unidade das mulheres através do holocausto do imperialismo, racismo e supremacia masculinista. Tratava-se de uma imagem feminista que retratava não mães e filhas, coesposas, irmãs, amantes lésbicas, mas famílias adotadas e comunidades intencionais imperfeitas, baseadas não tanto em "escolhas", mas em esperança e memória da estrutura do mundo sempre quase caindo aos pedaços. Valorizei em Emecheta as semelhanças com as "famílias" reinventadas no pós-holocausto na obra da escritora de ficção científica afro-americana Octavia Butler, como tropos que guiariam a "nós" através dos destroços de gênero, classe, imperialismo, racismo e da cultura do extermínio nuclear global.

Minha leitura de Emecheta baseou-se no romance *Double Yoke*, em que se interrogam as demandas incoerentes e as possibilidades para as mulheres no embate entre "tradição" e "modernidade". Ao mesmo tempo, o que conta como "tradicional" ou "moderno" surge como altamente problemático. As ficções que importam para a intersecção do pós-modernismo, feminismo e redes pós-coloniais locais/globais começam com o livro como um objeto material e com os fragmentos biográficos inscritos nele que constroem a vida do autor para públicos anglófonos internacionais. No texto que figura na sobrecapa, a autora metamorfoseou-se daquela que aparecia nos relatos de sobrecapas de livros anteriores, a mulher com cinco filhos, recebendo benefícios e ao mesmo tempo indo para a universidade, que acordava às quatro horas da manhã para escrever seus primeiros seis romances, em uma pesquisadora sênior na Universidade de Calabar, na Nigéria, e em membra do Conselho de Artes do Reino

Unido. Há muitas Emechetas nas diferentes sobrecapas, mas todos os textos insistem em unificar as imagens de mãe, escritora e imigrante nigeriana em Londres.

Uma sinopse deve servir para salientar os mundos multiplamente entrecruzados da etnicidade, região, gênero, religião, "tradição" e "modernidade", classe social e status profissional em que os personagens de Emecheta reinventam seus sentidos de eu e seus comprometimentos e conexões uns com os outros. Em *Double Yoke*, alguém que "esteve-em", Miss Bulewao, ensina escrita criativa para um grupo formado majoritariamente por homens jovens na Universidade de Calabar. Emoldurado por uma tarefa atribuída por Miss Bulewao a seus alunos sobre suas respostas aos dilemas morais presentes na história de um homem, o centro do romance é o texto entregue por Ete Kamba, que se apaixonara por uma jovem, Nko, que mora a uma milha de distância de seu povoado. Nko, uma jovem da etnia efik, é de um grupo étnico diferente do de Ete Kamba, que é um ikikio. Esperando poder se casar, ambos frequentam a universidade com bolsas e têm obrigações complicadas com seus pais, bem como ambições próprias. Contudo, a diferença entre os gêneros faz com que as situações fiquem muito longe de ser simétricas. Em uma narrativa que não pode deixar de remeter o leitor ao relato de Aihwa Ong (1987) – que trata dos jovens operários malaios em multinacionais japonesas na Malásia –, Emecheta esboça a Universidade de Calabar como um microcosmo de forças em disputa na Nigéria pós-independência, incluindo o Novo Movimento Cristão, identidades islâmicas, demandas de grupos étnicos, restrições econômicas familiares e nacionais na economia global, contradições entre povoado e universidade e controvérsias quanto a ideologias "estrangeiras" como o feminismo.

Tudo isso estrutura as consequências do amor entre Ete Kamba e Nko. Certa noite, o casal tem relações sexuais fora do povoado, e logo depois Ete Kamba se consome com a preocupação sobre se Nko ainda é virgem, pois o ato ocorrera em pé e de roupa. Se eles forem se casar, é crucial para ele que ela permaneça virgem. Nko recusa-se a responder às perguntas obsessivas de Ete Kamba sobre sua virgindade. Em vez de imagens de matrilinearidade ligando mãe e filha ou da comunidade de mulheres feitas coesposas como emblemas da unidade coletiva, uma desconstrução da "virgindade" estrutura os argumentos desse romance sobre origens, autenticidade e posições das mulheres na construção da potente unidade chamada de "o povo" nos mundos heterogêneos da Nigéria pós-independência. O jovem aconselha-se com um ancião no povoado de Nko, que também é um professor da universidade e líder de um movimento neocristão revivalista e inspirado em movimentos americanos. O professor, líder religioso e modelo de homem de família, vem importunando sexualmente a jovem Nko, que também é sua aluna. Depois da visita de Ete Kamba, o homem mais velho a força a se relacionar sexualmente com ele, e ela engravida.

Nko então diz a Ete Kamba que, se ele a chamar de "virgem", "prostituta" ou "esposa", todos esses nomes virão dele. Ela fora à universidade buscando um título com os frutos de seu próprio estudo. Se ela for forçada a conseguir seu diploma negociando as redes intrincadas de sexualização tecidas ao seu redor, ainda assim não alisará a folha em branco em que será escrito o texto da "mulher" pós-colonial. Ela não deixará que as contradições entre local e global, pessoal e político, simbolizadas no sentimento de Ete Kamba por ela, tornem-se um símbolo impossível da não contradição e pureza que definirá quem ela – e eles – poderá ser. Talvez a ficção de Emecheta deva ser lida como uma afirmação de que mulheres como Nko lutam para impedir que o discurso pós-colonial sobre as mulheres seja escrito por outros no terreno de seus corpos, como tinha sido grande parte do discurso colonial. Talvez Emecheta esteja defendendo que as mulheres africanas não serão mais reproduções de qualquer uma das grandes imagens da Mulher, sejam elas escritas pelo colonizador ou pelo nacionalista autóctone – virgem, prostituta, mãe, irmã ou coesposa. Algo diferente está acontecendo, para o qual praticamente não existem nomes em nenhuma região da grande diáspora anglófona. Talvez parte desse processo signifique que, local e globalmente, o papel das mulheres na construção das pessoas, famílias e comunidades não pode ser fixado por nenhum dos nomes da Mulher e suas funções.

Ete Kamba relata seu dilema e a história de Nko em seu trabalho para o curso de Miss Bulewao, que então o chama para conversar. Em uma representação maravilhosa de um encontro entre professora e aluno em que o pessoal, o político e o acadêmico estão profundamente mesclados, Miss Bulewao aconselha Ete Kamba a se casar com a mulher que ele amava. O jovem já não está presente quando os trabalhos corrigidos são devolvidos: ele partira para juntar-se a Nko, que tinha retornado a seu povoado para enterrar seu pai. O casamento fica em aberto.

As leituras de Emecheta feitas por Ogunyemi, Christian e por mim baseiam-se em textos publicados de ficção, e são parte de uma luta contemporânea para articular discursos liberatórios de mulheres sensivelmente específicos e poderosamente coletivos. Inclusões e exclusões não são determinadas de antemão por categorias fixas de raça, gênero, sexualidade ou nacionalidade. "Nós" somos responsáveis pelas inclusões e exclusões, identificações e separações, produzidas nas práticas altamente políticas de leitura de ficção. *Diante de quem* somos responsáveis é parte do que é produzido nas próprias leituras. Todas as leituras são também "desleituras", releituras, leituras parciais, leituras impostas e leituras imaginadas de um texto que original e finalmente nunca está apenas ali. Assim como o mundo está *originalmente* caindo aos pedaços, o texto está sempre emaranhado de práticas e esperanças contestadas. De nossas posições bastante específicas e não inocentes no terreno local/global e pessoal/político dos mapeamentos contemporâneos das consciências das mulheres, cada uma dessas leituras é uma prática pedagógica que trabalha a partir da nomeação das diferenças carregadas de poder, das especificidades e das afinidades que estruturam os artefatos potentes e capazes de mudar o mundo chamados de "experiências femininas". Na diferença encontra-se a perda irreparável da ilusão do uno.

PARTE TRÊS

POLÍTICA DIFERENCIAL PARA OUTROS DES/INAPROPRIADOS

CAPÍTULO SETE
"GÊNERO" PARA UM DICIONÁRIO MARXISTA: A POLÍTICA SEXUAL DE UMA PALAVRA

Em 1983, Nora Räthzel, do coletivo feminino autônomo da revista marxista independente *Das Argument*, da Alemanha, me escreveu pedindo que eu contribuísse com um verbete para um novo dicionário marxista. Um grupo editorial da *Das Argument* havia iniciado um projeto ambicioso de traduzir os diversos volumes do *Dictionnaire Critique du Marxisme* (Labica e Benussen, 1985) para o alemão e também de preparar um suplemento separado em alemão que apresentasse especialmente os novos movimentos sociais que não haviam sido tratados na edição francesa[1]. Esses movimentos produziram uma revolução na teoria social crítica internacionalmente nos últimos vinte anos. Eles também produziram – e em parte foram produzidos por – revoluções na linguagem política no mesmo período. Como Räthzel afirmou: "Nós, ou seja, o grupo editorial feminino, vamos sugerir alguns verbetes que estão faltando e queremos reescrever alguns outros, porque as mulheres não aparecem onde deveriam" (comunicação pessoal, 2 de dezembro de 1983). Esse eufemismo gentil identificava uma arena principal para as lutas feministas – a canonização da linguagem, da política e das narrativas históricas nas práticas editoriais, incluindo obras de referência.

"As mulheres não aparecem onde deveriam." As ambiguidades dessa proposição eram potentes e tentadoras. Havia ali uma oportunidade de participar na produção de um texto de referência. Eu teria até cinco laudas para escrever o verbete da entrada que me seria atribuída: sexo/gênero. Imprudentemente, respondi dizendo aceitar a tarefa.

Havia um problema imediato: eu sou anglófona, com alemão, francês e espanhol em níveis de conhecimento operacionais variados e problemáticos. Essa incapacitação linguística reflete minha localização política em um mundo social distorcido por projetos hegemônicos dos Estados Unidos e pela censurável ignorância dos cidadãos americanos, especialmente os brancos. O inglês, sobretudo o inglês americano, distingue sexo de gênero. Tal distinção custou sangue nas lutas em muitas arenas sociais, como o leitor verá na discussão que se segue. O alemão tem uma palavra só, *Geschlecht*, que não é exatamente a mesma coisa que nenhuma das duas em inglês, *sex* e *gender*. Além disso, o projeto do dicionário, traduzindo os verbetes dos colaboradores para o alemão, propunha apresentar cada entrada em alemão, chinês (em ideogramas e com a transcrição), inglês, francês, russo (somente com a transcrição) e espanhol. As histórias mescladas do marxismo e do imperialismo pairavam sobre aquela lista. Cada entrada herdaria tais histórias.

Pelo menos eu sabia que o que estava acontecendo com *sex* e *gender* em inglês não era a mesma coisa que estava acontecendo com *género*, *genre* e *Geschlecht*. As histórias específicas do movimento de mulheres nas vastas áreas globais em que essas línguas faziam parte da política viva eram as razões principais para as diferenças.

Os velhos gramáticos hegemônicos – incluindo os sexólogos – haviam perdido o controle do gênero e de seus irmãos proliferantes. A Europa e a América do Norte não poderiam disciplinar o destino de suas línguas imperializantes do século XX. Entretanto, eu não tinha a menor ideia do que fazer com meu problema do sexo/gênero em russo ou chinês. Progressivamente, tornou-se claro para mim que eu também tinha pouquíssima noção do que fazer com *sex/gender* em *inglês*, mesmo nos Estados Unidos, e muito menos no mundo anglófono. Existem tantas "línguas inglesas" só nos Estados Unidos, e todas elas pareciam pertinentes para esse texto de cinco páginas que eu prometi para um dicionário marxista alemão que estava se separando de seu pai francês a fim de dar atenção a novos movimentos sociais. O meu inglês estava marcado por raça, geração, gênero (!), região, classe, educação e história política. Como *esse* inglês poderia ser a minha matriz de sexo/gênero *em geral*? Havia, por acaso, mesmo na forma de palavras, muito menos ainda na forma de qualquer outra coisa, algo que fosse como "sexo/gênero em geral"? Obviamente não. Esses não eram problemas para colaboradores de dicionários, mas eu tinha um abacaxi a ser descascado, um abacaxi *político*. E as gráficas vão imprimindo, e o prazo ia chegando. Estava na hora de descascar o abacaxi e escrever. No final do século XX, no fim das contas, nós mesmos somos tecnologias incorporadas de escrita. Essa é parte da implosão do gênero no sexo e na linguagem, na biologia e na sintaxe, permitida pela tecnociência ocidental.

Em 1985, fiquei um tanto animada ao saber que o grupo editorial de fato queria um verbete sobre o *sistema* sexo-gênero. Isso já ajudava; havia um *locus* textual para o primeiro uso do termo – o impressionante ensaio de Gayle Rubin (2017[1975]) escrito quando ela ainda era uma pós-graduanda na Universidade de Michigan, "O tráfico de mulheres: notas sobre a 'economia política' do sexo". Eu poderia rastrear o destino do "sistema sexo-gênero" na explosão da escrita feminista-socialista/marxista em dívida com Rubin. Esse pensamento me trazia um breve consolo. Primeiro, os editores apontaram para o requisito de cada entrada se localizar relativamente ao *corpus* de Marx e Engels, tenham eles usado ou não os termos precisos. Creio que Marx teria se divertido com a ideia de uma mão morta guiando o cursor vivo na tela de um monitor. Segundo, as pessoas que adotaram a formulação de Rubin o fizeram a partir de muitas histórias, inclusive interesses acadêmicos e políticos. As feministas socialistas brancas dos Estados Unidos geraram o mais óbvio *corpus* escrito para rastrear o "sistema sexo-gênero" considerado de forma mais estrita. O fato em si mesmo era um problema complexo, e não uma solução. Muito da teoria feminista mais provocativa nos últimos vinte anos tem insistido nos laços que unem sexo e *raça* problematizando as dores do parto do sistema sexo-gênero em um discurso mais focado no entrelaçamento de gênero e *classe*[2]. Tem parecido bastante raro para a teoria feminista manter raça, sexo/gênero e classe juntos do ponto de vista analítico – não obstante as melhores intenções, matizes de autores e afirmações em prefácios. Além disso, existem tantas razões para as feministas defenderem um sistema de raça/gênero quanto há para um sistema sexo-gênero, e os dois não são o mesmo *tipo* de movimento analítico. E, então, o que acontece com a classe? Há crescente evidência da necessidade de uma teoria da "diferença" cujas geometrias, paradigmas e lógicas irrompam de pares binários, dialéticas e modelos de natureza/cultura de qualquer tipo. De outra forma, trios sempre se reduzem a duplas, que logo se tornam solitárias unidades na vanguarda. E ninguém aprende a contar até quatro. Essas coisas importam politicamente.

Além disso, embora Marx e Engels – ou mesmo Gayle Rubin – não tivessem se aventurado em sexologia, medicina ou biologia para suas discussões sobre sexo/gênero ou sobre a questão da mulher, eu sabia que teria de fazê-lo. Ao mesmo tempo, estava claro que outras GRANDES correntes de escrita feminista moderna sobre sexo, sexualidade e gênero se entrelaçavam constantemente com até mesmo as mais modestas interpretações de minha tarefa. A *maioria* delas, talvez especialmente as correntes francesas e britânicas feministas literárias e psicanalíticas, não aparecem em meu verbete sobre *Geschlecht*. Em geral, o verbete abordava a escrita de feministas americanas. Esse não é um escândalo trivial[3].

Assim, o que se segue mostra os saltos constantes de reconstruções contínuas ao longo de seis anos. As lacunas e as bordas mal-acabadas, assim como a forma genérica de uma entrada de dicionário, deveriam chamar atenção aos processos políticos e convencionais de padronização. Provavelmente, as passagens mais tranquilas são as mais reveladoras de todas; elas efetivamente cobrem um terreno bastante discutido. É possível que somente eu tivesse necessitado de uma lição concreta sobre quão problemático seria um verbete sobre qualquer "termo-chave". Mas suspeito que minhas irmãs e outros camaradas também tenderam às vezes a simplesmente acreditar no que consultavam em alguma obra de referência em vez de lembrar que essa forma de escrita é só mais um processo para habitar mundos possíveis – de modo tateante, esperançoso, plurívoco e finito. Finalmente, o verbete acabou excedendo as cinco laudas disponíveis, e o abacaxi foi inteiro descascado. O corpo havia se tornado texto, e o instrumento para a inscrição não foi uma pena, mas um *mouse*. A nova genitália da escrita fornecerá metáforas ao analista à medida que o sistema sexo-gênero se metamorfoseia em outros mundos de diferenças consequentes e carregadas de poder.

VERBETE

Gender (inglês), *Geschlecht* (alemão), *Genre* (francês), *Género* (espanhol)

[O radical dos termos em inglês, francês e espanhol é o verbo latino *generare*, "gerar", e o radical latino *gener*-, "raça" ou "espécie". Um sentido obsoleto do verbo inglês *to gender* é *to copulate* (*Oxford English Dictionary* [em português, "copular"]). Os substantivos *"Geschlecht", "gender", "genre"* e *"género"* referem-se à noção de tipo, espécie e classe. Em inglês, *"gender"* tem sido usado nesse sentido "genérico" continuamente desde ao menos o século XIV. Em francês, alemão, espanhol e inglês, palavras para "gênero" referem-se a categorias gramaticais e literárias. As palavras modernas do inglês e do alemão, *"gender"* e *"Geschlecht"*, referem-se intimamente a conceitos de sexo, sexualidade, diferença sexual, geração, engendramento e assim por diante, enquanto o francês e o espanhol não parecem carregar esses sentidos tão prontamente. Termos próximos a *"gender"* estão implicados em conceitos de parentesco, raça, taxonomia biológica, língua e nacionalidade. O substantivo *"Geschlecht"* leva o sentido de sexo, linhagem, raça e família, enquanto a forma adjetivada *"geschlechtlich"* significa tanto "sexual" quanto "genérico" em sua tradução inglesa. *"Gender"* está no cerne de construções e classificações de sistemas de diferença. Diferenciação complexa e união de termos ligados a "sexo" e "gênero" são parte da história política das palavras. Ao longo do século XX, os sentidos médicos ligados a "sexo" se acumularam em "gênero" progressivamente no inglês. Sentidos médicos, zoológicos, gramaticais e literários têm sido contestados nos feminismos modernos. Os sentidos racial e sexual categóricos compartilhados de gênero apontam para histórias modernas entrelaçadas de opressão colonial, racista e sexual nos sistemas de produção e inscrição corporal e seus consequentes discursos liberatórios e opositivos. A dificuldade de acomodar opressões raciais e sexuais nas teorias marxistas de classe tem paralelo na história das próprias palavras. Esse pano de fundo é essencial para compreender as ressonâncias do conceito teórico do "sistema sexo-gênero" pelas feministas ocidentais anglófonas nos anos 1970[4]. Em todas as suas versões, as teorias feministas de gênero tentam articular a especificidade das opressões das mulheres no contexto de culturas que tornam saliente uma distinção entre sexo e gênero. Tal saliência depende de um sistema relacionado de significados agrupados em torno de uma família de pares binários: natureza/cultura, natureza/história, natural/humano, recurso/produto. Essa interdependência em um campo-chave ocidental político-filosófico de oposições binárias – seja ele entendido do ponto de vista funcional, dialético, estrutural ou psicanalítico – problematiza as reivindicações da aplicabilidade universal dos conceitos em torno de sexo e gênero; essa questão é parte do debate corrente sobre a relevância transcultural das versões euro-americanas da teoria feminista (Strathern, 1988). O valor de uma categoria analítica não é necessariamente anulado pela consciência crítica de sua especificidade histórica e de seus limites culturais. Porém, os conceitos feministas de gênero levantam de forma aguda os problemas da comparação cultural, tradução linguística e solidariedade política.]

História

Articulação da área do problema nos textos de Marx e Engels. Em um sentido crítico e político, o conceito de gênero foi articulado e progressivamente contestado e teorizado no contexto dos movimentos feministas pós-Segunda Guerra Mundial. O conceito feminista moderno de gênero não é encontrado nos escritos de Marx e Engels, embora seus textos e outras práticas, e os de outros autores na tradição marxista, tenham fornecido instrumentos críticos para a politização e a teorização posterior de gênero, bem como barreiras contra elas. A despeito de diferenças importantes, todos os sentidos modernos de gênero têm raízes na afirmação de Simone de Beauvoir de que "não se nasce mulher" (De Beauvoir, 1949; 1952, p. 249) e nas condições sociais pós-Segunda Guerra Mundial que permitiram as construções das mulheres como um sujeito-em-processo histórico e coletivo. Gênero é um conceito desenvolvido para contestar a naturalização da diferença sexual em múltiplas arenas de lutas. A teoria e a prática feministas em torno do gênero buscam explicar e alterar sistemas históricos de diferença sexual, através dos quais "os homens" e "as mulheres" são constituídos socialmente e posicionados em relações de hierarquia e antagonismo. Uma vez que o conceito de gênero é tão fortemente ligado à distinção ocidental entre natureza e sociedade ou natureza e história por meio da distinção entre sexo e gênero, a relação das teorias feministas de gênero com o marxismo se liga com o destino dos conceitos de natureza e trabalho no cânone marxista e na filosofia ocidental de modo mais amplo.

As abordagens marxistas tradicionais não levaram a um conceito político de gênero por dois motivos principais: primeiro, as mulheres, assim como os povos "tribais", existiam de maneira instável na fronteira do natural e do social nos escritos seminais de Marx e Engels, de modo que seus esforços para lidar com a posição subordinada das mulheres foram minados pela categoria da divisão sexual natural do trabalho, com seu fundamento em uma heterossexualidade natural não examinada; segundo, Marx e Engels teorizaram a relação de propriedade econômica como o fundamento da opressão das mulheres no casamento, de modo que a subordinação das mulheres foi examinada em termos de relações capitalistas de classe, mas não em termos de uma política sexual específica entre homens e mulheres. A localização clássica desse argumento é o livro de Engels *A origem da família, da propriedade privada e do Estado* (1884). A prioridade analítica de Engels a respeito da família como uma formação mediadora entre classes e o Estado "subsumia qualquer consideração separada da divisão dos sexos como antagonística" (Coward, 1983, p. 160)[5]. Apesar de sua insistência na variabilidade histórica das formas de família e na importância da questão da subordinação das mulheres, Marx e Engels não poderiam historicizar sexo e gênero a partir de uma base da heterossexualidade natural.

A ideologia alemã (Parte I, "Teses sobre Feuerbach") é o principal *locus* para a naturalização de Marx e Engels da divisão sexual do trabalho, em sua assunção de uma divisão de trabalho pré-social no ato sexual (intercurso heterossexual), seus corolários supostamente naturais nas atividades reprodutivas dos homens e mulheres na família e a consequente incapacidade de localizar as mulheres em suas relações com os homens de forma não ambígua ao lado da história e do que é totalmente social. Nos *Manuscritos econômico-filosóficos*, de 1844, Marx refere-se à relação entre homem e mulher como a "mais natural relação de um ser humano com outro" (Marx, 1964b, p. 134). Essa assunção persiste no primeiro volume do *Capital* (Marx, 1964a, p. 351). Essa incapacidade de historicizar completamente o trabalho feminino é paradoxal, tendo em vista o propósito de *A ideologia alemã* e das obras subsequentes de colocar a família centralmente na história como o lugar onde as divisões sociais surgem. A dificuldade principal era uma incapacidade de historicizar o sexo em si mesmo. Assim como a natureza, o sexo funcionava analiticamente como matéria-prima ou bruta para o trabalho da história. Baseando-se na pesquisa de Marx sobre as escritas etnográficas (1972), em *A origem...* Engels sistematizou as visões de Marx sobre as transições conectadas de família, formas de propriedade, organização da divisão de trabalho e Estado. Engels quase fundou uma base para teorizar as opressões específicas das mulheres em sua breve afirmação de que uma análise plenamente materialista da produção e reprodução da vida imediata revela um caráter duplo: a produção dos meios de existência e "a produção dos seres humanos em si mesmos" (1884; 1972, p. 71). Uma exploração desse último caráter tem sido o ponto de partida de muitas feministas marxistas euro-americanas em suas teorias da divisão sexual/genérica do trabalho[6].

A "questão das mulheres" foi debatida amplamente em muitos dos partidos marxistas europeus no final do século XIX e início do século XX. No contexto do Partido Social-Democrata da Alemanha, foi escrito o segundo dos dois mais influentes tratamentos marxistas sobre o tema das mulheres, o livro *Woman under Socialism* [A mulher no socialismo], de August Bebel (1883; original em alemão: *Die Frau in Der Vergangenheit, Gegenwart Und Zukunft* [A mulher no passado, presente e futuro]). Alexandra Kollontai baseou-se em Bebel em sua luta pela emancipação das mulheres na Rússia e União Soviética; no contexto da social-democracia alemã, Clara Zetkin, líder do Movimento Internacional das Mulheres Socialistas, desenvolveu a posição de Bebel em seu trabalho "The question of women workers and women at the present time" [A questão das trabalhadoras e das mulheres no presente], de 1889[7].

Problemática atual

O paradigma da identidade de gênero. A história das reformulações políticas do gênero pelas feministas ocidentais posteriores a 1960 deve passar pela construção dos sentidos e das tecnologias do sexo e do gênero nas ciências da vida normalizadoras, liberais, intervencionistas-terapêuticas, empíricas e funcionalistas, principalmente nos Estados Unidos, incluindo psicologia, psicanálise, medicina, biologia e sociologia. O gênero estava situado firmemente em uma problemática individualista dentro da ampla "incitação ao discurso" (Foucault, 2020[1976]) sobre a sexualidade característica da sociedade burguesa, dominada pelos homens e racista. Os conceitos e tecnologias da "identidade de gênero" foram formados a partir de diversos componentes: uma leitura instintual de Freud; o foco na somatologia e na psicopatologia sexual pelos grandes sexólogos do século XIX (Krafft-Ebing, Havelock Ellis) e seus seguidores; o desenvolvimento progressivo da endocrinologia bioquímica e fisiológica a partir dos anos 1920; a psicobiologia das diferenças sexuais surgida da psicobiologia comparativa; as hipóteses proliferantes de dimorfismo sexual hormonal, cromossômico e neural convergentes nos anos 1950; e as primeiras cirurgias de redesignação de gênero por volta de 1960 (Linden, 1981). A política das feministas da "segunda onda" em torno do debate "determinismo biológico" *versus* "construcionismo social" e a biopolítica das diferenças entre sexo e gênero ocorrem dentro de campos discursivos pré-estruturados pelo paradigma de identidade de gênero cristalizado nos anos 1950 e 1960. O paradigma de identidade de gênero era uma versão funcionalista e essencializante do *insight* de Simone de Beauvoir dos anos 1940 de que não se nasce mulher. De modo significativo, a construção do que poderia contar como uma mulher (ou um homem) tornou-se um problema para as funcionalistas burguesas e para as existencialistas pré-feministas no mesmo período histórico do pós-guerra em que as fundações sociais da vida das mulheres num sistema mundial capitalista e dominado por homens estavam sofrendo reformulações básicas.

Em 1958, estabeleceu-se o Projeto de Pesquisa sobre Identidade de Gênero no Centro Médico para o Estudo de Intersexuais e Transexuais da Universidade da Califórnia em Los Angeles (UCLA). O trabalho do psicanalista Robert Stoller (1968, 1976) discutia e generalizava as descobertas do projeto da UCLA. Stoller (1964) apresentou o termo "identidade de gênero" no Congresso Psicanalítico Internacional em Estocolmo, em 1963. Ele formulou o conceito de identidade de gênero dentro do quadro da distinção biologia/cultura, estabelecendo que o sexo estava relacionado com a biologia (hormônios, genes, sistema nervoso, morfologia) e o gênero estava relacionado com a cultura (psicologia, sociologia). O produto do trabalho da cultura sobre a biologia era o cerne da pessoa acabada e generificada – um homem ou uma mulher. No início dos anos 1950, o psicoendocrinologista John Money, da base institucional da Clínica de Identidade de Gênero da Escola de Medicina da Universidade Johns Hopkins (estabelecida em 1965), desenvolveu e popularizou, junto com sua colega Anke Ehrhardt, uma versão interacionista do paradigma de identidade de gênero, na qual a mistura funcionalista de causas biológicas e sociais dava lugar a uma miríade de pesquisas e programas terapêuticos sobre as "diferenças entre sexo e gênero", incluindo cirurgia, aconselhamento, pedagogia, serviços sociais e assim por diante. O livro *Man and*

Woman, Boy and Girl, de Money e Ehrhardt (1972), tornou-
-se amplamente utilizado em faculdades e universidades.

A versão da distinção natureza/cultura no paradigma da identidade de gênero era parte de uma ampla reformulação liberal das ciências biológicas e sociais por parte das elites profissionais e governantes ocidentais do pós-Segunda Guerra Mundial para a rejeição às interpretações do racismo biológico do pré-guerra. Tal reformulação falhou em questionar a história político-social de categorias binárias como natureza/cultura e sexo/gênero no discurso colonialista ocidental. Esse discurso estruturava o mundo como um objeto de conhecimento em termos da apropriação pela cultura dos recursos da natureza. Muitas literaturas recentes de oposição e libertárias têm criticado essa dimensão etnocêntrica epistemológica e linguística da dominação dos que habitam categorias "naturais" ou que vivem nas fronteiras mediadoras dos binarismos (mulheres, pessoas de cor, animais, o meio ambiente não humano) (Harding, 1986, pp. 163-96; Fee, 1986). As feministas da segunda onda logo criticaram a lógica binária do par natureza/cultura, incluindo versões dialéticas da história marxista-humanista da dominação, apropriação ou mediação da "natureza" pelo "homem" através do "trabalho". Porém, tais esforços hesitavam em avançar sua crítica totalmente em direção à distinção derivativa sexo/gênero. Essa distinção era muito útil no combate aos determinismos biológicos abrangentes constantemente empregados contra as feministas em lutas políticas urgentes sobre "diferenças sexuais" em escolas, editoras, clínicas etc. Fatalmente, nesse clima político restrito, tais críticas iniciais não colocavam foco em historicizar e relativizar culturalmente as categorias "passivas" de sexo e natureza. Assim, formulações de uma identidade essencial como mulher ou homem eram deixadas analiticamente intocadas e seguiam politicamente perigosas.

No esforço político e epistemológico para remover as mulheres da categoria "natureza" e colocá-las na "cultura" como sujeitos sociais construídos e autoconstituintes na história, o conceito de gênero tendia a ser deixado em quarentena para se proteger das infecções do sexo biológico. Consequentemente, as construções em andamento do que conta como sexo ou fêmea têm sido difíceis de teorizar, exceto como "má ciência", em que a fêmea emerge como naturalmente subordinada. A palavra "biologia" vem tendendo a denotar o corpo em si mesmo, e não um discurso social aberto a intervenção. Assim, as feministas têm argumentado contra o "determinismo biológico" e a favor do "construcionismo social" e, no processo, têm sido menos poderosas na desconstrução de como os corpos, inclusive os corpos sexualizados e racializados, aparecem como objetos de conhecimento e locais de intervenção na "biologia". De modo alternativo, as feministas têm por vezes afirmado as categorias da natureza e do corpo como locais de resistência às dominações da história, mas as afirmações tendem a obscurecer o aspecto *categórico* e sobredeterminado de "natureza" ou do "corpo feminino" como um dispositivo ideológico de oposição. Diferentemente, a natureza parecia simplesmente existir como reserva a ser preservada das violações da civilização em geral. Em vez de marcar um polo determinado categoricamente, "natureza" ou o "corpo da mulher" significam de modo fácil demais o núcleo salvador da realidade distinguível das imposições sociais do patriarcado, do imperialismo, do capitalismo, do racismo, da história e da linguagem. Essa repressão da *construção* da categoria "natureza" pode ser e tem sido usada pelos esforços feministas em teorizar a agência e o estatuto de sujeito social das mulheres – e também contra eles.

Judith Butler (2003[1989]) defendeu que o discurso de identidade de gênero é intrínseco às ficções da coerência heterossexual, e que as feministas precisam aprender a produzir legitimidade narrativa para um grande leque de gêneros não coerentes. O discurso da identidade de gênero também é intrínseco ao racismo feminista, que insiste na irredutibilidade e na relação antagonística de mulheres e homens coerentes. A tarefa é "desqualificar" as categorias analíticas, como sexo ou natureza, que conduzem à univocidade. Esse movimento exporia a ilusão de um núcleo interior e organizador de gênero e produziria um campo de diferenças de raça e gênero aberto a ressignificação. Muitas feministas têm resistido a movimentos como os que Butler recomendou, com medo de perder um conceito de agência das mulheres conforme o conceito de sujeito definha sob o ataque às identidades nucleares e suas ficções constitutivas. Contudo, Butler defendeu que a agência é uma prática instituída em um campo de restrições permissivas. Um conceito de um eu interior coerente, adquirido (cultural) ou inato (biológico), é uma ficção regulatória desnecessária – e, na verdade, inibitória – para os projetos feministas de produzir e afirmar agência e responsabilidade complexas.

Uma "ficção regulatória" básica relacionada aos conceitos ocidentais de gênero insiste que a maternidade é natural e a paternidade é cultural: as mães geram os bebês naturalmente, biologicamente. A maternidade é vista de imediato; a paternidade é inferida. Ao analisar os conceitos e práticas de gênero entre os melanésios, Strathern (1988, pp. 311-39) empreendeu grandes esforços para mostrar a qualidade etnocêntrica da afirmação ocidental autoevidente de que "as mulheres geram bebês" e o caráter inferencial de *toda* visão. Ela demonstrou o cerne produtivista da crença de que as mulheres geram bebês (e o seu par: a de que o homem gera a si mesmo), que é intrínseca às formulações ocidentais de sexo e gênero. Strathern defendeu que os homens e mulheres hagen não existem em estados permanentes como sujeitos e objetos dentro dos quadros aristotélico, hegeliano, marxista ou freudiano. A agência entre os hagen tem uma dinâmica e uma geografia diferentes. Para os ocidentais, é uma consequência central dos conceitos de diferença de gênero que uma pessoa possa ser transformada por outra pessoa em um objeto e que se possa roubar seu estatuto de sujeito. O estado apropriado para uma pessoa ocidental é o de ter a posse de seu eu, possuir e manter uma identidade nuclear como se fosse uma possessão. Essa possessão pode ser constituída de diversos materiais brutos ao longo do tempo, isto é, ela pode ser uma produção cultural, ou pode-se nascer com ela. A identidade de gênero é tal possessão. Não ter propriedade do eu é não ser um sujeito, e então não ter agência. A agência segue diferentes caminhos para os hagen, que, como pessoas, "se compõem de múltiplas partes generificadas, ou múltiplas pessoas generificadas, que interagem entre si como doadores e receptores na manutenção do fluxo de elementos pelo corpo" (Douglas, 1989, p. 17). A dominação sexista entre pessoas pode acontecer – e de fato acontece – sistematicamente, mas não pode ser rastreada ou tratada pelos movimentos analíticos que seriam apropriados para muitos campos sociais ocidentais de sentidos (Strathern, 1988, pp. 334-9). Butler poderia – com cautela – usar os argumentos etnográficos de Strathern para ilustrar um modo de dispersar a coerência de gênero sem perder o poder da agência.

Assim, a utilidade tática corrente da distinção sexo/gênero nas ciências sociais e biológicas tem tido consequências severas para grande parte da teoria feminista, ligando-a a um paradigma liberal e funcionalista a despeito de repetidos esforços para transcender esses limites em um conceito de gênero plenamente politizado e historicizado. A falha se encontra em parte em não historicizar e relativizar o sexo e as raízes histórico-epistemológicas da lógica de análise implicada na distinção sexo/gênero e em cada membro do par. Nesse nível, a limitação feminista moderna em teorizar e lutar pelas ciências empíricas biológicas e sociais é semelhante à incapacidade de Marx e Engels de se afastarem da divisão sexual natural do trabalho na heterossexualidade apesar de seu projeto admirável de historicização da família.

O discurso sobre as diferenças entre sexo e gênero explodiu na literatura sociológica e psicológica americana nos anos 1970 e 1980. (Isso se vê, por exemplo, na ocorrência do termo "gênero" como palavra-chave nos resumos de artigos indexados no *Sociological Abstracts* – de nenhuma ocorrência entre 1966 e 1970 a 724 ocorrências entre 1981 e 1985 – e no *Psychological Abstracts* – de 50 ocorrências entre 1966 e 1970 a 1.326 ocorrências entre 1981 e 1985). Essa explosão é parte de uma contestação política e científica vigorosa da construção do sexo e do gênero como categorias e como realidades históricas emergentes, na qual a escrita feminista se torna proeminente em meados dos anos 1970, sobretudo em críticas ao "determinismo biológico" e à ciência e à tecnologia sexistas, em especial a biologia e a medicina. Situadas dentro da estrutura epistemológica binária de natureza/cultura e sexo/gênero, muitas feministas (incluindo as feministas socialistas e marxistas) apropriaram-se da distinção sexo/gênero e do paradigma interacionista para defender a primazia do gênero-cultura em relação ao sexo-biologia em uma profusão de debates na Europa e nos Estados Unidos. Esses debates abrangiam desde diferenças genéticas na habilidade matemática de meninos e meninas, presença e significado de diferenças sexuais na organização neural, relevância da pesquisa com animais para o comportamento humano, causas da dominância masculina na organização da pesquisa científica, estruturas sexistas e padrões de uso na linguagem, debates sobre a sociobiologia e embates em torno dos significados das anormalidades dos cromossomos sexuais até semelhanças entre racismo e sexismo. Em meados dos anos 1980, uma suspeita crescente sobre a categoria "gênero" e sobre o binarismo sexo/gênero entrou nesses debates na literatura feminista. Esse ceticismo devia-se em parte a um aumento da oposição ao racismo nos movimentos euro-americanos de mulheres, de modo que algumas das raízes coloniais e racistas da estrutura tornaram-se mais claras[8].

O sistema sexo-gênero. Outra corrente de teoria e política de sexo/gênero veio a partir das apropriações de Marx e Freud lidas através de Lacan e Lévi-Strauss em uma formulação influente do "sistema sexo-gênero" feita por Gayle Rubin (1975). Seu trabalho apareceu na primeira antologia de antropologia feminista-socialista/marxista nos Estados Unidos. Rubin e as tributárias de sua teorização adotaram uma versão da distinção natureza/cultura, mas uma versão que derivava menos das ciências biológicas e sociais americanas e mais da psicanálise e do estruturalismo franceses. Rubin examinou a "domesticação das mulheres", em que as fêmeas humanas eram a matéria bruta da produção social das mulheres, através de sistemas de intercâmbio de parentesco controlados por homens na instituição da cultura humana. Ela definiu o sistema sexo-gênero como o sistema das relações sociais que transformavam a sexualidade biológica em produtos da atividade humana e em que as necessidades sexuais resultantes historicamente específicas são satisfeitas. E então recorreu a uma análise marxista dos sistemas de sexo/gênero como produtos da atividade humana que podem ser mudados através da luta política. Rubin via a divisão sexual do trabalho e a construção psicológica do desejo (especialmente a formação edipiana) como as fundações de um sistema de produção de seres humanos que investe os homens de direitos sobre as mulheres, os quais eles não têm sobre si mesmos. Para se sobreviver materialmente onde homens e mulheres não podem executar o trabalho um do outro e satisfazer estruturas profundas de desejo no sistema sexo-gênero em que os homens trocam mulheres, a heterossexualidade é obrigatória. A heterossexualidade obrigatória é, então, central para a opressão das mulheres.

> Se o sistema de propriedade sexual fosse reorganizado de modo que os homens não tivessem direitos prioritários sobre as mulheres (se não houvesse troca de mulheres) e se não houvesse gênero, todo o drama edipiano seria só uma relíquia. Em resumo, o feminismo precisa reivindicar uma revolução no parentesco (Rubin, 1975, p. 199).

Adrienne Rich (1980) também teorizou que a heterossexualidade obrigatória estava na raiz da opressão das mulheres. Ela formulou o "contínuo lésbico" como uma metáfora poderosa para fundar uma nova sororidade. Para Rich, a resistência ao casamento em uma varredura trans-histórica seria uma prática definidora para constituir o contínuo lésbico. Monique Wittig (1981) desenvolveu um argumento independente que também trazia ao primeiro plano a centralidade da heterossexualidade obrigatória para a opressão das mulheres. Em uma formulação que seus autores viam como a explicação para a ruptura decisiva com o marxismo tradicional do Movimento de Libertação das Mulheres na França, o grupo associado com Wittig defendia que todas as mulheres pertencem a uma classe constituída pela relação social hierárquica da diferença sexual que dá aos homens poder ideológico, político e econômico sobre as mulheres (editoras da revista *Questions féministes*, 1980)[9]. O que *faz* uma mulher é uma relação específica de apropriação por um homem. Como a raça, o sexo é uma formação "imaginária" do tipo que produz realidade, incluindo corpos então percebidos como anteriores a toda construção. "Mulher" só existe como esse tipo de ser imaginário, enquanto as mulheres são o produto de uma relação social de apropriação, naturalizada como sexo. Uma feminista é alguém que luta pelas mulheres como uma classe e pelo desaparecimento dessa classe. A luta-chave é pela destruição do sistema social da heterossexualidade, pois "sexo" é a categoria política naturalizada que funda a sociedade como heterossexual. Todas as ciências sociais baseadas na categoria "sexo" (que são a maioria delas) devem ser superadas. Desse modo, as lésbicas não são "mulheres", pois estão fora da economia política da heterossexualidade. A sociedade lésbica destrói o grupo das mulheres como um grupo natural (Wittig, 1981).

Assim, teorizada em três diferentes abordagens, a desistência do casamento era central para as visões políticas de Rubin, Rich e Wittig nos anos 1970 e no início dos anos 1980. O casamento encapsulava e reproduzia a relação antagonística dos dois grupos sociais coerentes: homens e mulheres. Nas três formulações, tanto o binário natureza/cultura quanto a dinâmica do produtivismo permitiam as análises subsequentes. O afastamento da economia do casamento por parte das mulheres era uma potente figura e uma poderosa política para se afastar dos homens e, portanto, para a autoconstrução das mulheres como sujeitos pessoais e históricos fora da instituição da cultura feita pelos homens na troca e apropriação dos produtos das mulheres (incluindo os bebês). Ser um sujeito no sentido ocidental significava reconstituir as mulheres fora das relações de objetificação (como presente, bem de consumo, objeto de desejo) e apropriação (de bebês, do sexo, de serviços). A relação de definição de categorias de homens e mulheres em objetificação, troca e apropriação, que era a chave teórica para a categoria "gênero" nos principais corpos de teoria feminista por mulheres brancas nesse período, foi um dos movimentos que tornaram difícil para as feministas brancas alcançar analiticamente a compreensão dos sistemas de raça/gênero ou de raça/sexo e das barreiras para uma sororidade transracial.

Contudo, essas formulações tinham a poderosa virtude de legitimar e pôr em primeiro plano, no coração do feminismo, o lesbianismo. A figura da lésbica tem estado repetidamente no centro disputado e gerativo do debate feminista (King, 1986). Audre Lorde pôs a lésbica negra no coração de sua compreensão da "casa da diferença":

> Sermos mulheres juntas não era o bastante. Nós éramos diferentes. Sermos garotas gays juntas não era o bastante. Nós éramos diferentes. Sermos negras juntas não era o bastante. Nós éramos diferentes. Sermos mulheres negras juntas não era o bastante. Nós éramos diferentes. Sermos sapatonas negras não era o bastante. Nós éramos diferentes [...]. Demorou um tempo para percebermos que nosso lugar era a própria casa da diferença, mais do

que a segurança de qualquer diferença particular (Lorde, 1982, p. 226).

Esse conceito de diferença fundamentou grande parte da teorização feminista multicultural americana sobre gênero no final dos anos 1980.

Tem havido muitos usos e críticas do sistema sexo-gênero de Rubin. Em um artigo central para grande parte do debate euro-americano feminista-socialista/marxista, Hartmann (1981) afirma que o patriarcado não era simplesmente uma ideologia, como Juliet Mitchell parece defender em seu texto seminal "Women: the longest revolution" [Mulheres: a mais longa revolução] (1966) e na ampliação das ideias desse texto no livro *Women's Estate* [A propriedade das mulheres] (1971), mas antes um sistema material que poderia ser definido "como um conjunto de relações sociais entre homens que têm uma base material e que, embora hierárquicas, estabelecem ou criam interdependência e solidariedade entre eles que lhes permitem dominar as mulheres" (Hartmann, 1981, p. 14). Dentro desse quadro, Hartmann tentava explicar a parceria entre patriarcado e capital e o fracasso dos movimentos socialistas do trabalho dominados por homens em dar prioridade ao sexismo. Ela usou o conceito de sistema sexo-gênero de Rubin para reivindicar uma compreensão do modo de produção dos seres humanos em relações sociais patriarcais através do controle masculino do poder laboral das mulheres.

No debate estimulado pela tese de Hartmann, Iris Young (1981) criticou a abordagem dos "sistemas duais" do capital e do patriarcado, que então se aliaram nas opressões de classe e gênero. Note-se como a raça, incluindo uma interrogação do posicionamento racial branco, permanecia um sistema inexplorado nessas formulações.

Young argumentava que "as relações patriarcais estão internamente associadas com as relações de produção" (1981, p. 49), de modo que um foco na divisão genérica do trabalho poderia revelar a dinâmica de um único sistema de opressão. Em acréscimo ao trabalho remunerado, a divisão genérica do trabalho também incluía as categorias laborais excluídas e não historicizadas em Marx e Engels, isto é, gerar e criar os filhos, cuidar dos doentes, cozinhar, o trabalho doméstico e o trabalho sexual, aí incluída a prostituição, a fim de trazer o gênero e a situação específica das mulheres ao centro da análise histórica materialista. Nessa teoria, uma vez que a divisão genérica do trabalho era também a sua primeira divisão, seria necessário abordar a emergência da sociedade de classes a partir de mudanças nessa divisão genérica. Uma análise como essa não defende que todas as mulheres têm uma situação unificada e comum, mas torna centrais as posições historicamente diferenciadas das mulheres. Se o capitalismo e o patriarcado são um sistema único, chamado de patriarcado capitalista, a luta contra as opressões de classe e gênero deve ser unificada. A luta é obrigação de homens e mulheres, embora a organização autônoma das mulheres se mantivesse como uma necessidade prática. Essa teoria é um bom exemplo de abordagens fortemente racionalistas e modernistas, para as quais os movimentos "pós-modernos" da desagregação das metáforas de sistemas únicos em favor de complexos campos abertos de jogos entrecruzados de dominação, privilégio e diferença pareciam muito ameaçadores. O trabalho de 1981 de Young também é um bom exemplo do poder das abordagens modernistas em circunstâncias específicas para fornecer direção política.

Explorando as consequências epistemológicas de um materialismo histórico feminista, Nancy Hartsock (1983a,

1983b) também se concentrou nas categorias que o marxismo havia sido incapaz de historicizar: (1) o trabalho sensual das mulheres na feitura de seres humanos através da geração e criação de crianças; e (2) os trabalhos das mulheres de cuidado e subsistência de todos os tipos. Mas Hartsock rejeitou a terminologia da divisão *genérica* do trabalho em favor da divisão *sexual* do trabalho, a fim de enfatizar as dimensões corporais da atividade das mulheres. Ela também criticava a formulação de Rubin do sistema sexo-gênero porque tal formulação enfatizava o sistema de troca de parentesco à custa de uma análise materialista do processo de trabalho que fundamentava a potencial construção de um ponto de vista revolucionário pelas mulheres. Hartsock se baseava em versões do humanismo marxista incorporadas na história da autoformação humana nas mediações sensuais de natureza e humanidade através do trabalho. Ao mostrar como a vida das mulheres diferia sistematicamente da dos homens, ela visava estabelecer a base para um ponto de vista feminista materialista, que viria a ser uma posição e uma visão engajadas, a partir das quais as relações reais de dominação poderiam ser desmascaradas e se poderia lutar por uma realidade libertadora. Ela defendia a exploração das relações entre a abstração da troca e a masculinidade abstrata nos sistemas hostis de poder que caracterizam os mundos falocráticos. Muitas outras feministas marxistas têm contribuído com versões independentes e entrelaçadas da teoria do ponto de vista feminista, em que o debate sobre a divisão sexual/genérica do trabalho é uma questão central. Fundamental ao debate é uma problematização progressiva da categoria "trabalho", ou suas extensões nos sentidos marxistas-feministas da reprodução, para os esforços em teorizar a agência ativa e o estatuto das mulheres como sujeitos na história[10]. Collins (1989a) adaptou a teoria do ponto de vista para caracterizar as fundações do pensamento feminista negro na perspectiva autodefinida das mulheres negras sobre sua própria opressão.

Sandra Harding (1983) abordou o florescimento teórico feminista como reflexo de um aumento das contradições vividas no sistema sexo-gênero, de modo que agora se pode lutar por mudanças substanciais. Ao estender sua abordagem do sistema sexo-gênero em *The Science Question in Feminism* [A questão da ciência no feminismo] (1986), Harding enfatizou três elementos do gênero inter-relacionados de formas variadas: (1) uma categoria fundamental através da qual se atribui significado a tudo; (2) um modo de organizar relações sociais; e (3) uma estrutura de identidade pessoal. O desmembramento desses três elementos tem sido parte da compreensão da complexidade e do valor problemático da política baseada em identidades de gênero. Usando o sistema sexo-gênero para explorar a política da identidade sexual em movimentos gays no pós-Segunda Guerra Mundial, Jeffrey Escoffier (1985) defendeu uma necessidade de teorizar a emergência e as limitações de novas formas de subjetividade política a fim de desenvolver uma política comprometida e posicionada sem encerramentos identitários metafísicos. O "Manifesto ciborgue" (ver este livro, pp. 259-317) desenvolveu argumentos semelhantes a fim de explorar a política marxista-feminista dirigida ao posicionamento das mulheres em sistemas sociais, culturais e técnicos multinacionais mediados por ciência e tecnologia.

Em outro desenvolvimento teórico tributário ao marxismo, embora crítico tanto dele quanto da linguagem de gênero, Catharine MacKinnon (1982, p. 515) defendeu que:

> A sexualidade é para o feminismo o que o trabalho é para o marxismo: aquilo que é mais próprio a si, embora mais removido de si [...]. Sexualidade é o processo social que cria, organiza, expressa e dirige o desejo, criando os seres históricos que conhecemos como mulheres e homens, da mesma maneira que suas relações criam a sociedade [...]. Assim como a expropriação organizada do trabalho de alguns em benefício de outros define uma classe – a dos trabalhadores –, a expropriação organizada da sexualidade de uns para uso de outros define o sexo: a mulher.

A posição de MacKinnon tem sido central para abordagens controversas de ação política em grande parte do movimento americano contra a pornografia, definida como violência contra as mulheres e/ou como uma violação dos direitos civis das mulheres, isto é, uma recusa às mulheres, por meio de sua construção como tais, do estatuto de cidadãs. MacKinnon viu a construção da mulher como a construção material e ideológica do objeto de desejo de um outro. Assim, as mulheres não são simplesmente alienadas do produto de seu trabalho; na medida em que elas existem como "mulheres", ou seja, objetos sexuais, elas não são nem mesmo potencialmente sujeitos históricos. "Para as mulheres, não há distinção entre objetificação e alienação porque nós não fomos autoras de objetificações, nós somos as objetificações" (1982, pp. 253-4). As consequências epistemológicas e políticas dessa posição chegam longe e têm sido bastante controversas. Para ela, a produção das mulheres é a produção de uma ilusão bastante material, a de "mulher". Para desmascarar essa ilusão material, que é a realidade vivida das mulheres, torna-se necessária uma política de conscientização, a forma específica da política feminista no quadro de MacKinnon. "A sexualidade determina o gênero", e "a sexualidade das mulheres é o seu uso, assim como a nossa feminilidade é a sua alteridade" (p. 243). Assim como as formulações independentes nos feminismos lacanianos, a posição de MacKinnon tem sido frutífera na teorização de processos de representação, nos quais "o poder para criar o mundo a partir do próprio ponto de vista é o poder em sua forma masculina" (p. 249).

Em uma análise da generificação da violência simpática à de MacKinnon, mas baseada em diferentes recursos teóricos e políticos, as abordagens de Teresa de Lauretis (1984, 1985) sobre a representação a levaram a encarar o gênero como a falha trágica negligenciada das teorias modernas e pós-modernas da cultura, cujo ponto crítico é o contrato heterossexual. De Lauretis definiu gênero como a construção social de "mulher" e "homem" e como a produção semiótica da subjetividade; gênero tem a ver com "a história, as práticas e a imbricação de significado e experiência", isto é, com os efeitos mutuamente constitutivos na semiose do mundo externo da realidade social com o mundo interno da subjetividade" (1984, pp. 158-86). De Lauretis baseou-se nas teorias da semiótica de Charles Peirce para desenvolver uma abordagem da "experiência", uma das noções mais problemáticas no feminismo moderno, que leva em conta tanto a incorporação íntima da experiência quanto sua mediação através das práticas de significação. A experiência nunca está acessível imediata e diretamente. Seus esforços foram particularmente úteis para compreender e contestar inscrições de gênero no cinema e em outras áreas em que a ideia do gênero como uma diferença semiótica incorporada é crucial e empoderadora. Diferenciando as tecnologias de gênero da formulação das tecnologias de sexo de Foucault, De Lauretis identificou uma posição específica de sujeito generificado feminista dentro dos sistemas sexo/gênero. Sua formulação ecoava a compreensão de Lorde do habitante da casa da diferença: "O sujeito feminino do feminismo se constrói através de uma multiplicidade de discursos, posições e significados que em geral estão em conflito entre si e que são inerentemente (historicamente) contraditórios" (De Lauretis, 1987, pp. IX-X).

Oferecendo uma teoria bastante diferente das de MacKinnon e De Lauretis a respeito da consciência e da produção de significados, a exploração de Hartsock (1983a) da divisão sexual do trabalho baseou-se em versões anglófonas da psicanálise que foram particularmente importantes na teoria feminista americana, isto é, a teoria das relações objetais conforme desenvolvida em especial por Nancy Chodorow (1978). Sem adotar as teorias lacanianas de Rubin sobre a subjetividade sexual sempre fragmentária, Chodorow adotou o conceito do sistema sexo-gênero em seu estudo da organização social da parentalidade, que produzia mulheres mais capazes de relacionalidade não hostil do que os homens, mas que também perpetuava a posição subordinada das mulheres através de sua produção como pessoas que são estruturadas para a maternidade no patriarcado. A preferência por uma psicanálise das relações objetais a uma versão lacaniana se relaciona com conceitos próximos como "identidade de gênero", com sua teia de significados da ciência empírico-social, mais do que "aquisição de posições de subjetividade sexuada", com a imersão desse conceito na teoria cultural/textual continental. Embora criticada como essencialização da mulher-como-algo-relacional, a teoria feminista das relações objetais de Chodorow tem tido enorme influência, tendo sido adotada para explorar uma grande variedade de fenômenos sociais. Partindo de e criticando as teorias neokantianas de Lawrence Kohlberg, Gilligan (1982) também defendeu uma maior consciência e resistência contextual a abstrações universalizantes – por exemplo, na racionalidade moral.

Evelyn Keller desenvolveu uma versão da teoria das relações objetais para teorizar a dominância masculina sistemática epistemológica, psíquica e organizacional da ciência natural (Keller, 1985). Ela trouxe ao primeiro plano o erro lógico de igualar *mulher* a *gênero*[11]. O gênero é um sistema de relações sociais, simbólicas e psíquicas em que homens e mulheres são posicionados diferentemente. Observando a expressão de gênero como uma experiência cognitiva, na qual a individuação psíquica masculina produz um investimento em impessoalidade, objetificação e dominação, Keller descreveu seu projeto como um esforço para compreender o "sistema ciência- -gênero" (p. 8). Enfatizando a construção social e se concentrando nos aspectos psicodinâmicos dessa construção, Keller tomou como seu assunto "não as mulheres *per se*, ou até mesmo as mulheres e a ciência, mas sim a criação dos homens, das mulheres e da ciência, ou, mais precisamente, como a criação dos homens e das mulheres afetou a criação da ciência" (p. 4). Seu objetivo foi trabalhar pela ciência como um projeto humano, não um projeto masculino. Ela formulou a questão da seguinte maneira: "O sexo está para o gênero como a natureza está para a ciência?" (Keller, 1987).

O trabalho inicial de Chodorow se desenvolveu no contexto de uma série relacionada de artigos sociológicos e antropológicos que teorizavam um papel-chave para a divisão público/privado na subordinação das mulheres (Rosaldo e Lamphere, 1974). Nessa coletânea, Rosaldo defendeu a saliência universal da limitação das mulheres ao domínio doméstico, enquanto o poder era investido no espaço que os homens habitam, chamado de público. Sherry Ortner conectou essa abordagem com sua análise estruturalista da proposição de que as mulheres estão para a natureza como os homens estão para a cultura. Muitos esforços feministas euro-americanos para articular a posição social das mulheres que seguiram *Woman, Culture, and Society* [Mulheres, cultura e sociedade] e *Toward an Anthropology of Women* [Para uma antropologia das mulheres] (Reiter, 1975), ambos publicados estrategicamente em meados dos anos 1970, foram profundamente influenciados pelas teorias poderosas e universalizantes do sexo e do gênero dessas coletâneas iniciais. Na antropologia como disciplina, críticas e outras derivações das formulações iniciais foram ricas, levando a um amplo estudo intercultural dos simbolismos de gênero e à rejeição fundamental da aplicabilidade universal do par natureza/cultura. Dentro dessas disciplinas, havia uma crítica crescente de explicações universalizantes como instância para confundir a ferramenta analítica com a realidade (MacCormack e Strathern, 1980; Rosaldo, 1980; Ortner e Whitehead, 1981; Rubin, 1984). Conforme a antropologia feminista se afastava de suas formulações iniciais, ainda assim elas persistiam em boa parte do discurso feminista de fora dos círculos disciplinares antropológicos, como se as posições de meados dos anos 1970 fossem a teoria antropológica feminista com autoridade permanente, e não um nó discursivo em um momento específico político-histórico-disciplinar.

O poder universalizante do sistema sexo-gênero e a divisão analítica entre o público e o privado também foram agudamente criticados em termos políticos, sobretudo por mulheres de cor, como parte das tendências etnocêntricas e imperializantes dos feminismos europeu e euro-americano. A categoria "gênero" obscurecia ou subordinava todos os outros "outros". Os esforços para utilizar conceitos ocidentais ou "brancos" de gênero para caracterizar uma "mulher do Terceiro Mundo" resultavam em geral na reprodução de discurso orientalista, racista e colonialista (Mohanty, 1984; Amos *et al.*, 1984). Além disso, as "mulheres de cor" americanas, o que em si é uma construção política complexa e contestada de identidades sexuadas, concebiam teoria crítica sobre a produção de sistemas de diferenças hierárquicas, nos quais a raça, a nacionalidade, o sexo e a classe estavam entrelaçados, tanto nos séculos XIX e XX quanto a partir dos primeiros dias dos movimentos de mulheres que se originaram dos movimentos de direitos civis e antiguerra dos anos 1960[12]. Essas teorias do posicionamento social das mulheres fundamentam e organizam a teoria feminista "genérica", na qual conceitos como "a casa da diferença" (Lorde), "consciência opositiva" (Sandoval), "mulherismo" (Walker), "deslocamento do centro para a margem" (Spivak), "feminismo de Terceiro Mundo" (Moraga e Smith), *"el mundo zurdo"* (Moraga e Anzaldúa), *"la mestiza"* (Anzaldúa), "capitalismo patriarcal racialmente estruturado" (Bhavnani e Coulson, 1986) e "outro des/inapropriado" (Trinh, 1986-7, 1989) estruturam o campo do discurso feminista conforme este decodifica o que conta como "mulher" dentro e fora do "feminismo". Figuras relacionadas de forma complexa também surgiram na escrita feminista de mulheres "brancas": "classes sexo-políticas" (Sofoulis, 1987), "ciborgue" (Haraway, 1985 e este livro, pp. 259-317) e "o sujeito feminino do feminismo" (De Lauretis, 1987).

No início dos anos 1980, a editora Kitchen Table: Women of Color Press foi fundada em Nova York e começou a publicar os textos crítico-teóricos e outros textos das mulheres de cor radicais. Esse desenvolvimento deve ser visto no contexto das publicações internacionais de muitos gêneros de mulheres pondo na escrita a conscientização das histórias de suas construções e, dessa forma, desestabilizando os cânones do feminismo ocidental, assim como os de muitos outros discursos. Conforme as posições sobre os sujeitos críticos e heterogêneos das "mulheres de cor" iam sendo progressivamente elaboradas em diversas práticas editoriais, os estatutos de "branco" e "ocidental" também iam sendo percebidos mais prontamente como uma localização contestada e não como etnicidade, raça ou destino inescapável já determinados. Dessa forma, as mulheres "brancas" poderiam ser chamadas a explicar seu posicionamento ativo.

A teoria de Rubin de 1975 sobre o sistema sexo-gênero explicava a complementaridade dos sexos (heterossexualidade obrigatória) e a opressão das mulheres pelos homens por meio da premissa central das trocas de mulheres na fundação da cultura através do parentesco. Porém, o que acontece com essa abordagem quando as mulheres não estão posicionadas de modo semelhante na instituição do parentesco? Particularmente, o que acontece com a ideia de gênero se grupos inteiros de mulheres e homens estão posicionados totalmente *fora* da *instituição* do parentesco, mas em uma relação com os sistemas de parentesco de outro grupo dominante? Carby (1987), Spillers (1987) e Hurtado (1989) examinaram o conceito de gênero através de uma exploração da história e das consequências dessas questões.

Carby esclareceu como no Novo Mundo, e especificamente nos Estados Unidos, mulheres negras não eram constituídas como "mulheres" da mesma maneira que as mulheres brancas. Elas eram constituídas ao mesmo tempo racial e sexualmente – como fêmeas marcadas (animais, sexualizadas e sem direitos) – em uma instituição específica, a escravidão, que as excluía da "cultura" definida como a circulação de signos através do sistema do casamento. Se o parentesco investia os homens de direitos sobre as mulheres, os quais eles não tinham sobre si mesmos, a escravidão abolia o parentesco para um grupo em um discurso legal que produzia grupos inteiros de pessoas como propriedade alienável (Spillers, 1987). MacKinnon (1982, 1987) e definia a mulher como uma figura imaginária, objeto do desejo de outro, tornada real. As figuras "imaginárias" tornadas reais no discurso escravista eram objetos em outro sentido, que as tornava diferentes tanto da figura marxista do operário alienado quanto da figura feminista "não modificada" do objeto de desejo. Mulheres livres no patriarcado branco dos Estados Unidos eram trocadas em um sistema que as oprimia, mas as mulheres brancas *herdavam* as mulheres negras e os homens. Como apontou Hurtado (1989, p. 841), no século XIX as feministas brancas proeminentes eram *casadas* com homens brancos, enquanto as feministas negras eram *possuídas* por homens brancos. Num patriarcado racista, a "necessidade" dos homens brancos de progênie racialmente pura posicionava as mulheres livres e não livres em espaços simbólicos e sociais assimétricos.

A mulher escrava era marcada com essas diferenças de um modo bastante literal – a carne estava virada do avesso, "acrescentando uma dimensão lexical às narrativas da mulher na cultura e na sociedade" (Spillers, 1987, pp. 67-8). Essas diferenças não acabavam com a emancipação formal; elas tiveram consequências definitivas até o final do século XX e continuarão a tê-las até que o racismo como uma instituição fundadora do Novo Mundo se encerre. Spiller chamou de "uma gramática americana" (p. 68) essas relações fundadoras de cativeiro e mutilação literal. Sob as condições da conquista do Novo Mundo, da escravidão e de suas consequências até o presente, "os léxicos da reprodução, do desejo, da nomeação, da maternidade, da paternidade etc. são todos lançados em uma crise extrema" (p. 76). "A generificação, em sua referência coeva às mulheres afro-americanas, *insinua* um quebra-cabeça implícito e não resolvido tanto dentro do discurso feminista atual quanto dentro das comunidades discursivas que investigam a problemática da cultura" (p. 78).

Spillers trouxe ao primeiro plano a questão de os homens e mulheres livres herdarem seus *nomes* de seu pai, que, por sua vez, tinha direitos sobre seus filhos pequenos e esposa, os quais ele não tinha sobre si mesmo, embora ele não os possuísse no sentido pleno de propriedade alienável. Homens e mulheres não livres herdavam sua *condição* de sua mãe, que, por sua vez, não controlava especificamente seus filhos. Eles não tinham *nome* no sentido teorizado por Lévi-Strauss ou Lacan. Mães escravas não podiam transmitir um nome, não podiam ser esposas, estavam fora do sistema de trocas matrimoniais. As escravas eram não posicionadas, não fixas em um sistema de nomes; elas eram, especificamente, não localizadas e, assim, descartáveis. Nesses quadros discursivos, as mulheres brancas não eram legal ou simbolicamente *plenamente* humanas; as escravas não eram legal ou simbolicamente humanas *de modo nenhum*. "Nessa ausência de uma posição de sujeito, as sexualidades capturadas fornecem uma expressão física e biológica de 'alteridade'" (Spillers, 1987, p. 67). Dar à luz (sem liberdade) os herdeiros da propriedade não é a mesma coisa que dar à luz (sem liberdade) a propriedade (Carby, 1987, p. 53).

Essa pequena diferença é parte do motivo pelo qual os "direitos reprodutivos" das mulheres de cor nos Estados Unidos dependem proeminentemente do controle abrangente dos filhos – por exemplo, estar livre da destruição através de linchamento, aprisionamento, mortalidade infantil, gravidez forçada, esterilização coercitiva, habitação inadequada, educação racista ou vício em drogas (Hurtado, 1989, p. 853). Para as mulheres brancas, o conceito de propriedade de si, a posse do próprio corpo, em relação à liberdade reprodutiva, tem colocado foco mais prontamente no campo de eventos concernentes a concepção, gravidez, aborto e nascimento, pois o sistema do patriarcado branco gira em torno do controle de filhos legítimos e da consequente constituição das fêmeas brancas como mulheres. Ter ou não ter filhos torna-se, então, literalmente, uma escolha definidora do sujeito para as mulheres. Especificamente as mulheres negras – e as mulheres sujeitadas à conquista do Novo Mundo em geral – encaravam um campo social mais amplo de ausência de liberdade reprodutiva, no qual seus filhos não herdavam o estatuto de humanos nos discursos hegemônicos fundadores da sociedade americana. O problema da mãe negra nesse contexto não é apenas seu próprio estatuto como sujeito, mas também o estatuto de seus filhos e de seus parceiros sexuais, masculinos e femininos. Não surpreende que a imagem da edificação da raça e a recusa da separação categórica entre homens e mulheres – sem retroceder a uma análise da opressão sexista branca e negra – tenham sido proeminentes no discurso feminista negro do Novo Mundo (Carby, 1987, pp. 6-7; hooks, 1981, 1984).

Os posicionamentos das mulheres afro-americanas não são os mesmos das outras mulheres de cor; cada condição de opressão requer uma análise específica que recusa as separações, mas insiste nas não identidades de raça, sexo e classe. Essas questões deixam bastante claro o motivo de uma teoria feminista adequada de gênero dever ser *simultaneamente* uma teoria da diferença racial em condições históricas específicas de produção e reprodução. Elas também evidenciam o motivo de uma teoria e prática de sororidade não poder ser fundada em posicionamentos compartilhados em um sistema de diferença sexual e no antagonismo estrutural intercultural entre categorias coerentes chamadas de mulheres e homens. Por fim, elas deixam claro o motivo pelo qual a teoria feminista produzida por mulheres de cor tem construído discursos alternativos de feminilidade que desestabilizam os humanismos de muitas tradições discursivas ocidentais.

> É nossa tarefa abrir um espaço para esse sujeito social diferente. Ao fazê-lo, estamos menos interessadas em nos juntar às fileiras de feminilidade generificada do que em ganhar terreno *insurgente* como sujeitos sociais femininos. Ao efetivamente *reivindicar* a monstruosidade de uma fêmea com o potencial de "nomear" [...], "Safira" pode reescrever, por fim, um texto radicalmente diferente de empoderamento feminino (Spillers, 1987, p. 80).

Ao mesmo tempo que contribui fundamentalmente para a ruptura da localização de qualquer sujeito-mestre, a política da "diferença" que emerge dessa e de outras reconstruções complexas de conceitos de subjetividade social e suas práticas de escrita associadas opõe-se profundamente a relativismos niveladores. A teoria não feminista nas ciências humanas tem tendido a identificar a ruptura da subjetividade autoritária ou "coerente" com a "morte do sujeito". Como outras em posições subjugadas de modo novamente instável, muitas feministas resistem a essa formulação do projeto e questionam sua emergência bem no momento em que falantes racializados/sexualizados/colonizados o fazem "pela primeira vez", isto é, quando reivindicam uma autoridade originária para representar a si mesmos em práticas editoriais institucionalizadas e outros tipos de práticas autoconstitutivas. As desconstruções feministas do "sujeito" têm sido fundamentais, e não são nostálgicas quanto à coerência dominante. Em vez disso, abordagens necessariamente políticas de incorporações construídas, como as teorias feministas das subjetividades raciais generificadas, têm que abordar afirmativa *e* criticamente as subjetividades sociais emergentes, diferenciadoras, autorrepresentativas e contraditórias, com seus apelos à ação, conhecimento e crença. O ponto envolve o compromisso com a mudança social transformadora, o momento de esperança incorporado nas teorias feministas de gênero e outros discursos emergentes sobre a ruptura da subjetividade dominante e a emergência de outros des/inapropriados (Trinh, 1986-87, 1989).

As raízes acadêmicas múltiplas e outras raízes institucionais da categoria literal (escrita) de "gênero", feministas e de outros tipos aqui esboçadas têm sido parte do sistema racial-hierárquico de relações que obscurece as publicações de mulheres de cor em virtude de sua origem, língua, gênero – em resumo, "marginalidade", "alteridade" e "diferença" conforme são vistas a partir das posições "não marcadas" da teoria hegemônica e imperializante ("branca"). Contudo, "alteridade" e "diferença" são precisamente o que "gênero" é do ponto de vista "gramatical", um fato que constitui o feminismo como uma política definida por seus campos de contestação e recusas repetidas de teorias dominantes. "Gênero" foi desenvolvido como uma categoria para explorar o que conta como "mulher" a fim de problematizar o que antes era tomado como dado. Se as teorias feministas de gênero se seguiram da tese de Simone de Beauvoir de que não se nasce mulher, com todas as consequências dessa percepção, à luz do marxismo e da psicanálise, para entender que qualquer sujeito finalmente coerente é uma fantasia e que a identidade pessoal e coletiva é reconstituída socialmente de forma precária e constante (Coward, 1983, p. 265), então o título do livro provocativo de bell hooks *E eu não sou uma mulher?* (2020[1981]), que ecoa a grande feminista e abolicionista negra do século XIX, Sojourner Truth, se eriça com ironia conforme a identidade de "mulher" é reivindicada e desconstruída simultaneamente. A luta em torno dos agentes, memórias e termos dessas reconstituições está no cerne da política feminista do sexo/gênero.

Assim, a recusa de se tornar ou permanecer um homem ou mulher "generificado/a" é uma insistência eminentemente política em sair do pesadelo da narrativa imaginária, e real demais, do sexo e da raça. Finalmente e de modo irônico, o poder político e explicativo da categoria "social" de gênero depende das categorias historicizantes de sexo, carne, corpo, biologia, raça e natureza de modo que a oposição binária e universalizante que gerou o conceito do sistema sexo-gênero em um tempo e lugar específicos na teoria feminista implode em teorias da incorporação articuladas, diferenciadas, responsáveis, localizadas e consequentes, nas quais a natureza não é mais imaginada e promulgada como recurso para a cultura nem o sexo para o gênero. Essa é minha posição para uma intersecção utópica de teorias feministas de gênero heterogêneas, multiculturais e "ocidentais" (de cor, branca, europeia, americana, asiática, africana, pacífica) incubadas em parentescos estranhos com dualismos binários herdados, contraditórios, hostis e frutíferos. O falogocentrismo foi o ovo fertilizado pelo sujeito dominante, a galinha que chocava os pintinhos permanentes da história. Porém, dentro do ninho com esse ovo literal, foi colocado o germe de uma fênix que irá falar em todas as línguas de um mundo de pernas para o ar.

CAPÍTULO OITO
UM MANIFESTO CIBORGUE: CIÊNCIA, TECNOLOGIA E FEMINISMO SOCIALISTA NO FINAL DO SÉCULO XX[1]

Um sonho irônico com uma linguagem comum para as mulheres no circuito integrado

Este capítulo é um esforço para construir um mito político irônico fiel ao feminismo, socialismo e materialismo. Talvez mais fiel na medida em que a blasfêmia seja fiel do que como adoração reverente ou identificação. A blasfêmia sempre pareceu demandar que se levem as coisas muito a sério. Eu não conheço melhor posição a adotar a partir das tradições seculares-religiosas e evangélicas da política americana, incluindo a política do feminismo socialista. A blasfêmia nos protege da maioria moral interior enquanto ainda insiste na necessidade da comunidade. Blasfêmia não é apostasia. Ironia diz respeito a contradições que não se resolvem em todos mais amplos, mesmo de modo dialético; diz respeito à tensão de manter unidas coisas incompatíveis por serem necessárias e verdadeiras. Ironia diz respeito a humor e jogo sério. Também é uma estratégia retórica e um método político, algo que eu gostaria de ver mais respeitado dentro do feminismo socialista. No centro de minha fé irônica está a imagem do ciborgue.

Um ciborgue é um organismo cibernético, um híbrido de máquina e organismo, uma criatura de realidade social ao mesmo tempo que é uma criatura de ficção. A realidade social são as relações sociais vividas, nossa construção política mais importante, uma ficção que muda o mundo. Os movimentos internacionais das mulheres têm construído a "experiência feminina", além de desvelar ou descobrir esse objeto coletivo crucial. Essa experiência é uma ficção e um fato do tipo mais crucial e político. A libertação depende da construção da consciência, da apreensão imaginativa, da opressão e, assim, da possibilidade. O ciborgue é uma matéria de ficção e de experiência vivida que altera o que conta como "experiência feminina" no final do século XX. Trata-se de uma luta pela vida e pela morte, mas a fronteira entre a ficção científica e a realidade social é uma ilusão de óptica.

A ficção científica contemporânea é cheia de ciborgues – criaturas que são ao mesmo tempo animal e máquina, que povoam mundos ambiguamente naturais e artificiais. A medicina moderna também está cheia de ciborgues, de acoplamentos entre organismo e máquina, cada um deles concebido como dispositivos codificados, em grande intimidade e com um poder que não foi gerado na história da sexualidade. O "sexo" ciborgue restaura algo do adorável barroco replicativo das samambaias e dos invertebrados (esses belos organismos profiláticos contra o heterossexismo). A replicação ciborgue é desacoplada da reprodução orgânica. A produção moderna parece um sonho de trabalho de colonização ciborgue, um sonho que faz do pesadelo taylorista algo idílico. E a guerra moderna é uma orgia ciborgue, codificada na sigla C3I – comando-controle-comunicação-inteligência –, um item de 84 bilhões de dólares no orçamento da defesa dos Estados Unidos em 1984. Eu argumento a favor do ciborgue como uma ficção que mapeia nossa realidade social e corpórea e como um recurso imaginativo que sugere alguns acoplamentos bastante frutíferos. A biopolítica de Michel Foucault é uma premonição flácida da política ciborgue, um campo bastante aberto.

No final do século XX – nosso tempo, um tempo mítico –, somos todos quimeras, híbridos teorizados e fabricados de máquina e organismo; em resumo, somos ciborgues. O ciborgue é nossa ontologia; ele nos fornece nossa política. O ciborgue é uma imagem condensada tanto de imaginação quanto de realidade material, os dois centros conjuntos que estruturam qualquer possibilidade de transformação histórica. Nas tradições da ciência e da política "ocidentais" – a do capitalismo racista e dominado pelo masculino, a do progresso, a da apropriação da natureza como um recurso para a produção da cultura, a da reprodução de si a partir das reflexões do outro –, a relação entre organismo e máquina tem sido uma guerra de fronteira. O que está em jogo nessa guerra são os territórios da produção, reprodução e imaginação. Este capítulo é um argumento a favor do prazer na confusão das fronteiras e da responsabilidade em sua construção. É também um esforço em contribuir com uma cultura e teoria socialista-feminista de um modo pós-modernista, não naturalista e na tradição utópica de imaginar um mundo sem gênero, que é talvez um mundo sem gênese, mas também, talvez, um mundo sem fim. A encarnação do ciborgue está fora da história da salvação. Ela também não marca o tempo em um calendário edipiano, tentando curar as terríveis divisões de gênero em uma utopia oral simbiótica ou em um apocalipse pós-edipiano. Conforme argumenta Zoe Sofoulis em "Lacklein", seu manuscrito inédito sobre Jacques Lacan, Melanie Klein e a cultura nuclear, os monstros mais terríveis e talvez os mais promissores nos mundos ciborgues estão encarnados em narrativas não edipianas com uma lógica diferente de repressão, que precisamos compreender para nossa sobrevivência.

O ciborgue é uma criatura em um mundo pós-gênero; ela não tem nada a ver com a bissexualidade, a simbiose pré-edipiana, o trabalho não alienado ou outras seduções da completude orgânica através de uma apropriação final de todos os poderes das partes em direção a uma unidade mais elevada. Em certo sentido, o ciborgue não tem relato de origem no sentido ocidental – uma ironia "final", já que o ciborgue é também o terrível *télos* apocalíptico das dominações crescentes da individuação abstrata do "Ocidente", um derradeiro eu por fim desconectado de toda dependência, um homem no espaço. Um relato de origem no sentido "ocidental" e humanista depende do mito de unidade original, completude, júbilo e terror, representado pela mãe fálica de quem todos os humanos têm de se separar, a tarefa do desenvolvimento individual e da história, os poderosos mitos gêmeos inscritos da forma mais poderosa para nós na psicanálise e no marxismo. Hilary Klein tem defendido que o marxismo e a psicanálise, em seus conceitos de trabalho, de individuação e de formação do gênero, dependem da trama da unidade original a partir da qual a diferença deve ser produzida e alistada em um drama de dominação cada vez maior da mulher/natureza. O ciborgue pula a etapa da unidade original, da identificação com a natureza no sentido ocidental. Essa é a promessa ilegítima que pode levar à subversão de sua teleologia na forma de guerras estelares.

O ciborgue está comprometido decididamente com a parcialidade, a ironia, a intimidade e a perversidade. Ele é opositivo, utópico e completamente desprovido de inocência. Não mais estruturado pela polaridade do público e do privado, o ciborgue define uma pólis tecnológica baseada em parte em uma revolução das relações sociais no *oikos*, o lar. Natureza e cultura são retrabalhadas: uma não pode mais ser o recurso para a apropriação ou incorporação pela outra. As relações para formar todos provenientes de partes, incluindo as de polaridade e dominação hierárquica, estão em questão no mundo ciborgue. Diferentemente das esperanças do monstro de Frankenstein, o ciborgue não espera que seu pai o salve mediante uma restauração do Paraíso, isto é, através da fabricação de um parceiro heterossexual, de sua complementação em um todo terminado, uma cidade e um cosmos. Ele não sonha com a comunidade no modelo da família orgânica, dessa vez sem o projeto edipiano. O ciborgue não reconheceria o Jardim do Éden; ele não é feito a partir do barro e não pode sonhar em retornar ao pó. Talvez por isso eu quero avaliar se os ciborgues podem subverter o apocalipse do retorno ao pó nuclear na compulsão maníaca de nomear o Inimigo. Os ciborgues não são reverentes; eles não se recordam do cosmos. Eles desconfiam do holismo, mas são carentes de conexão – parecem ter um *feeling* natural pela política de frente única, mas sem o partido de vanguarda. O principal problema com os ciborgues, é claro, é que eles são o fruto ilegítimo do militarismo e do capitalismo patriarcal, sem falar do socialismo estatal. Porém, frutos ilegítimos são comumente infiéis a suas origens. Seus pais são, no fim das contas, não essenciais.

Retornarei à ficção científica dos ciborgues ao final deste capítulo, mas agora desejo assinalar três rupturas

cruciais de fronteiras que possibilitam a análise político-
-ficcional (político-científica) a seguir. Ao final do século
XX, na cultura científica dos Estados Unidos, a fronteira
entre humano e animal foi completamente violada. Os
últimos redutos da singularidade foram poluídos ou tornaram-se parques de diversões – a linguagem, o uso de
ferramentas, o comportamento social, os eventos mentais: nada resolveu de forma convincente a questão da
separação entre humano e animal. E muitas pessoas não
sentem mais a necessidade de tal separação; na verdade,
muitos ramos da cultura feminista afirmam o prazer da
conexão entre seres humanos e outras criaturas viventes.
Os movimentos dos direitos dos animais não são negações irracionais da especificidade humana, mas sim um
reconhecimento claro da conexão ao longo da desacre-
ditada ruptura entre natureza e cultura. A biologia e a
teoria evolutiva nos últimos dois séculos simultaneamente produziram os organismos modernos como objetos de conhecimento e reduziram a linha entre seres
humanos e animais a um traço débil esboçado na luta
ideológica ou nas disputas profissionais entre as ciências sociais e biológicas. Numa estrutura como essa, o
ensino do criacionismo cristão moderno deveria ser com-
batido como uma forma de abuso infantil.

A ideologia biológico-determinista é apenas uma
posição aberta na cultura científica para defender os significados da animalidade humana. Há bastante espaço
para radicais políticos contestarem os significados da
fronteira rompida[2]. O ciborgue aparece no mito precisamente onde a fronteira entre humano e animal é trans-
gredida. Longe de sinalizar uma separação das pessoas
com relação aos outros seres vivos, os ciborgues anun-
ciam de forma perturbadora e prazerosa um acoplamen-

to firme. A bestialidade tem um novo status neste ciclo de troca matrimonial.

A segunda distinção malograda é aquela entre animal-humano (organismo) e máquina. As máquinas pré-cibernéticas podiam ser assombradas. Havia sempre o espectro do fantasma na máquina. Esse dualismo estruturou o diálogo entre materialismo e idealismo que se resolvia por uma progênie dialética, chamada de espírito ou história, a gosto do freguês. Mas, basicamente, as máquinas não eram semoventes, autodesignantes, autônomas. Elas não podiam realizar o sonho do homem, mas somente zombar dele. Elas não eram o homem, um autor de si mesmo, mas apenas uma caricatura desse sonho reprodutivo masculinista. Pensar que eram de outra forma seria paranoia. Agora já não estamos tão seguros. As máquinas do final do século XX tornaram completamente ambígua a diferença entre natural e artificial, mente e corpo, entre o que se desenvolve a si mesmo e o que é projetado externamente, e muitas outras distinções que costumávamos aplicar a organismos e máquinas. Nossas máquinas estão perturbadoramente vivas, e nós estamos assustadoramente inertes.

A determinação tecnológica é apenas um espaço ideológico aberto pelas reconcepções de máquina e organismo como textos codificados através dos quais nos engajamos no jogo da leitura e escrita do mundo[3]. A "textualização" de tudo nas teorias pós-estruturalistas e pós-modernas tem sido condenada pelas feministas socialistas/marxistas por sua desconsideração utópica pelas relações vividas de dominação que fundamentam o "jogo" da leitura arbitrária[4]. É certamente verdadeiro que as estratégias pós-modernistas, assim como meu mito ciborgue, subvertem miríades de totalidades orgânicas (por exemplo, o poema, a cultura primitiva, o organismo biológico). Em resumo, a certeza do que conta como natureza – uma fonte de *insight* e promessa de inocência – é comprometida, possivelmente de modo fatal. A autorização transcendente da interpretação se perde, e com ela a ontologia que fundamenta a epistemologia "ocidental". Mas a alternativa não é o cinismo ou a ausência de fé, isto é, alguma versão da existência abstrata, como os relatos do determinismo tecnológico sobre a destruição do "homem" pela "máquina" ou da "ação política significativa" pelo "texto". Quem os ciborgues serão é uma questão radical, e as respostas são uma questão de sobrevivência. Tanto os chimpanzés quanto os artefatos têm uma política; por que nós não deveríamos ter também (De Waal, 1982; Winner, 1980)?

A terceira distinção é um subconjunto da segunda: a fronteira entre o físico e o não físico é muito imprecisa para nós. Livros de física pop sobre as consequências da teoria quântica e sobre o princípio da indeterminação são um tipo de ciência popular equivalente aos romances da Harlequin* como marcador da mudança radical na heterossexualidade branca americana: eles entendem errado, mas estão no tema certo. As máquinas modernas são em última instância os dispositivos microeletrônicos: elas estão em toda parte e são invisíveis. O maquinário moderno é um deus presunçoso e irreverente, que zomba da ubiquidade e espiritualidade do Pai. O chip de silício é uma superfície para a escrita; ele é gravado em escalas moleculares perturbadas apenas pelo ruído atômico, a interferência final das partituras nucleares. A escrita,

---

* Editora canadense especializada em publicações de romances sentimentais e populares, escritos para mulheres – e, na maioria das vezes, por mulheres – e vendidos em bancas de jornal, similares às da coleção "Sabrina" (publicada no Brasil pela editora Nova Cultural). [N. do E.]

o poder e a tecnologia são velhos parceiros nas histórias ocidentais da origem da civilização, mas a miniaturização mudou nossa experiência do mecanismo. A miniaturização acabou sendo algo relacionado ao poder; o pequeno é mais preeminentemente perigoso do que belo, como no caso dos mísseis. Contrastem-se os aparelhos de televisão dos anos 1950 e as câmeras dos anos 1970 com as telas em pulseiras e as câmeras de vídeo vendidas hoje que cabem na palma da mão. Nossas melhores máquinas são feitas de raios de sol; elas são todas claras e limpas porque não são outra coisa senão sinais, ondas eletromagnéticas, uma seção de um espectro, e essas máquinas são eminentemente portáteis, móveis – uma questão de imensa dor humana em Detroit ou Singapura. As pessoas não são assim tão fluidas, já que são materiais e opacas. Os ciborgues são o éter, a quintessência.

A ubiquidade e a invisibilidade dos ciborgues é precisamente a razão pela qual essas máquinas solares são tão mortíferas. Elas são difíceis de ver política e materialmente. Dizem respeito à consciência – ou à sua simulação[5]. São significantes flutuantes que se movem em caminhões pela Europa, bloqueados mais eficientemente pelas feitiçarias das deslocadas e pouco naturais mulheres de Greenham, que leem tão bem as redes de poder ciborgues, do que pelo trabalho militante da política masculinista mais velha, cuja constituição natural requer postos de trabalho na área de defesa. Em última instância, a ciência "mais dura" diz respeito ao domínio da mais ampla confusão de fronteiras, o domínio do puro número, do puro espírito, C3I, criptografia e a preservação de segredos poderosos. As novas máquinas são muito limpas e leves. Seus engenheiros são adoradores do Sol mediando uma nova revolução científica associada com o sonho noturno da sociedade pós-industrial. As doenças evocadas por essas máquinas limpas são "não mais" do que as minúsculas mudanças de código de um antígeno no sistema imunológico, "não mais" do que a experiência do estresse. Os dedos ágeis das mulheres "orientais", a antiga fascinação das garotas vitorianas anglo-saxãs com casas de boneca e a atenção imposta às mulheres ao que é pequeno tomam dimensões bastante novas nesse mundo. Pode haver uma Alice ciborgue fazendo um relato dessas novas dimensões. Ironicamente, pode ser que as mulheres-ciborgue não naturais produzindo chips na Ásia e dançando em espiral na prisão de Santa Rita* venham a conduzir estratégias efetivamente opositivas com suas unidades construídas.

Assim, o meu mito ciborgue diz respeito à transgressão de fronteiras, poderosas fusões e possibilidades perigosas que as pessoas podem explorar progressivamente como uma parte do trabalho político necessário. Uma de minhas premissas é que a maior parte das socialistas e feministas americanas enxerga os dualismos aprofundados de mente e corpo, animal e máquina, idealismo e materialismo nas práticas sociais, nas formulações simbólicas e nos artefatos físicos associados com a "alta tecnologia" e com a cultura científica. De *O homem unidimensional* (Marcuse, 2015[1964]) a *The Death of Nature* [A morte da natureza] (Merchant, 1980), os recursos analíticos desenvolvidos pelos progressistas insistiam na dominação necessária da técnica e nos chamaram de volta a um corpo orgânico imaginado para integrar nossa resistência. Outra de minhas premissas é que a neces-

---

* Uma prática ao mesmo tempo espiritual e política que unia guardas e população carcerária em protestos antinucleares na prisão do condado de Alameda, na Califórnia, no início dos anos 1980. [Nota da edição inglesa]

sidade de unidade das pessoas que tentam resistir à intensificação da dominação em escala mundial nunca foi mais premente. Contudo, uma mudança ligeiramente perversa de perspectiva poderia nos permitir contestar melhor os significados, bem como as outras formas de poder e prazer, em sociedades tecnologicamente mediadas.

A partir de certa perspectiva, um mundo ciborgue diz respeito à imposição final de uma grade de controle sobre o planeta, à abstração final encarnada em um apocalipse de uma Guerra nas Estrelas travada em nome da defesa, à apropriação final dos corpos das mulheres em uma orgia masculinista da guerra (Sofia, 1984). A partir de outra perspectiva, um mundo ciborgue poderia dizer respeito a realidades sociais e corporais vividas em que as pessoas não têm medo de seu parentesco com animais e máquinas, de identidades permanentemente parciais e de pontos de vista contraditórios. A luta política consiste em ver a partir de ambas as perspectivas de uma só vez, porque cada uma revela dominações e possibilidades inimagináveis a partir do ponto de vista da outra. A visão única produz ilusões piores do que a visão dupla ou do que monstros de muitas cabeças. Unidades ciborgues são monstruosas e ilegítimas; em nossas circunstâncias políticas atuais, não poderíamos esperar por mitos mais potentes de resistência e reagregação. Eu gosto de pensar no LAG – Livermore Action Group – como uma espécie de sociedade ciborgue, dedicada a converter de modo realista os laboratórios que incorporam e expelem da forma mais feroz as ferramentas do apocalipse tecnológico e comprometida com a construção de uma forma política que de fato consiga manter unidos bruxas, engenheiros, anciãos, pervertidos, cristãos, mães e leninistas por tempo suficiente para desarmar o Estado. Fissão Impossível é o nome do grupo de afinidade em minha cidade. (Afinidade: tipo de vínculo de quem é aparentado não por sangue, mas por escolha; apelo de um grupo químico nuclear por outro; atração.)[6]

Identidades fraturadas

Tem se tornado difícil nomear o feminismo de cada uma de nós com uma única palavra – ou mesmo insistir no nome em todas as circunstâncias. A consciência da exclusão através da nomeação é aguda. As identidades parecem contraditórias, parciais e estratégicas. Com o reconhecimento de sua constituição social e histórica conquistado a duras penas, o gênero, a raça e a classe não podem fornecer a base para a crença na unidade "essencial". Não existe nada no ser "fêmea" que una naturalmente as mulheres. Não existe sequer um estado como esse de "ser" fêmea, em si mesma uma categoria altamente complexa construída em discursos científicos sexuais disputados e outras práticas sociais. Consciência de gênero, raça ou classe é uma conquista forçada sobre nós pela terrível experiência histórica das realidades sociais contraditórias do patriarcado, colonialismo e capitalismo. E a quem chamo de "nós" em minha retórica? Quais identidades estão disponíveis para fundamentar um mito tão potente chamado "nós", e o que poderia motivar o alistamento nessa coletividade? Uma dolorosa fragmentação entre as feministas (sem falar entre as mulheres em geral) em todas as linhas divisórias possíveis tornou elusivo o conceito de *mulher*, uma desculpa para a matriz das dominações das mulheres sobre elas mesmas. Para mim – e para muitas que compartilham uma localização histórica semelhante em corpos adultos brancos, profissionais, de classe média, femininos, radicais e americanos –, as fontes de uma crise na identidade política são muito numerosas. A história recente para a maior parte da esquerda e para o feminismo americanos tem sido uma resposta a esse tipo de crise a partir de infinitas divisões e buscas por uma nova unidade essencial. Mas tem havido também um reconhecimento crescente de outra resposta por coalizão – afinidade, não identidade[7].

Chela Sandoval (s/d, 1984), a partir de uma consideração de momentos históricos específicos na formação da nova voz política chamada de mulheres de cor, teorizou um modelo esperançoso de identidade política denominado "consciência opositiva", nascido da habilidade de ler redes de poder por aqueles que tiveram o pertencimento estável nas categorias sociais de raça, sexo ou classe rejeitado. "Mulheres de cor", um nome disputado em suas origens por aquelas que ele incorporaria, assim como uma consciência histórica que marca a ruptura sistemática de todos os signos do Homem nas tradições "ocidentais", constrói um tipo de identidade pós-moderna a partir da alteridade, diferença e especificidade. Essa identidade pós-moderna é totalmente política, não importando o que possa ser dito sobre outros pós-modernismos possíveis. A consciência opositiva de Sandoval diz respeito a localizações contraditórias e eventos heterocrônicos, e não a relativismos e pluralismos.

Sandoval enfatizou a ausência de qualquer critério essencial para identificar quem é uma mulher de cor. Ela notou que a definição do grupo tem sido a partir da apropriação consciente da negação. Por exemplo, uma *chicana* ou uma mulher negra americana não consegue falar nem como mulher, nem como uma pessoa negra, nem como uma *chicana*. Desse modo, ela está no ponto mais baixo de uma cascata de identidades negativas, deixada de fora até mesmo de categorias autorais oprimidas privilegiadas chamadas de "mulheres e negros", que reivindicavam importantes mudanças. A categoria "mulher" negava todas as mulheres não brancas; "negro" negava todas as pessoas não negras, assim como todas as mulheres negras. Mas também não havia um "ela", nenhuma singularidade, exceto um mar de diferenças entre as mulheres americanas que afirmaram sua identidade histórica como mulheres de cor americanas. Essa identidade demarca um espaço construído de forma autoconsciente que não pode afirmar a capacidade de agir com base na identificação natural, mas somente com base na coalizão consciente, na afinidade, no vínculo político[8]. Diferentemente da "mulher" de algumas correntes do movimento feminino branco nos Estados Unidos, não há aqui a naturalização da matriz, ou, ao menos, isso é o que Sandoval defende estar disponível unicamente através do poder da consciência opositiva.

O argumento de Sandoval deve ser visto como uma formulação poderosa para as feministas a partir do desenvolvimento em escala mundial do discurso anticolonialista, isto é, o discurso que dissolve o "Ocidente" e seu produto mais elevado – o que não é animal, bárbaro ou mulher: o homem, o autor de um cosmos chamado de história. Assim como o orientalismo é desconstruído política e semioticamente, as identidades do Ocidente se desestabilizam, incluindo as das feministas[9]. Sandoval defende que as "mulheres de cor" têm uma chance de construir uma unidade efetiva que não replique os sujeitos revolucionários totalizantes e imperializantes dos marxismos e feminismos iniciais, os quais não tinham ainda encarado as consequências da polifonia desordenada emergente da descolonização.

Katie King enfatizou os limites da identificação e a mecânica política/poética da identificação incorporada na leitura do "poema", esse núcleo gerativo do feminismo cultural. Ela criticou a tendência persistente entre as feministas contemporâneas, a partir de diferentes "momentos" ou "conversas" na prática feminista, de taxonomizar o movimento de mulheres para fazer com que suas próprias tendências políticas aparentem ser o *télos* do todo. Essas taxonomias tendem a refazer a história feminista de modo que ela pareça ser uma luta ideológica entre tipos coerentes que persistem no tempo, especialmente essas unidades típicas chamadas de feminismo radical, liberal e socialista. Todos os outros feminismos são ou incorporados ou marginalizados, geralmente através da construção de uma ontologia e uma epistemologia explícitas[10]. Taxonomias de feminismo produzem epistemologias para policiar o desvio com relação à experiência de mulheres oficial. E, é claro, "cultura de mulheres", como mulheres de cor, é algo conscientemente criado por mecanismos que induzem afinidade. Os rituais da poesia, música e certas formas de prática acadêmica têm sido proeminentes. As políticas de raça e cultura nos movimentos de mulheres dos Estados Unidos estão intimamente ligadas. A realização comum de King e Sandoval foi o aprendizado de como criar uma unidade política/poética sem confiar em uma lógica da apropriação, incorporação e identificação taxonômica.

A luta teórica e prática contra a unidade-pela-dominação ou contra a unidade-pela-incorporação ironicamente mina não apenas as justificativas do patriarcado, colonialismo, humanismo, positivismo, essencialismo, cientificismo e outros "-ismos" pelos quais não nos lamentamos, mas também *todas* as reivindicações por uma posição orgânica ou natural. Creio que os feminismos radicais e socialistas/marxistas também minaram suas/nossas próprias estratégias epistemológicas e que esse é um passo crucialmente valioso para imaginar unidades possíveis. Resta-nos ver se todas as "epistemologias", conforme as pessoas políticas ocidentais as conhecem, falham na tarefa de construir afinidades efetivas para nós.

É importante notar que o esforço para construir posições revolucionárias, ou seja, epistemologias como conquistas de pessoas comprometidas em mudar o mundo, tem sido parte do processo de mostrar os limites da identificação. As ferramentas ácidas da teoria pós-moderna e as ferramentas construtivas do discurso ontológico sobre os sujeitos revolucionários podem ser vistas como aliadas irônicas na dissolução dos eus ocidentais nos interesses da sobrevivência. De maneira dolorosa, nós estamos conscientes do que significa ter um corpo constituído historicamente. Porém, com a perda da inocência em nossa origem, também não há expulsão do Paraíso. Nossa política perde a indulgência da culpa com a *naïveté* da inocência. Mas qual seria a aparência de outro mito político para o feminismo socialista? Que tipo de política poderia abraçar construções parciais, contraditórias, permanentemente abertas de eus pessoais e coletivos e ainda ser fiel, efetiva e ironicamente socialista-feminista?

Não conheço nenhum outro período na história em que tenha havido maior necessidade de unidade política para confrontar efetivamente as dominações de "raça", "gênero", "sexualidade" e "classe". Também não sei de nenhum outro tempo em que teria sido possível o tipo de unidade que nós poderíamos ajudar a construir. Nenhuma de "nós" tem mais a capacidade simbólica ou material de ditar a forma da realidade para nenhum "deles". Ou, ao menos, "nós" não podemos alegar sermos inocentes nas práticas dessas dominações. As mulheres brancas, incluindo as feministas socialistas, descobriram (isto é, foram forçadas a perceber, a gritos e pontapés) a não inocência da categoria "mulher". Essa consciência altera a geografia de todas as categorias anteriores; ela as desnatura como o calor desnatura uma proteína frágil. As feministas ciborgues precisam defender que "nós" não queremos mais nenhuma matriz natural de unidade e que nenhuma construção é completa. A inocência e o corolário da insistência na vitimização como único terreno para o *insight* já causaram danos demais. No entanto, o sujeito revolucionário construído também precisa dar um tempo para as pessoas do final do século XX. No desgaste das identidades e das estratégias reflexivas para construí-las, abre-se a possibilidade de tecer algo diferente de uma mortalha para o dia seguinte ao apocalipse que tão profeticamente encerra a história da salvação.

Tanto os feminismos socialistas/marxistas quanto os feminismos radicais têm ao mesmo tempo naturalizado e desnaturado a categoria "mulher" e a consciência da vida social das "mulheres". Talvez uma caricatura esquemática possa lançar luz sobre os dois tipos de movimentos. O socialismo marxista está enraizado em uma análise do trabalho assalariado que revela a estrutura de classe. A consequência da relação assalariada é a alienação sistemática, conforme o trabalhador é dissociado do seu (*sic*) produto. Abstração e ilusão imperam no conhecimento, e a dominação impera na prática. O trabalho é a categoria privilegiada por excelência que permite ao marxista superar a ilusão e encontrar o ponto de vista necessário para mudar o mundo. Ele é a atividade humanizadora que cria o homem; é uma categoria ontológica que permite o conhecimento de um sujeito e, assim, o conhecimento da subjugação e da alienação.

Na filiação fiel, o feminismo socialista avançou ao se aliar com as estratégias analíticas básicas do marxismo. A principal conquista das feministas marxistas e das feministas socialistas foi expandir a categoria "trabalho" para acomodar o que (algumas) mulheres faziam, mesmo quando a relação assalariada era subordinada a uma visão mais ampla do trabalho sob o patriarcado capitalista. Particularmente, o trabalho das mulheres no lar e as atividades das mulheres como mães em geral (isto é, a reprodução no sentido socialista-feminista) entraram na teoria com base na autoridade da analogia com o conceito marxista de trabalho. A unidade das mulheres aqui depende de uma epistemologia baseada na estrutura ontológica do "trabalho". O feminismo socialista/marxista não "naturaliza" a unidade; ele é uma realização possível baseada em uma posição possível enraizada em relações sociais. O movimento essencializante está na estrutura ontológica do trabalho ou de seu análogo, a atividade das mulheres[11]. A herança do humanismo marxista, com seu eu especialmente ocidental, é a dificuldade para mim. A contribuição dessas formulações tem sido a ênfase na responsabilidade diária das mulheres reais em construir unidades em lugar de naturalizá-las.

A versão de Catharine MacKinnon (1982, 1987) sobre o feminismo radical é em si mesma uma caricatura das tendências apropriadoras, incorporadoras e totalizantes das teorias ocidentais da identidade que fundamentam a ação[12]. É factual e politicamente errado assimilar todos os diversos "momentos" ou "conversas" na política recente de mulheres chamada de feminismo radical à versão de MacKinnon. Mas a lógica teleológica de sua teoria mostra como uma epistemologia e uma ontologia – incluindo suas negações – apagam ou policiam a diferença. Apenas um dos efeitos da teoria de MacKinnon é a reescrita da história do campo polimórfico chamado de feminismo radical. O efeito principal é a produção de uma teoria da identidade das mulheres, que é uma espécie de apocalipse para todas as posições revolucionárias. Isto é, a totalização inerente à história do feminismo radical alcança seu objetivo – a unidade das mulheres – ao impor a experiência e o testemunho do não ser radical. Assim como para as feministas socialistas/marxistas, a consciência é uma conquista, não um fato natural. E a teoria de MacKinnon elimina algumas das dificuldades internas aos sujeitos revolucionários humanistas, mas à custa do reducionismo radical.

MacKinnon defende que o feminismo necessariamente adotou uma estratégia analítica diferente da do marxismo, olhando primeiro não para a estrutura de classe, mas para a estrutura do sexo/gênero e sua relação gerativa, a constituição dos homens e a apropriação sexual das mulheres. Ironicamente, a "ontologia" de MacKinnon constrói um não sujeito, um não ser. O desejo do outro, não o trabalho do eu, é a origem da "mulher". Portanto, ela desenvolve uma teoria da consciência que impõe o que pode contar como experiência "das mulheres" – qualquer coisa que nomeie a violação sexual, e até mesmo o sexo, no que concerne às "mulheres". A prática feminista é a construção dessa forma de consciência, isto é, o autoconhecimento do eu-que-não-é.

Perversamente, a apropriação sexual nesse feminismo ainda tem o estatuto epistemológico de trabalho, isto é, o ponto a partir do qual uma análise capaz de contribuir em mudar o mundo deve fluir. Mas a objetificação sexual, não a alienação, é a consequência da estrutura de sexo/gênero. No domínio do conhecimento, o resultado da objetificação sexual é a ilusão e a abstração. Contudo, uma mulher não é simplesmente alienada de seu produto, mas, em um sentido profundo, ela não existe como sujeito, nem mesmo como sujeito potencial, uma vez que deve sua existência como mulher à apropriação sexual.

Ser constituída pelo desejo do outro não é a mesma coisa que ser alienada na separação violenta do trabalhador e de seu produto.

A teoria radical da experiência de MacKinnon é totalizante no extremo; ela não só marginaliza, mas também oblitera a autoridade de fala e ação política de qualquer outra mulher. Trata-se de uma totalização que produz o que o patriarcado ocidental em si mesmo nunca conseguiu produzir – a consciência das feministas da não existência das mulheres, exceto como produtos do desejo dos homens. Penso que MacKinnon argumenta corretamente que nenhuma versão marxista da identidade é capaz de fundamentar firmemente a unidade das mulheres. Mas, ao resolver o problema das contradições de qualquer sujeito revolucionário ocidental para propósitos feministas, ela desenvolve uma doutrina ainda mais autoritária da experiência. Se minha queixa sobre as posições socialistas/marxistas diz respeito a seu apagamento involuntário da diferença plurívoca e radical tornada visível no discurso e na prática anticoloniais, o apagamento intencional de MacKinnon de toda diferença mediante o dispositivo da não existência "essencial" das mulheres não é reconfortante.

Em minha taxonomia – que, como qualquer outra taxonomia, é uma reinscrição da história –, o feminismo radical pode acomodar qualquer atividade das mulheres nomeada por feministas socialistas como forma de trabalho somente se a atividade puder ser de alguma forma sexualizada. A reprodução tinha diferentes tons de significados para as duas tendências, uma enraizada no trabalho, outra no sexo, ambas chamando as consequências da dominação e a ignorância da realidade social e pessoal de "falsa consciência".

Para além das dificuldades ou contribuições no argumento de qualquer autor, nem o ponto de vista marxista nem o feminista radical têm abraçado o estatuto de explicação parcial; os dois foram regularmente constituídos como totalidades. A explicação ocidental tem demandado o mesmo; de que outra forma o autor "ocidental" poderia incorporar seus outros? Cada um tentava anexar outras formas de dominação expandindo suas categorias básicas através da analogia, listagem simples ou adição. Um silêncio desconfortável sobre a raça entre as feministas radicais ou as socialistas brancas foi uma grande e devastadora consequência política. A história e a plurivocidade desaparecem nas taxonomias políticas que tentam estabelecer genealogias. Não havia espaço estrutural para a raça (ou muito mais) na teoria que afirma revelar a construção da categoria "mulher" e do grupo social das mulheres como algo unificado e totalizante. A estrutura de minha caricatura tem a seguinte aparência:

> Feminismo socialista – estrutura de classe // trabalho assalariado // alienação
> Trabalho, por analogia reprodução, por extensão sexo, por adição raça
> Feminismo radical – estrutura de gênero // apropriação sexual // objetificação
> Sexo, por analogia trabalho, por extensão reprodução, por adição raça

Em outro contexto, a teórica francesa Julia Kristeva defendeu que as mulheres apareceram como grupo histórico depois da Segunda Guerra Mundial, juntamente com grupos como o da juventude. Sua datação é duvidosa, mas agora estamos acostumados a lembrar que, como objetos de conhecimento e como atores históricos, "raça" nem sempre existiu, "classe" tem uma gênese histórica e "homossexuais" são bastante recentes. Não é acidente que o sistema simbólico da família do homem – e, assim, a essência da mulher – se rompa ao mesmo tempo que as redes de conexão entre pessoas no planeta tornam-se múltiplas, férteis e complexas de maneira sem precedentes. O "capitalismo avançado" é inadequado para fornecer a estrutura desse momento histórico. No sentido "ocidental", está em questão o fim do homem. Não é um acidente que, em nosso tempo, "mulher" se desintegre em "mulheres". Talvez as feministas socialistas não tenham sido substancialmente culpadas de produzir uma teoria essencialista que suprimia a particularidade e os interesses contraditórios das mulheres. Creio que nós fomos culpadas, sim, ao menos por causa da participação irrefletida na lógica, nas linguagens e nas práticas do humanismo branco e por causa da busca por um único fundamento de dominação para assegurar nossa voz revolucionária. Agora, no entanto, temos menos desculpas. Porém, na consciência de nossas falhas, corremos o risco de deslizar para dentro da diferença sem limites e desistir da tarefa confusa de criar conexões parciais e reais. Algumas diferenças são lúdicas, mas algumas são polos de sistemas históricos mundiais de dominação. "Epistemologia" diz respeito a conhecer a diferença.

A informática da dominação

Nessa tentativa de uma posição epistemológica e política, quero esboçar um quadro de unidade possível, um quadro baseado nos princípios socialistas e feministas de delineamento. A moldura para o meu esboço é estabelecida pela extensão e pela importância dos rearranjos nas relações sociais de escala mundial ligadas à ciência e à tecnologia. Defendo uma política fincada em reivindicações de mudanças fundamentais na natureza de classe, raça e gênero em um sistema emergente de ordem mundial análogo em sua novidade e escopo ao que foi criado pelo capitalismo industrial. Estamos vivendo um movimento que vai de uma sociedade orgânica e industrial a um sistema de informação polimórfico – do que é só trabalho para o que é só lazer, um jogo mortal. Simultaneamente materiais e ideológicas, as dicotomias podem ser expressas no seguinte quadro de transições que vão das velhas dominações hierárquicas confortáveis às assustadoras novas redes que chamei de informática da dominação:

TABELA 3

Representação	Simulação
Romance burguês, realismo	Ficção científica, pós--modernismo
Organismo	Componente biótico
Profundidade, integridade	Superfície, fronteira
Calor	Ruído
Biologia como prática clínica	Biologia como inscrição
Fisiologia	Engenharia de comunicações
Grupo pequeno	Subsistema
Perfeição	Otimização
Eugenia	Controle populacional
Decadência, *A montanha mágica*	Obsolescência, *O choque do futuro*
Higiene	Gerenciamento de estresse
Microbiologia, tuberculose	Imunologia, aids
Divisão orgânica do trabalho	Ergonomia, cibernética do trabalho
Especialização funcional	Construção modular
Reprodução	Replicação

Especialização orgânica do papel sexual	Estratégias genéticas otimizadas
Determinismo biológico	Inércia evolutiva, restrições
Ecologia de comunidade	Ecossistema
Cadeia racial do ser	Neoimperialismo, humanismo das Nações Unidas
Gerenciamento científico no lar/na fábrica	Fábrica global/chalé eletrônico
Família/mercado/fábrica	Mulheres no circuito integrado
Salário familiar	Valor comparável
Público/privado	Cidadania ciborgue
Natureza/cultura	Campos de diferença
Cooperação	Melhoria nas comunicações
Freud	Lacan
Sexo	Engenharia genética
Mão de obra	Robótica
Mente	Inteligência artificial
Segunda Guerra Mundial	Guerra nas Estrelas
Patriarcado capitalista branco	Informática da dominação

Essa lista sugere várias coisas interessantes[13]. Primeiro, os objetos do lado direito não podem ser codificados como "naturais", uma percepção que também subverte a codificação naturalista do lado esquerdo. Não podemos voltar atrás, ideológica ou materialmente. Não é apenas "deus" que está morto, a "deusa" também está – ou ambos são revividos nos mundos carregados com a política microeletrônica e biotecnológica. Quanto a objetos como componentes bióticos, deve-se pensar não em termos de propriedades essenciais, mas em termos de design, restrições de fronteira, taxas de fluxos, lógica de sistemas, restrições de diminuição de custos. A reprodução sexual é um tipo de estratégia reprodutiva entre muitas, com custos e benefícios como função do ambiente do sistema. Ideologias de reprodução sexual não podem mais, de maneira razoável, apelar para noções de sexo e de papel sexual como aspectos orgânicos em objetos naturais como organismos e famílias. Tal raciocínio será desmascarado como algo irracional, e, ironicamente, executivos corporativos que leem a *Playboy* e feministas radicais antipornografia criarão um estranho time ao desmascarar juntos o irracionalismo.

Da mesma forma que para a raça, as ideologias sobre a diversidade humana precisam ser formuladas em termos de frequências de parâmetros, como grupos sanguíneos ou quocientes de inteligência. É "irracional" invocar conceitos como primitivo e civilizado. Para os liberais e para os radicais, a busca por sistemas sociais integrados abre espaço para uma nova prática chamada "etnografia experimental", na qual um objeto orgânico se dissipa no jogo da escrita. No nível da ideologia, vemos traduções do racismo e do colonialismo em linguagem de desenvolvimento e subdesenvolvimento, taxas e restrições de modernização. Quaisquer objetos ou pessoas podem ser pensados racionalmente em termos de desmontagem e remontagem; nenhuma arquitetura "natural" apresenta restrições ao design do sistema. Os distritos financeiros em todas as cidades do mundo, bem como as zonas de processamento de exportação e de livre comércio, proclamam esse fato elementar do "capitalismo tardio". Todo o universo de objetos que podem ser conhecidos cientificamente deve ser formulado na forma de problemas de engenharia de comunicações (para os gestores) ou teorias do texto (para aqueles que poderiam resistir). Ambas são semiologias ciborgues.

Deveríamos esperar que as estratégias de controle se concentrassem nas condições e interfaces das fronteiras, nas taxas de fluxo – e não na integridade dos objetos naturais. A "integridade" ou "sinceridade" do eu ocidental dá espaço a procedimentos de decisão e sistemas de especialidade. Por exemplo, estratégias de controle aplicadas à capacidade das mulheres de dar à luz novos seres humanos irão se desenvolver na linguagem do controle populacional e da maximização do alcance dos objetivos para tomadores de decisão individuais. As estratégias de controle serão formuladas em termos de taxas, custos de restrições, graus de liberdade. Seres humanos, como qualquer outro componente ou subsistema, devem ser localizados em uma arquitetura de sistemas cujos modos básicos de operação são probabilísticos e estatísticos. Nenhum objeto, espaço ou corpo é sagrado em si mesmo; qualquer componente pode ter uma interface com qualquer outro se o padrão ou o código apropriado puder ser construído para processar sinais em uma linguagem comum. A troca, nesse mundo, transcende a tradução universal efetuada pelos mercados capitalistas que Marx analisou tão bem. A patologia privilegiada que afeta todos os tipos de componentes nesse universo é o estresse – o colapso das comunicações (Hogness, 1983). O ciborgue não está sujeito à biopolítica de Foucault; o ciborgue estimula a política, um campo de operações muito mais poderoso.

Esse tipo de análise dos objetos científicos e culturais do conhecimento que apareceram historicamente desde a Segunda Guerra Mundial nos prepara para perceber algumas inadequações importantes na análise feminista que tem procedido como se ainda estivessem em vigência os dualismos orgânicos e hierárquicos que ordenavam os discursos no "Ocidente" desde Aristóteles. Eles foram canibalizados, ou, como Zoe Sofia (Sofoulis) diria, "tecnodigeridos". As dicotomias entre mente e corpo, animal e humano, organismo e máquina, público e privado, natureza e cultura, homens e mulheres, primitivo e civilizado estão todas ideologicamente em questão. A situação real das mulheres é sua integração/exploração em um sistema mundial de produção/reprodução e comunicação chamado de informática da dominação. O lar, o ambiente de trabalho, o mercado, a arena pública, o próprio corpo: todos podem ser dispersados e postos em interfaces de modos polimórficos e quase infinitos, com grandes consequências para as mulheres e outros – consequências que, em si mesmas, são muito diferentes para pessoas diferentes e que tornam movimentos internacionais de oposição poderosos difíceis de imaginar e essenciais para a sobrevivência. Um caminho importante para reconstruir a política socialista-feminista é através da teoria e da prática endereçadas às relações sociais da ciência e da tecnologia, incluindo crucialmente os sistemas do mito e os significados que estruturam nossas imaginações. O ciborgue é um tipo de eu pessoal e coletivo, pós-moderno, desmontado e remontado. É esse o eu que as feministas devem codificar.

As tecnologias de comunicação e as biotecnologias são as ferramentas cruciais que remodelam nossos corpos. Essas ferramentas incorporam e impõem novas relações sociais para as mulheres em escala mundial. As tecnologias e os discursos científicos podem ser parcialmente compreendidos como formalizações – isto é, como momentos congelados – das interações sociais fluidas que os constituem, mas eles também deveriam ser vistos como instrumentos para impor significados. As fronteiras entre ferramenta e mito, instrumento e conceito, sistemas históricos de relações sociais e anatomias históricas de corpos possíveis, incluindo objetos de conhecimento, são permeáveis. Na verdade, mito e ferramenta se constituem mutuamente.

Além disso, as ciências da comunicação e as biologias modernas são construídas por um movimento comum – *a tradução do mundo em um problema de codificação*, uma busca por uma linguagem comum em que toda resistência ao controle instrumental desaparece e toda heterogeneidade pode ser submetida a desmontagem, remontagem, investimento e troca.

Nas ciências da comunicação, a tradução do mundo em um problema de codificação pode ser ilustrada ao se olhar para a teoria de sistemas cibernéticos (controlados por retroalimentação) aplicada à tecnologia de telefones, ao design de computadores, ao emprego de armas ou à construção e manutenção de bases de dados. Em cada caso, a solução para as questões-chave apoia-se em uma teoria da linguagem e do controle; a operação-chave é determinar as taxas, as direções e as probabilidades de fluxo de uma quantidade chamada informação. O mundo é subdividido por fronteiras diferencialmente permeáveis à informação. A informação é apenas aquele tipo de elemento quantificável (unidade ou base de unidade) que permite a tradução universal e, assim, poder instrumental desimpedido (chamado de comunicação eficiente). A maior ameaça a tal poder é a interrupção da comunicação. Todo colapso de sistema é uma função do estresse. Os fundamentos dessa tecnologia podem ser condensados na metáfora C3I, o símbolo militar de sua teoria de operações.

Nas biologias modernas, a tradução do mundo em um problema de codificação pode ser ilustrada pela genética molecular, pela ecologia, pela teoria evolutiva sociobiológica e pela imunobiologia. O organismo tem sido traduzido em problemas de codificação genética e de leitura. A biotecnologia, uma tecnologia de escrita, informa a pesquisa de maneira ampla[14]. Em certo sentido, os organismos cessaram de existir como objetos de conhecimento, abrindo espaço para os componentes bióticos, isto é, tipos especiais de dispositivos de processamento de informações. Os movimentos análogos na ecologia poderiam ser examinados pela investigação da história e da utilidade do conceito de ecossistema. A imunobiologia e as práticas médicas associadas são exemplos ricos do privilégio da codificação e dos sistemas de reconhecimento como objetos de conhecimento, como construções da realidade corporal para nós. A biologia aqui é um tipo de criptografia. A pesquisa é necessariamente um tipo de atividade de inteligência. Ironias são abundantes. Um sistema estressado acaba fracassando; seus processos de comunicação entram em colapso; ele falha no reconhecimento da diferença entre si e outro. Bebês humanos com corações de babuínos evocam perplexidade ética nacional – pelo menos para ativistas de direitos dos animais tanto quanto para os guardiões da pureza humana. Nos Estados Unidos, homens gays e usuários de drogas intravenosas são vítimas "privilegiadas" de uma doença autoimune terrível que marca (inscreve no corpo) as confusões de fronteiras e a poluição moral (Treichler, 1987).

Porém, essas excursões nas ciências da comunicação e na biologia têm sido feitas em um nível rarefeito; há uma realidade mundana e em grande parte econômica que fundamenta minha proposta de que essas ciências e tecnologias indicam transformações fundamentais na estrutura do mundo para nós. Tecnologias de comunicação dependem da eletrônica. Estados modernos, corporações multinacionais, poder militar, aparatos de estado de bem-estar social, sistemas de satélites, processos políticos, fabricações de nossas imaginações, sistemas de controle de trabalho, construções médicas de nossos corpos, pornografia comercial, divisão internacional do trabalho e evangelismo religioso dependem intimamente da eletrônica. A microeletrônica é a base técnica dos simulacros, isto é, das cópias sem os originais.

A microeletrônica faz a mediação das traduções do trabalho em robótica e processamento de texto, do sexo em engenharia genética e tecnologias reprodutivas, e da mente em inteligência artificial e procedimentos de decisão. As novas biotecnologias dizem respeito a mais coisas do que somente a reprodução humana. A biologia como uma poderosa ciência da engenharia para redesenhar materiais e processos tem implicações revolucionárias para a indústria, talvez mais óbvias hoje nas áreas da fermentação, agricultura e energia. As ciências da comunicação e a biologia são construções de objetos de conhecimento naturais e técnicos nos quais a diferença entre máquina e organismo é completamente obscurecida; mente, corpo e instrumentos colocam-se em termos bastante íntimos. A organização material "multinacional" da produção e reprodução da vida cotidiana e a organização simbólica da produção e reprodução da cultura e da imaginação parecem igualmente implicadas. As imagens que mantêm as fronteiras de base e superestrutura, público e privado ou material e ideal nunca pareceram mais frágeis.

Fiz uso da imagem das mulheres no circuito integrado, de Rachel Grossman (1980), para nomear a situação das mulheres em um mundo tão intimamente reestruturado através das relações sociais da ciência e da tecnologia[15]. Usei o estranho circunlóquio "as relações sociais da ciência e da tecnologia" para indicar que não estamos lidando com um determinismo tecnológico, mas com um sistema histórico que depende das relações estruturadas entre as pessoas. Porém, a expressão também deveria indicar que ciência e tecnologia fornecem novas fontes de poder, que precisamos de novas fontes de análises e de ação política (Latour, 1984). Alguns dos rearranjos de raça, sexo e classe enraizados em relações sociais facilitadas pela alta tecnologia podem tornar o feminismo socialista mais relevante para a política progressista efetiva.

A "economia do trabalho doméstico" fora do "lar"

A "Nova Revolução Industrial" tem produzido uma nova classe operária mundial, assim como novas sexualidades e etnicidades. A mobilidade extrema do capital e a divisão internacional do trabalho emergente estão inter-relacionadas com a emergência de novas coletividades e com o enfraquecimento de agrupamentos familiares. Esses desenvolvimentos não são neutros quanto ao gênero e à raça. Homens brancos em sociedades industriais avançadas tornaram-se vulneráveis, de forma inédita, ao desemprego permanente, e as mulheres não estão desaparecendo das folhas de pagamento no mesmo ritmo que os homens. Não se trata apenas do fato de que as mulheres no Terceiro Mundo são a força de trabalho preferida pelas multinacionais baseadas em ciência nos setores de processamento de exportações, particularmente no setor eletrônico. O quadro é mais sistemático e envolve reprodução, sexualidade, cultura, consumo e produção. No prototípico Vale do Silício, a vida de muitas mulheres tem sido estruturada em torno do trabalho em empregos dependentes da eletrônica, e suas realidades íntimas incluem monogamia heterossexual serial, negociação dos cuidados com os filhos, distância da família – ou da maior parte de outras formas tradicionais de comunidade – ampliada, uma grande probabilidade de solidão e extrema vulnerabilidade econômica à medida que elas envelhecem. A diversidade étnica e racial das mulheres no Vale do Silício estrutura um microcosmo de diferenças conflitantes na cultura, família, religião, educação e linguagem.

Richard Gordon chamou essa nova situação de "economia do trabalho doméstico"[16]. Embora inclua o fenômeno do trabalho doméstico propriamente dito, que emerge em conexão com a montagem de eletrônicos, Gordon pretende que "economia do trabalho doméstico" nomeie uma reestruturação do trabalho que tem de modo mais amplo as características anteriormente atribuídas aos trabalhos femininos, literalmente feitos apenas por mulheres. O trabalho tem sido redefinido tanto como literalmente feminino quanto como feminizado, seja ele realizado por homens ou mulheres. Ser feminizado significa ser extremamente vulnerável; apto a ser desmontado, remontado, explorado como força de trabalho reserva; visto menos como trabalhador do que como servo; sujeito a arranjos de tempo dentro e fora do trabalho pago que zombam das limitações de um dia de serviço; alguém que leva uma existência que sempre beira o obsceno, o fora de lugar e o redutível ao sexo. A desqualificação é uma velha estratégia aplicável de modo novo a trabalhadores anteriormente privilegiados. Contudo, a economia do trabalho doméstico não diz respeito apenas à desqualificação em larga escala, nem nega que novas áreas de alta qualificação estão surgindo, mesmo para mulheres e homens anteriormente excluídos do trabalho especializado. Em vez disso, o conceito indica que as fábricas, o lar e o mercado estão integrados em uma nova escala e que os lugares das mulheres são cruciais – e precisam ser analisados quanto às diferenças entre as mulheres e quanto aos sentidos das relações entre homens e mulheres em várias situações.

A economia do trabalho doméstico como uma estrutura organizacional capitalista mundial é possibilitada (e não causada) pelas novas tecnologias. O sucesso do ataque aos trabalhos sindicalizados de homens relativamente privilegiados e em geral brancos liga-se ao poder das novas tecnologias de comunicação de integrar e controlar o trabalho a despeito da vasta dispersão e descentralização. As consequências das novas tecnologias são sentidas pelas mulheres tanto na perda da remuneração (masculina) familiar (caso elas tenham eventualmente tido acesso a esse privilégio dos brancos) quanto nas características de seus próprios empregos, que vão se tornando capital-intensivos – por exemplo, o trabalho em escritório e o cuidado dos filhos.

Os novos arranjos econômicos e tecnológicos também estão relacionados com o estado de bem-estar social em colapso e com a subsequente intensificação de demandas sobre as mulheres quanto à manutenção da vida cotidiana para si mesmas e para os homens, crianças e idosos. A feminização da pobreza – gerada pelo desmantelamento do estado de bem-estar social e pela economia do trabalho doméstico, em que empregos estáveis tornam-se exceção, e mantida pela expectativa de que os salários das mulheres não serão equiparados aos masculinos para o cuidado dos filhos – tornou-se um foco urgente. As causas dos vários lares sustentados por mulheres estão ligadas à raça, classe ou sexualidade, mas sua generalização crescente é base para coalizões de mulheres a respeito de muitos problemas. Raramente é uma novidade o fato de que as mulheres sustentam a vida cotidiana em parte como função de seu estatuto imposto como mães. É novo, porém, o tipo de integração com a economia capitalista e progressivamente baseada na guerra. A pressão particular, por exemplo, sobre as mulheres negras americanas, que lograram escapar de serviço doméstico (quase não) pago e que agora têm empregos em escritórios ou similares em grandes números, apresenta implicações profundas para a pobreza negra contínua, imposta *e* remunerada. Mulheres adolescentes em áreas industrializadas do Terceiro Mundo percebem-se cada vez mais frequentemente como fonte única ou principal de recursos assalariados em suas famílias, enquanto o acesso à terra é cada vez mais problemático. Esses desenvolvimentos devem ter consequências importantes na psicodinâmica e na política do gênero e da raça.

Dentro do quadro dos três principais estágios do capitalismo (comercial/industrial inicial, de monopólio e multinacional) – ligados, respectivamente, ao nacionalismo, ao imperialismo e ao multinacionalismo, e relacionados com os três períodos estéticos dominantes de Jameson, do realismo, do modernismo e do pós-modernismo –, eu defenderia que as formas familiares específicas relacionam-se dialeticamente a formas de capital e a seus concomitantes políticos e culturais. Embora vividas de maneira problemática e desigual, as formas ideais dessas famílias podem ser esquematizadas como (1) a família nuclear patriarcal, estruturada pela dicotomia entre público e privado e acompanhada pela ideologia burguesa branca das esferas separadas e do feminismo burguês anglo-americano do século XIX; (2) a família moderna mediada (ou imposta) pelo estado de bem-estar social e por instituições como a remuneração familiar, com um florescimento de ideologias heterossexuais afeministas, incluindo suas versões radicais desenvolvidas em Greenwich Village por volta da Primeira Guerra Mundial; e (3) a "família" da economia do trabalho doméstico, com sua estrutura paradoxal de lares chefiados por mulheres, sua explosão de feminismos e a intensificação paradoxal e erosão do gênero em si mesmo. Esse é o contexto em que as projeções para o desemprego estrutural global decorrentes das novas tecnologias são parte do quadro da economia do trabalho doméstico. À medida que a robótica e tecnologias relacionadas retiravam empregos de homens em países "desenvolvidos" e exacerbavam a falha em gerar empregos masculinos no "desenvolvimento" do Terceiro Mundo, e à medida que o escritório automatizado se tornava a regra mesmo em países com oferta de trabalho abundante, a feminização do trabalho se intensificava. Mulheres negras nos Estados Unidos sabem há muito tempo o que significa encarar o desemprego estrutural ("feminização") dos homens negros, assim como sua própria posição extremamente vulnerável na economia assalariada. Não é mais um segredo que a sexualidade, a reprodução, a família e a vida em comunidade estão entrelaçadas com essa estrutura econômica de múltiplos modos, que também diferenciam a situação de mulheres brancas e negras. Muito mais mulheres e homens enfrentarão situações semelhantes, o que tornará necessárias, e não apenas interessantes, as alianças intergênero e inter-raciais em questões de sustento básico da vida (com ou sem empregos).

As novas tecnologias também têm um efeito profundo na fome e na produção de alimentos para a subsistência global. Rae Lesser Blumberg (1983) estima que as mulheres produzem cerca de 50% do alimento para subsistência mundial[17]. As mulheres são em geral excluídas dos benefícios trazidos pela crescente transformação das colheitas de alimentos e fontes de energia em *commodities* de alta tecnologia, e seus dias são mais extenuantes porque suas responsabilidades no fornecimento de alimento não diminuem, enquanto suas situações reprodutivas são tornadas mais complexas. As tecnologias da Revolução Verde interagem com outras produções industriais de alta tecnologia para alterar as divisões genéricas do trabalho e os padrões diferenciais de migração de gênero.

As novas tecnologias parecem profundamente envolvidas nas formas de "privatização" que Ros Petchesky (1981) analisou, nas quais a militarização, as ideologias e políticas familiares de direita e as definições intensificadas de propriedade corporativa (e estatal) como propriedade privada interagem com sinergia[18]. As novas tecnologias de comunicação são fundamentais para a erradicação da "vida pública" para todos. Isso facilita a rápida expansão de um estabelecimento militar permanente de alta tecnologia, às expensas culturais e econômicas da maioria das pessoas, mas especialmente das mulheres. Tecnologias como videogames e televisores altamente miniaturizados parecem cruciais para a produção de formas modernas de "vida privada". A cultura dos videogames é fortemente orientada para a competição individual e para a guerra extraterrestre. Aqui são produzidas imaginações de alta tecnologia e generificadas, imaginações que podem contemplar a destruição do planeta e escapar de suas consequências. O que é militarizado é mais do que nossas imaginações; e as outras realidades da guerra eletrônica e nuclear são inescapáveis. Essas são as tecnologias que prometem a mobilidade final e a troca perfeita – e incidentalmente permitem que o turismo, essa prática perfeita de mobilidade e troca, surja como uma das maiores indústrias individuais do mundo.

As novas tecnologias afetam as relações sociais da sexualidade e da reprodução, e nem sempre do mesmo modo. Os laços estreitos entre sexualidade e instrumentalidade e a noção do corpo como um tipo de máquina de satisfação privada e de maximização da utilidade são descritos de forma admirável nas histórias de origem da sociobiologia que enfatizam um cálculo genético e explicam a dialética inevitável da dominação dos papéis de gênero masculinos e femininos[19]. Essas histórias sociobiológicas dependem de uma visão de alta tecnologia do corpo como um componente biótico ou sistema de comunicação cibernética. Entre as muitas transformações das situações reprodutivas está a transformação médica, na qual os corpos das mulheres têm limites recentemente permeáveis tanto à "visualização" quanto à "intervenção". Naturalmente, é uma grande questão feminista saber quem controla a interpretação das fronteiras corporais na hermenêutica médica. O espéculo serviu como um ícone das reivindicações das mulheres de seus corpos nos anos 1970; essa ferramenta artesanal é inadequada para expressar nossa política do corpo necessária na negociação da realidade nas práticas de reprodução ciborgue. A autoajuda não é suficiente. As tecnologias de visualização lembram a importante prática cultural da caça com a câmera e a natureza profundamente predatória de uma consciência fotográfica[20]. Sexo, sexualidade e reprodução são atores centrais nos sistemas de mitos de alta tecnologia que estruturam nossa imaginação de possibilidades pessoais e sociais.

Outro aspecto crítico das relações sociais das novas tecnologias é a reformulação das expectativas, da cultura, do trabalho e da reprodução para a grande força de trabalho técnico-científica. Um perigo político e social importante é a formação de uma estrutura social fortemente bimodal, com as massas de homens e mulheres de todos os grupos étnicos, mas especialmente pessoas de cor, confinadas a uma economia do trabalho doméstico, analfabetismo de vários tipos, excesso e impotência gerais, controladas por aparatos repressivos de alta tecnologia que vão desde o entretenimento até o monitoramento e o desaparecimento. Uma política socialista-feminista adequada deveria lidar com as mulheres nas categorias ocupacionais privilegiadas, e particularmente na produção da ciência e da tecnologia que constrói discursos, processos e objetos técnico-científicos[21].

Essa questão é apenas um aspecto da investigação sobre a possibilidade de uma ciência feminista, mas é importante. Que tipo de papel constitutivo na produção do conhecimento, imaginação e prática podem ter os novos grupos que fazem ciência? Que tipo de responsabilidade política pode ser construída para unir as mulheres através das hierarquias técnico-científicas que nos separam? Poderá haver modos de desenvolver política feminista de ciência e tecnologia em aliança com os grupos de ação de conversão antimilitar de estruturas para seu uso pela ciência? Muitos trabalhadores técnicos e científicos no Vale do Silício, incluindo os caubóis da alta tecnologia, não querem trabalhar em ciência militar[22]. Será possível amalgamar essas preferências pessoais e tendências culturais em uma política progressista entre os membros de uma classe média profissional em que as mulheres, incluindo as mulheres de cor, venham a ser expressivamente numerosas?

As mulheres no circuito integrado

Deixem-me sintetizar o quadro das localizações históricas das mulheres nas sociedades industriais avançadas conforme essas posições foram reestruturadas em parte através das relações sociais da ciência e da tecnologia. Se em algum momento já foi possível caracterizar ideologicamente a vida das mulheres pela distinção dos domínios público e privado – sugeridos pelas imagens da divisão da vida das classes trabalhadoras em vida na fábrica e em casa, da vida burguesa entre vida no mercado e em casa, e da existência de gênero nos domínios pessoal e político –, essa é agora uma ideologia totalmente enganadora, até mesmo para mostrar como os termos dessas dicotomias se constroem um ao outro na prática e na teoria. Eu prefiro uma imagem ideológica de rede, sugerindo a profusão de espaços e identidades e a permeabilidade das fronteiras no corpo pessoal e no corpo político. "*Networking*" é tanto uma prática feminista quanto uma estratégia corporativa multinacional – tecer é uma atividade para ciborgues oposicionistas.

Assim, deixem-me voltar para a imagem anterior da informática da dominação e traçar uma visão do "lugar" das mulheres no circuito integrado, mencionando apenas alguns espaços sociais idealizados, observados principalmente do ponto de vista das sociedades capitalistas avançadas: Casa, Mercado, Local de Trabalho Remunerado, Estado, Escola, Clínica-Hospital e Igreja. Cada um desses espaços idealizados é implicado lógica e praticamente em todos os outros espaços, talvez de forma análoga à de uma imagem holográfica. Pretendo sugerir o impacto das relações sociais mediadas e impostas pelas novas tecnologias a fim de formular a análise necessária e o trabalho prático. Contudo, não há "lugar" para as mulheres nessas redes, somente uma geometria da diferença e da contradição que é crucial para as identidades ciborgues das mulheres. Se aprendermos como ler essas redes de poder e de vida social, podemos aprender novos acoplamentos, novas coalizões. Não há um modo de ler a lista a seguir a partir de uma posição de "identificação", de um eu unitário. A questão é a dispersão. A tarefa é sobreviver na diáspora.

Casa: Lares chefiados por mulheres; monogamia serial; fuga de homens; idosas sozinhas; tecnologia do trabalho doméstico; trabalho doméstico pago; ressurgimento de fábricas de exploração do trabalho mal remunerado; negócios com sede em casa e teletrabalho; falta de moradia urbana; migração; arquitetura modular; reforço da família nuclear (simulada); violência doméstica intensa.

Mercado: Trabalho voltado ao consumo contínuo das mulheres, recentemente focado na compra da miríade de novos produtos advindos das novas tecnologias (especialmente conforme a corrida competitiva entre nações industrializadas e em processo de industrialização, para evitar o perigoso desemprego em massa, cria a exigência de novos mercados para bens de consumo menos claramente necessários); poder de compra bimodal, acoplado ao direcionamento do marketing para os numerosos grupos afluentes e ao negligenciamento dos grandes mercados anteriores; importância crescente de mercados informais com relação aos empregos e aos bens paralelos às estruturas de mercado afluentes e de alta tecnologia; sistemas de vigilância mediados por transferências eletrônicas de recursos; abstração intensificada do mercado (transformação em *commodity*) da experiência, resultando nas teorias da comunidade utópicas e inefetivas ou cínicas e equivalentes; extrema mobilidade (abstração) dos sistemas de mercado e financeiro; interpenetração dos mercados sexual e de trabalho; sexualização intensificada do consumo abstraído e alienado.

Local de Trabalho Remunerado: Divisão sexual e racial do trabalho contínua e intensa, mas com crescimento considerável do pertencimento a categorias ocupacionais privilegiadas para muitas mulheres brancas e pessoas de cor; impacto das novas tecnologias no trabalho das mulheres em escritórios, serviços, manufatura (especialmente produtos têxteis), agricultura, eletrônica; reestruturação internacional das classes trabalhadoras; desenvolvimento de novos arranjos de tempo para facilitar a economia do trabalho doméstico (horário flexível, meio período, horas extras, nenhum tempo); trabalho doméstico e fora do lar; pressões aumentadas por estruturas salariais de duas camadas; número significativo de pessoas em populações dependentes de dinheiro em escala mundial sem experiência ou sem mais esperanças de emprego estável; maior parte do trabalho "marginal" ou "feminizado".

Estado: Erosão contínua do estado de bem-estar social; descentralizações com aumento de vigilância e controle; cidadania através da telemática; imperialismo e poder político na forma de diferenciação entre informação rica e informação pobre; crescente militarização de alta tecnologia cada vez mais alvo de oposição por muitos grupos sociais; redução de empregos do funcionalismo público como resultado da crescente intensificação de capital do trabalho em escritório, com implicações para a mobilidade ocupacional das mulheres de cor; privatização crescente da vida e cultura materiais e ideológicas; integração próxima da privatização e da militarização, as formas de alta tecnologia da vida capitalista burguesa pública e privada; invisibilidade de diferentes grupos sociais entre si, ligada a mecanismos psicológicos da crença em inimigos abstratos.

Escola: Ligação profunda entre as necessidades de capital de alta tecnologia e educação pública em todos os níveis, diferenciada por raça, classe e gênero; classes executivas envolvidas em reforma e refinanciamento educacionais à custa de estruturas educacionais democráticas e progressistas para crianças e professores; educação para a ignorância em massa e repressão na cultura tecnocrática e militarizada; crescimento de cultos anticientíficos em movimentos políticos radicais e dissidentes; analfabetismo científico relativo contínuo entre mulheres brancas e pessoas de cor; direcionamento industrial crescente da educação (especialmente da educação superior) por multinacionais de base científica (particularmente em empresas dependentes de eletrônica e de biotecnologia); elites numerosas e altamente educadas em uma sociedade progressivamente bimodal.

Clínica-Hospital: Intensificação das relações corpo-máquina; renegociações das metáforas públicas que canalizam a experiência pessoal do corpo, particularmente com relação à reprodução, funções do sistema imunológico e fenômenos de estresse; intensificação da política reprodutiva como resposta às implicações históricas mundiais do controle potencial e inaudito das mulheres de sua relação com a reprodução; surgimento de novas doenças historicamente específicas; disputas por significados e meios ligados à saúde em ambientes permeados por produtos e processos de alta tecnologia; feminização contínua do trabalho na área de saúde; disputa intensificada pela responsabilidade estatal na saúde; papel ideológico contínuo dos movimentos de saúde popular como uma forma importante de política americana.

Igreja: Pregadores eletrônicos fundamentalistas "superpoupadores" solenizando a união do capital eletrônico e dos deuses fetichizados automatizados; intensificação da importância das igrejas na resistência contra o Estado militarizado; disputa central pelos significados das mulheres e pela autoridade na religião; contínua relevância da espiritualidade, interligada com o sexo e com a saúde, na disputa política.

O único modo de caracterizar a informática da dominação é como uma intensificação maciça da insegurança e do empobrecimento cultural, com o habitual fracasso das redes de subsistência para os mais vulneráveis. Uma vez que grande parte desse quadro se entrelaça com as relações sociais da ciência e da tecnologia, faz-se clara a urgência de uma política socialista-feminista endereçada à ciência e à tecnologia. Há muito sendo feito agora, e os fundamentos do trabalho político são ricos.

Por exemplo, os esforços para desenvolver formas de luta coletiva por mulheres em trabalhos assalariados, como o Distrito 925 do SEIU [Sindicato Internacional do Setor de Serviços], deveriam ser de alta prioridade para todos nós. Esses esforços estão ligados profundamente à reestruturação técnica dos processos de trabalho e das reformas das classes operárias. Eles também fornecem compreensão de um tipo mais abrangente de organização do trabalho, envolvendo a comunidade, a sexualidade e questões familiares nunca antes privilegiadas nos sindicatos industriais amplamente brancos e masculinos.

Os rearranjos estruturais ligados às relações sociais da ciência e da tecnologia evocam profunda ambivalência. Mas não é necessário cair em forte depressão por causa das implicações da relação das mulheres no final do século XX com todos os aspectos do trabalho, da cultura, da produção de conhecimento, da sexualidade e da reprodução. Por excelentes motivos, a maior parte dos marxismos enxerga melhor a dominação e tem dificuldade de compreender o que só pode parecer falsa consciência e cumplicidade do povo em sua própria dominação no capitalismo tardio. É crucial lembrar que o que se perdeu, talvez sobretudo a partir do ponto de vista das mulheres, são em geral formas virulentas de opressão, nostalgicamente naturalizadas em face da atual violação. A ambivalência com relação às unidades desestruturadas, mediada pela cultura de alta tecnologia, exige que não se classifique a consciência em categorias de "crítica lúcida que fundamenta uma epistemologia política sólida" *versus* "consciência falsa manipulada", mas requer, por outro lado, a compreensão sutil dos prazeres, experiências e poderes emergentes com sério potencial de mudar as regras do jogo.

Há fundamentos para a esperança nas bases emergentes de novos tipos de unidades através da raça, gênero e classe conforme essas unidades elementares da análise socialista-feminista em si mesmas sofrem transformações camaleônicas. As intensificações da dificuldade experimentada mundialmente em conexão com as relações sociais da ciência e da tecnologia são severas. Porém, o que as pessoas estão experimentando não está nítido, e não temos conexões sutis o bastante para construir coletivamente teorias efetivas da experiência. Os esforços atuais – marxistas, psicanalíticos, feministas, antropológicos – para esclarecer até mesmo a "nossa" experiência são rudimentares.

Estou ciente da perspectiva enviesada de minha própria posição histórica – um doutorado em biologia para uma garota católica de origem irlandesa tornou-se possível a partir do impacto do Sputnik na política nacional científica e educacional americana. Tenho um corpo e uma mente constituídos tanto pela Guerra Fria e pela corrida armamentista pós-Segunda Guerra Mundial quanto pelos movimentos das mulheres. Há mais bases para esperança no enfoque dos efeitos contraditórios da política designada para produzir tecnocratas americanos leais, que também produziu um grande número de dissidentes, do que no enfoque das atuais derrotas.

A parcialidade permanente dos pontos de vista feministas tem consequências para nossas expectativas de formas de organização e participação política. Nós não precisamos de uma totalidade para trabalhar bem. O sonho feminista de uma linguagem comum, como todos os sonhos de uma linguagem perfeitamente verdadeira, com a nomeação perfeitamente fiel da experiência, é um sonho totalizante e imperialista. Nesse sentido, a dialética também é uma linguagem de sonho, que anseia por resolver a contradição. Talvez, ironicamente, nós possamos aprender com nossas fusões com os animais e com as máquinas como não ser o Homem, a corporificação do logos ocidental. Do ponto de vista do prazer nessas potentes fusões tabu, tornadas inevitáveis pelas relações sociais da ciência e da tecnologia, deve haver de fato uma ciência feminista.

Ciborgues: Um mito de identidade política

Quero concluir com um mito acerca de identidade e fronteiras que poderia informar as imaginações políticas do final do século XX (imagem 1). Quanto a essa história, estou em dívida com Joanna Russ, Samuel R. Delany, John Varley, James Tiptree Jr., Octavia Butler, Monique Wittig e Vonda McIntyre[23]. Esses são nossos ficcionistas que exploram o que significa estar corporificado em mundos de alta tecnologia. São teorias para ciborgues. Explorando concepções de fronteiras corporais e ordem social, a antropóloga Mary Douglas (1966, 1970) deve receber o crédito por nos ajudar com a consciência sobre quão fundamental nosso imaginário corporal é para a visão de mundo e, assim, para a linguagem política. Feministas francófonas como Luce Irigaray e Monique Wittig, apesar de todas as suas diferenças, sabem como escrever o corpo, como tecer o erotismo, a cosmologia e a política a partir do imaginário da incorporação, e, especialmente para Wittig, a partir do imaginário da fragmentação e da reconstituição dos corpos[24].

Feministas radicais americanas como Susan Griffin, Audre Lorde e Adrienne Rich afetaram profundamente nossas imaginações políticas – e talvez tenham restringido demais aquilo que aceitamos como corpo amigável e linguagem política[25]. Elas insistem no orgânico, opondo-o ao tecnológico. Mas seus sistemas simbólicos e as posições relacionadas do ecofeminismo e do paganismo feminista, repletos de organicismos, só podem ser compreendidos nos termos de Sandoval como ideologias de oposição adequadas ao final do século XX. Elas iriam apenas desorientar qualquer pessoa que não estivesse preocupada com as máquinas e a consciência do capitalismo tardio. Nesse sentido, elas são parte do mundo ciborgue. Contudo, há também grandes riquezas para as feministas ao abraçarem explicitamente as possibilidades intrínsecas na ruptura de distinções claras entre organismo e máquina e distinções semelhantes que estruturam o eu ocidental. É a simultaneidade das rupturas que racha as matrizes da dominação e abre possibilidades geométricas. O que poderia ser aprendido a partir da poluição pessoal e político-"tecnológica"? Eu olho brevemente para dois grupos sobrepostos de textos buscando suas ideias sobre a construção de um mito ciborgue potencialmente útil: construções de mulheres de cor e de eus monstruosos na ficção científica feminista.

Anteriormente, sugeri que a expressão "mulheres de cor" poderia ser entendida como uma identidade ciborgue, uma poderosa subjetividade sintetizada pelas fusões de identidades forasteiras e nas camadas político-históricas complexas de sua "biomitografia" – *Zami* (Lorde, 1982; King, 1987a, 1987b). Há grades materiais e culturais que circundam esse potencial, e Audre Lorde (1984) captura o tom no título de seu livro *Irmã Outsider*. Em meu mito político, a Irmã Outsider é uma mulher do além-mar que as trabalhadoras americanas, femininas e feminizadas, devem encarar como uma inimiga que impede sua solidariedade, ameaçando sua segurança. Dentro das fronteiras dos Estados Unidos, a Irmã Outsider é um potencial entre as raças e identidades étnicas das mulheres manipuladas por divisão, competição e exploração nas mesmas indústrias. "Mulheres de cor" são a força de trabalho preferida pelas indústrias de base científica, as mulheres reais para as quais o mercado mundial sexual, o mercado de trabalho e a política reprodutiva olham como se a partir de um caleidoscópio da vida cotidiana. Jovens coreanas contratadas na indústria do sexo e nas linhas de montagem eletrônicas são recrutadas no colégio, educadas para o circuito integrado. A alfabetização, especialmente em inglês, distingue o trabalho feminino "barato", tão atrativo para as multinacionais.

Contrariamente aos estereótipos orientalistas do "primitivo oral", a alfabetização é uma marca especial de mulheres de cor, adquirida tanto por mulheres negras americanas quanto por homens através de uma história em que eles arriscam a vida para aprender e ensinar a ler e a escrever. A escrita tem um significado especial para todos os grupos colonizados. Ela tem sido crucial para o mito ocidental da distinção entre as culturas orais e escritas, entre as mentalidades primitiva e civilizada, e mais recentemente para a erosão dessa distinção nas teorias "pós-modernistas" que atacam o falogocentrismo do Ocidente, com seu culto do trabalho monoteísta, fálico, autorizado e singular, o nome único e perfeito[26]. Disputas pelos significados da escrita são uma forma importante da luta política contemporânea. Libertar o jogo da escrita é mortalmente sério. A poesia e as narrativas das mulheres de cor americanas lidam repetidamente com a escrita, com o acesso ao poder de significar; mas, desta vez, esse poder não deve ser nem fálico nem inocente. A escrita ciborgue não deve lidar com a "queda", com a imaginação de um "era-uma-vez" completo de antes da linguagem, de antes da escrita, de antes do Homem. A escrita ciborgue lida com o poder de sobreviver, não com base na inocência original, mas na tomada de posse das ferramentas para demarcar o mundo que as marcou como outras.

As ferramentas normalmente são narrativas – narrativas recontadas, versões que invertem e deslocam os dualismos hierárquicos das identidades naturalizadas. Ao recontar as histórias de origem, autoras ciborgues subvertem os mitos centrais da origem da cultura ocidental. Nós todas fomos colonizadas por esses mitos de origem, com seus anseios pela plenitude no apocalipse. As histórias de origem falogocêntricas mais cruciais para as feministas ciborgues estão inscritas nas tecnologias literais – tecnologias que escrevem o mundo, biotecnologia e microeletrônica – que recentemente textualizaram nossos corpos como problemas de codificação na grade do C3I. Histórias ciborgues feministas têm a tarefa de recodificar a comunicação e a inteligência para subverter o comando e o controle.

De modo figurado e literal, a política linguística permeia as lutas das mulheres de cor; e as histórias sobre a linguagem têm um poder especial na rica escrita contemporânea das mulheres de cor americanas. Por exemplo, recontagens da história da mulher indígena Malinche, mãe da raça mestiça "bastarda" do Novo Mundo, mestre das línguas e amante de Hernán Cortés, carregam significados especiais para as construções da identidade *chicana*. Cherríe Moraga (1983), no livro *Loving in the War Years* [Amar nos anos da guerra], explora os temas da identidade quando ainda não se possuía a linguagem original, não se contava a história original, não se residia na harmonia da heterossexualidade legítima no paraíso da cultura e, portanto, não se podia basear a identidade em um mito ou em uma queda da inocência e do direito a nomes naturais, o de mãe ou o de pai[27]. A escrita de

Moraga, bem como sua soberba erudição, é apresentada em sua poesia como uma violação do mesmo tipo que o domínio de Malinche da língua do conquistador – uma violação, uma produção ilegítima, que permite a sobrevivência. A língua de Moraga não é "inteira"; ela é fatiada de modo autoconsciente, uma quimera do inglês e do espanhol, ambas línguas do conquistador. Mas é esse monstro quimérico, sem uma reivindicação da língua original de antes da violação, que molda as identidades eróticas, competentes e poderosas das mulheres de cor. A Irmã Outsider aponta para a possibilidade da sobrevivência no mundo não por causa de sua inocência, mas de sua habilidade de viver nas fronteiras, de escrever sem o mito fundador da completude original, com seu apocalipse inescapável do retorno final a uma unidade mortal que o Homem imaginou ser a Mãe inocente e todo-poderosa, libertada no Fim, por seu filho, de mais uma espiral de apropriação. A escrita marca o corpo de Moraga, o afirma como o corpo de uma mulher de cor, contra a possibilidade de passar para a categoria não marcada do pai anglo ou para o mito orientalista do "analfabetismo original" de uma mãe que nunca foi. Malinche foi mãe ali, não a Eva antes de comer o fruto proibido. A escrita afirma a Irmã Outsider, não a Mulher-antes-da-Queda-na-escrita necessária para a falogocêntrica Família do Homem.

A escrita é proeminentemente a tecnologia dos ciborgues, as superfícies marcadas no final do século XX. A política ciborgue é a luta pela linguagem e contra a comunicação perfeita, contra o código único que traduz todos os significados perfeitamente, o dogma central do falogocentrismo. E é por isso que a política ciborgue insiste no ruído e advoga a poluição, rejubilando-se nas fusões ilegítimas entre animais e máquinas. Esses são os acoplamentos que tornam o Homem e a Mulher tão problemáticos, subvertendo a estrutura do desejo, a força que se imagina gerar a linguagem e o gênero, e subvertendo também a estrutura e os modos de reprodução da identidade "ocidental", da natureza e da cultura, do espelho e do olho, do escravo e do senhor, do corpo e da mente. "Nós" não escolhemos originalmente ser ciborgues, mas a escolha fundamenta uma política e uma epistemologia liberais que imaginam a reprodução dos indivíduos antes das replicações mais amplas dos "textos".

Da perspectiva dos ciborgues, libertadas da necessidade de fundamentar a política em "nossa" posição privilegiada da opressão que incorpora todas as outras dominações, a inocência do meramente violado, o fundamento daqueles que estão mais próximos da natureza, nós podemos ver possibilidades poderosas. Os feminismos e os marxismos têm encalhado em imperativos epistemológicos ocidentais para construir um sujeito revolucionário da perspectiva de uma hierarquia de opressões e/ou uma posição latente de superioridade moral, inocência e maior proximidade com a natureza. Sem um sonho original disponível de uma língua comum ou simbiose original que prometa proteção da separação "masculina" hostil, mas escrita no jogo de um texto que não tem uma leitura enfim privilegiada ou uma história de salvação, reconhecer-nos "a nós mesmas" como totalmente implicadas no mundo nos livra da necessidade de enraizar a política na identificação, nos partidos de vanguarda, na pureza e na maternidade. Desprovida de identidade, a raça bastarda ensina sobre o poder das margens e a importância de uma mãe como Malinche. As mulheres de cor a transformaram da mãe malvada do medo masculinista na mãe originalmente alfabetizada que ensina a sobrevivência.

Isso não é só desconstrução literária, mas também transformação liminar. Cada história que começa com a inocência original e privilegia o retorno à totalidade imagina que o drama da vida é a individuação, a separação, o nascimento do eu, a tragédia da autonomia, a queda na escrita, a alienação, isto é, a guerra, temperada por uma pausa imaginária no seio do Outro. Tais enredos são regidos por uma abstração da política reprodutiva – renascimento sem falhas, perfeição, abstração. Neles, as mulheres são imaginadas melhores ou piores, mas todas concordam que têm menos individualidade, individuação mais fraca, mais ligação com o oral, com a Mãe, menos em jogo na autonomia masculina. Mas há outro caminho para se ter menos em jogo na autonomia masculina, um caminho que não passa por Mulher, Primitivo, Zero, o Estádio do Espelho e seu imaginário. Ele passa por mulheres e outros ciborgues atuais, ilegítimos, não nascidos da Mulher, que recusam os recursos ideológicos da vitimização para ter uma vida real. Esses ciborgues são as pessoas que se recusam a desaparecer na hora certa, não importa quantas vezes um comentarista "ocidental" anuncie o triste desaparecimento de outro grupo primitivo, outro grupo orgânico dizimado pela tecnologia "ocidental", pela escrita[28]. Esses ciborgues da vida real (por exemplo, as trabalhadoras de vilas do Sudeste Asiático em empresas japonesas e americanas de eletrônica descritas por Aihwa Ong) estão reescrevendo ativamente os textos de seus corpos e sociedades. Sobrevivência é o que está em questão nesse jogo de leituras.

Para recapitular, certos dualismos têm sido persistentes nas tradições ocidentais; eles têm sido sistêmicos para as lógicas e práticas da dominação de mulheres, pessoas de cor, natureza, trabalhadores, animais – em resumo, a dominação de todos os constituídos como outros, cuja tarefa é espelhar o eu. Entre esses dualismos, os principais são eu/outro, mente/corpo, cultura/natureza, masculino/feminino, civilizado/primitivo, realidade/aparência, todo/parte, verdade/ilusão, total/parcial e Deus/homem. O eu é o Um que não é dominado, que sabe que, através do serviço do outro, o outro é o Um que carrega o futuro, e o sabe pela experiência da dominação que oferece a mentira para a autonomia do eu. Ser Um é ser autônomo, ser poderoso, ser Deus; mas ser Um é ser uma ilusão e, portanto, é estar envolvido em uma dialética do apocalipse com o outro. Por outro lado, ser outro é ser múltiplo, sem fronteira clara, esgarçado, insubstancial. Um é pouco, mas dois são demais.

A cultura de alta tecnologia desafia esses dualismos de intrigantes maneiras. Não está claro quem faz e quem é feito na relação entre humano e máquina. Não está claro o que é mente e o que é corpo nas máquinas que se resolvem em práticas de codificação. À medida que nos conhecemos tanto no discurso formal (por exemplo, na biologia) quanto na prática diária (por exemplo, na economia do trabalho doméstico no circuito integrado), nos descobrimos ciborgues, híbridos, mosaicos, quimeras. Organismos biológicos tornaram-se sistemas bióticos, dispositivos de comunicação como outros. Não há separação fundamental e ontológica em nosso conhecimento formal de máquina e organismo, de técnico e orgânico. A replicante Rachael, no filme *Blade Runner*, de Ridley Scott, aparece como a imagem do medo, do amor e da confusão da cultura de um ciborgue.

Uma consequência é que nosso sentido de conexão com nossas ferramentas é aguçado. O estado de transe experimentado por muitos usuários de computador tornou-se um lugar comum nos filmes de ficção científica e em piadas culturais. Talvez os paraplégicos e outras pessoas com deficiências severas possam ter (e às vezes têm de fato) as experiências mais intensas de hibridização complexa com outros dispositivos de comunicação[29]. O livro pré-feminista de Anne McCaffrey *The Ship who Sang* (1969) explora a consciência de uma ciborgue, híbrido de cérebro de menina e maquinário complexo, criada após o nascimento de uma criança com deficiências severas. Gênero, sexualidade, incorporação, habilidade: todos foram reconstituídos na história. Por que nossos corpos deveriam terminar em nossas peles, ou no máximo incluir outros seres encapsulados pela pele? Do século XVII até agora, máquinas podem ser animadas – receber almas fantasmagóricas que as fazem falar, mover-se ou dar conta de seu desenvolvimento ordenado e suas capacidades mentais. Ou então organismos podem ser mecanizados – reduzidos ao corpo compreendido como um recurso da mente. Essas relações máquina/organismo são obsoletas, desnecessárias. Para nós, na imaginação e em outras práticas, máquinas são dispositivos protéticos, componentes íntimos, eus amigáveis. Não precisamos que o holismo orgânico forneça a totalidade impermeável, a mulher total ou suas variantes feministas (mutantes?). Permitam-me concluir neste ponto com uma leitura bastante parcial da lógica dos monstros ciborgues de meu segundo grupo de textos, a ficção científica feminista.

Os ciborgues que povoam a ficção científica feminista tornam bastante problemáticos os estatutos de homem e mulher, humano, artefato, membro de uma raça, entidade individual ou corpo. Katie King esclarece como o prazer na leitura dessas ficções não é amplamente baseado na identificação. Estudantes que aprenderam a lidar com escritores como James Joyce ou Virginia Woolf sem hesitar e entram em contato com Joanna Russ pela primeira vez não sabem o que fazer com *The Adventures of Alyx* ou *The Female Man*, nos quais os personagens recusam a busca do leitor pela completude inocente enquanto concedem o desejo de jornadas heroicas, erotismo exuberante e política séria. *The Female Man* é a história de quatro versões de um genótipo que se encontram, mas, mesmo vistas conjuntamente, não perfazem um todo nem resolvem os dilemas da ação moral violenta ou aliviam o escândalo crescente do gênero. A ficção científica feminista de Samuel R. Delany, especialmente o livro *Tales of Nevèrÿon*, zomba de histórias de origem ao recriar a revolução neolítica, recolocando em jogo os movimentos fundacionais da civilização ocidental para subverter sua plausibilidade. James Tiptree Jr., um autor cuja ficção foi vista como particularmente masculina até que seu gênero "verdadeiro" foi revelado, conta histórias de reprodução baseada em tecnologias não mamíferas, como a alternância de gerações de bolsas incubadoras masculinas e nutrição de filhotes por machos. John Varley constrói uma ciborgue suprema em sua exploração arquifeminista de Gaea, uma deusa louca-planeta-*trickster*-velha-dispositivo tecnológico em cuja superfície nasce uma diversidade extraordinária de simbioses pós-ciborgue. Octavia Butler escreve sobre uma feiticeira africana empregando seus poderes de transformação contra as manipulações genéticas de sua rival (*Wild Seed*), sobre fendas no tempo que levam uma mulher negra americana moderna ao período de escravidão, no qual suas ações ligadas a seu mestre ancestral branco determinam a possibilidade de seu próprio nascimento (*Kindred*), e sobre as perspectivas ilegítimas de identidade e comunidade de uma criança interespecífica adotada que descobriu o inimigo em si mesma (*Survivor*). Em *Despertar* (1987), o primeiro livro de uma série chamada "Xenogênese", Butler conta a história de

Lilith Iyapo, cujo primeiro nome remonta à primeira esposa repudiada de Adão e cujo sobrenome demarca seu estatuto como a viúva do filho de imigrantes nigerianos nos Estados Unidos. Negra e mãe de uma criança morta, Lilith intermedeia a transformação da humanidade através da troca genética com amantes/resgatadores/destruidores/engenheiros genéticos extraterrestres, que reformam os habitats da Terra após o holocausto nuclear e forçam os humanos sobreviventes a se fundirem intimamente com eles. Esse é um romance que questiona a política reprodutiva, linguística e nuclear em um campo mítico estruturado pela raça e pelo gênero no final do século XX.

Por ser particularmente rico em transgressões de fronteiras, o romance *Superluminal*, de Vonda McIntyre, pode encerrar esse catálogo truncado de monstros promissores e perigosos que ajudam a redefinir os prazeres e a política da corporificação e da escrita feminina. Em uma obra em que nenhum personagem é "simplesmente" humano, o estatuto humano é altamente problemático. Orca, uma mergulhadora alterada geneticamente, é capaz de falar com baleias-assassinas e sobreviver às condições do oceano profundo, mas anseia por explorar o espaço como piloto, o que faz com que ela precise de implantes biônicos que ameaçam seu parentesco com os mergulhadores e com os cetáceos. As transformações são efetivadas por vetores virais que carregam um novo código de desenvolvimento, por transplantes cirúrgicos, por implantes de dispositivos microeletrônicos, por duplos análogos e por outros meios. Laenea torna-se piloto ao aceitar um implante cardíaco e diversas outras alterações que permitem a sobrevivência em trânsito a velocidades que excedem a da luz. Radu Dracul sobrevive a uma praga causada por um vírus em seu planeta distante para se encontrar com um sentido de tempo que muda as fronteiras da percepção espacial para toda a espécie. Todos os personagens exploram os limites da linguagem, o sonho da experiência comunicante e a necessidade de limitação, parcialidade e intimidade até mesmo nesse mundo de transformação e conexão camaleônicas. *Superluminal* também representa as contradições definidoras de um mundo ciborgue em outro sentido: ele corporifica textualmente a intersecção da teoria feminista e do discurso colonial na ficção científica à qual eu aludi neste capítulo. Essa é uma conjunção com um longo histórico que muitas feministas "da Primeira Guerra" tentaram reprimir – inclusive eu mesma nas leituras de *Superluminal* antes de Zoe Sofoulis me chamar a atenção –, cuja localização diferente na informática da dominação do sistema mundial tornou-a agudamente alerta ao momento imperialista de todas as culturas da ficção científica, incluindo a ficção científica feminista. A partir da sensibilidade feminista australiana, Sofoulis lembrou mais prontamente do papel de McIntyre como autora das aventuras do Capitão Kirk e de Spock na série de televisão *Star Trek* do que como reescritora do romance em *Superluminal*.

Os monstros sempre definiram os limites da comunidade nas imaginações ocidentais. Os centauros e as amazonas da Grécia Antiga estabeleceram os limites da pólis centralizada do humano masculino grego através de sua perturbação do casamento e das poluições fronteiriças do guerreiro com a animalidade e com a mulher. Gêmeos não separados e hermafroditas eram o material humano confuso, no início da França moderna, que fundamentava o discurso sobre o natural e o sobrenatural, o médico e o legal, os portentos e as doenças – todos cruciais para estabelecer a identidade moderna[30]. As ciências evolutivas e comportamentais sobre macacos e grandes primatas demarcaram as múltiplas fronteiras das identidades industriais do final do século XX. Monstros ciborgues na ficção científica feminista definem possibilidades e limites políticos bem diferentes daqueles propostos pela ficção mundana do Homem e da Mulher.

Há várias consequências de levar a sério o imaginário dos ciborgues como outra coisa que não nossos inimigos. Nossos corpos, nós mesmos; corpos são mapas de poder e identidade. Os ciborgues não são uma exceção. Um corpo ciborgue não é inocente, não nasceu em um Paraíso, não procura a identidade unitária gerando, dessa forma, dualismos antagonísticos sem fim (ou até que o mundo acabe). Ele dá como certa a ironia. Um é pouco, e dois é só uma das possibilidades. O prazer intenso na habilidade com a máquina deixa de ser um pecado e passa a ser um aspecto da corporificação. A máquina não é um *isso* que deve ser animado, louvado e dominado. A máquina somos nós, nossos processos, um aspecto de nossa corporificação. Nós podemos ser responsáveis pelas máquinas; *elas* não nos dominam ou nos ameaçam. Nós somos responsáveis pelas fronteiras; somos elas. Até agora (era uma vez), a corporificação feminina parecia ser dada, orgânica, necessária, e parecia significar habilidade na maternidade e suas extensões metafóricas. É só estando fora de lugar que podemos ter prazer intenso nas máquinas, com a desculpa de que afinal trata-se de uma atividade orgânica, apropriada para fêmeas. Ciborgues podem considerar mais seriamente o aspecto parcial, às vezes fluido, do sexo e da corporificação sexual. Afinal, o gênero pode não ser identidade global, mesmo que ele tenha grande amplitude e profundidade históricas.

A questão ideologicamente carregada do que conta como atividade cotidiana, como experiência, pode ser abordada pela exploração da imagem ciborgue. Recentemente, as feministas têm argumentado que as mulheres são propensas ao cotidiano, que, mais do que os homens, elas sustentam a vida diária, e assim têm, potencialmente, uma posição epistemológica privilegiada. Há um aspecto instigante nessa posição, que torna visível a atividade feminina não valorizada e a considera o fundamento da vida. Mas... *o* fundamento da vida? O que dizer de toda a ignorância das mulheres, todas as exclusões e falhas de conhecimento e habilidade? O que dizer do acesso dos homens à competência cotidiana, ao conhecimento de como construir coisas, desmontá-las, brincar com elas? O que dizer de outras corporificações? O gênero ciborgue é uma possibilidade local que exerce uma vingança global. Raça, gênero e capital demandam uma teoria ciborgue dos todos e das partes. Não há impulso nos ciborgues para produzir uma teoria total, mas há uma experiência íntima de fronteiras, sua construção e desconstrução. Há um sistema mítico esperando tornar-se uma linguagem política para fundamentar um modo de olhar para a ciência e para a tecnologia e desafiar a informática da dominação – a fim de agir de forma potente.

Uma última imagem: organismos e política organísmica e holística dependem de metáforas de renascimento e invariavelmente demandam recursos do sexo reprodutivo. Sugiro que ciborgues têm mais a ver com regeneração e desconfiam da matriz reprodutiva e da maior parte dos processos de nascimento. Para as salamandras, a regeneração após um ferimento, como a perda de um membro, envolve novo crescimento de estrutura e restauração de função, com a possibilidade constante de geminação ou outras produções topográficas estranhas no local da ferida inicial. O membro recriado pode ser monstruoso, duplicado, vigoroso. Todos nós fomos feridos, e profundamente.

Todos precisamos de regeneração, e não de renascimento, e as possibilidades para nossa reconstituição incluem o sonho utópico da esperança de um mundo monstruoso sem gênero.

O imaginário ciborgue pode ajudar a expressar dois argumentos cruciais deste capítulo: primeiro, a produção de teoria universal e totalizante é um grande erro que deixa de fora a maior parte da realidade, provavelmente sempre, mas certamente agora; e, segundo, responsabilizar-se pelas relações sociais da ciência e da tecnologia significa recusar uma metafísica anticiência, uma demonologia da tecnologia e, assim, significa abraçar a tarefa habilidosa de reconstruir as fronteiras da vida cotidiana, em conexão parcial com os outros, em comunicação com todas as nossas partes. A ciência e a tecnologia são meios possíveis de grande bem-estar humano, bem como uma matriz de dominações complexas. O imaginário ciborgue pode sugerir um caminho para fora do labirinto dos dualismos com os quais explicamos nossos corpos e nossas ferramentas para nós mesmos. Esse é um sonho não de uma língua comum, mas de uma heteroglossia infiel poderosa. É a imaginação de uma feminista falando em línguas para gerar medo nos circuitos dos superpoupadores da nova direita. Isso quer dizer tanto construir quanto destruir máquinas, identidades, categorias, relações e histórias espaciais. Ainda que ambas estejam ligadas em uma dança espiral, prefiro ser uma ciborgue a ser uma deusa.

CAPÍTULO NOVE
CONHECIMENTOS SITUADOS: A QUESTÃO DA CIÊNCIA NO FEMINISMO E O PRIVILÉGIO DA PERSPECTIVA PARCIAL[1]

A investigação feminista acadêmica e ativista tem repetidamente tentado se haver com a questão do que, afinal, *nós* poderíamos querer dizer com o curioso e inescapável termo "objetividade". Usamos muita tinta tóxica e muitas árvores processadas na forma de papel lamentando o que *eles* queriam dizer e como isso *nos* prejudicava. O "eles" imaginado constitui um tipo de conspiração de cientistas e filósofos masculinistas recheada de financiamentos científicos e laboratórios; o "nós" imaginado são os outros corporificados, que não podem *não* ter um corpo, um ponto de vista finito, e, assim, um viés inevitavelmente desqualificador e poluente em qualquer discussão sobre a consequência fora de nossos pequenos círculos, nos quais uma revista com grande quantidade de assinaturas é capaz de alcançar poucos milhares de leitores, muitos dos quais odeiam a ciência. Ao menos confesso essas fantasias paranoicas e ressentimentos acadêmicos que se espreitam por trás de algumas reflexões intrincadas publicadas em meu nome na literatura feminista na história e filosofia da ciência. Nós, as feministas no debate sobre a ciência e a tecnologia, somos os "grupos de interesses especiais" da era Reagan no campo rarefeito da epistemologia, no qual tradicionalmente o que pode contar como conhecimento é policiado por filósofos que codificam a lei do cânone cognitivo. Naturalmente, um grupo de interesses especiais é, a partir de uma definição "reaganoide", qualquer sujeito histórico coletivo que ousa resistir contra o atomismo enxuto da cidadania pós-moderna da Guerra nas Estrelas, do hipermercado e da falsidade da mídia. Max Headroom não tem um corpo; portanto, somente ele *vê* tudo no grande império de comunicação da Rede Global. Não surpreende que Max tenha um senso de humor inocente e uma espécie de sexualidade alegremente regressiva e pré-edipiana, uma sexualidade que nós imaginamos – de modo ambíguo e perigosamente incorreto – reservada a ocupantes de corpos femininos e colonizados, e talvez também *hackers* brancos e masculinos em confinamento eletrônico solitário.

Parece-me que as feministas têm usado, de modo seletivo e flexível, dois polos de uma dicotomia tentadora sobre a questão da objetividade – e têm sido aprisionadas por eles. É claro que falo aqui por mim mesma, e ofereço a especulação de que há um discurso coletivo sobre essas questões. Estudos sociais recentes sobre ciência e tecnologia têm fornecido um argumento construcionista social muito sólido a favor de *todas* as formas de reivindicação de conhecimento, mais especificamente científico[2]. Nessas visadas tentadoras, nenhuma perspectiva interna é privilegiada, pois todos os traçados de fronteiras dentro-fora no domínio do conhecimento são teorizados como movimentos de poder, e não como movimentos em direção à verdade. Assim, a partir da perspectiva do construcionismo social sólido, por que deveríamos nos sentir intimidadas pelas descrições dos cientistas de suas atividades e realizações? Esses cientistas e seus patronos têm grande interesse em jogar areia em nossos olhos. Eles contam parábolas sobre objetividade e sobre o método científico aos estudantes nos primeiros anos de suas iniciações, mas nunca se pegou no flagra um praticante das elevadas artes científicas se guiando pela cartilha e por situações de um livro didático. Construcionistas sociais deixam claro que as ideologias oficiais sobre objetividade e método científico são guias particularmente ruins acerca de como o conhecimento científico é realmente *produzido*. Assim como o restante de nós, entre o que os cientistas acreditam ou dizem que fazem e o que eles realmente fazem há uma diferença grande.

As únicas pessoas que acabam realmente *acreditando* – e, deusa me livre, agindo de acordo com as doutrinas ideológicas da objetividade científica desencarnada que é sacralizada nos livros didáticos e na literatura adicional sobre a tecnociência – são os não cientistas, incluindo aí alguns filósofos bastante confiáveis. Naturalmente, minha designação desse último grupo é quiçá apenas um reflexo do chauvinismo disciplinar residual proveniente da identificação com historiadores da ciência e de muito tempo gasto com um microscópio no início da vida adulta, em uma espécie de momento poético disciplinar, pré--edipiano e modernista em que as células pareciam ser células e os organismos pareciam ser organismos. Com todo o respeito, Gertrude Stein. Mas logo chegou a lei do pai trazendo sua solução para o problema da objetividade, resolvido por referentes sempre já ausentes, significados protelados, sujeitos cindidos e o jogo incessante dos significantes. Quem não cresceria deturpado? Gênero, raça, o mundo em si mesmo – todos pareciam efeitos justos das altas velocidades dos jogos de significantes em um campo de força cósmico. Todas as verdades tornam-se efeitos de alta velocidade em um espaço de simulações hiper-realistas. Mas não podemos nos permitir esses jogos de palavras específicos – os projetos de criação de conhecimento confiável sobre o mundo "natural" não podem ser entregues ao gênero da ficção científica paranoica ou cínica. Para as pessoas políticas, não se pode permitir que o construcionismo social decaia em radiantes emanações de cinismo.

De todo modo, os construcionistas sociais poderiam sustentar que a doutrina ideológica do método científico e toda a verbosidade filosófica sobre a epistemologia foram concebidas para tirar nossa atenção da busca de conhecer o mundo *efetivamente* através da prática das ciências. Desse ponto de vista, a ciência – o jogo real, o jogo que devemos jogar – é retórica, a persuasão dos atores sociais relevantes de que o conhecimento manufaturado por alguém é uma rota para uma forma desejada de poder bastante objetivo. Tal persuasão deve dar conta da estrutura dos fatos e artefatos, assim como dos atores mediados pela linguagem no jogo do conhecimento. Aqui, os artefatos e os fatos são partes da poderosa arte retórica. Prática é persuasão, e o foco é em grande parte na prática. Todo o conhecimento é um nó condensado em um campo de força agonístico. O forte programa na sociologia do conhecimento se une com as ferramentas adoráveis e desagradáveis da semiologia e da desconstrução para insistir na natureza retórica da verdade, inclusive da verdade científica. A história é algo que os fãs da cultura ocidental contam uns aos outros; a ciência é um texto contestável e um campo de poder; o conteúdo é a forma[3]. E ponto final. A forma na ciência é a retórica artefatual-social que configura o mundo em objetos efetivos. Essa é uma prática de persuasões que mudam o mundo e que tomam forma de novos e fascinantes objetos, como micróbios, *quarks* e genes.

Porém, tenham ou não a estrutura e as propriedades de objetos retóricos, as entidades científicas do final do século XX – vetores infecciosos (micróbios), partículas elementares (*quarks*) e códigos biomoleculares (genes) – não são objetos românticos ou modernistas com leis de coerência interna[4]. São, antes, traços momentâneos enfocados por campos de força, ou vetores de informação em uma semiose quase não corporificada e altamente mutável ordenada por atos de reconhecimento certos e errôneos. A natureza humana, codificada em seu genoma e em outras práticas de escrita, é uma vasta biblioteca digna do labirinto secreto imaginado por Umberto Eco em *O nome da rosa* (1980). A estabilização e o armazenamento desse texto da natureza humana prometem custar mais do que sua escrita. Essa é uma visada terrível da relação entre corpo e linguagem para aqueles de nós que ainda gostam de falar sobre a *realidade* com mais confiança do que permitimos à discussão da direita cristã sobre a volta de Jesus e sobre o seu arrebatamento na ocasião da destruição do mundo. Gostaríamos de crer que nossos apelos aos mundos reais são mais do que o abandono desesperado do cinismo e um ato de fé como o de qualquer outro culto, seja qual for o espaço que damos generosamente para todas as mediações ricas e sempre historicamente específicas através das quais nós e todas as outras pessoas devemos conhecer o mundo.

Assim, quanto mais eu avanço com a descrição do programa do construcionismo social radical e de uma versão particular do pós-modernismo, associados com as ferramentas ácidas do discurso crítico nas ciências humanas, mais nervosa fico. Como todas as neuroses, a minha está fincada no problema da metáfora, isto é, no problema da relação entre corpos e linguagem. Por exemplo, o imaginário dos campos de força dos movimentos no mundo totalmente textualizado e codificado é a matriz para muitos argumentos sobre a realidade socialmente negociada para o sujeito pós-moderno. Esse mundo-como-código é, para início de conversa, um campo militar de alta tecnologia, uma espécie de campo de batalha acadêmico automatizado, em que luzes piscando, que chamamos de jogadores, desintegram-se uns aos outros (que metáfora!) a fim de permanecer no jogo do poder e do conhecimento. A tecnociência e a ficção científica fundem-se no sol de sua (ir)realidade radiante – a guerra[5]. Não precisamos de décadas de teoria feminista para perceber o inimigo aqui. Nancy Hartsock (1983b) formulou a questão de forma cristalina em seu conceito de masculinidade abstrata.

Eu, entre outras, iniciei querendo uma ferramenta forte para desconstruir as reivindicações da verdade feitas pela ciência hostil ao demonstrar a especificidade histórica radical – e, portanto, a contestabilidade – de *todas* as camadas da cebola das construções científicas e tecnológicas, e nós acabamos com uma espécie de terapia epistemológica de eletrochoque que, longe de nos levar para as grandes apostas no jogo de contestar verdades públicas, nos coloca na mesa com distúrbio autoinduzido de múltiplas personalidades. Queríamos uma maneira de ir além de mostrar vieses na ciência (o que, de toda maneira, se mostrou fácil demais), ir além de separar as boas ovelhas científicas dos maus bodes do viés e da manipulação. Parecia promissor fazer isso pelo argumento construcionista mais sólido possível, não medindo esforços para reduzir as questões de viés *versus* objetividade, uso *versus* mau uso, ciência *versus* pseudociência. Desmascaramos as doutrinas da objetividade porque elas ameaçaram nosso senso de subjetividade histórica coletiva e de agência e nossos relatos "corporificados" da verdade, e acabamos com mais uma desculpa para não aprender nenhuma física pós-newtoniana e mais um motivo para abandonar as antigas práticas feministas de autoajuda para consertar nossos próprios carros. De qualquer modo, são só textos. Deixemos os homens tê-los de volta. Além disso, esses mundos textualizados pós-modernos são assustadores, e nós preferimos que a nossa ficção científica seja utópica, talvez como *Uma mulher no limiar do tempo* ou mesmo como *The Wanderground*.

Algumas de nós tentamos permanecer sãs nesses tempos de desmonte, buscando uma versão feminista da objetividade. Aqui, motivado por muitos dos mesmos desejos políticos, encontra-se o outro lado sedutor do duplo problema da objetividade. O marxismo humanista foi poluído em sua fonte por sua teoria ontológica estruturante da dominação da natureza na autoconstrução do homem e por sua correlata incapacidade de historicizar qualquer coisa que as mulheres fizessem que não as qualificasse para receber um salário. Porém, o marxismo ainda era um recurso promissor na forma de higiene mental epistemológica feminista que visava nossas próprias doutrinas de visão objetiva. Os pontos de partida marxistas ofereciam ferramentas para chegar às nossas versões das teorias do posicionamento, da corporificação insistente, uma rica tradição de críticas contra a hegemonia sem positivismos e relativismos desempoderantes, bem como a teorias nuançadas da mediação. Algumas versões da psicanálise ajudaram imensamente nessa abordagem, especialmente a teoria anglófona das relações objetais, que talvez tenha feito mais pelo feminismo socialista americano por um período do que qualquer coisa que tenha vindo da lavra de Marx ou Engels, muito menos da de Althusser ou algum outro pretendente à sua filiação no tratamento da questão da ideologia e da ciência[6].

Outra abordagem, o "empirismo feminista", também converge com os usos feministas dos recursos marxistas na obtenção de uma teoria da ciência que continua a insistir em significados legítimos de objetividade e que segue desconfiando de um construtivismo radical conjugado com a semiologia e a narratologia (Harding, 1986, pp. 24-6 e 161-2). As feministas precisam insistir em uma abordagem melhor do mundo; não é o bastante demonstrar a contingência histórica radical e os modos de construção de todas as coisas. Aqui, nós, como feministas, nos encontramos perversamente aliadas ao discurso de muitos cientistas praticantes que, no fim das contas, creem em grande parte estar descrevendo e descobrindo as coisas *por meio de* toda sua construção e argumentação. Evelyn Keller tem sido particularmente insistente quanto a essa questão fundamental, e Harding chama o objetivo dessas abordagens de "ciência sucessora". As feministas têm interesse em um projeto de ciência sucessora que ofereça uma abordagem mais adequada, mais rica e melhor do mundo para que vivamos bem nele, em relação crítica e reflexiva com as nossas próprias práticas de dominação e com as dos outros, assim como com as partes desiguais de privilégio e opressão que constituem todas as posições. Nas categorias filosóficas tradicionais, a questão se enquadra mais na ética e na política do que na epistemologia.

Assim, acredito que meu – e "nosso" – problema seja como ter *ao mesmo tempo* uma abordagem da contingência histórica radical para todas as reivindicações de conhecimento e todos os sujeitos cognoscentes, uma prática crítica a fim de reconhecer nossas próprias "tecnologias semióticas" para criar significados *e* um comprometimento sério com abordagens fiéis de um mundo "real", um mundo que possa ser parcialmente compartilhado e amigável para projetos de escala global de liberdade finita, com abundância material adequada, sofrimento moderado e alguma felicidade. Harding chama esse desejo irremediavelmente múltiplo de uma necessidade de um projeto de ciência sucessora e de uma insistência pós-moderna na diferença irredutível e na multiplicidade radical dos conhecimentos locais. *Todos* os componentes do desejo são paradoxais e perigosos, e sua combinação é ao mesmo tempo contraditória e necessária. As feministas não precisam de uma doutrina da objetividade que prometa a transcendência, uma história que perca o rastro de suas mediações, na qual alguém poderia ser considerado responsável por alguma coisa, um poder instrumental ilimitado. Nós não queremos uma teoria dos poderes inocentes de representar o mundo, na qual a língua e os corpos caem na graça da simbiose orgânica. Também não queremos teorizar o mundo, muito menos agir sobre ele em termos de sistemas globais, mas precisamos de uma rede global de conexões, incluindo a habilidade de traduzir parcialmente os conhecimentos para comunidades muito diferentes e diferenciadas pelo poder. Precisamos do poder das teorias críticas modernas sobre como os significados e os corpos são criados não para negá-los, mas para viver em significados e corpos que tenham uma chance de algum futuro.

As ciências naturais, sociais e humanas sempre estiveram relacionadas com esperanças desse tipo. A ciência tem buscado tradução, conversibilidade, mobilidade de significados e universalidade – o que eu chamo de reducionismo, quando uma língua (adivinhe qual) deve ser imposta como padrão para todas as traduções e conversões. O que o dinheiro faz nas ordens de trocas do capitalismo o reducionismo faz nas poderosas ordens mentais das ciências globais: há, finalmente, apenas uma equação. Essa é a fantasia letal que as feministas e outras pessoas identificaram em algumas versões das doutrinas da objetividade no serviço das ordenações hierárquicas e positivistas do que pode contar como conhecimento. Esse é um dos motivos pelos quais os debates sobre objetividade importam, metaforicamente e de outras formas. Imortalidade e onipotência não são nossos objetivos. Mas podemos usar algumas abordagens impositivas e confiáveis das coisas não redutíveis a movimentos de poder e jogos retóricos agonísticos e de status elevado ou a uma arrogância cientificista e positivista. Esse ponto aplica-se caso estejamos falando de genes, classes sociais, partículas elementares, gêneros, raças ou textos; ele se aplica às ciências humanas, sociais, naturais e exatas, apesar das ambiguidades escorregadias das palavras "objetividade" e "ciência" conforme atravessamos o terreno discursivo. Em nossos esforços para escalar a ladeira escorregadia que conduz a uma doutrina da objetividade que se possa utilizar, eu e muitas outras feministas, nos debates sobre objetividade, ocupamos de modo alternado, ou até mesmo simultaneamente, ambos os polos da dicotomia, que Harding descreve em termos de projetos de ciência sucessora *versus* relatos pós-modernos da diferença e que eu esbocei neste capítulo na forma do construcionismo radical *versus* empirismo crítico feminista. Torna-se difícil, é claro, escalar tal ladeira quando você está agarrada aos dois polos, alternada ou simultaneamente. Portanto, está na hora de trocar de metáforas.

A persistência da visão[7]

Desejo prosseguir situando a confiança metafórica em um sistema sensorial muito difamado no discurso feminista: a visão. Ela pode ser boa para evitar oposições binárias. Quero insistir na natureza corporificada de toda visão, e assim recuperar o sistema sensorial que tem sido usado para significar um salto para fora do corpo marcado e para dentro de um olhar conquistador a partir de lugar nenhum. Esse é o olhar que inscreve de forma mítica todos os corpos marcados, o que faz com que as categorias não marcadas reivindiquem o poder de ver e não ser visto, de representar enquanto se escapa à representação. Esse olhar significa as posições não marcadas de Homem e Branco, um dos muitos tons desagradáveis da *objetividade* mundial para os ouvidos feministas em sociedades dominantes científicas e tecnológicas, industriais tardias, militarizadas, racistas e masculinas, ou seja, aqui, na barriga do monstro, nos Estados Unidos do final dos anos 1980. Eu tenciono uma doutrina de objetividade corporificada que acomode projetos paradoxais e críticos da ciência feminista: objetividade feminista significa simplesmente *conhecimentos situados*.

Os olhos têm sido usados para significar uma capacidade perversa – aperfeiçoados na história da ciência ligada ao militarismo, ao capitalismo, ao colonialismo e à supremacia masculina – de distanciar o sujeito cognoscente de tudo e de todos, no interesse de um poder sem restrições. Os instrumentos de visualização na cultura multinacionalista e pós-modernista têm agravado esses significados de descorporificação. As tecnologias de visualização não têm limite aparente; o olho de qualquer primata comum pode ser aprimorado quase indefinidamente por sistemas de ultrassonografia, de ressonância magnética, de manipulação gráfica, de inteligência artificial, de monitoramento por satélite, microscópios de escaneamento de elétrons, *scanners* de tomografia computadorizada, técnicas de melhoramento de cor, dispositivos de vídeo domésticos e de escritório, câmeras para todo tipo de propósito, desde filmar a membrana mucosa da cavidade intestinal de um verme marinho que habita a região de escape de gases de uma falha entre placas tectônicas até mapear os hemisférios planetários de outro lugar do sistema solar. A visão, nesse banquete tecnológico, torna-se gula desregulada; toda perspectiva dá espaço à visão infinitamente móvel, que não mais parece somente ser ligada do ponto de vista mítico ao truque divino de enxergar tudo a partir de lugar nenhum, mas, na verdade, parece ter colocado o mito na prática ordinária. E, como o truque divino, esse olho fode com o mundo para criar tecnomonstros. Zoe Sofoulis (1988) chama isso de olho canibal de projetos masculinistas extraterrestres para o segundo nascimento excrementício.

Um tributo a essa ideologia da visão direta, devoradora, gerativa e irrestrita, cujas mediações tecnológicas são ao mesmo tempo celebradas e apresentadas como totalmente transparentes, a edição comemorativa dos cem anos da National Geographic Society encerra seu levantamento da literatura de busca da revista, realizado através de suas incríveis fotografias, com dois capítulos justapostos. O primeiro é sobre o "Espaço", introduzido pela epígrafe "A escolha é o universo – ou nada" (Bryan, 1987, p. 352). De fato. Esse capítulo relata as explorações da corrida espacial e mostra os "instantâneos" com cores realçadas dos planetas exteriores reconstituídos a partir de sinais digitalizados transmitidos através do vasto espaço para permitir ao espectador "experimentar" o momento da descoberta com uma visão imediata do "objeto"[8]. Esses objetos fabulosos chegam até nós simultaneamente como registros indubitáveis do que apenas está lá e como feitos heroicos da produção tecnocientífica. O outro capítulo é o gêmeo do espaço sideral, o "Espaço interior", introduzido pela epígrafe "A matéria das estrelas ganhou vida" (Bryan, 1987, p. 454). Nele, o leitor é trazido ao reino do infinitesimal, objetificado por meio de radiação fora da faixa de comprimentos de onda que "normalmente" são percebidos pelos primatas hominídeos, ou seja, os feixes de lasers e microscópios de escaneamento eletrônico, cujos sinais são processados nos maravilhosos instantâneos coloridos das células T de defesa e vírus invasores.

Mas é claro que esse panorama infinito é uma ilusão, um truque divino. Desejo sugerir como nossa insistência metafórica na particularidade e na corporificação de toda visão (embora tal corporificação não necessariamente seja orgânica e inclua a mediação tecnológica) e nossa resistência aos mitos tentadores da visão como um caminho para a descorporificação e o segundo nascimento nos permitem construir uma doutrina utilizável, mas não inocente, de objetividade. Quero uma escrita feminista do corpo que metaforicamente enfatize de novo a visão, porque precisamos recuperar esse sentido para encontrar nosso caminho através de todos os truques de visualização e dos poderes das ciências e tecnologias modernas que transformaram os debates sobre a objetividade. Precisamos aprender, dentro de nossos corpos dotados de visão primata estereoscópica e em cores, como anexar a objetiva aos nossos *scanners* teóricos e políticos a fim de nomear onde estamos e onde não estamos, em dimensões de espaço mental e físico que mal sabemos como nomear. Assim, de modo não tão perverso, a objetividade acaba dizendo respeito a corporificações particulares e específicas, e não, definitivamente, a falsas visões que prometem transcendência de todos os limites e da responsabilidade. A moral é simples: só a perspectiva parcial promete a visão objetiva. Essa é uma visão objetiva que, ao invés de encerrar, inicia o problema da responsabilidade pela generatividade de todas as práticas visuais. A perspectiva parcial pode ser responsabilizada por seus monstros, tanto os promissores quanto os destrutivos. Todas as narrativas culturais ocidentais sobre a objetividade são alegorias das ideologias das relações entre o que chamamos de mente e corpo, distância e responsabilidade, embutidas na questão da ciência no feminismo. A objetividade feminista diz respeito à localização limitada e ao conhecimento situado, e não à transcendência e à cisão entre sujeito e objeto. Dessa forma, devemos nos tornar responsáveis pelo que aprendemos a ver.

Essas são lições que aprendi em parte passeando com meus cachorros e refletindo sobre como o mundo apareceria sem uma fóvea e algumas células retinais para a visão em cores, mas com uma área sensorial enorme de processamento neural para o olfato. Essa lição está disponível a partir de imagens de como o mundo é visto pelos olhos compostos de um inseto, ou mesmo pelo olho da câmera de um satélite espião ou pelos sinais transmitidos digitalmente das diferenças percebidas por sondas espaciais "próximas" a Júpiter que acabaram virando fotografias coloridas de mesas de centro. Os "olhos" disponibilizados nas ciências tecnológicas modernas estilhaçam toda ideia de visão passiva; esses dispositivos protéticos mostram-nos que todos os olhos, incluindo nossos olhos orgânicos, são sistemas perceptuais, incorporando traduções e *modos* diferentes de visão, isto é, modos de vida. Não existe uma fotografia não mediada ou uma câmera escura passiva nas abordagens científicas de corpos e máquinas; há apenas possibilidades visuais altamente específicas, cada uma com um modo parcial, incrivelmente detalhado e ativo, de organizar mundos. Todas essas imagens do mundo não deveriam ser alegorias da mobilidade e permutabilidade infinitas, mas da especificidade e diferença elaboradas e do cuidado amoroso que as pessoas devem ter para aprender a ver fielmente do ponto de vista do outro, mesmo quando o outro é nossa própria máquina. Essa não é uma distância alienante; é uma alegoria *possível* para as versões feministas de objetividade. Entender como esses sistemas visuais funcionam técnica, social e psiquicamente deveria ser uma forma de incorporar a objetividade feminista.

Muitas correntes do feminismo tentam teorizar fundamentos para confiar especialmente nos pontos de vantagem dos subjugados; há boas razões para acreditar que a visão é melhor a partir de baixo das brilhantes plataformas espaciais dos poderosos (Hartsock, 1983a; Sandoval, s/d; Harding, 1986; Anzaldúa, 1987). Relacionado a essa suspeita, este capítulo é um argumento a favor de conhecimentos situados e corporificados e contra várias formas de reivindicação de conhecimento não localizáveis e irresponsáveis. Irresponsável aqui significa incapaz de ser chamado a prestar contas. Há um ganho em estabelecer a capacidade de ver a partir das periferias e das profundezas. Mas aqui existe um sério perigo de romantizar a visão dos menos poderosos, ou de apropriar-se dela, enquanto se reivindica ver a partir de suas posições. Ver de baixo não é nem facilmente aprendido nem isento de problemas, mesmo que "nós" "naturalmente" habitemos o grande terreno subterrâneo de conhecimentos subjugados. Os posicionamentos dos subjugados não estão isentos de reexame crítico, decodificação, desconstrução e interpretação, ou seja, dos modos semiológicos e hermenêuticos de investigação crítica. Tais pontos de vista não são posições "inocentes". Diferentemente, eles são preferidos, pois em princípio são os que talvez menos permitem a negação do núcleo crítico e interpretativo de todo conhecimento. Eles são especialistas em modos de negação através da repressão, esquecimento e atos de desaparecimento – modos de estar em lugar nenhum enquanto se afirma enxergar de modo abrangente. Os subjugados têm uma chance decente de estar a par dos truques divinos e todas as suas iluminações deslumbrantes – e, portanto, cegantes. Os pontos de vista subjugados são preferidos porque parecem prometer abordagens mais adequadas, sustentadas, objetivas e transformadoras do mundo. Mas *de que maneira* ver de baixo é um problema que exige pelo menos a mesma habilidade com o corpo e a linguagem, com mediações da visão, que a das visualizações técnico-científicas "mais elevadas".

Esse posicionamento preferido é hostil tanto às várias formas de relativismo quanto às versões mais explicitamente totalizantes das afirmações de autoridade científica. Porém, a alternativa ao relativismo não é a visão totalizada e única, que é, sempre e afinal, a categoria não marcada cujo poder depende do estreitamento e do obscurecimento sistemáticos. A alternativa ao relativismo são os conhecimentos parciais, localizáveis e críticos que sustentam a possibilidade de redes de conexões chamadas, na política, de solidariedade e, na epistemologia, de diálogos compartilhados. O relativismo é um jeito de estar em lugar nenhum enquanto se afirma estar igualmente em todo lugar. A "igualdade" do posicionamento é uma negação da responsabilidade e da investigação crítica. O relativismo é o gêmeo especular perfeito da totalização nas ideologias da subjetividade; ambos negam as apostas na localização, corporificação e perspectiva parcial; ambos tornam impossível enxergar bem. O relativismo e a totalização são "truques divinos" que prometem a visão a partir de todos os lugares e a partir de lugar nenhum de modo igual e completo, mitos comuns na retórica em torno da ciência. Mas é precisamente na política e na epistemologia das perspectivas parciais que repousa a possibilidade da investigação sustentada, racional e objetiva.

Assim, em companhia de muitas outras feministas, eu argumento a favor de uma doutrina e prática da objetividade que privilegie a contestação, a desconstrução, a construção fervorosa, as conexões em rede e a esperança da transformação de sistemas de conhecimento e de modos de ver. Contudo, nem toda perspectiva parcial será conveniente. Precisamos ser hostis aos relativismos e holismos fáceis criados a partir de partes somadas e subsumidas. O "desprendimento fervoroso" (Kuhn, 1982) requer mais do que uma parcialidade reconhecida e autocrítica. Também devemos buscar perspectiva a partir desses pontos de vista, que nunca podem ser conhecidos de antemão e que prometem algo bastante extraordinário, isto é, conhecimento capaz de construir mundos menos organizados por eixos de dominação. Em tal ponto de vista, a categoria não marcada deveria *realmente* desaparecer – uma grande diferença com relação à simples repetição de um ato de desaparecimento. O imaginário e o racional – o visionário e a visão objetiva – pairam juntos. Creio que a reivindicação de Harding por uma ciência sucessora e pelas sensibilidades pós-modernas deva ser lida como uma argumentação de que esse toque próximo do elemento fantástico de esperança pelo conhecimento transformador e o controle severo e estímulo da investigação crítica permanente são o fundamento de qualquer reivindicação crível de objetividade ou racionalidade não assolada por negações e repressões espantosas. É até mesmo possível ler o histórico das revoluções científicas em termos dessa doutrina feminista da racionalidade e da objetividade. A ciência tem sido utópica e visionária desde o começo; essa é uma das razões pelas quais "nós" precisamos dela.

Um comprometimento com o posicionamento móvel e com o desprendimento fervoroso é dependente das impossibilidades da política de "identidade" e epistemologias inocentes como estratégias para olhar do ponto de vista dos subjugados a fim de enxergar bem. Não se pode "ser" uma célula ou uma molécula – ou uma mulher, uma pessoa colonizada, um operário e assim por diante – se se pretende enxergar criticamente a partir desses pontos de vista. "Ser" é muito mais problemático e contingente. Além disso, não é possível se realocar a partir de um ponto privilegiado possível sem se responsabilizar por esse movimento. A visão é *sempre* uma questão de poder enxergar – e talvez da violência implícita em nossas práticas de visualização. Meus olhos foram criados com o sangue de quem? Esses pontos também se aplicam ao testemunho a partir da posição "de si mesmo". Não estamos imediatamente presentes em nós mesmos. O autoconhecimento exige uma tecnologia semiótico-material que vincula significados e corpos. A autoidentidade é um sistema visual ruim. A fusão é uma má estratégia de posicionamento. Os rapazes das ciências humanas têm chamado a dúvida sobre a autopresença de "morte do sujeito", esse ponto de ordenamento singular da vontade e da consciência. Tal julgamento me parece bizarro. Prefiro chamar essa dúvida gerativa de uma abertura de sujeitos, agentes e territórios não isomórficos de histórias inimagináveis do ponto de vista privilegiado do olho ciclópico e autossaciado do sujeito-mestre. O olho ocidental tem sido fundamentalmente um olho vagante, uma lente viajante. Essas peregrinações têm sido frequentemente violentas e têm insistido em espelhos para um eu conquistador

– mas não sempre. As feministas ocidentais também *herdam* alguma habilidade no aprendizado de como participar na revisualização de mundos virados de ponta-cabeça nos desafios transformadores de mundo das visões dos mestres. Nem tudo precisa ser feito do zero.

O eu cindido e contraditório é aquele que pode interrogar posicionamentos e ser responsabilizado, aquele que pode construir e unir conversas racionais a imaginações fantásticas que mudam a história[9]. Cindir, e não ser, é a imagem privilegiada das epistemologias feministas do conhecimento científico. "Cindir", nesse contexto, deveria dizer respeito a multiplicidades heterogêneas que são ao mesmo tempo necessárias e incapazes de ser esmagadas em espaços isomórficos ou em listas cumulativas. Essa geometria encontra-se dentro dos sujeitos e em meio a eles. A topografia da subjetividade é multidimensional; assim, portanto, também é a visão. O eu que conhece é parcial em todas as suas formas, nunca terminado ou total, simplesmente algo que está ali e é original. Ele é sempre construído e costurado de forma imperfeita e, *portanto*, capaz de se juntar a outro, para enxergar junto sem pretender ser outro. Essa é a promessa da objetividade: alguém que tem conhecimento científico não busca a posição de sujeito da identidade, mas da objetividade, isto é, da conexão parcial. Não há como "estar" simultaneamente em todas as – ou completamente em alguma das – posições privilegiadas (subjugadas) estruturadas por gênero, raça, nacionalidade e classe. E essa é uma pequena lista de posições críticas. A busca por uma posição "completa" e total é a busca pelo sujeito perfeito fetichizado da história opositiva, que às vezes aparece na teoria feminista como a Mulher do Terceiro Mundo essencializada (Mohanty, 1984). A subjugação não é um fundamento para uma ontologia, mas pode ser uma dica visual. A visão requer instrumentos de visão; uma óptica é uma política do posicionamento. Instrumentos de visão medeiam posições; não há visão imediata a partir das posições dos subjugados. Identidade, incluindo a autoidentidade, não produz ciência; posicionamento crítico, isto é, objetividade, produz. Somente aqueles que ocupam as posições dos dominadores são autoidênticos, não marcados, descorporificados, não mediados, transcendentes, renascidos. Infelizmente, é possível para os subjugados ansiar por essa posição de sujeito e mesmo se imiscuir nela – e então desaparecer da vista. O conhecimento a partir de um ponto de vista do não marcado é verdadeiramente fantástico, distorcido e, portanto, irracional. A única posição a partir da qual a objetividade não poderia de modo algum ser praticada e honrada é a posição do mestre, do Homem, do Deus uno, cujo Olho produz, apropria e ordena toda diferença. Ninguém nunca acusou o Deus do monoteísmo de objetividade, somente de indiferença. O truque divino é autoidêntico, e nós o interpretamos incorretamente como criatividade e conhecimento, ou até mesmo como onisciência.

O posicionamento é, portanto, a prática-chave que fundamenta o conhecimento organizado em torno do imaginário da visão, como é organizada grande parte do conhecimento e do discurso filosófico ocidentais. Posicionamento implica responsabilidade por nossas práticas de capacitação. Ele advém das disputas políticas e éticas fundamentais pelo que pode contar como conhecimento racional, ou seja, admitindo-se ou não, a política e a ética fundamentam as lutas por projetos de conhecimento nas ciências exatas, naturais, sociais e humanas. De outro modo, a racionalidade é simplesmente impossível, uma ilusão de óptica projetada a partir de lugar nenhum de forma abrangente. Histórias da ciência podem ser contadas de forma potente como histórias das tecnologias. Essas tecnologias são modos de vida, ordens sociais, práticas de visualização. Tecnologias são práticas habilidosas. Como ver? Ver a partir de onde? Que limites há para a visão? Para que ver? Ver com quem? Quem pode ter mais de um ponto de vista? Quem é vendado? Quem usa vendas? Quem interpreta o campo de visão? Que outros poderes sensoriais desejamos cultivar além da visão? O discurso moral e político deveria ser o paradigma do discurso racional no imaginário e nas tecnologias da visão. A afirmação, ou observação, de Sandra Harding de que movimentos de revolução social têm contribuído muito com melhorias na ciência pode ser lida como uma posição sobre as consequências do conhecimento das novas tecnologias de posicionamento. Mas eu gostaria que Harding tivesse gastado mais tempo lembrando que as revoluções sociais e científicas nem sempre foram libertárias, ainda que tenham sido sempre visionárias. Talvez esse ponto possa ser capturado em outra frase: a questão da ciência no militarismo. Disputas sobre o que poderá contar como abordagens racionais do mundo são disputas sobre *como* ver. Os termos da visão: a questão da ciência no colonialismo; a questão da ciência no exterminismo (Sofoulis, 1988); a questão da ciência no feminismo.

A questão nos ataques politicamente engajados sobre os vários empirismos, reducionismos ou outras visões de autoridade científica não deveria ser o relativismo, mas a localização. Um quadro dicotômico expressando esse ponto poderia ser mais ou menos assim:

racionalidade universal	etnofilosofias
linguagem comum	heteroglossia
novo órganon	desconstrução
teoria unificada dos campos	posicionamento de oposição
sistema mundial	conhecimentos locais
teoria do mestre	abordagens interconectadas

Mas um quadro dicotômico é uma má representação crítica das posições de objetividade corporificada que estou tentando esboçar. A primeira distorção é a ilusão de simetria na dicotomia do quadro, fazendo com que qualquer posição pareça, primeiro, simplesmente alternativa e, segundo, mutuamente exclusiva. Um mapa de tensões e ressonâncias entre os limites fixos de uma dicotomia carregada representa melhor as potentes políticas e epistemologias da objetividade corporificada e, portanto, responsabilizável. Por exemplo, conhecimentos locais também têm que estar em tensão com as estruturações produtivas que forçam traduções e intercâmbios desiguais – materiais e semióticos – dentro das redes de conhecimento e poder. Redes *podem* ter a propriedade da sistematicidade, ou mesmo de sistemas globais centralmente estruturados com filamentos profundos e tentáculos tenazes para dentro do tempo, espaço e consciência, as dimensões da história do mundo. A responsabilidade feminista requer um conhecimento afinado com a ressonância, não com a dicotomia. O gênero é um campo de diferença estruturada e estruturante em que os tons da localização extrema, do corpo intimamente pessoal e individualizado, vibram no mesmo campo com as emissões de alta tensão global. A corporificação feminista, então, não diz respeito à localização fixa em um corpo reificado, feminino ou não, mas a entrelaçamentos em campos, inflexões em orientações e responsabilidade pela diferença nos campos material-semióticos de significado. A corporificação é a prótese significante; a objetividade não pode dizer respeito à visão fixa quando o que conta como objeto é precisamente aquilo que, no fim das contas, refere-se à história mundial.

Como devemos nos posicionar para ver nesta situação de tensão, ressonâncias, transformações, resistências e complexidades? Aqui, a visão primata não é imediatamente uma metáfora ou tecnologia muito poderosa para a clarificação político-epistemológica feminista, uma vez que parece apresentar à consciência campos já processados e objetificados; as coisas já parecem fixas e distanciadas. Mas a metáfora visual permite ir além das aparências fixas, que são apenas os produtos finais. Ela nos convida a investigar os variados aparatos de produção visual, incluindo as tecnologias protéticas que fazem interface com nossos olhos e cérebros biológicos. E aqui encontramos maquinários altamente específicos para processar regiões do espectro eletromagnético em nossas imagens do mundo. É nas complexidades dessas tecnologias de visualização, nas quais estamos inseridos, que encontraremos metáforas e meios de entender e intervir nos padrões de objetificação no mundo, isto é, os padrões de realidade pelos quais precisamos nos responsabilizar. Nessas metáforas, encontramos meios de apreciar simultaneamente *tanto* o aspecto concreto, "real", *quanto* o aspecto da semiose e da produção no que chamamos de conhecimento científico.

Estou defendendo a política e as epistemologias da localização, do posicionamento e da situação, nas quais a parcialidade, e não a universalidade, é a condição para ser ouvido e fazer afirmações sobre conhecimento racional. Essas são posições sobre a vida das pessoas; a visão a partir de um corpo, sempre um corpo complexo, contraditório, estruturante e estruturado, *versus* a visão a partir de cima, de lugar nenhum, da simplicidade. Só o truque divino é proibido. Há aqui um critério para decidir a questão da ciência no militarismo, essa ciência/tecnologia da língua perfeita, da comunicação perfeita, da ordem final.

O feminismo ama uma outra ciência: as ciências e as políticas da interpretação, da tradução, do balbuciante, do parcialmente compreendido. Ele diz respeito às ciências do sujeito múltiplo com visão (pelo menos) dupla. Diz respeito a uma visão crítica consequente a um posicionamento crítico em um espaço social generificado inomogêneo[10]. A tradução é sempre interpretativa, crítica e parcial. Há aqui uma base para a conversação, para a racionalidade, para a objetividade – que é uma "conversação" sensível ao poder, não pluralista. Não foram sequer os cartuns míticos da física e da matemática – caricaturados incorretamente na ideologia anticiência como conhecimentos exatos e hipersimples – que vieram a representar o outro hostil para os modelos paradigmáticos feministas do conhecimento científico, mas os sonhos do conhecimento perfeito nas produções e posicionamentos científicos de alta tecnologia e permanentemente militarizados, o truque divino de um paradigma de conhecimento racional da Guerra nas Estrelas. Assim, a localização diz respeito à vulnerabilidade; resiste à política do fechamento, da finalidade ou, para fazer um empréstimo de Althusser, a objetividade feminista resiste à "simplificação em última instância". Isso porque a corporificação feminista resiste à fixação e é insaciavelmente curiosa a respeito das redes de posicionamentos diferenciais. Não há uma posição feminista única porque nossos mapas exigem muitas dimensões para que essa metáfora embase nossas visões. Porém, o objetivo das teóricas do posicionamento feminista de uma epistemologia e política engajadas e responsáveis permanece eminentemente potente. O objetivo são abordagens melhores do mundo, isto é, "ciência".

Acima de tudo, o conhecimento racional não visa o desengajamento: ser de todo lugar e, assim, de lugar nenhum, ser livre da interpretação, de ser representado, de ser totalmente autocontido ou totalmente formalizável. Conhecimento racional é um processo de interpretação crítica permanente entre "campos" de intérpretes e decodificadores. Ele é uma conversação sensível com o poder (King, 1987a):

conhecimento:comunidade::conhecimento:poder
hermenêutica:semiologia::interpretação crítica:códigos

Decodificação e transcodificação mais tradução e crítica: todos são necessários. Dessa forma, a ciência se torna o modelo paradigmático não de fechamento, mas daquilo que é contestado e contestável. Ela se torna o mito não do que escapa à agência e responsabilidade humanas em um campo acima da disputa, mas, antes, da responsabilização e da responsabilidade pelas traduções e solidariedades que ligam as visões cacofônicas e vozes visionárias que caracterizam os conhecimentos dos subjugados. Uma cisão de sentidos, uma confusão entre voz e visão, em vez de ideias claras e distintas, tornam-se metáfora para o embasamento do racional. Nós não buscamos os conhecimentos regidos pelo falogocentrismo (a nostalgia pela presença do Verbo uno e verdadeiro) e pela visão desencarnada, mas os que são regidos pela visão parcial e pela voz limitada. Não procuramos a parcialidade por si só, mas pelas conexões e aberturas inesperadas que os conhecimentos situados tornam possíveis. O único modo de encontrar uma visão mais ampla é estando em algum lugar particular. A questão da ciência no feminismo diz respeito à objetividade como racionalidade posicionada. Suas imagens não são os produtos do escape e da transcendência dos limites, isto é, a visão de cima, mas a união de visões parciais e de vozes de interrupção para uma posição de sujeito coletiva que prometa uma visão dos meios de incorporação finita contínua, de viver dentro dos limites e das contradições, ou seja, das visões a partir de algum lugar.

Objetos enquanto atores:
O aparato da produção corporal

Ao longo desta reflexão sobre "objetividade", eu me recusei a resolver as ambiguidades embutidas na referência à ciência sem diferenciar sua amplitude extraordinária de contextos. Através da ambiguidade persistente, pus em primeiro plano um campo de comunalidades que associam as ciências exatas, físicas, naturais, sociais, políticas, biológicas e humanas e liguei todo esse campo heterogêneo de produção de conhecimento institucionalizado academicamente (e industrialmente, por exemplo, no mercado editorial, no comércio de armas e na indústria farmacêutica) a um significado de ciência que insiste em sua potência nas disputas ideológicas. Porém, em parte a fim de dar espaço às especificidades e às fronteiras altamente permeáveis de significados no discurso sobre a ciência, pretendo sugerir uma resolução de uma ambiguidade. Ao longo do campo de significados que constituem a ciência, uma das comunalidades diz respeito ao estatuto de qualquer objeto de conhecimento e de afirmações correlatas acerca da fidelidade de nossas abordagens de um "mundo real", não importando quão mediados para nós e quão complexos e contraditórios esses mundos possam ser. As feministas, e outras pessoas que têm sido as mais ativas como críticas das ciências e de suas reivindicações ou ideologias associadas, esquivaram-se de doutrinas de objetividade científica em parte por causa da suspeita de que um "objeto" de conhecimento é uma coisa passiva e inerte. Abordagens de tais objetos podem parecer apropriações de um mundo fixo e determinado, reduzido a recurso para os projetos instrumentalistas de sociedades ocidentais destrutivas, ou podem ser vistas como máscaras para determinados interesses, normalmente dominantes.

Por exemplo, "sexo" como um objeto de conhecimento biológico aparece regularmente sob o aspecto do determinismo biológico, ameaçando o espaço frágil do construcionismo social e da teoria crítica, com suas possibilidades auxiliares de intervenção ativa e transformativa, chamadas a existir por conceitos feministas de gênero como diferença posicionada social, histórica e semioticamente. E, ainda assim, perder as respeitáveis abordagens biológicas do sexo, que constituem tensões produtivas com seu par binário, o gênero, parece ser uma perda muito grande; parece ser a perda não apenas do poder analítico dentro de uma tradição ocidental particular, mas do corpo em si mesmo como alguma coisa além de uma página em branco para as inscrições sociais, incluindo as do discurso biológico. O mesmo problema da perda assiste a uma "redução" radical dos objetos da física ou de quaisquer outras ciências à efemeridade da produção discursiva e da construção social[11].

Contudo, a dificuldade e a perda não são necessárias. Elas derivam em parte da tradição analítica, profundamente tributária de Aristóteles e da história transformativa do "Patriarcado Capitalista Branco" (como chamar essa coisa escandalosa?), que transforma tudo em um recurso de apropriação, no qual um objeto do conhecimento é finalmente em si mesmo apenas matéria para o poder seminal ou o ato do conhecedor. Aqui, o objeto garante e revigora o poder do conhecedor, mas qualquer estatuto como *agente* nas produções de conhecimento deve ser negado ao objeto. Este – quer dizer, o mundo – deve, em resumo, ser objetificado como coisa, não como um agente; ele deve ser matéria para a autoformação do único ser social nas produções de conhecimento, o conhecedor humano. Zoe Sofoulis (1988) identificou a estrutura desse modo de conhecimento na tecnociência como "recursar" – o segundo nascimento do Homem através da homogeneização de todo o corpo do mundo em um recurso para seus projetos perversos. A natureza é somente a matéria-prima da cultura, apropriada, preservada, escravizada, exaltada ou mesmo flexibilizada para ser disponibilizada pela cultura na lógica do colonialismo capitalista. Da mesma forma, o sexo é somente a matéria para o ato do gênero; a lógica producionista parece inescapável nas tradições dos binarismos ocidentais. Essa lógica narrativa analítica e histórica explica meu nervosismo com a distinção sexo/gênero na história recente da teoria feminista. O sexo é "explorado" tendo em vista sua *re-presentação* como gênero, que "nós" podemos controlar. Tem parecido quase impossível evitar a armadilha de uma lógica apropriacionista da dominação incorporada no binarismo natureza/cultura e em sua linhagem gerativa, incluindo a distinção sexo/gênero.

Parece claro que as abordagens feministas da objetividade e da corporificação – isto é, de um mundo – do tipo das esboçadas neste capítulo demandam uma manobra enganosamente simples dentro das tradições analíticas ocidentais herdadas, uma manobra iniciada na dialética, mas que cessa um pouco antes das revisões necessárias. Conhecimentos situados requerem que o objeto de conhecimento seja representado como um ator ou um agente, não como uma tela, um fundamento, um recurso, e nunca, finalmente, como escravo do mestre que encerra a dialética em sua agência e autoria únicas do conhecimento "objetivo". O ponto é paradigmaticamente claro nas abordagens críticas das ciências humanas e sociais, em que a própria agência das pessoas estudadas transforma o projeto inteiro da produção da teoria social. Na verdade, vir a termo com a agência dos "objetos" estudados é o único jeito de evitar os vários tipos de erro grosseiro e conhecimento falso nessas ciências. Porém, o mesmo ponto deve ser aplicado aos outros projetos de conhecimento chamados de ciências. Um corolário da insistência de que a ética e a política fornecem de modo velado ou manifesto as bases para a objetividade nas ciências como um todo heterogêneo, e não somente nas ciências sociais, é garantir o status de agente/ator aos "objetos" do mundo. Atores existem de muitas e incríveis formas. Abordagens de um mundo "real" não dependem, então, de uma lógica da "descoberta", mas de uma relação social da "conversação" carregada de poder. O mundo nem fala por si mesmo nem desaparece em favor de um mestre decodificador. Os códigos do mundo não estão parados, apenas esperando ser lidos. O mundo não é a matéria bruta para a humanização; os ataques abrangentes contra o humanismo, outro ramo do discurso da "morte do sujeito", tornaram esse ponto bastante claro. Em algum sentido crítico, sugerido de forma grosseira pela categoria canhestra do social ou da agência, o mundo encontrado nos projetos de conhecimento é uma entidade ativa. Na medida em que uma abordagem científica tenha sido capaz de engajar essa dimensão do mundo como um objeto de conhecimento, o conhecimento fiel pode ser imaginado e pode fazer afirmações sobre nós. Porém, nenhuma doutrina particular da representação, nenhuma decodificação ou nenhuma descoberta garante nada. A abordagem que estou recomendando não é uma versão do "realismo", que se provou um modo bastante pobre de engajar-se com a agência ativa do mundo.

Minha manobra simples, e talvez simplista, obviamente não é nova na filosofia ocidental, mas tem uma especial aresta feminista em sua relação com a questão da ciência no feminismo e com as questões relacionadas do gênero como uma diferença situada e da corporificação feminina. As ecofeministas talvez tenham sido as mais insistentes em algumas versões do mundo como sujeito ativo, e não como um recurso para ser mapeado e apropriado em projetos burgueses, marxistas ou masculinistas. Reconhecer a agência do mundo no conhecimento abre espaço para algumas possibilidades desconcertantes, incluindo um sentido do senso de humor independente do mundo. Tal senso de humor não é confortável para os humanistas e para outros que são comprometidos com o mundo como recurso. Existem figuras ricamente evocativas para visualizações feministas do mundo como um agente espirituoso. Não precisamos escorregar para um apelo a uma mãe primordial que resiste a tornar-se recurso. O coiote, ou *trickster*, incorporado nos relatos indígenas do sudoeste americano, sugere a nossa situação quando desistimos da especialização, mas mantemos a busca pela fidelidade, sabendo que ainda assim seremos ludibriados. Acredito que esses são mitos úteis para os cientistas que poderiam ser nossos aliados. A objetividade feminista abre espaço para surpresas e ironias no cerne de toda a produção de conhecimento. Nós não estamos encarregadas do mundo; só moramos aqui e tentamos puxar conversas não inocentes por meio de nossos dispositivos protéticos, aí incluídas nossas tecnologias de visualização. Não é de se admirar que a ficção científica tem sido uma prática rica na teoria feminista recente. Gosto de considerar a teoria feminista como um discurso de coiote reinventado e comprometido com suas fontes capacitadoras em muitos tipos de relatos heterogêneos do mundo.

Outra rica prática feminista nas últimas décadas ilustra particularmente bem a "ativação" das categorias anteriormente passivas dos objetos do conhecimento. A ativação problematiza permanentemente as distinções binárias como sexo e gênero, sem, contudo, eliminar sua utilidade estratégica. Refiro-me às reconstruções na primatologia, especialmente, mas não apenas, à prática das mulheres como primatólogas, biólogas evolutivas e ecologistas comportamentais, do que pode contar como sexo, especialmente como o sexo feminino, nas abordagens científicas (Haraway, 1989b). O *corpo* em si mesmo, o objeto do discurso biológico, torna-se um ser bastante engajado. Defesas do determinismo biológico nunca mais poderão ser as mesmas. Quando o "sexo" feminino tem sido tão completamente reteorizado e revisualizado a ponto de emergir como praticamente indistinguível da "mente", alguma coisa básica aconteceu com as categorias da biologia. O feminino biológico que povoa as abordagens comportamentais biológicas atuais quase não tem mais propriedades passivas. Ele é estruturante e ativo em todos os aspectos; o "corpo" é um agente, não um recurso. A diferença é teorizada *biologicamente* como situacional, não intrínseca, em todos os níveis, do gene ao padrão de forrageamento, alterando assim de modo fundamental a política biológica do corpo. As relações entre sexo e gênero devem ser retrabalhadas categoricamente dentro desses quadros de conhecimento. Sugiro essa vertente nas estratégias explicativas na biologia como uma alegoria de intervenções fiéis aos projetos de objetividade feminista. O ponto não é que essas novas imagens do feminino biológico são simplesmente verdadeiras e não abertas à contestação e à conversação. Muito pelo contrário. Mas essas imagens trazem ao primeiro plano o conhecimento como conversações situadas em todos os níveis de suas articulações. A fronteira entre animal e humano é uma das questões em causa nessa alegoria, assim como a fronteira entre máquina e organismo.

Assim, encerrarei com uma categoria final que é útil para uma teoria feminista dos conhecimentos situados: o aparato da produção corporal. Em sua análise da produção do poema como um objeto de valor literário, Katie King oferece ferramentas que esclarecem as questões nos debates sobre objetividade entre feministas. King sugere o termo "aparato de produção literária" para enfatizar a emergência do que é materializado como literatura na intersecção entre arte, negócios e tecnologia. O aparato da produção literária é uma matriz a partir da qual nasce a "literatura". Enfocando o poderoso objeto de valor chamado de "poema", King aplica seu quadro analítico à relação entre mulheres e tecnologias de escrita (King, 1987b). Desejo adaptar seu trabalho para compreender a geração – a efetiva produção e reprodução – de corpos e de outros objetos de valor nos projetos de conhecimento científico. À primeira vista, existe uma limitação para o uso do esquema inerente de King na "facticidade" do discurso biológico que não está presente no discurso literário e em suas reivindicações de conhecimento. Os corpos biológicos são "produzidos" ou "gerados" no mesmo sentido forte que os poemas? Desde as primeiras agitações do romantismo no final do século XVIII, muitos poetas e biólogos têm acreditado que a poesia e os organismos são irmãos. *Frankenstein* pode ser lido como uma meditação acerca dessa proposição. Continuo acreditando nessa proposição poderosa, mas em um modo de crença pós--moderno, e não romântico. Quero traduzir as dimensões ideológicas da "facticidade" e do "orgânico" em uma entidade desajeitada chamada de "ator material-semiótico". Esse termo carregado visa destacar o objeto de conhecimento como um eixo ativo, gerador de sentido, do aparato da produção corporal, sem *jamais* implicar presença imediata de tal objeto, ou, o que é a mesma coisa, sua determinação final ou única do que pode contar como conhecimento objetivo em uma conjuntura histórica particular. Assim como os objetos de King chamados de "poemas", que são locais de produção literária em que também a língua é um ator independente de intenções e autores, os corpos como objetos de conhecimento são nós gerativos material-semióticos. Suas *fronteiras* se materializam em interação social. Fronteiras são desenhadas por práticas de mapeamento; "objetos" não preexistem enquanto tais. Os objetos são projetos de fronteiras. Mas as fronteiras mudam a partir de dentro; elas são bastante complicadas. O que as fronteiras contêm provisoriamente permanece gerativo e produtivo de significados e corpos. Situar (e avistar) fronteiras é uma prática arriscada.

A objetividade não diz respeito ao desengajamento, mas à estruturação mútua *e* geralmente desigual, e a se arriscar em um mundo em que "nós" somos permanentemente mortais, isto é, não estamos no controle "final". Não temos, enfim, ideias claras e distintas. Os vários corpos biológicos em disputa emergem da intersecção entre pesquisa biológica, escrita, práticas médicas e outras práticas de negócios e tecnologia, tais como as tecnologias de visualização alistadas como metáforas neste capítulo. Contudo, também foi convidado para essa intersecção o referente análogo às linguagens vivazes que se interconectam ativamente na produção do valor literário: as corporificações camaleônicas e "coiotescas" de um mundo como agente e ator engenhoso. Talvez o mundo resista a ser reduzido a mero recurso porque ele é não mãe, matéria ou murmúrio, mas um coiote, uma figura do laço sempre problemático e poderoso de significados e corpos. A corporificação feminista, as esperanças feministas de parcialidade, objetividade e de conhecimentos situados tornam-se conversações e códigos nesse nó poderoso nos campos dos corpos e significados possíveis. É aqui que a ciência, a fantasia científica e a ficção científica convergem na questão da objetividade no feminismo. Talvez as nossas esperanças pela responsabilização, pela política e pelo ecofeminismo acabem visualizando de novo o mundo como um *trickster* codificador com o qual precisamos aprender a conversar.

CAPÍTULO DEZ
A BIOPOLÍTICA DOS CORPOS PÓS-MODERNOS: CONSTITUIÇÕES DO EU NO DISCURSO DO SISTEMA IMUNOLÓGICO[1]

Para Robert Filomeno (1949-1986),
que amava a paz e morreu de aids
(imagem 2)

Se os postulados de Koch devem ser cumpridos para relacionar um dado micróbio a uma dada doença, talvez fosse útil, na reescrita do texto sobre a aids, levar em conta os "postulados de Turner" (1984, p. 209): 1) a doença é uma língua; 2) o corpo é uma representação; e 3) a medicina é uma prática política (Treichler, 1987, p. 27).

Não eu: termo que cobre tudo que pode ser detectado como diferente dos próprios constituintes de um animal (Playfair, 1984, p. 1).

[O] sistema imunológico deve *reconhecer* o eu de alguma forma para reagir a algo estranho (Golub, 1987, p. 484).

Discursos irregulares e os corpos desnaturalizados da biologia e da medicina

Tornou-se um lugar-comum enfatizar os dialetos culturais múltiplos e específicos entrelaçados em qualquer negociação social das doenças nos mundos contemporâneos marcados pela pesquisa biológica, pela biotecnologia e pela medicina científica. A linguagem da biomedicina nunca está sozinha no campo dos significados empoderadores, e seu poder não emana de um consenso sobre símbolos e ações em face do sofrimento. A excelente expressão de Paula Treichler (1987) no título de seu texto sobre os significados constantemente disputados da aids como uma "epidemia da significação" poderia ser aplicada amplamente ao texto social das doenças. O poder da linguagem biomédica – com seus incríveis artefatos, imagens, arquiteturas, formas sociais e tecnologias – de moldar a experiência desigual da doença e da morte para milhões de pessoas é um fato social que deriva de processos sociais heterogêneos contínuos. O poder da biomedicina e da biotecnologia é constantemente reproduzido, caso contrário ele cessaria. Esse poder não é uma coisa fixa e permanente, plastinada e pronta para ser seccionada a fim de ser observada pelo historiador ou pelo crítico em um microscópio. A autoridade cultural e material das produções de corpos e de eus pela biomedicina é mais vulnerável, dinâmica, evasiva e poderosa do que isso.

Porém, embora tenha havido reconhecimento das muitas linguagens não, para-, anti- ou extracientíficas que, junto com a biomedicina, estruturam a semiose corporificada da mortalidade no mundo industrializado, é muito menos comum encontrar ênfase nas linguagens múltiplas *dentro* do território que é com frequência marcado como científico de modo muito leviano. A expressão "a ciência diz que" é representada como uma linguagem unívoca. Contudo, mesmo o caráter remendado das palavras poderosas na "ciência" aponta para uma heterogeneidade mal contida e inarmônica. As palavras para os discursos sobrepostos e seus objetos de conhecimento, e para os nomes corporativos abstratos dos lugares concretos em que o trabalho de construção discursiva é realizado, sugerem tanto o encurtamento brusco das abordagens tecnicistas da comunicação quanto as pressões e confusões irreprimíveis nas fronteiras dos significados dentro da "ciência" – biotecnologia, biomedicina, psiconeuroimunologia, imunogenética, imunoendocrinologia, neuroendocrinologia, anticorpos monoclonais, hibridomas, interleucinas, Genentech, Embrex, Immunotech, Biogen.

Este capítulo explora algumas das linguagens populares e técnicas de disputa na construção de corpos e eus biomédicos e biotécnicos na cultura científica pós-moderna nos Estados Unidos na década de 1980. Discursos científicos são "irregulares"; eles contêm e põem em cena contestações condensadas de significados e práticas. O objeto principal de minha atenção será o potente e polimorfo objeto de crença, conhecimento e prática chamado de sistema imunológico. Minha tese é que o sistema imunológico é um ícone elaborado de sistemas principais de "diferença" simbólica e material no capitalismo tardio. Proeminentemente um objeto do século XX, o sistema imunológico é um mapa desenhado para guiar o reconhecimento e o não reconhecimento do eu e do outro na dialética da biopolítica ocidental. Isto é, o sistema imunológico é um plano para a ação significativa de construir e manter as fronteiras do que pode contar como eu e outro nos domínios cruciais do normal e do patológico. Ele é um terreno historicamente específico, em que a política global e local, a pesquisa ganhadora de Prêmio Nobel, as produções culturais heteroglóssicas – de práticas alimentares populares, ficção científica feminista, imaginário religioso e jogos infantis até técnicas fotográficas e teoria estratégica militar –, a prática de clínica médica, as estratégias de investimento de capital de risco, os desenvolvimentos nos negócios e na tecnologia capazes de mudar o mundo e as mais profundas experiências pessoais e coletivas de corporificação, vulnerabilidade, poder e mortalidade interagem com uma intensidade rivalizada talvez apenas na biopolítica do sexo e da reprodução[2].

O sistema imunológico é ao mesmo tempo um objeto mítico icônico na cultura da alta tecnologia e um tema de pesquisa e de clínica prática de suma importância. Mito, laboratório e clínica estão intimamente relacionados. Esse detalhe mundano foi capturado fortuitamente nas listagens de títulos do *Books in Print* [Livros publicados] de 1986-87, quando eu estava procurando um livro didático sobre imunologia. As várias páginas de entradas iniciadas com o prefixo "imuno-" estavam delimitadas, de acordo com as regras da listagem por ordem alfabética em inglês, por um livro chamado *Immortals of Science Fiction* [Imortais da ficção científica] em uma ponta e, na outra, *The Immutability of God* [A imutabilidade de Deus]. Examinando a última seção do livro didático que a listagem me indicou, *Immunology: A Synthesis* [Imunologia: uma síntese] (Golub, 1987), encontrei o que estava procurando: uma progressão histórica de diagramas de teorias da regulação imunológica e um obituário de quem os elaborou, um imunologista importante, Richard K. Gershon, que "descobriu" a célula T supressora. Os lugares-comuns usuais de obituários de cientistas, que "devem ter o que os primeiros exploradores tiveram, um desejo insaciável de ser a primeira pessoa a ver algo, a saber que se está onde nenhum outro esteve antes", dão o tom. O herói-cientista "regozijou-se com as múltiplas camadas interconectadas da complexidade [da resposta imune]. Ele se encantou ao ver uma camada dessa complexidade que ninguém havia visto antes" (Golub, 1987, pp. 531-2). É razoável supor que todos os prováveis leitores desse livro foram criados ouvindo o som de introdução da nave estelar *Enterprise* em *Star Trek* – indo até onde nenhum homem jamais esteve. A ciência continua sendo um importante gênero de literatura ocidental de exploração e viagem. Da mesma forma, nenhum leitor, por maior que seja sua inclinação à literariedade, poderia passar incólume ao tropo erótico generificado que representa o herói a sondar os segredos laminados da natureza, glorificando-se simultaneamente na complexidade estratificada e em seu próprio toque tecnoerótico, que vai cada vez mais fundo. A busca heroica e a técnica erótica aplicada ao corpo da natureza são figuras totalmente convencionais para a ciência. Elas assumem uma vantagem particular no discurso sobre o sistema imunológico do final do século XX, no qual os temas do extermínio nuclear, da aventura espacial, dos extraterrestres, de invasores exóticos e da alta tecnologia militar são muito difundidos.

Mas o texto pretendido e explícito de Golub e Gershon não é sobre invasores do espaço e o sistema imunológico como um protótipo da Guerra nas Estrelas. Seu tema é o amor pela complexidade e as tecnologias naturais íntimas do corpo para gerar as harmonias da vida orgânica. Em quatro ilustrações – datadas de 1968, 1974, 1977 e 1982 –, Gershon esboçou sua concepção de "orquestra imunológica" (Golub, 1987, pp. 533-6). Essa orquestra é um quadro maravilhoso das dimensões míticas e técnicas do sistema imunológico (imagens 3-6). Todas as ilustrações são sobre cooperação e controle, os principais temas da biologia organísmica desde o final do século XVIII. A partir de sua posição de comando na raiz de um linfonodo, o G.O.D. [D.E.U.S.] da primeira ilustração (1968) conduz a orquestra de células T e B e de macrófagos conforme eles marcham em torno do corpo e interpretam seus papéis específicos (imagem 3). Todos os linfócitos se assemelham ao fantasma Gasparzinho, com suas distintivas e apropriadas morfologias nucleares desenhadas no centro de seus corpos disformes. Com a batuta na mão, os braços de G.O.D. estão levantados, ao modo de um maestro. G.O.D. nos lembra da outra "piada" do Prêmio Nobel biorreligioso dos anos 1960, sobre o texto corporal codificado da biologia e medicina pós-DNA – o Dogma Central da biologia molecular, especificando que a "informação" flui apenas do DNA para o RNA e deste para a proteína. Esses três foram denominados Santíssima Trindade do corpo sagrado secularizado, e as histórias das grandes aventuras da biologia molecular poderiam ser intituladas *The Eighth Day of Creation* [O oitavo dia da Criação] (Judson, 1979), uma imagem que assume uma certa ironia nos ambientes de capital de risco e políticos das empresas de biotecnologia atuais, como a Genentech. Nos sistemas técnico-míticos de biologia molecular, as regras de código incorporam estrutura e função, nunca o contrário. Gênese é uma piada séria, quando o corpo é teorizado como um texto codificado cujos segredos cedem apenas às convenções de leitura adequadas, e quando o laboratório parece mais bem caracterizado como uma vasta montagem de dispositivos de inscrição tecnológica e orgânica. O Dogma Central dizia respeito ao sistema de controle de fluxo de informações nos códigos que determinam o significado nos grandes sistemas de comunicação tecnológica que os organismos se tornaram progressivamente após a Segunda Guerra Mundial. O corpo é um sistema de inteligência artificial, e a relação entre cópia e original é revertida e depois explodida.

G.O.D. é o Gerador de Diversidade (*Generator of Diversity*), a fonte das múltiplas especificidades espantosas do sistema polimórfico de reconhecimento e não reconhecimento que chamamos de sistema imunológico. Na segunda ilustração (1974), G.O.D. não está mais diante da orquestra imunológica, mas em pé, de braços cruzados, parecendo importante mas não muito ocupado, no topo de um linfonodo, cercado pelos linfócitos musicais (imagem 4). Uma célula especial, a célula T supressora, tomou o lugar de maestro. Em 1977, a ilustração (imagem 5) não tem mais um único maestro, mas os "regentes" são três misteriosos subconjuntos de células T, que empunham um total de doze batutas, representando seus marcadores de identidade de superfície indicadora de direção, enquanto G.O.D. coça a cabeça em confusão aparente. Porém, a orquestra imunológica continua tocando. Na ilustração final, de 1982 (imagem 6), "o gerador de diversidade parece resignado aos apelos conflitantes dos anjos da ajuda e supressão", que pairam sobre seus ombros (Golub, 1987, p. 536). Além de G.O.D. e dos dois anjos, há um maestro-célula T e dois indutores em conflito, "cada um indicando sua própria interpretação". A piada do controle singular da regência da harmonia organísmica no sistema sinfônico responsável pela integridade do "eu" tornou-se um tipo de pastiche pós-moderno de múltiplos centros e periferias, em que a música imunológica que o trecho sugere certamente soaria como música de creche. Todos os atores que normalmente estariam no palco para o sujeito biopolítico inequívoco e coerente ainda estão presentes, mas suas harmonias são definitivamente um tanto problemáticas.

Nos anos 1980, o sistema imunológico é sem dúvida um objeto pós-moderno – simbólica, técnica e politicamente. Katherine Hayles (1987b) caracteriza o pós-modernismo em termos de "três ondas de desenvolvimentos que ocorrem em múltiplos locais dentro da cultura, incluindo a literatura e a ciência". Sua arqueologia começa com a linguística de Saussure, através da qual os sistemas simbólicos foram "desnaturalizados". A diferença relacional gerada internamente, e não a mimese, é o que regia a significação. Hayles enxerga a culminação dessa abordagem na teoria estatística da informação de Claude Shannon, de meados do século XX, desenvolvida para reunir o maior número de sinais em uma linha de transmissão para a Companhia Telefônica Bell e estendida para cobrir atos de comunicação em geral, incluindo os direcionados pelos códigos de semiose corporal na etologia da biologia molecular. Sistemas de geração e processamento de "informação", portanto, são objetos pós-modernos, inseridos em uma teoria dos significantes diferenciados internamente e afastados das doutrinas da representação como mimese. Artefato capaz de mudar a história, a "informação" existe somente em tipos muito específicos de universos[3]. Progressivamente, o mundo e o signo pareciam existir em universos incomensuráveis – não havia nenhuma *medida* que os vinculasse, e as convenções de leitura para todos os textos passaram a se parecer com os requisitos da ficção científica. O que surgiu foi uma tecnologia global que "tornou a separação entre texto e contexto uma experiência cotidiana". A segunda onda de Hayles,

> energizada pelo rápido desenvolvimento da tecnologia da informação, tornou o desaparecimento do contexto estável e reproduzível um fenômeno internacional [...]. O contexto não era mais uma parte natural de toda experiência, mas um artefato que poderia ser alterado de acordo com a vontade.

A terceira onda de desnaturalização de Hayles referia-se ao tempo:

> Começando com a teoria especial da relatividade, o tempo cada vez mais passou a ser visto não como uma progressão inevitável ao longo de uma escala linear à qual todos os humanos estariam sujeitos, mas como um constructo que poderia ser concebido de diferentes maneiras.

A linguagem não é mais um eco da palavra de Deus, mas um constructo técnico que opera sobre princípios de diferença gerada internamente. Se os primeiros filósofos naturais modernos ou os médicos do Renascimento conduziam uma exegese do texto da natureza escrito na linguagem da geometria ou das correspondências cósmicas, o cientista pós-moderno ainda trabalha lendo, mas tem como texto os sistemas codificados de reconhecimento – sujeitos às patologias do reconhecimento errôneo – embutidos em objetos como redes de computador e sistemas imunológicos. O laço extraordinariamente apertado entre linguagem e tecnologia não poderia ser mais enfatizado no pós-modernismo. O "constructo" está no centro da atenção; criação, leitura, escrita e significado parecem estar muito perto da mesma coisa. Essa quase-identidade entre a tecnologia, o corpo e a semiose sugere uma vantagem particular das relações mutuamente constitutivas entre economia política, símbolo e ciência que "informam" as vertentes contemporâneas de pesquisa na antropologia médica.

O aparato da produção corporal: A tecnobiopolítica do engajamento

Os corpos, então, não nascem: são criados (imagem 7). Eles têm sido desnaturalizados amplamente como signo, contexto e tempo. No final do século XX, os corpos não crescem a partir de princípios harmônicos internos teorizados no romantismo. Eles também não são descobertos nos domínios do realismo e do modernismo. Não se nasce mulher, sustentava corretamente Simone de Beauvoir. Foi necessário o terreno político-epistemológico do pós-modernismo para se poder empregar uma paráfrase de De Beauvoir: não se nasce organismo. Organismos são feitos; são constructos de uma espécie que muda o mundo. As construções das fronteiras de um organismo, o trabalho dos discursos da imunologia, são mediadores particularmente poderosos das experiências da doença e da morte para os povos industriais e pós-industriais.

Nesse contexto sobredeterminado, invocarei de modo irônico – e inescapável – um conceito construcionista como dispositivo analítico para perseguir uma compreensão de que tipos de unidades, eus e indivíduos habitam o universo estruturado pelo discurso sobre o sistema imunológico: essa ferramenta conceitual, "o aparato da produção corporal", foi discutida anteriormente, pp. 344-52 deste livro (King, 1987b). Corpos científicos não são construções *ideológicas*. Sempre historicamente específicos de maneira radical, os corpos têm um tipo diferente de especificidade e efetividade, e, assim, convidam a um tipo diferente de engajamento e intervenção. Pretende-se, com a noção de um "ator material-semiótico", iluminar o objeto de conhecimento como uma parte ativa do aparato da produção corporal, sem *jamais* implicar a presença imediata de tais objetos, ou, o que é a mesma coisa, sua determinação última ou final do que pode contar como conhecimento objetivo de um corpo biomédico em uma conjuntura histórica específica. Corpos como objetos de conhecimento são nós gerativos material-semióticos. Suas fronteiras se materializam na interação social; "objetos" como corpos não preexistem enquanto tais. A objetividade científica (a localização/observação dos objetos) não se refere à descoberta desengajada, mas à estruturação mútua e geralmente desigual, e a se arriscar. Os vários corpos biológicos em disputa surgem na intersecção entre pesquisa, escrita e publicação em biologia;

práticas médicas e outras; produções culturais de todos os tipos, incluindo metáforas e narrativas disponíveis; e tecnologias, tais como as de visualização, que trazem desde células T assassinas em cores brilhantes manipuladas e fotografias íntimas do feto em desenvolvimento até livros de arte brilhantes para todos os lares de classe média (Nilsson, 1977, 1987).

Também foi convidado para essa intersecção o referente análogo às linguagens vivazes que se interconectam ativamente na produção do valor literário: as corporificações camaleônicas e "coiotescas" de um mundo como agente e ator engenhoso. Talvez nossas esperanças de responsabilização na tecnobiopolítica nos quadros pós-modernos se dirijam a uma revisão do mundo como *trickster* codificador com o qual precisamos aprender a conversar. Como uma proteína submetida ao estresse, o mundo para nós pode ser completamente desnaturalizado, mas não é nem um pouco menos significativo. Assim, enquanto o sistema imunológico do final do século XX é um constructo de um aparato elaborado de produção corporal, nem o sistema imunológico nem qualquer outro corpo da biomedicina capaz de mudar o mundo – como um vírus – é uma fantasia fantasmagórica. O coiote não é um fantasma, mas meramente um *trickster* camaleônico.

A tabela a seguir abstrai e dicotomiza dois momentos históricos na produção biomédica de corpos do final do século XIX até os anos 1980. Ela salienta os aspectos epistemológicos, culturais e políticos das contestações possíveis de construções de corpos científicos no século XX. A própria tabela é uma pequena máquina tradicional para criar significados particulares. Não é uma descrição, mas deve ser lida como um argumento, que depende de uma supertecnologia de produção de significados: a dicotomização binária.

TABELA 4

Representação	Simulação
Romance burguês	Ficção científica
Realismo e modernismo	Pós-modernismo
Organismo	Componente biótico, código
Trabalho	Texto
Mimese	Jogo de significantes
Profundidade, integridade	Superfície, fronteira
Calor	Ruído
Biologia como prática clínica	Biologia como inscrição
Fisiologia	Engenharia de comunicações
Microbiologia, tuberculose	Imunologia, aids
Projétil mágico	Imunomodulação
Grupo pequeno	Subsistema
Perfeição	Otimização
Eugenia	Engenharia genética
Decadência	Obsolescência
Higiene	Gerenciamento de estresse
Divisão orgânica do trabalho	Ergonomia, cibernética
Especialização funcional	Construção modular
Determinismo biológico	Restrições de sistema
Reprodução	Replicação
Individual	Réplicon
Comunidade ecológica	Ecossistema
Cadeia racial do ser	Humanismo das Nações Unidas
Colonialismo	Capitalismo transnacional
Natureza/cultura	Campos de diferença
Cooperação	Melhoria nas comunicações
Freud	Lacan
Sexo	Substituição
Mão de obra	Robótica
Mente	Inteligência artificial
Segunda Guerra Mundial	Guerra nas Estrelas
Patriarcado capitalista branco	Informática da dominação

É impossível ver as entradas na coluna da direita como "naturais", uma percepção que também subverte o status naturalístico da coluna da esquerda. Do século XVIII a meados do século XX, as grandes construções de gênero, raça e classe foram inseridas nos corpos organicamente marcados da mulher, do colonizado ou do escravizado e do trabalhador. Aqueles que habitavam esses corpos marcados têm sido simbolicamente outros em relação ao eu racional fictício do homem universal, e, portanto, não marcado, um sujeito coerente. O corpo orgânico marcado tem sido um local crítico de contestação cultural e política, crucial tanto para a linguagem da política libertária da identidade quanto para os sistemas de dominação que se apoiam em linguagens amplamente compartilhadas da natureza como recurso para a apropriação da cultura. Por exemplo, os corpos sexualizados da literatura de aconselhamento médico de classe média do século XIX na Inglaterra e nos Estados Unidos, organizados, em sua conformação feminina, em torno da função maternal e do local físico do útero, e, em sua conformação masculina, pela economia espermática ligada de perto ao sistema nervoso, foram parte de um discurso elaborado sobre a economia orgânica. O campo narrativo em que esses corpos se moviam gerava abordagens de cidadania racional, vida familiar burguesa e profilaxia contra a contaminação e a incapacidade sexuais, bem como sobre a prostituição, a criminalidade ou o suicídio racial. Algumas políticas feministas defendiam a inclusão completa das mulheres no corpo político com base em funções maternais na economia doméstica estendida ao mundo público. Mais tarde, no século XX, políticas gays e lésbicas abraçaram irônica e criticamente os corpos marcados construídos nas sexologias dos séculos XIX e XX e nas medicinas de identidade de gênero para criar um discurso humanista complexo sobre a libertação sexual. Negritude, escrita feminina, diversos separatismos e outros movimentos culturais recentes têm se apoiado e subvertido a lógica da naturalização central ao discurso biomédico sobre a raça e o gênero nas histórias da colonização e da supremacia masculina. Em todos esses variados relatos políticos e biomédicos interligados de maneira opositiva, o corpo permanecia um *locus* relativamente inequívoco de identidade, agência, mão de obra e função hierarquizada. Tanto os humanismos científicos quanto os determinismos biológicos poderiam ser autorizados e contestados em termos do organismo biológico modelado nas ciências da vida pós-século XVIII.

Mas como funcionam as narrativas do normal e do patológico quando o corpo biológico e médico é simbolizado e operado não como um sistema de trabalho, organizado pela divisão hierárquica da mão de obra, ordenado por uma dialética privilegiada entre funções nervosas e reprodutivas altamente localizadas, mas como um texto codificado, organizado como um sistema de comunicações projetado, ordenado por uma rede de inteligência dispersa de comando e controle? Desde meados do século XX, os discursos biomédicos têm sido organizados progressivamente em torno de um conjunto bastante diferente de tecnologias e práticas, que desestabilizaram o privilégio simbólico do corpo hierárquico, localizado e orgânico. Concomitantemente – e a partir de algumas das mesmas matrizes históricas da descolonização, do capitalismo multinacional, da militarização global de alta tecnologia e da emergência de novos atores políticos coletivos na política local e global dentre essas pessoas anteriormente consignadas ao trabalho em silêncio –, a questão das "diferenças" tem desestabilizado os discursos humanistas da libertação baseados em uma política de identidade e unidade substantiva. A teoria feminista como uma prática discursiva autoconsciente foi gerada nesse período pós--Segunda Guerra Mundial, caracterizado pela tradução das linguagens da natureza ocidentais científicas e políticas, desde as que se baseiam em trabalho, localização e no corpo marcado até aquelas baseadas em códigos, dispersão e criação de redes ou no sujeito pós-moderno fragmentado. Uma abordagem do corpo biomédico e biotécnico precisa começar a partir das interfaces moleculares múltiplas dos sistemas genético, nervoso, endócrino e imunológico. A biologia diz respeito ao reconhecimento e ao não reconhecimento, aos erros de codificação, às práticas de leitura do corpo (por exemplo, mutações por mudança da matriz de leitura) e a projetos de bilhões de dólares para sequenciar o genoma humano, publicá-lo e armazená-lo em uma "biblioteca" genética nacional. O corpo é concebido como um sistema estratégico, altamente militarizado em arenas-chave de imaginário e prática. Sexo, sexualidade e reprodução são teorizados em termos de estratégias de investimento local; o corpo deixa de ser um mapa espacial estável de funções normalizadas e, em vez disso, emerge como um campo altamente móvel de diferenças estratégicas. O corpo biomédico-biotécnico é um sistema semiótico, um campo complexo de produção de significado, para o qual o discurso da imunologia – isto é, o discurso biomédico central sobre reconhecimento e não reconhecimento – tornou-se uma prática de apostas elevadas em muitos sentidos.

Com relação a objetos como componentes bióticos e códigos, deve-se pensar não em termos de leis de crescimento e propriedades essenciais, mas, em vez disso, em termos de estratégias de design, restrições de fronteira, taxas de fluxos, lógicas de sistema e custos de diminuição de restrições. A reprodução sexuada torna-se uma estratégia possível entre muitas, com custos e benefícios teorizados como uma função do ambiente do sistema. A doença é uma subespécie de mau funcionamento de informação ou de patologia de comunicações; ela é um processo de não reconhecimento ou de transgressão das fronteiras de uma montagem estratégica chamada de eu. Ideologias da reprodução sexuada não podem mais apelar facilmente para noções não problemáticas de sexo e de papel sexual como aspectos orgânicos em objetos naturais "saudáveis" como organismos e famílias. Da mesma forma que para a raça, as ideologias de diversidade humana precisam ser desenvolvidas em termos de frequências de parâmetros e campos de diferenças carregadas de poder, não de essências e origens naturais ou lares. Raça e sexo, como os indivíduos, são artefatos sustentados ou minados pelo nexo discursivo do conhecimento e do poder. Quaisquer objetos ou pessoas podem ser concebidos de modo razoável em termos de desmontagem e remontagem; nenhuma arquitetura "natural" restringe o design de sistemas. Mas, ainda assim, o design é altamente restrito. O que conta como "unidade", como um, é altamente problemático, e não é um dado permanente. A individualidade é um problema estratégico de defesa.

Deveríamos esperar que as estratégias de controle se concentrassem nas condições e interfaces de fronteiras, nas taxas de fluxo entre fronteiras, e não na integridade de objetos naturais. A "integridade" ou "sinceridade" do eu ocidental dá lugar a procedimentos de decisão, sistemas de especialidade e estratégias de investimento de recursos. "Graus de liberdade" tornam-se uma metáfora muito poderosa para a política. Seres humanos, como quaisquer outros componentes ou subsistemas, devem ser localizados em uma arquitetura de sistema cujos modos básicos de operação são probabilísticos. Nenhum objeto, espaço ou corpo é sagrado em si mesmo; qualquer componente pode ter uma interface com qualquer outro se o padrão ou o código apropriado puder ser construído para processar sinais em uma linguagem comum. De maneira particular, não há fundamento para ontologicamente estabelecer oposição entre o orgânico, o técnico e o textual[4]. Mas também não há nenhuma base para opor o *mítico* ao orgânico, ao textual e ao técnico. Suas convergências são mais importantes do que suas oposições residuais. A patologia privilegiada que afeta todos os tipos de componentes nesse universo é o estresse – ruptura de comunicações. Teoriza-se que o estresse opera no corpo "deprimindo" o sistema imunológico. Os corpos tornaram-se ciborgues – organismos cibernéticos – compostos de corporificação e textualidade híbrida tecno-orgânica (Haraway, 1985 [neste livro, pp. 259-317]). O ciborgue é texto, máquina, corpo e metáfora – todos teorizados e engajados na prática em termos de comunicações.

Ciborgues pela sobrevivência da terra[5]

Entretanto, assim como o organismo dos séculos XIX e XX acomodava um campo diverso de contestação cultural, política, financeira, teórica e técnica, o ciborgue também é um constructo contestado e heterogêneo. Ele é capaz de sustentar projetos de oposição e de libertação nos níveis da prática de pesquisa, das produções culturais e da intervenção política. Esse tema abrangente pode ser introduzido através do exame de construções contrastantes do corpo biotécnico do final do século XX ou de outros sistemas de comunicação pós-modernos contemporâneos. Esses constructos podem ser concebidos e construídos de ao menos dois modos opostos: (1) em termos de princípios-mestre de controle, articulados em um paradigma racionalista de linguagem e corporificação; ou (2) em termos de uma semiose complexa e estruturalmente incluída em muitos "geradores de diversidade" em um discurso contrarracionalista (*não* irracionalista) ou hermenêutico/situacionista/construtivista prontamente disponível na ciência e na filosofia ocidentais. O trabalho conjunto de Terry Winograd e Fernando Flores (1986) em *Understanding Computers and Cognition* [Entendendo computadores e a cognição] é particularmente sugestivo para se pensar sobre os potenciais da contestação cultural/científica/política das tecnologias de representação e corporificação da "diferença" no discurso imunológico, cujo objeto de conhecimento é um tipo de "sistema de inteligência artificial/linguagem/comunicação do corpo biológico"[6].

Winograd e Flores elaboram uma crítica detalhada do paradigma racionalista para compreender os sistemas perceptuais e linguísticos corporificados (ou "determinados pela estrutura") e para desenvolver computadores que possam funcionar como próteses em projetos humanos. Na forma simples de um modelo racionalista da cognição,

> dá-se como certa a existência de uma realidade objetiva formada por coisas que têm propriedades e entram em relações. Um ser cognitivo coleta "informações" sobre essas coisas e constrói um "modelo" mental que será correto em alguns aspectos (uma representação fiel da realidade) e, em outros aspectos, incorreto. O conhecimento é um repositório de representações que podem ser invocadas para raciocinar e podem ser traduzidas em linguagem. O pensamento é um processo de manipular essas representações (Winograd, *in* Morelli, 1992).

É essa doutrina da representação que Winograd considera equivocada em muitos sentidos, inclusive no plano do discurso político e moral geralmente suprimido na escrita científica. Ele prossegue afirmando que a doutrina também está tecnicamente errada por orientar a pesquisa em projeto de *software*: "Contrariamente ao consenso comum, a compreensão do 'senso comum' da linguagem, do pensamento e da racionalidade inerente a essa tradição *prejudica* em última instância a aplicação frutífera da tecnologia computacional à vida e ao trabalho humanos." Apoiando-se em Heidegger, Gadamer, Maturana e outros, Winograd e Flores desenvolvem uma doutrina de interdependência entre interpretante e interpretado, que não são entidades discretas e independentes. Pré-compreensões situadas são críticas para toda comunicação e ação. "Sistemas determinados por estrutura" com histórias moldadas através de processos de "emparelhamento estrutural" fornecem uma abordagem melhor da percepção do que as doutrinas da representação.

> Mudanças no ambiente têm o potencial de alterar os padrões relativos da atividade dentro do próprio sistema nervoso, os quais, por sua vez, orientam o comportamento do organismo, uma perspectiva que invalida o pressuposto de que adquirimos as representações de nosso ambiente. Ou seja, a interpretação surge como uma consequência necessária da estrutura dos seres biológicos (Winograd, *in* Morelli, 1992).

Winograd concebe o pareamento dos mundos interno e externo dos organismos e ecossistemas, dos organismos uns com os outros ou das estruturas orgânicas e técnicas em termos de metáforas de linguagem, comunicação e construção – mas não em termos de uma doutrina racionalista da mente e da linguagem ou de um instrumentalismo descorporificado. Atos linguísticos envolvem atos compartilhados de interpretação, e estão ligados fundamentalmente à localização engajada em um mundo estruturado. O contexto é uma questão fundamental, não como "informação" ao redor, mas como coestrutura ou cotexto. Cognição, engajamento e dependência de situação são conceitos relacionados para Winograd, técnica e filosoficamente. A linguagem não diz respeito à descrição, mas ao comprometimento. Isso se aplica à linguagem "natural" e à linguagem "construída".

Como tal modo de teorizar as técnicas e a biologia da comunicação poderia afetar o discurso do sistema imunológico acerca da "tecnologia" do corpo para reconhecer o eu e o outro e para mediar entre "mente" e "corpo" na cultura pós-moderna? Assim como o design de computadores é um mapa de e para modos de viver, o sistema imunológico é, em alguma medida, um diagrama de relações e um guia para a ação em face de questões sobre as fronteiras do eu e sobre a mortalidade. O discurso sobre o sistema imunológico diz respeito a restrições e possibilidades de engajar-se em um mundo repleto de "diferença", repleto do não eu. A abordagem de Winograd e Flores contém um modo de contestar noções de patologia, ou de "colapso", sem militarizar o terreno do corpo.

> Colapsos exercem um papel central na compreensão humana. Um colapso não é uma situação negativa a ser evitada, mas uma situação de não obviedade, na qual alguns aspectos da rede de ferramentas que nos dispomos a usar são trazidos para a visibilidade [...]. Um colapso revela o nexo de relações que nos é necessário para realizar nossa tarefa [...]. Isso cria um objetivo claro para o design – antecipar a forma dos colapsos e fornecer um espaço de possibilidades para a ação quando eles ocorrem. (Winograd, *in* Morelli, 1992)

Essa não é uma relação de vulnerabilidade do tipo Guerra nas Estrelas ou Iniciativa de Computação Estratégica, mas também não nega a ação terapêutica. Ela insiste em localizar a ação terapêutica e reconstrutiva (e, assim, a compreensão teórica) em termos de propósitos situados, não de fantasias do eu completamente defendido em um corpo como uma fábrica militarizada e automatizada, um tipo de eu perfeito como um gerenciador de batalha robótica encontrando o inimigo (não eu) enquanto ele o invade na forma de *bits* de informação estrangeira ameaçando tomar conta dos códigos de controle.

Propósitos situados são necessariamente finitos, enraizados na parcialidade e em um jogo sutil entre o mesmo e o diferente, a manutenção e a dissolução. Os sistemas linguísticos de Winograd e Flores são entidades "desnaturalizadas" e completamente construtivistas. Nesse sentido, são ciborgues pós-modernos que não dependem de fronteiras impermeáveis entre o orgânico, o técnico e o textual. Mas seus sistemas linguísticos/de comunicação são distintamente opositivos aos ciborgues de inteligência artificial de uma "sociedade da informação", com suas patologias exterministas de abstração final a partir da vulnerabilidade e, portanto, a partir da corporificação[7].

O uno e o múltiplo: Eus, indivíduos, unidades e sujeitos

O que se constitui como um indivíduo dentro do discurso biotécnico e biomédico? Não há uma resposta simples para essa pergunta, pois mesmo os corpos individuados ocidentais mais confiáveis – os ratos e homens de um laboratório bem equipado – não terminam nem começam na pele, que é, em si mesma, uma espécie de selva fervilhante que ameaça fusões ilícitas, especialmente da perspectiva de um microscópio eletrônico.

O projeto multibilionário de sequenciar "o genoma humano" em uma biblioteca genética definitiva pode ser visto como uma resposta prática para a construção do "homem" como "sujeito" da ciência. O Projeto Genoma Humano é um tipo de tecnologia do humanismo pós-moderno, que define "o" genoma ao lê-lo e escrevê-lo. A tecnologia necessária para esse tipo específico de letramento é sugerida pela propaganda da MacroGene. A peça publicitária une o mítico ao orgânico, ao técnico e ao textual em sua invocação gráfica do "elo perdido" rastejando para fora da água em direção à terra, enquanto se lê "Na estação de trabalho [para o sequenciamento de ácidos nucleicos] da MacroGene, da LKB, não há 'elos perdidos'" (imagem 8). O monstruoso *Ichthyostega* rastejando das profundezas em uma das grandes transições da Terra é uma figura perfeita para as metamorfoses técnicas e corpóreas do final do século XX. Um ato de canonização para forçar os teóricos das humanidades a fazerem uma pausa, a obra de referência chamada de genoma humano poderia ser o meio através do qual a diversidade humana e suas patologias poderiam ser domadas no exaustivo código mantido por um escritório de padrões genéticos nacional ou internacional. Custos de armazenamento do dicionário gigante provavelmente excederão os custos de sua produção, mas essa é uma questão mundana para qualquer bibliotecário (Roberts, 1987a, 1987b, 1987c; Kanigel, 1987). O acesso a esse padrão de "homem" será uma questão de disputas internacionais financeiras, de patentes e afins. Os Povos do Livro finalmente terão um Gênesis padronizado. No princípio era a cópia.

O Projeto Genoma Humano pode definir o ser das espécies pós-modernas (apesar dos filósofos). Mas e o ser *individual*? Richard Dawkins levantou esse problema espinhoso em *The Extended Phenotype* [O fenótipo estendido]. Ele notou que, em 1912, Julian Huxley definiu a individualidade em termos biológicos como "literalmente indivisibilidade – a qualidade de ser suficientemente heterogêneo na forma de modo que se torne disfuncional se cortado na metade" (Dawkins, 1982, p. 250). Esse parece um começo promissor. Nos termos de Huxley, certamente eu ou você contaríamos como um indivíduo, enquanto muitos vermes não. A individualidade dos vermes não foi obtida nem mesmo no auge do liberalismo burguês, então não há motivo de preocupação aqui. Contudo, a definição de Huxley não responde sobre *qual função* está em questão. Nada é capaz de responder a isso de forma abstrata: depende do que deve ser feito[8]. Você ou eu (qualquer que seja o endereçamento problemático desses pronomes) poderíamos ser um indivíduo para alguns propósitos, mas não para outros. Esse é um estado ontológico normal para ciborgues e mulheres, e talvez até mesmo para aristotélicos e homens. Função diz respeito a ação. É aqui que Dawkins tem uma solução radical, propondo uma perspectiva da individualidade que seja estratégica em todos os níveis de significado. Há muitas espécies de indivíduos para Dawkins, mas uma espécie tem a primazia. "Todo o propósito de nossa busca por uma 'unidade de seleção' é descobrir um ator apropriado para interpretar o papel principal em nossas metáforas de propósito" (1982, p. 91). Essas "metáforas de propósito" acabam se resumindo no seguinte: replicação. "Um replicador bem-sucedido é aquele que consegue perdurar, na forma de cópias, por um longo tempo, medido em gerações, e consegue propagar muitas cópias de si mesmo" (1982, pp. 87-8).

O fragmento do replicador cuja individualidade mais importa, no tempo construído da teoria evolutiva, não é particularmente "unitário". Embora ele sirva, para Dawkins, como a "unidade" da seleção natural, suas fronteiras não são fixas e seu alcance interno permanece mutável. Ainda assim, essas unidades devem ser um pouco menores do que uma "única" codificação de gene para uma proteína. As unidades são boas o bastante apenas na medida em que sustentam a tecnologia da cópia. Como as fronteiras dos réplicons, as de outros agrupamentos estratégicos também não são fixas – elas têm a ver com a rede ampla lançada pelas estratégias de replicação em um mundo em que o eu e o outro estão em jogo.

> O organismo integrado multicelular é um fenômeno que surgiu como resultado da seleção natural em replicadores primitivamente egoístas. Ele pagou os replicadores para se comportarem de forma gregária [a "harmonia" já era, no curto prazo]. O poder fenotípico pelo qual eles asseguram sua sobrevivência é, em princípio, estendido e ilimitado. Na prática, o organismo surgiu como uma concentração local parcialmente limitada, um nó compartilhado de poder replicador (Dawkins, 1982, p. 264).

"Em princípio, estendido e ilimitado" – essa é uma afirmação notável de interconectividade, mas de uma espécie muito particular, que leva a teorizar o mundo vivente como uma vasta corrida armamentista.

> Fenótipos que se estendem para fora do corpo não precisam ser artefatos inanimados: eles podem ser construídos a partir de tecido vivo [...]. Demonstrarei que é logicamente sensato enxergar genes parasitas como se tivessem expressão fenotípica nos corpos *e comportamentos* hospedeiros (1982, p. 210, grifo meu).

Contudo, o ser que serve como fenótipo de um outro é em si mesmo povoado por propágulos com seus próprios fins replicativos. "Um animal não necessariamente se submeterá de maneira passiva à manipulação, e espera-se que uma 'corrida armamentista' evolutiva se desenvolva" (1982, p. 39). Essa é uma corrida armamentista que deve dar conta do estágio de desenvolvimento do meio de produção corporal e dos custos de sua manutenção:

> O corpo pluricelular é uma máquina de produção de propágulos monocelulares. Corpos maiores, como elefantes, podem ser mais bem compreendidos como maquinário pesado, um dreno temporário de energia, investida de forma a melhorar a produção posterior de propágulos. Em um certo sentido, a linha germinal "gostaria" de reduzir o investimento de capital em maquinário pesado (1982, p. 254).

Capital amplo é, de fato, um dreno; o pequeno é belo. Mas você e eu demandamos grandes investimentos de capital, em mais sentidos do que apenas o genético. Talvez devêssemos ficar de olho na linha germinal, especialmente porque "nós" – os componentes "não linha germinal" de mamíferos adultos (a menos que você se identifique com seus gametas haploides, como fazem alguns) – não podemos ser unidades de cópia. "Nós" podemos apenas almejar por um eu defendido, e não pela fidelidade da cópia, a propriedade de outros tipos de unidades. Dentro de "nós" está o mais ameaçador outro – os propágulos, cujos fenótipos nós, temporariamente, somos.

O que isso tudo tem a ver com o discurso da imunologia como um mapa de sistemas de "diferença" no capitalismo tardio? Deixe-me tentar apresentar o sabor das representações do objeto curiosamente corpóreo chamado de sistema imunológico humano, retirado de livros didáticos e relatórios de pesquisa publicados nos anos 1980. O sistema imunológico é composto de cerca de 10^{12} células, duas ordens de grandeza a mais do que o sistema nervoso. Essas células se regeneram ao longo da vida a partir de células-tronco pluripotentes, que permanecem, elas mesmas, indiferenciadas. Da vida embriônica até a vida adulta, o sistema imunológico se localiza em diversos tecidos e órgãos relativamente amorfos, incluindo a glândula timo, a medula óssea, o baço e os linfonodos; mas uma grande fração de suas células está no sangue, nos sistemas circulatórios linfáticos e nos fluidos e espaços corporais. Há duas linhagens principais de células desse sistema. A primeira são os *linfócitos*, que incluem os vários tipos de células T (ajudante, supressora, assassina e suas variantes) e as células B (cada tipo delas pode produzir apenas um tipo de uma vasta gama de potenciais anticorpos circulantes). Células T e B têm especificidades particulares capazes de reconhecer quase qualquer gama molecular de tamanho específico que possa existir, não importando quão sagaz a indústria química possa vir a ser. Essa especificidade é proporcionada por um mecanismo barroco de mutação somática, a seleção clonal, e por um receptor poligênico ou sistema de marcadores. A segunda linhagem de células imunológicas é a do *sistema mononuclear fagocitário*, que inclui os multitalentosos macrófagos, que, além de suas outras habilidades de reconhecimento e conexões, também parecem compartilhar receptores e alguns produtos de peptídeos hormonais com as células neurais. Além do compartimento celular, o sistema imunológico constitui-se de uma ampla gama de produtos acelulares circulantes, tais como anticorpos, linfocinas e componentes de complemento. Essas moléculas mediam a comunicação entre os componentes do sistema imunológico, mas também entre o sistema imunológico e os sistemas nervoso e endócrino, conectando, assim, os múltiplos locais e funções de controle e coordenação do corpo. A genética das células do sistema imunológico, com suas altas taxas de mutação somática e de *splicing* do produto genético e rearranjos para produzir receptores e anticorpos de superfície completos, zomba da noção de um genoma constante mesmo dentro de "um" corpo. O corpo hierárquico de antigamente abriu espaço a um corpo-rede de complexidade e especificidade verdadeiramente impressionantes. O sistema imunológico está em todo lugar e em lugar nenhum. Suas especificidades são indefinidas, se não infinitas, e elas surgem de forma aleatória. Ainda assim, essas variações extraordinárias são o meio crítico de manter a coerência corporal individual.

No início dos anos 1970, o imunologista e ganhador do Prêmio Nobel Niels Jerne propôs uma teoria de autorregulação do sistema imunológico, chamada de teoria da rede, que deve completar este relato minimalista (Jerne, 1985; Golub, 1987, pp. 379-92). "A teoria da rede difere de outros modos de pensamento da imunologia porque ela fornece ao sistema imunológico a capacidade de se regular usando apenas a si mesmo" (Golub, 1987, p. 379). A ideia básica de Jerne era a de que qualquer molécula de anticorpo devia ser capaz de agir funcionalmente como tal sobre algum antígeno *e* como antígeno para a produção de um anticorpo contra ele mesmo, ainda que em alguma outra região de "si mesmo". Todos esses sítios adquiriram uma nomenclatura tão desafiadora que afastou indefinidamente a teoria do conhecimento popular, mas a concepção básica é simples. A concatenação de reconhecimentos e respostas internos deveria seguir adiante indefinidamente, em uma série de espelhamentos interiores de sítios nas moléculas de imunoglobulina, de modo que o sistema imunológico devesse estar sempre em um estado de resposta interna dinâmica. Ele nunca estaria passivo, "em repouso", aguardando um estímulo de ativação a partir de um exterior hostil. Em um certo sentido, não poderia existir uma estrutura antigênica *exterior*, nenhum "invasor" que o sistema imunológico já não tivesse "visto" e espelhado internamente. "Eu" e "outro" perdem sua qualidade opositiva racionalística e tornam-se jogos sutis de leituras e respostas parcialmente espelhadas. A noção da *imagem interna* é a chave para a teoria, e ela acarreta a premissa de que cada membro do sistema imunológico é capaz de interagir com cada um dos outros membros. Assim como ocorre com o fenótipo estendido de Dawkins, uma concepção radical de *conexão* surge inesperadamente no coração dos movimentos pós-modernos.

> Esta é uma ideia única, que, se correta, significa que todas as reações possíveis que o sistema imunológico pode executar com epítopos no mundo externo ao animal já são consideradas no sistema interno de paratopos e idiótipos já presentes dentro do animal (Golub, 1987, pp. 382-3).

A concepção de Jerne retoma o enfoque de Winograd e Flores no acoplamento estrutural e nos sistemas determinados por estrutura em sua abordagem da percepção. A questão crucial é a atividade interna e estruturada do sistema, e não as representações formais do mundo "externo" dentro do mundo "interno" do sistema de comunicação que é o organismo. Tanto as formulações de Jerne quanto as de Winograd resistem ao meio de conceituação facilitado mais prontamente por uma teoria racionalista do reconhecimento e da representação. Ao discutir o que ele chamou de estrutura profunda e gramática gerativa do sistema imunológico, Jerne argumenta que "uma estrutura idêntica pode aparecer em muitas estruturas em muitos contextos e pode ser que o leitor ou o sistema imunológico reaja a ela" (citado em Golub, 1987, p. 384)[9].

Será, então, que o sistema imunológico – o sistema orgânico-textual-mítico fluido, disperso e em rede que unifica os centros mais pesados e localizados do corpo através de seus atos de reconhecimento – representa o sinal definitivo da evolução altruísta em direção à completude, na forma do meio de coordenação de um eu biológico coerente? Em uma palavra – não, pelo menos não no persuasivo esquema teórico pós-moderno de Leo Buss (1987) em *The Evolution of Individuality* [A evolução da individualidade].

Constituindo uma espécie de holismo tecnológico, as abordagens teóricas iniciais do corpo biológico por sistemas de comunicação cibernética dos anos 1940 aos anos 1960 privilegiavam a coordenação efetuada por "mecanismos de retroalimentação causal circulares". Nos anos 1950, corpos biológicos tornaram-se sistemas de comunicação tecnológica, mas não foram totalmente reconstituídos como locais de "diferença" em seu sentido pós-moderno – o jogo de significantes e replicadores em um campo estratégico cuja significância dependia problematicamente, na melhor das hipóteses, de um mundo fora de si mesmo. Mesmo as primeiras proclamações sintéticas da sociobiologia, particularmente o livro *Sociobiology: The New Synthesis*, de E. O. Wilson (1975), mantinham uma ontologia fundamentalmente tecno-organicista ou holista do organismo cibernético, ou ciborgue, reposicionado na teoria evolutiva por extensões e revisões do princípio da seleção natural pós-Segunda Guerra Mundial. Essa dimensão "conservadora" de Wilson e de muitos outros sociobiólogos tem sido bastante criticada por teóricos da evolução que foram muito além na desnaturalização de princípios coordenadores da biologia organísmica em cada nível da organização biótica, de fragmentos de genes a ecossistemas. A teoria sociobiológica da adequação inclusiva mantinha uma espécie de envelope em torno do organismo e afins, mas esse envelope foi aberto repetidas vezes na teoria evolutiva do final dos anos 1970 e dos anos 1980.

Dawkins (1976, 1982) tem figurado entre os destruidores mais radicais do holismo biológico pós-moderno, e nesse sentido ele foi mais profundamente informado por uma consciência pós-moderna, em que a lógica da permeabilidade entre o textual, o técnico e o biótico e a da teorização profunda de todos os textos e corpos possíveis como montagens estratégicas tornaram as noções de "organismo" e de "individual" extremamente problemáticas. Ele ignora o mítico, mas este permeia seus textos. "Organismo" e "individual" não desapareceram; em vez disso, eles foram completamente desnaturalizados. Isto é, eles são constructos ontologicamente contingentes do ponto de vista do biólogo, não apenas nos delírios frouxos de um crítico cultural ou de uma historiadora feminista da ciência.

Leo Buss reinterpretou dois importantes processos ou objetos remanescentes que continuaram a resistir a tal desnaturalização: (1) o desenvolvimento embrionário, o próprio processo de construção de um indivíduo; e (2) interações do sistema imunológico, o meio icônico para manter a integridade do um diante dos muitos. Seu argumento básico para o sistema imunológico é que ele é composto de várias linhagens de células variantes, cada uma delas engajada em seus próprios "fins" replicativos. As linhagens de células em conflito servem à função somática porque

> os receptores que garantem a entrega dos mitógenos promovedores do crescimento também fomentam a função

somática. A célula T citotóxica reconhece seu alvo com o mesmo arranjo de receptores usado pelo macrófago para ativar essa linhagem de células. Ele é impelido a atacar a célula infectada pelo mesmo receptor exigido por ela para obter mitógenos das células auxiliares [...]. O sistema imunológico trabalha explorando a propensão inerente das células para aumentar sua própria taxa de replicação (Buss, 1987, p. 87).

O indivíduo é um acidente condicionado, e não o fruto mais elevado dos trabalhos da história da Terra. Em organismos metazoários, ao menos duas unidades de seleção são pertinentes, a celular e a individual, e sua "harmonia" é bastante contingente. As partes não são *para* o todo. Não há relação parte/todo de modo algum, em nenhum sentido que Aristóteles reconheceria. A patologia resulta de um conflito de interesses entre as unidades de seleção celular e organísmica. Buss, dessa forma, reformulou os meios de autorreconhecimento do organismo multicelular, da manutenção de "todos", e o que era uma ilustração da prioridade da coordenação na ontologia da biologia e da medicina passou a ser a principal testemunha da irredutível vulnerabilidade, multiplicidade e contingência de todo constructo de individualidade.

Os significados potenciais de tal movimento para as conceituações da patologia e da terapêutica na biomedicina ocidental são no mínimo intrigantes. Há um modo de redirecionar o discurso de Jerne, Dawkins e Buss em uma abordagem opositiva/alternativa/libertária análoga à de Winograd e Flores na cognição e na pesquisa em computação? Esse corpo pós-moderno, esse constructo de individualidade sempre vulnerável e contingente, é *necessariamente* um campo de batalha da Guerra nas Estrelas no espaço agora extraterrestre do interior íntimo do corpo científico ocidental do final do século XX? O que poderíamos aprender sobre essa questão ao atentar para as muitas representações contemporâneas do sistema imunológico, nas práticas de visualização, nas doutrinas de autoajuda, nas metáforas dos biólogos, nas discussões das doenças do sistema imunológico e na ficção científica? Essa é uma ampla investigação, e nos parágrafos que se seguem eu irei apenas esboçar algumas das produções culturais recentes, às vezes promissoras, mas com mais frequência profundamente perturbadoras, do corpo pós-moderno mediado pelo sistema imunológico[10]. Neste estágio, a análise só pode servir para aguçar as questões, não para respondê-las.

Poder imunológico: Imagens, ficções e fixações

Este capítulo se iniciou com um lembrete de que a ciência tem sido um discurso de viagem, intimamente implicada nas outras grandes leituras e escritas colonizantes e libertárias tão básicas das constituições e dissoluções modernas dos corpos marcados por raça, sexo e classe. O colonizante e o libertário, e o constitutivo e o dissolvente, relacionam-se como imagens internas. Assim, eu continuo esse *tour* pelo museu científico das culturas da imunologia com o efeito "terra à vista!" descrito por meu colega James Clifford enquanto aguardávamos uma reunião no gabinete do reitor da universidade em 1986. As paredes da reitoria exibiam belos retratos com tratamento de cores de outros planetas do nosso sistema solar. Cada "fotografia" criava para o observador o efeito de estar lá. Fazia parecer que algum outro observador devesse ter estado lá, com um sistema perceptual como o nosso e uma boa câmera. De algum modo, deve ter sido possível *ver* as massas planetárias de Júpiter e Saturno aparecendo para as grandes naves *Voyager* enquanto elas cruzavam a vastidão do espaço. As pessoas no século XX estão acostumadas com a ideia de que todas as fotografias são constructos em alguma medida, e que a impressão que uma fotografia passa de ser uma "mensagem sem um código", isto é, que o que é retratado está simplesmente *ali*, é um efeito de muitas camadas de história, incluindo, proeminentemente, a tecnologia (Barthes, 1982; Haraway, 1984-85; Petchesky, 1987). Porém, as fotografias dos outros planetas elevaram em ordens de magnitude o nível dessa questão. As belas imagens passaram por processos de construção que tornam completamente enganosa a metáfora do "olho da câmera". A foto de Júpiter do reitor é um retrato fotográfico pós-moderno – um constructo desnaturalizado de primeira ordem, que tem o efeito de completo realismo naturalista. *Alguém* esteve lá. Terra à vista! Mas essa *alguém* foi uma espaçonave que enviou de volta sinais digitalizados a todo um mundo de transformadores e geradores de imagens em um planeta distante chamado "Terra", em que fotografias artísticas podem ser produzidas para oferecer um sentido reconfortante da *existência* de Júpiter e, não incidentalmente, de *astronautas*, ou, ao menos, astronautas virtuais, cujos olhos poderiam ver no mesmo espectro de cores de um primata terrestre.

A mesma análise deve acompanhar qualquer observação sobre as belas fotografias e outras formas de reproduções imagéticas dos componentes do sistema imunológico. A capa de *Immunology: A Synthesis* (Golub, 1987) apresenta uma replicação icônica da alusão de seu título à síntese: um gráfico computadorizado multicolorido da estrutura tridimensional da insulina mostrando seus determinantes antigênicos reunidos em sítios específicos. Golub estimula a consciência da qualidade *cons-*

truída de tais imagens em seus créditos: "Imagem criada por John A. Tainer e Elizabeth D. Getzoff." Na verdade, o tropo convencional do cientista como um artista percorre o texto de Golub de tal modo que a construção científica adquire ressonâncias particulares de arte e gênio elevados, mais do que de teorias críticas de produções do corpo pós-moderno. Contudo, as publicações das fotografias de Lennart Nilsson no livro de arte *The Body Victorious* [O corpo vitorioso] (1987) e na *National Geographic* (Jaret, 1986) fornecem escopo não mediado ao efeito "terra à vista!" (imagens 9 e 10). As cenas explosivas, as texturas suntuosas, as cores evocativas e os monstros extraterrestres dos panoramas imunológicos aparecem bem *ali*, dentro de *nós*. Um tentáculo branco protruso de um macrófago (pseudópode) enlaça uma bactéria; montanhas de cromossomos jazem achatadas em uma paisagem lunar de matiz azulado como se fossem de outro planeta; de uma célula infectada brotam miríades de partículas virais mortíferas em um espaço interior em que mais células serão as próximas vítimas; a cabeça de um fêmur arrasada por uma doença imune brilha em uma espécie de pôr do sol em um mundo sem vida; células cancerígenas são cercadas pelos esquadrões móveis letais de células T assassinas, que lançam venenos químicos nas células traidoras malignas do indivíduo.

A equação entre Espaço Sideral e Espaço Interno e entre seus discursos conjuntos de extraterrestrialismo, fronteiras distantes e guerra de alta tecnologia é bastante literal na história oficial de celebração dos cem anos da National Geographic Society (Bryan, 1987). O capítulo que reconta a cobertura da *National Geographic* das viagens dos projetos Mercury, Gemini, Apollo e Mariner é intitulado "Espaço" e introduzido pela epígrafe "A escolha é o universo – ou nada". O último capítulo, cheio de imagens biomédicas de Nilsson e de outros fotógrafos, é intitulado "Espaço interior" e introduzido pela epígrafe "A matéria das estrelas ganhou vida" (Bryan, 1987, pp. 352 e 454). É a fotografia que convence o público da relação fraterna entre os espaços exterior e interior. Mas, curiosamente, no espaço exterior vemos astronautas em naves exploradoras ou flutuando como fetos cósmicos individualizados, enquanto no espaço supostamente terrestre de nossos próprios interiores vemos estranhos não humanoides que deveriam ser os meios pelos quais nossos corpos sustentam nossa integridade e individualidade, e, na verdade, nossa humanidade, diante de um mundo de outros. Parecemos invadidos não apenas por "não eus" ameaçadores dos quais o sistema imunológico se protege, mas, mais fundamentalmente, por nossas próprias partes estranhas. Não é de se admirar que a doença autoimune carregue um significado tão terrível, marcado desde a primeira suspeita de sua existência, em 1901, pelo termo de Morgenroth e Ehrlich: *horror autotoxicus*.

O tropo dos invasores espaciais evoca uma questão particular sobre a direcionalidade da viagem: em que direção há uma invasão? Do espaço para a Terra? Do exterior ao interior? O contrário? As fronteiras são defendidas simetricamente? A oposição interior/exterior é hierarquicamente simétrica? O discurso médico ocidental expansionista nos contextos colonizantes se tornou obcecado pela noção de contágio e da penetração hostil no corpo saudável, assim como do terrorismo e do amotinamento a partir do interior. Essa abordagem da doença envolvia uma inversão impactante: o colonizado era percebido como o invasor. Em face dos genocídios por doenças que acompanharam a "penetração" europeia do globo, o corpo "colorido" do colonizado foi construído como a fonte escura da infecção, da poluição, da desordem e assim por diante, que ameaçava sobrepujar a masculinidade branca (cidades, civilização, a família, o corpo pessoal branco) com suas emanações decadentes. Ao estabelecer os parques de caça da África, a lei europeia transformou os habitantes humanos autóctones das "reservas naturais" em caçadores ilegais, invasores em seus próprios terrenos ou parte da vida selvagem. O resíduo da história da medicina tropical colonial e da história natural no discurso sobre o sistema imunológico do final do século XX não deve ser subestimado. Discursos sobre doenças parasitárias e sobre a aids fornecem uma abundância de exemplos.

Os tons do discurso colonial também são audíveis nos parágrafos de abertura de *Immunology: The Science of Non-Self Discrimination* [Imunologia: a ciência da discriminação do não eu], em que os perigos da individualidade são recontados de forma quase lasciva. O primeiro perigo é a "fusão de indivíduos":

> Em uma selva ou no fundo do mar, os organismos – especialmente as plantas, mas também todos os tipos de animais sésseis – estão frequentemente em uma proximidade tão grande que sofrem constante perigo de perder sua individualidade através da fusão [...]. Mas somente na imaginação de um artista é que uma fusão total acontece; na realidade, os organismos se mantêm em grande medida separados, não importando quão perto uns dos outros eles vivam e cresçam (Klein, 1982, p. 3).

Nesses locais exóticos e alotrópicos, qualquer forma de contato pode ocorrer e ameaçar a autodefinição apropriada dos mamíferos. A harmonia do organismo, esse tema caro aos biólogos, é explicada em termos da defesa agressiva da individualidade; e Klein propõe dedicar, no currículo de graduações em biologia, o mesmo tempo para a defesa, para a genética e para a evolução. Soa um pouco como um Ministério da Defesa disputando recursos com as áreas sociais. Para Klein, a imunologia é uma "reação de defesa intraorganísmica", que procede por *"reconhecimento, processamento e resposta"*. Klein define o *"eu"* como "tudo que constitui uma parte integral de um dado indivíduo" (1982, p. 5, grifos no original). O que conta como indivíduo, então, é o cerne da questão. Todo o resto é *"não eu"* e suscita uma reação de defesa se as fronteiras forem cruzadas. No entanto, este capítulo tem tentado amiúde tornar problemático o que exatamente conta como eu, muito mais nos discursos da biologia e da medicina do que no mundo pós-moderno em geral.

Um diagrama da "Evolução dos sistemas de reconhecimento" em um recente livro didático de imunologia esclarece a intersecção entre os temas da diversidade literalmente "maravilhosa", da complexidade crescente, do eu como uma fortaleza de defesa e do extraterrestrialismo (imagem 11). Sob um diagrama que culmina na evolução dos mamíferos, representada sem comentários por um rato e um *astronauta completamente paramentado*[11], que parece estar dando um passo para fora, talvez na superfície da Lua, vemos a seguinte explicação:

> Da humilde ameba procurando alimento (no alto, à esquerda) ao mamífero com seus sofisticados mecanismos imunológicos humorais e celulares (abaixo, à direita), o processo do "**reconhecimento do eu *versus* não eu**" mostra um desenvolvimento estável, passo a passo com a necessidade dos animais de manterem sua integridade em um ambiente hostil. A determinação de em que ponto a "imunidade" apareceu é, portanto, meramente semântica (Playfair, 1984, p. 3, grifo no original).

Essas são as semânticas de defesa e invasão. Quando um eu é eu o bastante de modo que suas fronteiras se tornam centrais para discursos institucionalizados inteiros na medicina, na guerra e nos negócios? Imunidade e invulnerabilidade são conceitos em intersecção, uma questão de consequência em uma cultura nuclear incapaz de acomodar a experiência da morte e da finitude dentro do discurso liberal disponível sobre o coletivo e o indivíduo pessoal. A vida é uma janela de vulnerabilidade. Parece um erro fechá-la. A perfeição do eu totalmente defendido e "vitorioso" é uma fantasia arrepiante, que relaciona amebas fagocitárias e astronautas canibalizando a Terra em uma teleologia evolutiva de extraterrestrialismo pós-apocalíptico. É uma fantasia arrepiante, seja ela localizada nos espaços abstratos do discurso nacionalista ou nos espaços igualmente abstratos de nossos corpos interiores.

Imagens do sistema imunológico como campos de batalha são abundantes nas seções de ciências dos jornais diários e em revistas populares – por exemplo, no gráfico da revista *Time*, em 1984, sobre a "invasão" do vírus da aids de uma célula-enquanto-fábrica. Os vírus, representados como tanques preparados para a exportação das células desapropriadas, estão enfileirados, prontos para continuar seu avanço contra o corpo como uma força produtiva. A *National Geographic* fez um trocadilho explícito com a Guerra nas Estrelas em seu gráfico intitulado "Guerra nas Células", que ilustra o texto "The Wars Within" [As guerras interiores], de Jaret (1986, pp. 708-9). A representação imagética ligada a batalhas é convencional, não restrita a uma era nuclear e de Guerra Fria, mas toma de empréstimo todos os marcadores específicos dessas crises históricas particulares. A fábrica automatizada e militarizada é a convenção favorita entre os ilustradores e processadores de fotografias do sistema imunológico. As marcações históricas específicas de uma individualidade mantida pela Guerra nas Estrelas[12] são possibilitadas em grande medida pelas tecnologias de visualização de alta tecnologia, que também são cruciais para os meios materiais de conduzir a guerra, a ciência e os negócios pós-modernos, tais como os gráficos assistidos por computador, os *softwares* de inteligência artificial e muitos tipos de sistemas de escaneamento.

"Imageamento" ou "visualização" também se tornaram parte da prática terapêutica na autoajuda e nos ambientes da clínica, e aqui as possibilidades contraditórias e as potentes ambiguidades acerca da tecnologia biomédica, do corpo, do eu e do outro surgem de modo incisivo. O sistema imunológico tornou-se um terreno lucrativo de práticas de autodesenvolvimento, uma cena em que formas de poder em disputa são evocadas e praticadas. No livro *A dieta do poder imunológico do Dr. Berger*, o leitor, um "você invencível", é exortado a "pôr o poder imunológico para trabalhar a seu favor" fazendo uso de seu "Q.I. (Quociente de Imunidade)" (Berger, 1985, p. 186). Na grandiosa tradição da pregação evangélica, pergunta-se ao leitor: "Você está pronto para fazer um compromisso com o poder imunológico?" (1985, p. 4). Na autoajuda de visualização, a pessoa que sofre aprende, em um estado de relaxamento profundo, a formar a imagem do processo da doença e da cura, a fim de ganhar mais controle em muitos sentidos e engajar-se em uma espécie de meditação sobre os significados da vida e da morte de um ponto de vista corporificado nos microlugares do corpo pós-moderno. Esses exercícios de visualização não precisam ser protótipos da Guerra nas Estrelas, mas eles estão frequentemente na literatura de aconselhamento. A *National Geographic* apoia essa abordagem em sua descrição de um esforço similar: "Combinando diversão e terapia, um jovem paciente de câncer no Hospital MD Anderson, em Houston, no Texas, atira em células cancerígenas no jogo de videogame 'Killer T Cell'" (Jaret, 1987, p. 705). Outros pesquisadores projetaram protocolos para determinar se a imagística agressiva é efetiva na mediação do trabalho curativo das terapias de visualização ou se as técnicas de relaxamento e a imagística da não agressão "funcionariam". Assim como qualquer função, "funcionar *para que*" não pode permanecer sem exame, e não apenas em relação às estatísticas de sobrevivência ao câncer. O imageamento é um dos vetores na "epidemia da significação" que se espalha nas culturas das terapêuticas pós-modernas. O que está em jogo é o tipo de eus coletivos e pessoais que serão construídos nessa semiose orgânico-técnico-mítico-textual. Assim como os ciborgues nesse campo de significados, como podemos "nós", ocidentais do final do século XX, figurar em imagens nossa vulnerabilidade como uma janela aberta para a vida?

A imunidade também pode ser concebida em termos de especificidades compartilhadas; do eu semipermeável capaz de engajar-se com os outros (humanos e não humanos, internos e externos), mas sempre com consequências finitas; de possibilidades e impossibilidades situadas de individuação e identificação; e de fusões e perigos parciais. As multiplicidades problemáticas dos eus pós-modernos, tão poderosamente figuradas *e* reprimidas nos discursos irregulares da imunologia, devem ser trazidas a outros discursos ocidentais e multiculturais sobre saúde, doença, individualidade, humanidade e morte.

As ficções científicas da escritora negra americana Octavia Butler convidam a reflexões sóbrias e esperançosas sobre esse amplo projeto cultural. Baseando-se em recursos das histórias e movimentos de libertação dos negros e das mulheres, Butler consumiu-se com uma interrogação sobre as fronteiras do que conta como humano e sobre os limites do conceito e das práticas da reivindicação da "propriedade no eu" como o fundamento da individualidade e personalidade "humanas". Em *Arca de Clay* (1984), Butler explora as consequências de uma doença extraterrestre que invade a Terra nos corpos de astronautas que retornaram do espaço. Os invasores tornam-se parte íntima de todas as células dos corpos infectados, modificando os seres humanos no nível de seus eus mais básicos. Eles têm um único imperativo a que obrigam seus hospedeiros: a replicação. Com efeito, *Arca de Clay* soa como *The Extended Phenotype*; os invasores são perturbadoramente parecidos com a unidade "última" de seleção que assombra as imaginações biopolíticas de teóricos evolutivos e planejadores econômicos pós-modernos. Os humanos na história profundamente distópica de Butler lutam para manter suas próprias áreas de escolha e de autodefinição em face da doença que eles se tornaram. Parte de sua tarefa é construir uma relação transformada com o "outro" dentro de si mesmos e com as crianças nascidas de pais infectados. A forma quadrúpede dessas novas gerações as demarca como a própria Besta, mas elas também são o futuro do que significará ser humano. A doença será global. A tarefa das mulheres e homens multirraciais de *Arca de Clay* acaba sendo a de reinventar a dialética do eu e do outro dentro da epidemia emergente de significação assinalada pelo extraterrestrialismo no espaço interno e no espaço sideral. Nesse livro, o sucesso não é julgado; só a nomeação da tarefa é abordada.

Em *Despertar*, o primeiro romance da série "Xenogênese", de Butler, os temas do holocausto global e do outro como um eu ameaçadoramente íntimo surgem novamente. O romance se baseia no status natural da adoção e na violência não natural entre semelhantes. Butler explora as interconexões entre humano, máquina, animal não humano ou alienígena e seus mutantes, especialmente com relação às intimidades da troca corporal e da comunicação mental. A abertura de "Xenogênese" trata do medo e da esperança monstruosos de que os filhos não serão, afinal, como os pais. Nunca há apenas um pai ou mãe. Os monstros compartilham mais do que a raiz da palavra com o verbo "demonstrar"; os monstros significam. A ficção de Butler trata da resistência ao imperativo de recriar a imagem sagrada do mesmo (Butler, 1978). Butler é como

> Doris Lessing, Marge Piercy, Joanna Russ, Ursula Le Guin, Margaret Atwood e Christa Wolf, [para as quais] reinscrever a narrativa da catástrofe as engaja na invenção de um mundo ficcional alternativo em que o outro (gênero, raça, espécie) não é mais subordinado ao mesmo (Brewer, 1987, p. 46).

Catástrofe, sobrevivência e metamorfose são temas constantes de Butler. Da perspectiva de uma ontologia baseada em mutação, metamorfose e diáspora, restaurar uma imagem sagrada original pode ser uma piada de mau gosto. As origens são precisamente aquilo a que as pessoas de Butler não têm acesso. Mas padrões são uma outra questão. Ao final de *Despertar*, Lilith – cujo nome rememora seu duplo original infiel, a esposa repudiada de Adão – está grávida de um filho de cinco progenitores, que vêm de duas espécies, pelo menos três gêneros, dois sexos e um número indeterminado de raças. Preocupada com corpos demarcados, Butler escreve não sobre Caim ou Cam, filho de Noé, mas sobre Lilith, a mulher de cor cujos confrontos com os termos de ipseidade, sobrevivência e reprodução diante da catástrofe definitiva e repetida pressagiam uma história irônica de salvação, com uma reviravolta salutar na promessa de uma mulher que esmagará a cabeça da serpente. A história de salvação de Butler não é utópica, mas permanece profundamente sulcada pelas contradições e questões de poder inerentes a toda comunicação. Portanto, sua narrativa tem a possibilidade de figurar algo diferente da imagem sagrada da volta de Jesus. Uma outra ordem de diferença pode ser possível em "Xenogênese" – e na imunologia.

No enredo, Lilith Iyapo é uma jovem negra americana resgatada com um grupo variado de remanescentes da humanidade de uma Terra tomada pela guerra nuclear. Como todos os sobreviventes humanos, Lilith perdeu tudo. Seu filho e seu marido, segunda geração de descendentes de nigerianos, morreram em um acidente antes da guerra. Ela voltou para a escola, pensando vagamente que poderia se tornar antropóloga. Mas a catástrofe nuclear desfez, para ela e para todos os outros, ainda mais veloz e abrangentemente do que o tráfico de escravos e outros grandes genocídios da história, todas as conexões racionais e naturais com o passado e o futuro. Com exceção de períodos intermitentes de questionamento, o remanescente humano é mantido em animação suspensa por 250 anos pelos oankali, espécie alienígena que acreditava que a humanidade estava originalmente determinada a cometer suicídio e, por isso, era perigosa demais para uma tentativa de salvamento. Sem os órgãos sensoriais humanos, os oankali são figuras primatoides do tipo medusa, com cabeças e corpos cobertos de tentáculos multifuncionais como um invertebrado marinho – mas terrestre. Esse povo-serpente humanoide fala com a mulher e a faz tocá-los com uma intimidade que levaria a humanidade a uma metamorfose monstruosa. Totalmente desprotegida, Lilith luta pela sobrevivência, agência e escolha nas fronteiras cambiantes que moldam a possibilidade do sentido.

Os oankali não resgatam seres humanos apenas para devolvê-los inalterados à Terra restaurada. Com as próprias origens perdidas para eles mediante uma série infinitamente longa de misturas e permutas que alcançam as profundezas do tempo e do espaço, os oankali *são* operadores de genes. Sua essência é o comércio, a conversação e a comunicação corporificados – com uma vingança. Sua natureza é sempre a de ser parteiros de si mesmos como outros. Seus corpos em si mesmos são imunes e são tecnologias genéticas, conduzidas à permuta, replicação, intimidade perigosa para além das fronteiras do eu e do outro e do poder das imagens. Não muito diferente de nós. Porém, diferentemente de nós, os oankali e suas cabeças de hidra não constroem tecnologias não viventes para mediar suas autoformações e reformações. Em vez disso, eles são enredados de modo complexo em um universo de máquinas vivas, todas parceiras em seus aparatos de produção corpórea, incluindo a nave em que se passa a ação de *Despertar*. Mas fragmentos cativos e desenraizados da humanidade acondicionados no corpo da nave alienígena evocam inevitavelmente o terrível tráfico de escravos pela Passagem do Meio, no Atlântico, que trouxe os ancestrais de Lilith para um "Novo Mundo". Ali, também, os termos de sobrevivência tinham como premissa um "tráfico genético" não livre que alterava permanentemente os significados de eu e outro para todos os "parceiros" na negociação. Na "passagem do meio" da ficção científica de Butler, os humanos em repouso dormem em cápsulas parecidas com plantas carnívoras enquanto os oankali fazem o que podem para curar a Terra arruinada. Muito se perdeu para sempre, mas a frágil camada de vida capaz de sustentar mais vida é restaurada, tornando a Terra pronta para a recolonização por animais maiores. Os oankali se interessam intensamente pelos humanos como potenciais parceiros de negócios em parte porque os humanos são feitos de estruturas genéticas belas e perigosas. Eles acreditam que os humanos são fatal mas reparavelmente imperfeitos por sua natureza genética, e ao mesmo tempo inteligentes e hierárquicos. Por sua vez, os alienígenas vivem nas geometrias pós-modernas de vastas teias e redes nas quais os pontos nodais dos indivíduos ainda são intensamente importantes. Essas redes são muito pouco inocentes de poder e violência; a hierarquia não é a única forma do poder – para eles ou para os humanos. Os oankali fazem cópias "impressas" de todos os seus refugiados, e podem imprimir réplicas dos humanos a partir dessas imagens mentais, orgânicas e técnicas. As réplicas permitem uma grande quantidade de tráfico genético. Eles também são fascinados pelo "talento" de Lilith para o câncer, que matou muitos de seus parentes, mas que nas "mãos" dos oankali iria se tornar uma tecnologia de regeneração e metamorfoses. Porém, eles querem mais da humanidade; querem uma troca total, que exigirá as intimidades da mistura sexual e da gravidez corporificada em um empreendimento colonial compartilhado, localizado na região amazônica. A individualidade humana será desafiada por algo mais do que a tecnologia de comunicação dos oankali, que traduz outros seres em si mesmos como a imagem sagrada, o signo do mesmo. Os oankali pretendem retornar à Terra como parceiros de negócios dos remanescentes da humanidade. É na diferença que se encontra a perda irrecuperável da ilusão do um.

Lilith é escolhida para treinar e liderar o primeiro grupo de humanos despertados. Ela será uma espécie de mãe/parteira para a emersão dessas pessoas radicalmente atomizadas em seus casulos. Sua missão será formar uma comunidade. Mas primeiro Lilith é unida, em uma família oankali, com o jovem pré-metamórfico Nikanj, um ooloi. Ela precisa aprender com Nikanj, que altera seu corpo e mente de modo sutil a fim de que ela possa viver mais livremente entre os oankali, e deve protegê-lo durante a metamorfose dele, da qual ambos ressurgem profundamente ligados um ao outro. Recebendo um segundo par de braços, um ooloi adulto é o terceiro gênero dos oankali, um ser neutro que usa seus apêndices especiais para mediar e projetar as trocas genéticas da espécie e de cada família. Cada filho entre os oankali tem um pai e uma mãe, geralmente irmãos entre si, e um ooloi de outro grupo ou raça. Uma tradução de "ooloi" nas línguas oankali é "estranhos preciosos". Os ooloi serão os mediadores entre os outros quatro pais dos filhos planejados interespecíficos. A heterossexualidade permanece não questionada, embora mediada de forma mais complexa. Os diferentes sujeitos sociais e os diferentes gêneros que podem surgir de outra incorporação da resistência à política reprodutiva heterossexual obrigatória não povoam esse *Despertar*.

Os estranhos preciosos podem fornecer prazer intenso através das fronteiras de grupo, sexo, gênero e espécie. Trata-se de um prazer fatal que marca Lilith para os outros humanos despertados, mesmo que ela ainda não tenha consentido com a gravidez. Deparando com suas alterações corporais e mentais e com seus laços com Nikanj, os outros humanos não acreditam que ela ainda seja humana, esteja ou não carregando um filho humano-alienígena. Nem Lilith. Preocupada em talvez ser um bode Judas, ela passa a treinar os humanos com a intenção de que eles sobrevivam e subsistam assim que retornem à Terra, mantendo sua humanidade como as pessoas que viveram antes deles. No período de treinamento, cada fêmea humana se une a um macho humano, e, então, cada par, com ou sem consentimento, é adotado por um ooloi adulto. Lilith perde seu amante sino-americano, Joseph, que é assassinado pelos humanos desconfiados e enfurecidos. No fim, o primeiro grupo de humanos, separado de seus ooloi e esperando escapar, está pronto para partir para a Terra. Há dúvidas sobre se eles ainda serão férteis sem seus ooloi. Talvez seja mais do que o indivíduo de uma espécie sexualmente reprodutora que tem mais de um genitor; talvez também a espécie requeira mediação múltipla de sua biopolítica replicativa. Lilith descobre que precisa ficar para trás para treinar outro grupo, e seu retorno à Terra é adiado indefinidamente. Mas Nikanj a engravida com o esperma de Joseph e os genes de seus próprios companheiros. Lilith não havia consentido, e o primeiro livro de "Xenogênese" a deixa com as palavras reconfortantes e incompreensíveis dos ooloi: "As diferenças ficarão escondidas até a metamorfose" (Butler, 1987, p. 263). Ela permanece inconformada: "Mas eles não serão humanos. É isso que importa. Vocês não entendem, mas é isso que importa." O estranho precioso responde: "A criança dentro de você é o que importa" (p. 263). Butler não resolve esse dilema. As formas em disputa da semelhança e da diferença em qualquer futuro possível estão em jogo na narrativa inacabada do tráfico através de fronteiras específicas culturais, biotécnicas e políticas que separam e unem animal, humano e máquina em um mundo contemporâneo global onde a sobrevivência está em questão. Finalmente, esse é o mundo em disputa em que, com ou sem nosso consentimento, estamos localizados. "[Lilith] riu amargamente. 'Acho que eu posso considerar como trabalho de campo – mas, no fim, como é que eu saio do campo?'" (p. 91).

Desse campo de diferenças, repleto das promessas e terrores das corporificações ciborgues e dos conhecimentos situados, não há saída. Antropólogos de eus possíveis, somos técnicos de futuros realizáveis. Ciência é cultura.

NOTAS

A natureza de Donna Haraway: coiotes, xenogênese e FC

1. Le Guin, Ursula K. "Buffalo Gals, won't you come out tonight". *The Unreal & The Real*. Selected Stories, vol. 1. Where on Earth. Londres: Gollancz, 2014, p. 135.

2. Haraway, Donna J. *How Like a Leaf: An Interview with Thyrza Nichols Goodeve*. Nova York e Londres: Routledge, 2000, p. 71.

3. Gordon, Avery. "Possible worlds: Interview with Donna Haraway", *in* Ryan, Michael e Gordon, Avery (eds.). *Body Politics. Disease, Desire, and the Family*. Boulder: Westview Press, 1994, pp. 241-50, p. 244.

4. Haraway, Donna J. "A giant bumptious litter: Donna Haraway on truth, technology, and resisting extinction". *Logic(s)*, n. 9, 2019. Disponível em: https://logicmag.io/nature/a-giant-bumptious-litter.

5. Despret, Vinciane. *Habiter en oiseau*. Arles: Actes Sud, 2019, p. 42.

6. Le Guin, Ursula K. "A non-euclidean view of California as a cold place to be". *Dancing at the Edge of the World: Thoughts on Words, Women, Places*. Nova York: Grove Press, 1989, p. 90.

7. Wagner, Roy. *Coyote Anthropology*. Lincoln e Londres: University of Nebraska Press, 2010, p. xii.

8. Haraway, Donna J. *How Like a Leaf*, p. 86.
9. Ibidem.
10. Gordon, Avery. Op. cit, p. 244.
11. Ibidem, p. 248.
12. Ibidem, p. 247.
13. Haraway, Donna J. *How Like a Leaf*, p. 24.
14. Dawkins, Richard. *The Extended Phenotype. The Gene as the Unit of Selection*. Londres: Oxford University Press, 1983, p. 214.
15. Haraway, Donna J. *How Like a Leaf*, p. 75.
16. Idem. *The Haraway Reader*. Nova York e Londres: Routledge, 2004, p. 145.
17. Mitchison, Naomi. *Memoirs of a Spacewoman*. Londres: New English Library, 1976, p. 19.
18. Haraway, Donna J. *How Like a Leaf*, p. 75.
19. Varley, John. "The persistence of vision". *The Magazine of Fantasy and Science Fiction*, vol. 54, n. 3, 1978, p. 50
20. Haraway, Donna J. *How Like a Leaf*, p. 120.
21. Ibidem, p. 71.

Capítulo Um

1. Young (1977), que também apresenta uma excelente bibliografia e uma crítica radical da ciência. Ver também Burtt (1952), Marcuse (1964) e Marx e Engels (1970).
2. Braverman (1974). Embora sem uma perspectiva feminista, Braverman situa a força de trabalho feminina no centro de sua análise marxista do trabalho moderno, do gerenciamento científico e da desqualificação dos trabalhadores em um período de *expertise* científica e técnica crescentes.
3. Ver Ortner (1974) e De Beauvoir (1952). Tanto Ortner, da antropologia estruturalista, quanto De Beauvoir, do existencialismo, permitem que a ideologia da divisão natureza-cultura domine suas análises feministas. MacCormack (1977) apoia-se nas teorias antropológicas de Mary Douglas (1966, 1973) para desafiar a distinção natureza-cultura. MacCormack analisa a sodalidade fe-

minina Sande, de Serra Leoa, a fim de enfatizar a construção coletiva das mulheres de seus próprios corpos para assumir papéis ativos no corpo político. O quadro funcionalista e organicista de MacCormack requer atenção crítica.

4. Os trabalhos não publicados de Nancy Hartsock "Objectivity and revolution: problems of knowledge in Marxist theory" e "Social science, praxis, and political action" foram cruciais para mim quando escrevi este ensaio em 1978. Para formulações posteriores, ver Hartsock (1983a, 1983b). Esses artigos são mais úteis para uma crítica feminista da teoria e da prática da objetividade científica do que os de Habermas (1970) e Marcuse (1964, trad. brasileira de 2015).

5. Ver o simpósio de celebração de cinquenta anos da Universidade de Chicago produzido conjuntamente pelas divisões das ciências biológicas e sociais (Redfield, 1942).

6. Para o anarquismo inicial e os socialismos marxistas sobre o significado da natureza para o corpo político, ver Kropotkin (1902) e Engels (1940).

7. Ver também Haraway (1989b). Yerkes estabelece conexões entre fundações, universidades, neurofisiologia e endocrinologia, gerenciamento de equipe, psicopatologia, testagem educacional, estudos de personalidade e higiene social e sexual.

8. Yerkes e seus colegas não estavam usando "engenharia humana" simplesmente como metáfora. Eles viam explicitamente as ciências fisiológicas, biopsicológicas e sociais como partes-chave do gerenciamento racional no capitalismo de monopólio avançado. As ciências inventariavam materiais brutos e o laboratório funcionava como uma usina-piloto de engenharia humana (Yerkes, 1922). Para uma história do projeto da engenharia humana, ver Noble (1977), especialmente o capítulo 10.

9. Ver Emma Goldman (1931) e sua análise afiada dos efeitos da ignorância sexual em mulheres da classe trabalhadora. Ver Hall (1974) para o pano de fundo do contexto político da pesquisa sobre o sexo. Para uma discussão abrangente, ver Aberle e Corner (1953). A complicada rede de comunidades científicas emerge claramente a partir da obra de Diana Long Hall.

10. Carpenter (1964), uma coletânea de seus principais textos. Ele migrou dos estudos de primatas para a questão da televisão educativa nos contextos rurais dos Estados Unidos e do Terceiro Mundo. Carpenter (1972) trouxe para a área dos sistemas de comunicação os mesmos conceitos funcionalistas e hierárquicos de organização que ele usava na análise dos primatas (1945).

11. As teorias do campo gradiente de C. M. Child (1928) foram incorporadas à teoria social.

12. Baritz (1960) discute a mitologia industrial de Mayo no contexto de uma crítica geral do papel subserviente do poder estabelecido exercido pela ciência social norte-americana. Ver também Heyl (1968), Henderson (1935) e Parsons (1970). Stephen Cross, então um pós-graduando na Universidade Johns Hopkins, foi meu mentor no pensamento sobre essas questões. O tema da cooperação e da competição no foco antropológico sobre a personalidade e cultura nos anos 1930 foi ubíquo (por exemplo, Mead, 1937). Sob os auspícios do Conselho de Pesquisa em Ciências Sociais, May e Doob (1937) publicaram uma bibliografia sobre o tema da competição-cooperação.

Capítulo Dois

1. Rayna Rapp ajudou a construir essa análise enquanto parecerista anônima da publicação original.

2. Figura poderosa na política científica britânica desde a Segunda Guerra Mundial, Zuckerman (1972, 1978) nos deu sua própria avaliação de sua carreira científica. Financiado pela bolsa de pesquisa da Fundação Rockefeller, Zuckerman passou os anos de 1933-34 afiliado aos novos laboratórios de primatas de Robert Yerkes em Yale. A correspondência entre Yerkes e Zuckerman nos arquivos de Yerkes na Universidade de Yale mostra o desencantamento mútuo com suas abordagens da ciência dos primatas.

3. Para uma história crítica da explicação funcionalista do início do século XIX na mistificação das relações de classe, ver Young (1985).

4. Lancaster e Lee (1965). Com base no Projeto Primata de 1962-63 do Centro para Estudos Avançados em Ciências Comportamentais, *Primate Behavior* [Comportamento primata] repre-

senta o esforço empreendedor de Sherwood Washburn e David Hamburg em refundar os estudos primatas dentro dos quadros teóricos do funcionalismo médico, evolutivo e social.

5. Documentação para reconstruir sua carreira, financiamentos, alunos e projetos foram gentilmente oferecidos por Washburn a partir de seus arquivos.

6. A parte II de seu argumento apareceu como Zihlman (1978a).

7. Para o contexto do século XIX da relação entre economia política e natural, ver Young (1973, pp. 164-248).

8. Cf. o papel da fisiologia no século XIX na produção teórica da natureza em termos de organismos hierarquicamente organizados e diferenciados (Cooter, 1979).

Capítulo Três

1. Agradeço aos membros da Science for the People de Baltimore pela proveitosa discussão das ideias deste capítulo. Essa organização tem feito um trabalho útil sobre questões ideológicas, mas eles têm isentado da análise a história e a estrutura da biologia, citando principalmente extensões ilícitas em áreas políticas e sociais. Ver Science for the People de Ann Arbor (1977) e Chasin (1977). Sahlins (1976) e, com atenção à história dos estudos do comportamento animal, Washburn (1978) defendem a autonomia das ciências sociais. Mais análise teórica tem sido realizada pelo *Radical Science Journal* em Londres.

2. Meu método é análogo ao da leitura de Marx da economia política clássica e da abordagem de Foucault (2000[1970]) e Jacob (1974).

3. Yerkes (1927a, 1932, 1943); Yerkes e Yerkes (1929).

4. Kohler (1976). Sobre o papel geral das fundações na ciência, ver Cohen (1976) e Fosdick (1952).

5. Sobre sistemas, ver Mesarovic (1968), Von Bertalanffy (1968), Emery (1969), Pugh (1971) e Lilienfeld (1978). Sobre estratégia evolutiva, ver Dawkins (2007[1976]) e Hamilton (1964). Enfatizando alguns dos potenciais não opressores de tais formas de pensamento, Hutchinson (1978) fornece uma explicação elegante

da história e ideias básicas da ecologia baseada em sistemas. Ver também MacArthur e Wilson (1967). A leitura básica em sociobiologia inclui Barash (1977), Wilson (1971, 1975, 1978) e Caplan (1978).

6. Yerkes (1900, 1907, 1919), Yerkes *et al.* (1915) e Yerkes, "Testament", autobiografia não publicada, nos arquivos de Yerkes da biblioteca de Yale (RMY).

7. Yerkes (1935-36). O projeto relacionava-se com a pesquisa do sexo em animais, povos "primitivos" e habitantes de Nova York com problemas maritais (Hamilton, 1929; arquivos do Comitê de Pesquisa sobre Problemas do Sexo – CRPS –, Academia Nacional de Ciências, Washington, D.C., especialmente os arquivos sobre Clark Wissler, 1928-31, e sobre Centros de Pesquisa, Pesquisa Marital, 1923 ss.).

8. O problema organismo-superorganismo pode ser encontrado em Wheeler (1939), Emerson (1954), Kroeber (1917), Redfield (1942) e Wilson (1971, pp. 12n, 282, 317-9; 1975, pp. 383-6).

9. CRPS (Formulação do Programa, 1922 ss.), Aberle e Corner (1953), Mead (2009[1935]), Gordon (1976) e Miles e Terman (1929).

10. Por exemplo, CRPS (Começo do Programa: Apresentações do Projeto para as Divisões do NRC, 1921; Conferência sobre Problemas do Sexo, 1921).

11. CRPS (Bolsistas: Negados, 1923-37). Essa pasta inclui uma solicitação de Margaret Sanger. Em comunicado de 23 de abril de 1928, Earl Zinn alegou a Sanger recursos insuficientes do CRPS.

12. Para uma crítica da ideia da repressão sexual como forma de relação entre capitalismo e sexo, ver Foucault (2020[1976]).

13. RMY: Correspondência com Angell, 1923 ss.; Relatórios Anuais do Instituto de Psicologia, 1924-29; "Testament", pp. 221-7.

14. RMY: Relatórios Anuais da Estação Experimental Antropoide dos Laboratórios de Psicobiologia Comparativa (1930-35), mais tarde Laboratórios de Biologia de Primatas de Yale (1935-42); Correspondência com Angell; Fosdick (1952).

15. Yerkes, com colegas como Fulton, estabeleceu uma nova disciplina dentro da biologia, a primatologia. Ver Ruch (1941).

16. Sistemas cibernéticos são dispositivos tecnológicos automatizados baseados em princípios de regulação interna (como

circuitos de retroalimentação). Ver especialmente Optner (1973), Singh (1966), Buckley (1968), Weiner (1954) e Ashby (1961).

17. Por exemplo, ver Weaver (1948), Gray (1963) e Lettvin *et al.* (1959).

18. Cowdry (1930), Redfield (1942), Mesarovic (1968) e Wilson *et al.* (1978).

19. Duas obras de ficção desenvolveram as consequências da nova abordagem de sistemas para os ex-organismos humanos: Pynchon (1998[1974]) e Piercy (1976).

20. Para textos que ilustram essa tese: na biologia molecular, Jacob (2001[1974]); nas ciências neurais e comportamentais, Angyal (1941), Peterfreund e Schwartz (1966) e Altmann (1967); na ecologia, Odum (1955, 1959, 1971, 1977) e Farley (1977); na ciência política, Lasswell e Kaplan (1950), Somit (1976) e Eastman (1958); na ética como controle de qualidade, Potter (1971) e Stanley (1978).

21. Young (1985, pp. 164-248). Kropotkin (1902) propôs uma economia natural anarquista. Para uma versão pacifista, ver Allee (1938) e, para comentários, Caron (1977). Ghiselin (1974) oferece uma história natural capitalista.

22. Sobre o desaparecimento de superorganismos, ver Wilson (1971, pp. 317-9, e 1975, pp. 383-6).

23. Crook (1970) e Ellis (1965); para uma extensão aos primatas, Crook e Gartlan (1966).

24. O principal linguista utilizado por Wilson é Thomas A. Sebeok, que, por sua vez, operou a partir da filosofia da linguagem de Charles Morris. Ver Sebeok (1968) e Morris (1938).

25. Wilson (1963, 1968). A fonte da sociologia humana que Wilson cita é Murrell (1965).

26. Ao longo do livro, Wilson usa as metáforas tecnológicas do geneticista do desenvolvimento C. H. Waddington (1957).

27. Transcendendo uma crítica do sexismo como justificativa explícita da diferenciação dos papéis sexuais, uma teoria feminista do conhecimento que aborda o dualismo fundamental entre homem e natureza, mente e corpo, controlador e controlado começa a aparecer em muitos contextos práticos e disciplinares. Ver Hartsock (1983a, 1983b), Harding (1978), Merchant (1980) e

Griffin (1978), que constroem uma espécie de humanismo feminista. A mais importante crítica não feminista do humanismo como uma lógica da dominação é de Foucault (2000[1970]).

Capítulo Quatro

1. Merchant (1980) analisa as metáforas da natureza feminina em sua transformação de mãe nutriz a recurso paciente na Europa do século XV ao XVIII. A natureza dominadora era possível dentro de *ambos* os sistemas metafóricos (e sociais), mas todos os limites parecem desaparecer na forma capitalista do patriarcado. Merchant ajuda a ver essa dialética científico-humanista do apocalipse.

2. A formulação é de Barash (1979): sobre conhecer o eu e o livre-arbítrio (pp. 90 e 233-4); sobre a biogramática (p. 10); sobre a teoria da cultura e biologia como cobertura variável/bolo constante (pp. 10-1). Ao defender que, falando pela ciência, ele está oferecendo "fatos puros" (pp. 25, 29, 44, 112 e 126), Barash usa linguagem insistentemente fálica ao longo do livro: polinização torna-se "estupro" floral, no qual as flores masculinas "bombardeiam as flores femininas" e fazem crescer um tubo de pólen que "força seu caminho em direção ao ovário" (p. 30). Donos de harém abundam, e Barash saboreia a linguagem de LeBeouf, que estudou filhotes de elefantes-marinhos lactantes em termos sociobiológicos como "duplos chupa-mães" (*double mother-suckers*), "superdesmamados" (*super weaners*) e, agora nos termos de Barash, "estrelas evolutivas". A lição de Barash a partir desses jogos de palavras [com *"motherfuckers"* normalmente traduzido como "filhos da puta" e sendo *"weeners"* uma gíria pejorativa para pênis pequeno] é a de que os machos assumem riscos evolutivos e obtêm retumbante sucesso se conseguem "acertar na sorte grande". Seja uma fêmea apenas se você não tiver escolha; as fêmeas precisam se contentar com "sucesso evolutivo modesto" (p. 59).

3. Nos agradecimentos, Barash reconhece sua amante como sua "coacionista em minha aptidão".

4. Os marxistas parecem ser os principais entre esses fracotes acomodados (Barash, 1979, cap. 8).

5. O mais engraçado exemplo estendido da retórica da persuasão pela nomeação patrilinear de Barash é sua introdução à teoria do investimento parental de Robert Trivers – como se a análise de custo-benefício pudesse surpreender alguém desde pelo menos o início do século XIX:

> Ideias de fato novas e empolgantes aparecem muito raramente, mesmo na ciência. Eu tive o privilégio de estar presente na revelação pública de uma dessas ideias. Era dezembro de 1972, e a ocasião era o encontro anual da Associação Americana para o Avanço da Ciência em Washington, D.C. O simpósio apresentado sobre "Ecologia e evolução do comportamento social" estava quase terminando quando o sociobiólogo de Harvard Robert Trivers começou a falar. Ele não usou notas, e parecia ir elaborando tudo conforme falava, mas tenho certeza de que ele não estava fazendo nada desse tipo. De qualquer modo, foi avassalador – e brilhante. Dizem que a primeira vez que o jovem Huxley leu Darwin, exclamou: "Que estúpido eu fui de nunca ter pensado nisso antes!" As ideias que Bob Trivers apresentou naquele dia tinham o mesmo apelo da obra de Darwin – simples, elegantes, importantes e quase indiscutivelmente verdadeiras (Barash, 1979, p. 125).

Segue-se então a "biologia pura e inalterada" (p. 126) da teoria do investimento parental – é tudo uma questão de herança.

6. Cap. 8. Barash rejeita a busca pelos ditames morais em sua ciência, mas apoia com entusiasmo a voz médica da sociobiologia – especialmente na avaliação da saúde mental em termos de comportamento de aptidão-maximização (1979, pp. 214-5). O colapso da moralidade sobre a saúde é uma velha estratégia retórica.

7. A oposição de Washburn à sociobiologia é um exemplo de sua complexidade e da inadequação de algumas críticas feministas sobre seu papel como o principal autor da teoria do homem--caçador na história da antropologia física.

8. Lila Leibowitz e Ruth Bleier salientam a evidência ilógica e a argumentação específica na pesquisa de modelo animal. Freda Salzman critica Maccoby e Jacklin sobre a relação entre agressão e gênero. Marian Lowe e Ruth Hubbard mostram as semelhanças profundas e desleixadas entre a sociobiologia de E. O. Wilson e a

biossociologia de Alice Rossi. Susan Leigh Star explora a pesquisa sobre a lateralização na neurofisiologia. E Janice Raymond defende a medicalização das questões morais e políticas mediante cirurgia transexual. Hubbard e Lowe proporcionam o resumo do projeto e seu enquadramento teórico.

9. Latour e Woolgar (1979) fornecem uma análise abrangente dos fatores epistemológicos e materiais envolvidos na produção de fatos encapsulados em objetos sólidos o bastante para serem pesados e enviados pelo correio aos colegas. Eles calcularam o custo por texto publicado em um projeto de pesquisa ganhador do Nobel em um laboratório de produção do Instituto Salk. Não é nada barato.

10. A filósofa Noretta Koertge levantou o mesmo ponto no encontro da Associação Nacional de Estudos de Mulheres de 1980 quando descreveu uma lembrança de ser repreendida por sua mãe aos quatro anos de idade por se masturbar. Sua mãe dizia que o ato era mau e que ia deixá-la nervosa. A pequena Noretta sabia que ela nunca poderia vencer a questão do "mal", mas que sua mãe poderia estar errada sobre a parte de ficar "nervosa". Moral: a ciência é um recurso feminista; a falseabilidade é uma questão feminista.

11. Por exemplo, Bleier, escrevendo em Hubbard e Lowe (1979) sobre estudos animais aplicados a humanos, tentou fazer todos os argumentos funcionarem para as feministas tão logo apareciam. Começando com a premissa de que "a ciência é uma instituição cultural", ela ainda postula que "a estrutura da ciência tem seus limites puros na investigação do desconhecido conhecível". Mas a poluição resulta do "núcleo maciço" que perpetua valores sociais dominantes (p. 49). Mais à frente, ela afirma que (1) há uma ciência real com uma visão clara, a ciência feminista; por exemplo, as conclusões de Jane Lancaster (p. 57) sobre o comportamento primata são "mais racionais", embora o motivo de Lancaster poder se engajar com uma ciência das diferenças sexuais e escapar da visão obnubilada masculina não seja explicado; (2) uma ciência real das diferenças sexuais é impossível por razões históricas; (3) tal ciência existe e produziu fatos e conclusões feministas (pp. 58 e 63-4); e (4) partindo de pontos de vista do feminismo francês, "tudo que resta a fazer é escrever e falar de nós

mesmas, construir uma nova linguagem, uma nova academia, um novo conhecimento que seja total" (p. 66). Limites puros, núcleos maciços, graus de racionalidade e teorias feministas francesas de que a linguagem constitui a realidade implicam epistemologias mutuamente inconsistentes. Embora possam ser necessárias, as contradições devem ser analisadas.

12. Os outros ensaios são de Barbara Fried, sobre a linguagem do sexo e do gênero; Susan Leigh Star, sobre diferenças sexuais e assimetria cerebral; Datha Clapper Brack, sobre médicos alienando parteiras; Mary Roth Walsh, sobre médicas mulheres; Vicki Druss e Mary Sue Henifin, sobre anorexia; Emily Culpepper, sobre atitudes menstruais entre os hebreus antigos e em uma comunidade de mulheres em um futuro possível; Marilyn Grossman e Pauline Bart, sobre o controle masculino das interpretações da menopausa e da recuperação feminina; Naomi Weisstein, sobre barreiras sexistas para as mulheres na prática da ciência; além de uma extensa e útil bibliografia coletada por Henifin sobre mulheres, ciência e saúde. Vários artigos notam que as mulheres que atualmente produzem ciência já tiveram o papel social de subordinadas na força de trabalho técnico-científica. Não é que tenhamos estado ausentes na produção do conhecimento científico, mas estivemos muito mais presentes em postos de serviço. A estrutura social colaborativa e coletiva, em grande parte não hierárquica, em que se baseiam os livros de Hubbard e Lowe e Hubbard *et al.* contrasta fortemente com o "debate" oficial da publicação do NEXA e com o pesado fardo de herói que constrói a *persona* de Barash como alguém que conta a dura verdade. As escritoras em ambos os livros feministas também são explícitas sobre seus próprios privilégios de raça e classe, e sobre *seus próprios* impedimentos para contar histórias novas e completas (ver, por exemplo, Hubbard *et al.*, 1979, p. 32).

13. Essa é uma crítica feminista central à obra de Foucault: ao destacar as microcirculações ubíquas de dominação em sua análise genial da capilaridade das relações de poder – isto é, da constituição da resistência pelo poder em uma dialética interminável e da demonstração da impossibilidade de adquirir espaço

sem reproduzir a dominação nomeada –, ele ameaça tornar invisíveis as grandes circulações de dominação.

14. Essa posição é um modo não consumido pela culpa de assar, manter, compartilhar e comer o bolo; é um prazer bem-vindo depois de fatiar a torta cheia de cobertura de Barash. Essa leitura bastante livre de Harding e Hartsock baseia-se em um ensaio não publicado de Harding, "Philosophy and history of science as patriarchal oral history" [Filosofia e história da ciência como história oral patriarcal] (Universidade de Delaware, 1980), e no manuscrito ainda inédito de Hartsock, "Money, sex and power" [Dinheiro, sexo e poder] (Universidade Johns Hopkins, 1980). Harding acredita que as abordagens humanista e científica, ao menos nas ciências sociais, têm sido de fato opostas entre si; eu discordo. Nos termos de Foucault, há aqui uma *epistème* compartilhada.

Capítulo Cinco

1. Aristóteles (*Generatione animalium* [A geração dos animais]), Lloyd (1968), Bacon (1893, 1942) e Lineu (1758 – essa edição adicionou os humanos à ordem dos primatas; 1972).

2. Ver, por exemplo, Barash (1979), Wilson (1975, 1978), Fox (1967), Ardrey (1966, 1970), Dawkins (2007[1976]), Morgan (1972) e Goodall (1971).

3. Kummer (1968), Altmann (1980), Altmann (1967), Hrdy (1977), Boggess (1979), Chevalier-Skolnikoff (1974), Lindberg (1967), Sugiyama (1967, pp. 221-36), Rowell (1972) e Lancaster (1975). (Haraway [1989b] examina essas questões mais amplamente.)

4. Os langures são macacos altamente adaptáveis de um grupo, os colobinos, especializados em se alimentar de folhas maduras. Eles passam seu tempo tanto no chão quanto nas árvores e podem ser encontrados em grupos mistos com um ou mais machos, em grupos somente de machos e em grupos compostos de fêmeas, jovens e bebês. Os tamanhos dos grupos são muito variáveis. Os machos adultos pesam cerca de dezoito quilogramas; as fêmeas adultas, por volta de onze. Os langures encontram-se em

áreas remotas e em ambientes semiurbanos próximos de pessoas, desde planícies áridas até montanhas.

5. Alguns artigos importantes sobre esse tema são: Washburn (1951a, 1951b, 1978), Washburn e Avis (1958), Washburn e DeVore (1961), Washburn e Hamburg (1965) e Washburn e Lancaster (1968).

6. Cravens (1978), Zacharias (1980), Haraway (1981-82, 1983) e Frisch (1959).

7. Haller (1971) e Hooton (1931, 1942). Em correspondência de 1959, Washburn e Julian Steward concordaram que era impossível usar o livro de Hooton para dar aulas por causa de seu racismo (Washburn, documentação pessoal). Washburn (1963) fez uma palestra presidencial antirracista no encontro da Associação Americana de Antropologia de 1962. Ver também as cartas ao editor de Washburn (*Newsweek*, 28 de abril de 1969) no debate acerca de raça e Q.I. em torno do artigo de Arthur Jensen na *Harvard Educational Review*.

8. Esse resumo foi compilado do currículo de Washburn, de suplementos de sua bibliografia da Universidade da Califórnia, de cópias de propostas de financiamento e de entrevistas pessoais. Agradeço muito a cooperação generosa do professor Washburn no fornecimento desse material.

9. Esses dados grosseiros foram compilados do Diretório de Membros da Sociedade Internacional de Primatologia, 1977-78; do Diretório da Sociedade Americana de Primatologia, 1980; e da lista de membros constante no *American Journal of Physical Anthropology*, n. 51 (setembro de 1979), pp. 481-504. Dividi as localizações profissionais em antropologia, medicina, centro de pesquisa primata regional (especialidade não especificada), psicologia (incluindo neuropsicologia), zoologia, conservação da vida selvagem, psiquiatria e outros. As mulheres foram identificadas de forma conservadora; no caso do uso apenas de iniciais para os prenomes, a pessoa recebeu a identificação do gênero masculino, exceto em casos de disponibilidade de conhecimento específico. Agradeço a Rusten Hogness pelo auxílio na obtenção dessas cifras.

Segue-se uma listagem incompleta de mulheres que receberam seus doutorados nos anos 1970 na linhagem direta de Washburn e Jay/Dolhinow e que foram importantes nos grandes debates em suas áreas. As alunas trabalharam normalmente com os dois mentores, mas o papel de Dolhinow na orientação dessas estudantes como catedrática sênior na Universidade da Califórnia em Berkeley deve ser enfatizado. Alunas de alunas, exceto as de Dolhinow em Berkeley, não estão incluídas aqui. Uma linhagem não demonstra que tipo de importância tais elos sociais poderiam ter – ou não ter. Virginia Avis, 1958; Phyllis Jay, 1963; Suzanne Ripley, 1965; Jane Lancaster, 1967; Adrienne Zihlman, 1967; Judith Shirek (Ellefson), 1967; Suzanne Chevalier-Skolnikoff, 1971; Shirley Strum, 1976; Naomi Bishop, 1975; Elizabeth McCown, 1977; Jane Boggess, 1976; Sheila Curtain, 1976; Mary Ellen Morbeck, 1972. Jay, Ripley, Bishop, Boggess e Curtain estudaram langures.

10. Nomes dos palestrantes, titulações e rascunhos foram encontrados nos documentos privados de Washburn. Outros palestrantes da sessão de 1963 foram Ralph Holloway, Theodore Grand, Richard Lee, Peter Marler, Paul Simonds e Washburn. Em 1966, discursaram, entre outros, o psiquiatra David Hamburg e o aluno Richard van Horn. Para o trabalho de mulheres ligadas a Washburn sobre temas relevantes aqui, ver Zihlman (1967, 1978a, 1978b, 1978c), Tanner (1981), Jay (1963a, 1963b), Chevalier-Skolnikoff (1971, 1974), Chevalier-Skolnikoff e Poirier (1977), Ripley (1965), Lancaster (1967, 1968, 1971, 1973, 1975, 1978, 1979) e Lancaster e Lee (1965).

11. Uma lista incompleta de autores que nos anos 1970 escreveram sobre langures além de Dolhinow, Ripley, Boggess e Hrdy inclui: Frank Poirier, Naomi Bishop, Richard Curtain, Sheila Curtain, S. M. Mohnot, R. P. Mukherjee, S. S. Saha, J. R. Oppenheimer, H. Rahaman, M. D. Parthasarathy, Y. Sugiyama, K. Yoshiba, Y. Furuya, C. Vogel, A. Hladik e C. M. Hladik. Notem-se os sinais da estrutura coletiva e internacional da primatologia.

12. Para a famosa imagem da progressão do bando, ver Hall e DeVore (1972, p. 141). Um livro da série de almanaques da Time-Life é a fonte popular mais acessível a propagar essa mitologia dos babuínos (Eimerl e DeVore, 1965).

13. As figuras principais aqui são Adrienne Zihlman, Jane Lancaster e Shirley Strum. Para uma popularização do que é, so-

bretudo, a narrativa sobre os babuínos de Strum, ver Moss (1975, pp. 193-230). Uma parte crucial dessa história é a emergência do chimpanzé como o candidato mais formidável para modelar a evolução dos hominídeos. Porém, sem enfocar os chimpanzés, Strum, Lancaster e Thelma Rowell contaram histórias marcadamente diferentes sobre os significados dos babuínos, dos macacos-vervet e dos macacos-pata. Creio que elas retiraram a ênfase nos babuínos de DeVore em parte porque um amplo movimento de mulheres alterava o que os primatólogos homens e mulheres ouviam, viam e aquilo em que acreditavam. Jay nunca indicou considerar que os langures deveriam ser modelos privilegiados da evolução dos hominídeos. Ela tinha uma história diferente para contar sobre os langures, a qual, naquele período, não era capaz de despertar interesse público semelhante. Tal atenção surgiu depois, por motivos ao menos tão políticos quanto os que sustentavam o modelo inicial de babuínos.

14. Sugiyama (1967, p. 227). É necessário ter cautela com a interpretação da linguagem usada nesses trabalhos, que, em geral, foram mal traduzidos do japonês.

15. Hrdy (1981) desenvolve seus argumentos sobre a herança biológica de fêmeas primatas humanas em comparação com outras fêmeas primatas vivas em *The Woman That Never Evolved* [A mulher que nunca evoluiu]. As fêmeas que povoam seu livro são assertivas, competitivas, variadas, independentes – mas não necessariamente dominantes. Hrdy enxerga as fêmeas humanas em uma das piores posições com relação aos machos da mesma espécie, em parte como uma função do controle masculino humano da propriedade. A Harvard University Press novamente se superou nas estratégias de divulgação: nas edições de 1981 do *New York Review of Books*, a editora utilizou um bordado representando metáforas contemporâneas ligadas a colchas de retalhos, baseando-se em retórica tanto feminista quanto antifeminista de valorização positiva do trabalho feminino tradicional. O bordado sociobiológico de Harvard dizia: "Lugar de mulher é na selva." Hrdy enfatiza que o feminismo e seu produto, a igualdade das fêmeas humanas, são conquistas político-históricas frágeis, e não uma herança biológica. O fato de que, na influente publicação fe-

minista radical *Off Our Backs*, o resenhista (Henry, 1982) endossou *The Woman That Never Evolved* com entusiasmo indica a complexidade de alinhamentos ideológicos sobre as posições sociobiológicas. Henry defendeu que

> Cada aspecto do livro reflete uma perspectiva feminista [...]. É incrível que ela tenha sobrevivido em Harvard para escrever isso [...]. Se a editora conseguir publicar uma versão em livro de bolso, é possível que Hrdy alcance aquelas a quem o livro é dedicado: "as mulheres liberadas que nunca evoluíram" (pp. 18-9).

Naturalmente, Hrdy "sobreviveu" a Harvard graças à conexão patrilinear com os sociobiólogos homens, que foram condenados pela *Off Our Backs*, entre outras publicações feministas, como a encarnação dos provedores do patriarcado científico do determinismo biológico da inferioridade feminina. Hrdy foi uma auxiliar das pesquisas; DeVore e Wilson eram professores catedráticos. Ela foi mentora de mulheres estudantes de pós-graduação em antropologia física em Harvard. Além disso, sua autoidentificação explícita como feminista foi importante em sua visão da história da teoria evolutiva (Hrdy e Williams, 1983). Obviamente, a situação é mais complexa do que indicam os "simples" alinhamentos doutrinais em torno da sociobiologia.

16. Zuckerman (1933), Lindberg (1967), Tanner e Zihlman (1976) e Zihlman (1978a, 1978b, 1978c).

17. Embora Lancaster e Zihlman não tenham sido colaboradoras próximas, elas compartilhavam da empolgação por suas novas ideias e trocaram cartas e manuscritos durante meados dos anos 1970, quando tantas mulheres estavam usando as ferramentas herdadas para criar novas histórias. Lancaster, em carta de 23 de agosto de 1976 a Zihlman, expressa o prazer que lhe causara a virada que Zihlman dera na narrativa sobre o cio, a seleção sexual e a escolha feminina. Agradeço a Adrienne Zihlman pelo acesso aos arquivos de suas correspondências.

A reprodução sexual e a sexualidade feminina continuam a figurar na oposição de novas hipóteses para reconstruir a evolução dos hominídeos, e histórias do passado continuam prenhes da estrutura das possibilidades do futuro. Para um claro rejuvenescimento do controle masculino da sexualidade feminina (o vínculo do par) como chave para a maior parte dos aspectos da vida dos hominídeos, ver Lovejoy (1981). O fato de esse texto ter sido publicado em um periódico importante sem citar evidência e referências cruciais sobre seus pontos fundamentais é em si objeto de análise acerca do estabelecimento da autoridade científica. O que pode contar como evidência sobre a evolução humana? Isso está no cerne da disputa pela natureza humana.

Capítulo Seis

1. Este capítulo é a versão revisada de uma fala apresentada no Congresso sobre Feminismo e o Estudo Crítico do Discurso Colonial, na Universidade da Califórnia em Santa Cruz, na primavera de 1987. Os anais foram publicados na *Inscriptions*, n. 3-4 (1988), revista do Grupo para o Estudo Crítico do Discurso Colonial. Agradeço, em especial, às organizadoras do evento (Deborah Gordon, Lisa Bloom e Vivek Dareshawar) e a Teresa de Lauretis, que participou da sessão.

2. A teórica feminista bell hooks enfatizou a diferença entre as denominações, como no caso de "o movimento das mulheres" (*"the women's movement"*), com o potencial de taxonomias perniciosas e o vanguardismo inerente a essa curiosa expressão, em contraste com a forma mais ativa, "movimento feminino" (*"women's movement"*), que resiste à reificação e demanda uma correção política especial (hooks, 2020[1981], 2019[1984]). Evitando as armadilhas das definições liberais que enfatizam a "igualdade de direitos", hooks defende que

> o feminismo é a luta para acabar com a opressão sexista. Seu objetivo não é beneficiar apenas um grupo específico, raça ou classe particular de mulheres. E não se trata de privilegiar a mulher em detrimento do homem. Ele pode transformar nossas vidas de um modo significativo.

O movimento feminista, então, é direcionado à "base cultural da opressão de grupo [...]. Isso quer dizer que as opressões de raça e de classe seriam reconhecidas como questões feministas com a mesma relevância que o sexismo" (p. 25). Agradeço a Katie King por me lembrar do uso de hooks, e também por muito mais em minha compreensão dos aparatos detalhados da produção feminina de cultura e da "experiência feminina" (King, 1986, 1988).

3. Foi fundamental para a teoria feminista americana dos anos 1980 um esforço para articular a especificidade da localização de onde a política e o conhecimento deveriam ser construídos. A formulação inicial de que "o pessoal é político" estava entrecruzada com representações das redes de posicionamentos femininos locais e globais e foi por elas transformada, o que resultou em uma maior transformação das formas e conteúdos do movimento feminista. Um dos traços escritos é uma grande rede de intertextualidade implícita e citações explícitas nas publicações feministas. Ver, por exemplo, a citação de Mohanty (1988, p. 43) de "Notes towards a politics of location" [Notas para uma política da localização], de Adrienne Rich (1986), e do seminal "Coalition politics" [Política de coalizão], de Bernice Johnson Reagon (1983). Mohanty repete, como eu faço, uma passagem de "North American tunnel vision" [Visão de túnel norte-americana], de Rich, publicado em 1983:

> Não era o bastante dizer que 'como mulher, não tenho país; como mulher, o meu país é o mundo inteiro' [...]. Por mais magnífica que essa visão pareça, não podemos explodir as fronteiras sem uma percepção consciente do significado particular e concreto de nossa localização no aqui e agora, nos Estados Unidos da América (Rich, 1986, p. 162).

Nem Mohanty, Rich e Reagon nem eu somos contra a esperança de uma conexão feminista mundial, que, localizada dentro da desordem estabelecida dos Estados Unidos, eu chamo de esperança de um "lá fora", em uma apropriação dos tropos da ficção científica. Esse tipo de "lá fora" ganha existência a partir de movimentos feministas enraizados em especificação e articulação, não a partir de "identidades" comuns nem da aceitação do direito ou da capacidade de algum particular de "representar" o geral. O "particular" no movimento feminista não está relacionado com o individualismo liberal nem com um desesperador isolamento das diferenças infinitas, muito menos com a rejeição da esperança de um movimento coletivo. Mas os meios e os processos do movimento coletivo devem ser imaginados e postos em prática segundo novas geometrias. É por isso que considero a leitura e as estratégias de escritas da FC (ficção científica, fantasia científica, fabulação coespeculativa, feminismo coespeculativo) tão úteis para a teorização feminista.

4. Trinh T. Minh-ha (1986-87, pp. 3-38; 1988, pp. 71-7; 1989) discute esse espaço intermediário intangível e desenvolve sua teoria do "outro des/inapropriado" como uma imagem da mulher pós-colonial. Teorizar esse espaço materialmente real – que também é ao mesmo tempo um espaço de ficção especulativa – habitado por outros des/inapropriados estabelece intersecções com a investigação sobre o "lar", a "política da localização", a "política da experiência" e os "conhecimentos situados" sugeridos por Mohanty, Rich, Reagon, eu mesma e outras.

5. As práticas de aumento da consciência produziram a "experiência feminina" como um objeto discursivo feminista politicamente potente – e potencialmente imperializante. Examinando outra prática, Mohanty (1984) chamou atenção para o quanto as publicações feministas – por exemplo, muitos dos livros da editora londrina Zed Books sobre mulheres do Terceiro Mundo – eram parte do aparato de produção da "Mulher do Terceiro Mundo" como um ícone essencializado da superopressão. Essa mulher, debaixo de cascatas de opressão, tornou-se então o assunto privilegiado potencialmente revolucionário nos discursos feministas sobre a "libertação". Sua condição representava alegoricamente o estado da mulher como vítima que toma consciência. Ver o catálogo da Zed Books, primavera de 1988-primavera de 1989, para uma lista completa. Há muitos modos de ler esses livros, muitos dos quais não se enquadram na análise de Mohanty. Porém, coletivamente eles têm sido parte de um aparato feminista de produção da "Mulher do Terceiro Mundo" como um espaço discursivo para muitas agendas. Esse é um exemplo concreto de uma constituição feminista da experiência como um objeto discursivo e sua apropriação em redes internacionais. Nas palavras do catálogo da

Zed: "Por mais de uma década, a Zed Books tem publicado livros de excelência escritos por e para mulheres do Terceiro Mundo [...]. Lidos amplamente por todo o mundo, muitos deles são usados em instituições de ensino e como referência essencial em bibliotecas." Não há nada de inocente (nem de inerentemente perverso) nesse processo; os problemas políticos e epistemológicos giram em torno da responsabilização e das tecnologias poderosas de representação, incluindo a "autorrepresentação. Ong (1987) descreve como jovens mulheres operárias em fábricas na Malásia representam espaços contestados de discurso, enquanto outras tentam estabelecer os termos da autoridade religiosa, identidade nacional e honra familiar. As corporações, as organizações oficiais do Estado e de oposição islâmica, a grande mídia popular nacional e o discurso das ruas competem na representação da sexualidade das mulheres. Ong também constrói discursivamente as mulheres – em sua narrativa, como atores históricos complexos que afirmam sua humanidade em estruturas com múltiplos desafios e restrições em que gênero, idade, região, etnicidade, nacionalidade e classe são especialmente salientes (Haraway, 1989a). Nem toda construção de mulheres como espaços discursivos é igual; chamar atenção para seus circuitos de produção e distribuição não significa impedir o processo, mas tentar engajá-lo com responsabilidade deliberada. Tanto Ong quanto Mani (1987) são exemplos excelentes de esforços feministas de se fazer exatamente isso. O que elas nunca defendem é que suas representações – até mesmo ou especialmente de mulheres que representam a si mesmas – precipitam-se a partir da solução do discurso e fornecem a "experiência", a "voz" ou a "realidade empírica" das mulheres imediatamente ao leitor. Toda essa questão é fortemente análoga à impossibilidade de representações da natureza se precipitarem a partir de discursos científicos para revelar "a natureza em si mesma".

6. Sobre Emecheta, ver Schipper (1985, pp. 44-6) e Bruner (1983, pp. 49-50). Quanto às mudanças da sobrecapa do livro, ver Emecheta (1972, 1975, 1976, 1977, 1979, 1982, 1983a, 1983b, 1985). Ver também Brown (1981), Taiwo (1984), Davies e Graves (1986) e Jameson (1986).

7. Caren Kaplan (1986-87, 1987b) teorizou de forma comovente e incisiva as "desterritorializações" no discurso feminista e a importância do deslocamento em obras de ficção que constroem a subjetividade pós-colonial. Escrevendo sobre o romance *Buenos Aires*, de Alicia Dujovne Ortiz, Kaplan formulou uma prática de leitura que também poderia ser utilizada para os romances de Emecheta:

> *Buenos Aires* reinventa a identidade como uma forma de crítica cultural autoconsciente. O deslocamento é uma força no mundo moderno que pode ser levado em conta não para curar as fissuras, mas para explorá-las, para reconhecer a política e os limites dos processos culturais (Kaplan, 1986-87, p. 98).

8. *The Nation* de 24 a 31 de julho de 1989, editado e escrito por mulheres negras, examina a "situação das famílias negras como bode expiatório". Ver especialmente Jewell Handy Gresham, "The politics of family in America", pp. 116-22. Ver também Collins (1989a, 1989b) para uma análise dos ataques a mães e famílias negras nos últimos vinte anos nos Estados Unidos e o uso do gênero para demonstrar inferioridade racial. Carby (1987) analisa o discurso das mulheres negras sobre a maternidade e a criação raciais no final do século XIX e início do século XX em termos de uma reconstrução específica não racista e não patriarcal da feminilidade. O livro de Carby, uma intervenção importante na teoria literária feminista, desenvolve uma "prática crítica feminista que presta atenção especial à articulação do gênero, raça e classe" (p. 17). Ela defende que "a crítica feminista negra pode ser vista criticamente como um problema, não uma solução, como um signo que deve ser interrogado, um lugar de contradições" (p. 15). Assim, Carby desconfia da narrativa histórica de Christian – e, por extensão, da de Ogunyemi – sobre a progressão literária das escritoras negras e seu método de construir uma tradição madura, que ela enxerga como algo bastante problemático (p. 14). Carby discorda da constante rejeição por parte dos críticos da ficção negra dos séculos XIX e XX, incluindo Christian, da figura da *mulatta* como uma tentativa de fazer frente às imagens

negativas que os públicos brancos têm dos negros. Carby defende que o(a) *mulatto(a)* como uma figura narrativa funciona como um "veículo para uma exploração da relação entre as raças e, ao mesmo tempo, uma expressão do relacionamento entre elas. A figura do *mulatto* deveria ser compreendida e analisada como um dispositivo narrativo de mediação" (p. 89). Carby também põe em primeiro plano o público leitor branco e negro da escrita negra antes dos últimos vinte anos e insiste que a escrita de mulheres negras no final do século XIX e início do século XX representa "um renascimento anterior e talvez mais ruidoso politicamente [do que o "renascimento das mulheres negras" condicionalmente certificado por Hollywood, pela academia e pelas grandes editoras nos anos 1980], de tal modo que devemos repensar a política cultural das mulheres negras" (p. 7). Esses debates acerca das narrativas da história literária e política negra – estabelecidos nos dados de décadas, tradições, principais escritores e caracterizações literárias – são antes de tudo debates sobre política contemporânea. São também debates metodológicos sobre como fazer estudos culturais. Carby bebe notavelmente das fontes inglesas associadas a Stuart Hall. O discurso contestado e heterogêneo da "crítica feminista negra" dos Estados Unidos pode ser rastreado em Smith (1977).

Capítulo Sete

1. O projeto provou-se tão desafiador que o suplemento separou-se da tradução e resultou em uma obra de dois volumes em si mesmo, o *Marxistisches Wörterbuch* [Dicionário marxista], com organização geral de Wolfgang F. Haug, do Instituto de Filosofia da Universidade Livre de Berlim. Foram centenas de colaboradores da Alemanha e de diversos outros países. Tiradas de uma lista compilada em 1985, algumas das entradas particularmente relevantes para as feministas incluem: *Diskurs, Dritte Welt, Familie, Feminismus, feministische Theologie, Frauen, Frauenbewegung, Geschlecht, Homosexualität, Kulturarbeit, Kybernetik, Luxemburgismus, Marxismus-Feminismus, Natur, Ökologie, Patriarchat, Post-modernismus, Rasse, Rassismus, Repräsentation, Sex/gender system, Sexis-*

mus, Sexpol, Sisterhood, technologische Rationalität, weibliche Ästhetik e *weibliche Bildung* [discurso, Terceiro Mundo, família, feminismo, teologia feminista, mulheres, movimento de mulheres, gênero, homossexualidade, trabalho cultural, cibernética, luxemburguismo, marxismo-feminismo, natureza, ecologia, patriarcado, pós-modernismo, raça, racismo, representação, sexo/sistema de gênero, sexismo, polo sexual, sororidade, racionalidade tecnológica, estética feminina e educação feminina]. Esse não era, de fato, o vocabulário comum de Marx e Engels, mas ele tem lugar enfático em um dicionário marxista do final do século XX.

2. Um ponto linguístico curioso mostra-se aqui: não há marcador para se fazer distinção entre raça (biológica) e raça (cultural) como há entre sexo (biológico) e gênero (cultural), ainda que os binarismos natureza/cultura e biologia/sociedade estejam impregnados no discurso ocidental sobre raça. A situação linguística destaca a entrada bastante recente e desigual do gênero no léxico político, em oposição ao gramatical. A não naturalidade de raça – ela é sempre e totalmente uma construção cultural e arbitrária – pode ser enfatizada a partir da falta de um marcador linguístico. Porém, de modo igualmente fácil, o colapso total da categoria "raça" no biologismo é estimulado linguisticamente. Todas essas questões continuam dependendo do funcionamento não examinado da lógica produtivista e aristotélica fundamental a boa parte do discurso ocidental. Nessa matriz linguística, política e histórica, matéria e forma, ato e potência, material bruto e produto acabado encenam seus dramas crescentes de produção e apropriação. É aqui que os sujeitos e objetos nascem e são incessantemente reencarnados.

3. Ainda que não mutuamente exclusiva, a linguagem sobre "gênero" no discurso feminista euro-americano é a linguagem da "posição do sujeito sexuado" e da "diferença sexual" na escrita europeia. Para o feminismo britânico marxista sobre o "sujeito sexuado no patriarcado", ver Kuhn e Wolpe (1978), Marxist-Feminist Literature Collective (1978), Brown e Adams (1979), a revista *m/f* e Barrett (1980). As posições socialistas-feministas alemãs sobre a sexualização têm enfatizado a dialética da agência autoconstrutora da mulher, as determinações sociais já estrutura-

das e as reestruturações parciais. Essa literatura examina como as mulheres se constroem em estruturas existentes a fim de encontrar o ponto em que a mudança talvez seja possível. Se as mulheres são teorizadas como vítimas passivas do sexo e do gênero como um sistema de dominação, nenhuma teoria da libertação será possível. Assim, não se deve permitir que o construcionismo social sobre a questão do gênero torne-se uma teoria do determinismo fechado (Haug, 1980, 1982; Haug *et al.*, 1983, 1987; Mouffe, 1983). Procurando uma teoria da experiência – de como as mulheres incorporam a si mesmas ativamente –, as mulheres do coletivo que estava escrevendo as publicações da *Frauenformen* [Formas femininas] insistiam em uma prática descritiva/teórica que mostrasse "os modos como vivemos nós mesmas em termos corporais" (Haug *et al.*, 1987, p. 30). Elas desenvolveram um método chamado "trabalho de memória", que enfatiza narrativas críticas escritas coletivamente sobre "um estrangeiro", um eu passado "relembrado", enquanto problematiza as assunções autoenganadoras da autobiografia e outros relatos causais. O problema é dar conta da emergência do "sexual em si mesmo como processo que produz a inserção das mulheres em determinadas práticas sociais e sua subordinação dentro dessas práticas" (p. 33). Ironicamente, autoconstituídas como sexualizada, como mulher, as mulheres não podem ser responsáveis por si mesmas ou pela sociedade (p. 27). Como todas as teorias do sexo, sexualidade e gênero examinadas nesse esforço de escrever para uma obra de referência que funciona inevitavelmente para canonizar alguns sentidos sobre outros, as versões da *Frauenformen* insistem no gênero como um verbo, um gerúndio, e não como um nome finito, um substantivo. Para as feministas, gênero quer dizer fazer e desfazer "corpos" em um mundo contestável; uma abordagem de gênero é uma teoria da experiência como encarnação significante e significadora.

4. Joan Scott (1988, pp. 28-50) apresentou uma abordagem incisiva do desenvolvimento do gênero como uma categoria teórica na disciplina da história. Ela percebeu a longa história de chistes envolvendo a diferença de gênero gramatical na criação de alusões figurativas ao sexo ou ao caráter (p. 28). Scott usou como epígrafe o *Fowler's Dictionary of Modern English Usage*, insistindo

que usar o gênero para significar o sexo masculino ou feminino ou era um erro ou uma piada. As ironias nessa injunção abundam. Um benefício da herança dos usos feministas do gênero na gramática é que, nesse domínio, "o gênero é entendido como um modo de classificar fenômenos, um sistema de distinções socialmente acordado, e não uma descrição objetiva de traços inerentes" (p. 29).

5. Ver Coward (1983, caps. 5 e 6) para uma discussão ampla dos conceitos de família e da questão das mulheres no pensamento marxista de 1848 até aproximadamente 1930.

6. Rubin (1975), Young e Levidow (1981), Harding (1983, 1986), Hartsock (1983a, 1983b), Hartmann (1981), O'Brien (1981), Chodorow (1978) e Jaggar (1983).

7. Ver *The Woman Question* (1951), Marx e Aveling (1885-86) e Kollontai (1977).

8. Para amostras dos usos e críticas, ver Sayers (1982), Hubbard *et al.* (1982), Bleier (1984, 1986), Fausto-Sterling (1985), Kessler e McKenna (1978), Thorne e Henley (1975), West e Zimmerman (1987), Morawski (1987), Brighton Women & Science Group (1980), Lowe e Hubbard (1983) e Lewontin *et al.* (1984).

9. Muitas correntes dos feminismos europeus (incluindo algumas que recusavam o nome) nasceram depois dos eventos de maio de 1968. A corrente que derivava das formulações de Simone de Beauvoir, especialmente nos trabalhos de Monique Wittig, Monique Plaza, Colette Guillaumin e Christine Delphy publicados na *Questions féministes*, na *Nouvelles questions féministes* e na *Feminist Issues*, e a corrente associada de forma complexa com o grupo "Psychanalyse et Politique" e/ou com Julia Kristeva, Luce Irigaray, Sarah Kofman e Hélène Cixous têm sido particularmente influentes no desenvolvimento feminista internacional de questões sobre a diferença sexual. (Para resumos introdutórios, ver Marks e De Courtivron, 1980; Gallop, 1982; Moi, 1985; e Duchen, 1986). Essas correntes merecem tratamentos amplos e separados, mas, no contexto desta nota, duas contribuições a teorias de gênero por essas autoras, profundamente opostas entre si sobre precisamente os mesmos temas, devem ser assinaladas. Primeiro, temos os argumentos de Wittig e de Delphy a favor de um femi-

nismo materialista, que insiste que a questão é a "dominação", e não a "diferença". Segundo, há os vários modos de Irigaray, Kristeva e Cixous (posicionadas intertextualmente com relação a Derrida, Lacan e outros) de insistir que o sujeito, que é talvez mais bem abordado a partir da escrita e da textualidade, está sempre em processo, sempre interrompido, e que a ideia de mulher permanece, por fim, não fechada e múltipla. Apesar de suas oposições importantes entre as correntes francófonas e dentro delas, todas essas teóricas têm projetos falhos, contraditórios e críticos da desnaturalização da "mulher".

10. Smith (1974), Flax (1983), O'Brien (1981), Rose (1983, 1986) e Harding (1983).

11. Da mesma forma, é um erro igualar "raça" a pessoas de cor. A branquitude também é uma construção racial, invisível enquanto tal por ocupar (como o homem) uma categoria não marcada (Frankenberg, 1988; Carby, 1987, p. 18; Haraway, 1989b, pp. 152 e 401-2).

12. Ver, por exemplo, Ware (1970), Combahee River Collective (1979), Bethel e Smith (1979), Joseph e Lewis (1981), hooks (1981, 1984), Moraga e Anzaldúa (1981), Davis (1982), Hull *et al.* (1982), Lorde (1982, 1984), Aptheker (1982), Moraga (1983), Walker (1983), Smith (1983), Bulkin *et al.* (1984), Sandoval (s/d), Christian (1985), Giddings (1985), Anzaldúa (1987), Carby (1987), Spillers (1987), Collins (1989a, 1989b) e Hurtado (1989).

Capítulo Oito

1. Esta pesquisa foi financiada pela bolsa de pesquisa do Academic Senate da Universidade da Califórnia em Santa Cruz (UCSC). Uma versão anterior do trabalho sobre engenharia genética apareceu como "Lieber Kyborg als Göttin: für eine sozialistisch--feministische Unterwanderung der Gentechnologie", *in* Bernd-Peter Lange e Anna Marie Stuby (eds.), Berlim: Argument-Sonderband, 105, 1984, pp. 66-84. O "Manifesto ciborgue" surgiu a partir do meu texto "New machines, new bodies, new communities: political dilemmas of a cyborg feminist" [Novas máquinas, novos corpos, novas comunidades: dilemas políticos de uma feminista ciborgue],

"The Scholar and the Feminist X: The Question of Technology", conferência na Barnard College, abril de 1983.

As pessoas associadas ao Departamento de História da Consciência da UCSC tiveram uma influência enorme neste capítulo, de modo que ele pode ser considerado mais multiautoral do que a maior parte dos outros, embora os citados possam não reconhecer suas ideias. Especialmente membros dos cursos da teoria, ciência e política feminista e de teoria e métodos, nos níveis de pós-graduação e de graduação, contribuíram para o "Manifesto ciborgue". Reconhecimentos específicos devem ser mencionados aqui para Hilary Klein (1989), Paul Edwards (1985), Lisa Lowe (1986) e James Clifford (1985).

Partes do trabalho são derivadas de minha contribuição a uma sessão desenvolvida coletivamente, "Poetic tools and political bodies: feminist approaches to high technology culture" [Ferramentas poéticas e corpos políticos: abordagens feministas da cultura da alta tecnologia", na Associação de Estudos Americanos da Califórnia, em 1984, com as pós-graduandas Zoe Sofoulis, "Jupiter space" [Espaço de Júpiter]; Katie King, "The pleasures of repetition and the limits of identification in feminist science fiction: reimaginations of the body after the cyborg" [Os prazeres da repetição e os limites da identificação na ficção científica feminista: reimaginações do corpo após o ciborgue]; e Chela Sandoval, "The construction of subjectivity and oppositional consciousness in feminist film and video" [A construção da subjetividade e a consciência opositiva no cinema e vídeo feministas]. A teoria da consciência opositiva de Sandoval foi publicada como "Women respond to racism: a report on the National Women's Studies Association Conference" [As mulheres respondem ao racismo: um relato da Conferência da Associação Nacional de Estudos de Mulheres]. Para as leituras semiótico-psicanalíticas de Sofoulis da cultura nuclear, ver Sofia (1984). Os textos não publicados de King ("Questioning tradition: canon formation and the veiling of power" [Questionando a tradição: formação do cânone e o véu do poder]; "Gender and genre: reading the science fiction of Joanna Russ" [*Gender* e *genre*: lendo a ficção científica de Joanna Russ]; e "Varley's *Titan* and *Wizard*: feminist parodies of nature, culture, and hardware" [*Titã* e *Mago* de Varley: paródias feministas da natureza, cultura e equipamento]) influenciaram profundamente o "Manifesto ciborgue".

Barbara Epstein, Jeff Escoffier, Rusten Hogness e Jaye Miller forneceram extensa discussão e ajuda editorial. Membros do Projeto de Pesquisa do Vale do Silício (SVRP) da UCSC e participantes em conferências e *workshops* do SVRP foram muito importantes, especialmente Rick Gordon, Linda Kimball, Nancy Snyder, Langdon Winner, Judith Stacey, Linda Lim, Patricia Fernandez-Kelly e Judith Gregory. Finalmente, agradeço a Nancy Hartsock por anos de amizade e discussão sobre teoria e ficção científica feministas. Também agradeço a Elizabeth Bird pelo meu *button* político favorito: "Cyborgs for Earthly Survival" [Ciborgues pela sobrevivência da Terra].

2. Referências úteis aos movimentos e teorias radicais esquerdistas e/ou feministas da ciência e a questões biológicas/biotecnológicas incluem: Bleier (1984, 1986), Harding (1986), Fausto-Sterling (1985), Gould (1981), Hubbard *et al.* (1982), Keller (1985), Lewontin *et al.* (1984), *Radical Science Journal* (tornou-se *Science as Culture* em 1987) e Science for the People.

3. Pontos de partida para abordagens esquerdistas e/ou feministas da tecnologia e da política incluem: Cowan (1983), Rothschild (1983), Traweek (1988), Young e Levidow (1981, 1985), Weizenbaum (1976), Winner (1977, 1986), Zimmerman (1983), Athanasiou (1987), Cohn (1987a, 1987b), Winograd e Flores (1986), Edwards (1985), *Global Electronics Newsletter, Processed World* e Women's International Information and Communication Service (Isis). Abordagens fundamentais para os estudos sociais modernos da ciência que não dão continuidade à mistificação liberal de que tudo começou com Thomas Kuhn incluem: Knorr-Cetina (1981), Knorr-Cetina e Mulkay (1983), Latour e Woolgar (1979) e Young (1979). O Directory of the Network for the Ethnographic Study of Science, Technology, and Organizations de 1984 lista uma ampla gama de pessoas e projetos cruciais para uma melhor análise radical.

4. Fredric Jameson (1984) apresenta um argumento provocador e abrangente sobre a política e as teorias do "pós-modernis-

mo" em que afirma que o pós-modernismo não é uma opção, um estilo entre outros, mas uma dominante cultural que exige a reinvenção radical da política de esquerda a partir do interior; não há mais nenhum espaço a partir do exterior que dê significado à ficção confortante da distância crítica. Jameson também esclarece o motivo de não se poder ser a favor ou contra o pós-modernismo, o que é, essencialmente, um movimento moralista. Minha posição é a de que as feministas (e outros) necessitam de reinvenção cultural contínua, de crítica pós-moderna e de materialismo histórico. Só um ciborgue tem chance. As velhas dominações do patriarcado capitalista branco parecem nostalgicamente inocentes agora: por exemplo, a heterogeneidade normalizada do homem e da mulher, do branco e do preto. O "capitalismo avançado" e o pós-modernismo libertam a heterogeneidade sem uma norma, e nós somos niveladas sem subjetividade, o que requer profundidade, e até mesmo profundidades não amigáveis e perigosas. Já é hora de escrever *The Death of the Clinic* [A morte da clínica]. Os métodos da clínica demandam corpos e trabalho; nós temos textos e superfícies. Nossas dominações não funcionam mais através da medicalização e da normalização; elas operam criando redes, reprojetando as comunicações, gerenciando o estresse. A normalização dá espaço à automação, uma redundância completa. Os livros de Foucault *O nascimento da clínica*, *História da sexualidade* e *Vigiar e punir* nomeiam uma forma de poder no seu momento de implosão. O discurso da biopolítica dá lugar ao tecnojargão, à linguagem do substantivo remendado; nenhum nome é deixado inteiro pelas multinacionais. Eis os seus nomes, tirados de uma lista de uma edição da revista *Science*: Tech-Knowledge, Genentech, Allergen, Hybritech, Compupro, Genen-cor, Syntex, Allelix, Agrigenetics Corp., Syntro, Codon, Repligen, MicroAngelo from Scion Corp., Percom Data, Inter Systems, Cyborg Corp., Statcom Corp., Intertec. Se nós somos aprisionados pela língua, escapar dessa prisão demanda poetas da linguagem, um tipo de enzima de restrição cultural para cortar o código; a heteroglossia ciborgue é uma forma de política cultural radical. Para poesia ciborgue, ver Perloff (1984) e Fraser (1984). Para a escrita "ciborgue" feminista modernista/pós-modernista, ver HOW(ever), em São Francisco.

5. Baudrillard (1983). Jameson (1984, p. 66) assinala que a definição de Platão do simulacro é a cópia para a qual não há nenhum original, ou seja, o mundo do capitalismo avançado, de puro intercâmbio. Ver *Discourse*, n. 9 (primavera/verão de 1987), edição especial sobre tecnologia (cibernética, ecologia e a imaginação pós-moderna).

6. Para relatos etnográficos e avaliações políticas, ver Epstein (a sair) e Sturgeon (1986). Sem ironia explícita, adotando a logomarca da Terra nave espacial/Terra inteira a partir do planeta fotografado do espaço, lançada com o slogan "Ame sua mãe", a ação nas instalações de testes de armas nucleares em Nevada no *Mothers and Others Day* de maio de 1987, no entanto, levou em conta as trágicas contradições de pontos de vista da Terra. Os manifestantes solicitaram autorização oficial aos chefes da tribo dos shoshone ocidentais para estar no local. Os shoshone tiveram o território invadido pelo governo dos Estados Unidos durante a construção do campo de testes de armas nucleares nos anos 1950. Presos por invasão de propriedade, os manifestantes alegaram que a polícia e o pessoal das instalações de armamento, sem a devida autorização, eram os invasores. Em solidariedade às pessoas forçadas a habitar o mesmo espaço que a bomba, um grupo de afinidade na ação das mulheres que se autodenominava "The Surrogate Others" [As outras substitutas] encenou um nascimento ciborgue a partir do corpo construído de um grande verme do deserto não heterossexual.

7. Poderosos desenvolvimentos da política de coalizão surgem a partir dos falantes do "Terceiro Mundo", falando de lugar nenhum, do centro deslocado do universo, a Terra: "Vivemos no terceiro planeta a partir do Sol" – *Sun Poem* [Poema do Sol], do escritor jamaicano Edward Kamau Brathwaite, resenha de Mackey (1984). Os autores da coletânea de Smith (1983) subvertem de forma irônica identidades naturalizadas precisamente durante a construção de um lugar chamado lar a partir do qual se pode falar. Ver especialmente Reagon (*in* Smith, 1983, pp. 356-68) e Trinh T. Minh-ha (1986-87).

8. hooks (1981, 1984) e Hull *et al.* (1982). Bambara (1981) escreveu um extraordinário romance em que um grupo de teatro de

mulheres de cor, The Seven Sisters, explora uma forma de unidade. Ver análise de Butler-Evans (1987).

9. Sobre o orientalismo nas obras de feministas e em outros lugares, ver Lowe (1986), Said (1978), Mohanty (1984) e "Many Voices, One Chant: Black Feminist Perspectives" (1984).

10. Katie King (1986, 1987a) desenvolveu um tratamento teoricamente sensível dos trabalhos das taxonomias feministas como genealogias de poder na ideologia e polêmica feministas. King examina o exemplo problemático de Jaggar (1983) sobre a taxonomia de feminismos a fim de criar uma pequena máquina que produz a posição final desejada. A caricatura que faço aqui do feminismo socialista e radical também é um exemplo.

11. O papel central das versões da psicanálise sobre as relações objetais e os fortes movimentos universalizantes correlatos na discussão da reprodução, do trabalho de cuidar e da maternidade em muitas abordagens da epistemologia sublinham a resistência de seus autores ao que estou chamando de pós-modernismo. Para mim, tanto os movimentos universalizantes quanto essas versões da psicanálise dificultam a análise do "lugar da mulher no circuito integrado" e levam a dificuldades sistemáticas em dar conta de – ou mesmo em ver – aspectos importantes da construção de gênero e da vida social generificada. O argumento do ponto de vista feminista foi desenvolvido por Flax (1983), Harding (1986), Harding e Hintikka (1983), Hartsock (1983a, 1983b), O'Brien (1981), Rose (1983) e Smith (1974, 1979). Para repensar teorias do materialismo feminista e pontos de vista feministas em resposta às críticas, ver Harding (1986, pp. 163-96), Hartsock (1987) e H. Rose (1986).

12. Cometo um erro argumentativo de categoria ao "modificar" as posições de MacKinnon com o qualificador "radical", gerando assim minha crítica redutora da escrita extremamente heterogênea, que de fato usa esse rótulo de forma explícita, com meu argumento taxonomicamente interessado sobre a escrita que não usa o modificador e que não tem limites e, dessa forma, junta-se aos vários sonhos de uma linguagem comum, no sentido de unívoca, para o feminismo. Meu erro de categoria foi ocasionado por uma tarefa de escrever a partir de uma posição taxonômica

particular que, por sua vez, tem uma história heterogênea, o feminismo socialista, para a *Socialist Review*. Uma crítica devedora a MacKinnon, mas sem o reducionismo e com uma abordagem feminista elegante do conservadorismo paradoxal de Foucault sobre a violência sexual (estupro), é a de De Lauretis (1985; ver também 1986, pp. 1-19). Um exame histórico-social feminista teoricamente elegante da violência familiar, que insiste na complexa agência de mulheres, homens e crianças sem perder de vista as estruturas materiais da dominação masculina, de raça e de classe, é o de Gordon (1988).

13. Essa tabela foi publicada em 1985. Meus esforços anteriores para entender a biologia como um discurso de controle de comando cibernético e os organismos como "objetos naturais-técnicos de conhecimento" encontram-se em Haraway (1979, 1983, 1984). A versão de 1979 dessa tabela dicotômica aparece no cap. 3 deste livro; para uma versão de 1989, ver cap. 10. As diferenças indicam mudanças na argumentação.

14. Para análises progressistas e ações sobre os debates biotecnológicos: *GeneWatch, a Bulletin of the Committee for Responsible Genetics*, Genetic Screening Study Group (anteriormente Study Group of Science for the People) de Cambridge, MA, Wright (1982, 1986) e Yoxen (1983).

15. Referências iniciais para "mulheres no circuito integrado": D'Onofrio-Flores e Pfafflin (1982), Fernandez-Kelly (1983), Fuentes e Ehrenreich (1983), Grossman (1980), Nash e Fernandez-Kelly (1983), Ong (1987) e Science Policy Research Unit (1982).

16. Para a "economia do trabalho doméstico" fora do "lar" e argumentos relacionados: Gordon (1983), Gordon e Kimball (1985), Stacey (1987), Reskin e Hartmann (1986), *Women and Poverty* (1984), S. Rose (1986), Collins (1982), Burr (1982), Gregory e Nussbaum (1982), Piven e Coward (1982), Microelectronics Group (1980) e Stallard *et al.* (1983), que inclui uma organização útil e uma lista de recursos.

17. A conjunção das relações sociais da Revolução Verde com as biotecnologias, como a engenharia genética vegetal, torna cada vez mais intensas as pressões sobre a Terra no Terceiro Mundo. As estimativas da Associação Internacional de Desenvolvimento (AID)

(*New York Times*, 14 de outubro de 1984) utilizadas no Dia Mundial da Alimentação de 1984 são de que as mulheres produzem cerca de 90% do abastecimento alimentar rural na África, cerca de 60% a 80% na Ásia, e fornecem 40% da mão de obra agrícola no Oriente Médio e na América Latina. Blumberg denuncia o fato de que as políticas agrícolas das organizações mundiais, assim como as das multinacionais e dos governos nacionais do Terceiro Mundo, geralmente ignoram questões fundamentais na divisão sexual do trabalho. A tragédia atual da fome na África pode se dever tanto à supremacia masculina quanto ao capitalismo, ao colonialismo e aos padrões de chuva. Mais precisamente, o capitalismo e o racismo são em geral estruturas de dominação masculina. Ver também Blumberg (1981), Hacker (1984), Hacker e Bovit (1981), Busch e Lacy (1983), Wilfrid (1982), Sachs (1983), Fundo Internacional de Desenvolvimento Agrícola (1985) e Bird (1984).

18. Ver também Enloe (1983a, 1983b).

19. Para uma versão feminista dessa lógica, ver Hrdy (1981). Para uma análise das práticas científicas de contar histórias de mulheres, especialmente em relação à sociobiologia nos debates evolutivos sobre abuso infantil e infanticídio, ver este livro, cap. 5.

20. Para o momento de transição da caça com armas à caça com câmeras na construção de significados populares da natureza para um público imigrante urbano americano, ver Haraway (1984-85, 1989b), Nash (1979), Sontag (1977) e Preston (1984).

21. Para orientação sobre as implicações políticas/culturais/raciais da história das mulheres que fazem ciência nos Estados Unidos, ver: Haas e Perrucci (1984), Hacker (1981), Keller (1983), Fundação Nacional da Ciência (1988), Rossiter (1982), Schiebinger (1987) e Haraway (1989b).

22. Markoff e Siegel (1983). High Technology Professionals for Peace e Computer Professionals for Social Responsibility são organizações promissoras.

23. King (1984). Uma lista incompleta de ficção científica feminista subjacente aos temas deste ensaio: *Wild Seed* [Semente selvagem], *Elos da mente, Kindred: laços de sangue* e *Survivor* [Sobrevivente], de Octavia Butler; *Motherliness* [Maternalismo], de Suzy McKee Charnas; a série "Return to Nevèrÿon", de Samuel R. Delany; *The Ship who Sang* [O navio que cantava] e *Dinosaur*

Planet, de Anne McCaffrey; *Superluminal* e *Dreamsnake*, de Vonda McIntyre; *The Adventures of Alyx* e *The Female Man* [O homem feminino], de Joanna Russ; *Star Songs of an Old Primate* [Canções estelares de um velho primata] e *Up the Walls of the World* [Subindo os muros do mundo], de James Tiptree Jr.; *Titan, Wizard* e *Demon*, de John Varley.

24. Os feminismos franceses contribuem para a heteroglossia ciborgue. Burke (1981), Irigaray (1977, 1979), Marks e De Courtivron (1980), *Signs* (outono de 1981), Wittig (1973) e Duchen (1986). Para a tradução inglesa de algumas correntes do feminismo francófono, ver *Feminist Issues: A Journal of Feminist Social and Political Theory*, 1980.

25. Contudo, todas essas poetas são muito complexas, inclusive em seu tratamento dos temas de identidades eróticas pessoais e coletivas descentralizadas. Griffin (1978), Lorde (1984) e Rich (1978).

26. Derrida (1976, especialmente a parte II), Lévi-Strauss (1961, especialmente "A lição de escrita"), Gates (1985), Kahn e Neumaier (1985), Ong (1982) e Kramarae e Treichler (1985).

27. A relação aguda das mulheres de cor com a escrita como tema e política pode ser abordada através do programa "A Mulher Negra e a Diáspora: Conexões Ocultas e Reconhecimentos Ampliados", Conferência Literária Internacional, Universidade Estadual de Michigan, outubro de 1985; Evans (1984), Christian (1985), Carby (1987), Fisher (1980), *Frontiers* (1980, 1983), Kingston (1977), Lerner (1973), Giddings (1985), Moraga e Anzaldúa (1981) e Morgan (1984). As mulheres anglófonas europeias e euro-americanas também criaram relações especiais para sua escrita como um signo potente: Gilbert e Gubar (1979) e Russ (1983).

28. A convenção de domar ideologicamente a alta tecnologia militarizada pela divulgação de suas aplicações aos problemas de fala e movimento das pessoas com deficiência carrega uma ironia especial na cultura monoteísta, patriarcal e frequentemente antissemita quando a linguagem sintetizada por computador permite que um garoto sem voz entoe a Haftarah em seu *bar mitzvah*. Ver Sussman (1986). Evidenciando as sempre contextuais definições sociais de capacitação, a alta tecnologia militar tem uma forma de tornar os seres humanos incapacitados por definição, um

aspecto perverso de muitos campos de batalha automatizados e de pesquisa e desenvolvimento de guerras estelares. Ver Welford (1º de julho de 1986).

29. James Clifford (1985, 1988) argumenta persuasivamente a favor do reconhecimento da contínua reinvenção cultural, o teimoso não desaparecimento daqueles "marcados" pelas práticas ocidentais imperializantes.

30. DuBois (1982), Daston e Park (s/d) e Park e Daston (1981). O substantivo "monstro" compartilha sua raiz com o verbo "demonstrar".

Capítulo Nove

1. Este capítulo teve origem como um comentário sobre Harding (1986) nos encontros da Divisão Oeste da Associação Americana de Filosofia, em São Francisco, em março de 1987. Apoio para a escrita deste texto foi generosamente concedido pelo Fundo Alpha do Instituto de Estudos Avançados, Princeton, Nova Jersey. Agradeço especialmente a Joan Scott, Rayna Rapp, Judy Newton, Judith Butler, Lila Abu-Lughod e Dorinne Kondo.

2. Por exemplo, ver Knorr-Cetina e Mulkay (1983), Bijker *et al.* (1987) e, especialmente, Latour (1984, 1988). Tomada de empréstimo de *Sexta-feira ou os limbos do Pacífico*, de Michel Tournier (1967), a polêmica aforística brilhante e enlouquecedora de Latour contra todas as formas de reducionismo prova um ponto essencial para as feministas: *"Méfiez-vous de la pureté; c'est le vitriol de l'âme"* [Cuidado com a pureza; é o vitríolo da alma] (Latour, 1984, p. 171). Latour não é um teórico feminista notável, mas pode ser transformado em um a partir de leituras tão perversas quanto as que ele faz do laboratório, a grande máquina de cometer erros significativos mais rápido do que qualquer outra pessoa, e assim ganhar o poder de mudar o mundo. O laboratório, para Latour, é a indústria ferroviária da epistemologia, onde só se pode fazer os fatos correrem nos trilhos traçados do próprio laboratório para fora. Aqueles que controlam as ferrovias controlam o território circundante. Como poderíamos ter esquecido? Mas agora não precisamos tanto das ferrovias falidas quanto da rede de satélites. Hoje em dia, os fatos funcionam com feixes de luz.

3. Para uma elucidação elegante e muito útil de uma versão não caricata desse argumento, ver White (1987). Eu ainda quero mais; e o desejo não satisfeito pode ser uma semente poderosa para mudar as histórias.

4. Em sua análise explorando a linha de falha entre modernismo e pós-modernismo na etnografia e na antropologia, na qual os altos riscos são a autorização para (ou a proibição de) elaborar conhecimentos *comparativos* entre "culturas" a partir de algum ponto de vista epistemologicamente fundamentado, seja dentro, fora ou em relação dialógica com qualquer unidade de análise, Marilyn Strathern (1987a) fez a observação crucial de que não é a etnografia escrita que é paralela à obra de arte como objeto de conhecimento, mas a *cultura*. Objetos de conhecimento natural-técnicos, românticos e modernistas, na ciência e em outras práticas culturais, estão de um lado dessa divisão. A formação pós-modernista fica do outro lado, com sua "antiestética" de "objetos" de conhecimento e prática permanentemente cindidos, problematizados, sempre afastados e adiados, incluindo signos, organismos, sistemas, eus e culturas. A "objetividade" no quadro pós-moderno não pode dizer respeito a objetos não problemáticos, mas sim a próteses específicas e tradução. Objetividade, que, na raiz, tem correspondido à elaboração de conhecimentos *comparativos* (como nomear as coisas para serem estáveis e para serem como as outras), torna-se uma questão da política de reelaboração de fronteiras para ter diálogos e conexões não inocentes. O que está em causa nos debates sobre modernismo e pós-modernismo são os padrões das relações entre os corpos e a linguagem – e dentro deles.

5. Zoe Sofoulis (1988) produziu um deslumbrante (ela me perdoará a imagem) tratamento teórico da tecnociência, da psicanálise da cultura da ficção científica e do extraterrestre metafórico, incluindo um foco maravilhoso nas ideologias e filosofias da luz, da iluminação e da descoberta nos mitos ocidentais da ciência e da tecnologia. Meu ensaio foi revisado em diálogo com os argumentos e metáforas de Sofoulis em sua tese de doutorado.

6. Cruciais para essa discussão são os trabalhos de Harding (1986), Keller (1985), Hartsock (1983a, 1983b), Flax (1983, 1987), Keller e Grontkowski (1983), H. Rose (1986), Haraway (1985 e este livro, pp. 259-317) e Petchesky (1987).

7. O conto de ficção científica de John Varley chamado "The Persistence of Vision" [A persistência da visão] é parte da inspiração para esta seção. Na história, Varley concebe uma comunidade utópica projetada e construída por pessoas surdas e cegas. Ele então explora as tecnologias dessas pessoas e outras mediações de comunicação e suas relações com crianças e visitantes que enxergam (Varley, 1978). Em Blue Champagne" [Champanhe azul], Varley (1986) transmuta o tema para interrogar a política de intimidade e tecnologia envolvendo uma jovem paraplégica cujo dispositivo protético, chamado de Golden Gypsy, permite sua total mobilidade. Mas, como o dispositivo infinitamente caro pertence a um império intergaláctico de comunicações e entretenimento para o qual a jovem trabalha como uma estrela da mídia, ela pode manter seu outro eu tecnológico, íntimo, capacitado, apenas em troca de sua cumplicidade na transformação em *commodity* de toda experiência. Quais são seus limites para a reinvenção da experiência à venda? A questão político-pessoal está sob o signo da simulação? Uma maneira de ler as repetidas investigações de Varley de corporificações invariavelmente limitadas, seres com diferentes capacidades, tecnologias protéticas e encontros ciborgues com sua finitude, apesar de sua extraordinária transcendência de ordens "orgânicas", é encontrar uma alegoria para o pessoal e político no tempo histórico-mítico do final do século XX, a era da tecnobiopolítica. A prótese torna-se uma categoria fundamental para a compreensão de nosso eu mais íntimo. Ela é a semiose, a elaboração de significados e corpos não para transcendência, mas para comunicação carregada de poder.

8. Devo minha compreensão da experiência dessas fotografias a James Clifford, da Universidade da Califórnia em Santa Cruz, que identificou seu efeito de "terra à vista!" sobre o leitor.

9. Joan Scott me lembrou que Teresa de Lauretis (1986a, pp. 14-5) apresentou a questão assim:

> As diferenças entre as mulheres podem ser mais bem entendidas como diferenças dentro das mulheres [...]. Mas, uma vez entendidas em seu poder constitutivo – isto é, uma vez entendido que essas diferenças não constituem apenas a consciência e a sub-

jetividade de cada mulher, mas que todas juntas definem o *sujeito feminino do feminismo* em sua própria especificidade, sua contradição inerente e, pelo menos por enquanto, inconciliável –, essas diferenças não podem ser novamente compactadas em uma identidade fixa, uma igualdade de todas as mulheres como a Mulher ou uma representação do feminismo como uma imagem coerente e disponível.

10. Harding (1986, p. 18) sugeriu que o gênero tem três dimensões, cada uma historicamente específica: o simbolismo de gênero, a divisão sociossexual do trabalho e os processos de construção da identidade individual generificada. Eu ampliaria sua proposta observando que não há razão para esperar que as três dimensões covariem ou se codeterminem umas às outras, pelo menos não diretamente. Ou seja, gradientes extremamente íngremes entre termos contrastantes no simbolismo de gênero podem muito bem não se correlacionar com divisões sociossexuais acentuadas do trabalho ou poder social, mas podem estar intimamente relacionados à forte estratificação racial ou algo mais. Da mesma forma, os processos de formação de sujeitos generificados podem não ser diretamente iluminados pelo conhecimento da divisão sexual do trabalho ou do simbolismo de gênero na situação histórica particular em análise. Por outro lado, devemos esperar relações de mediação entre as dimensões. As mediações podem se mover através de eixos sociais bastante diferentes de organização de símbolos, práticas e identidade, assim como raça, e vice-versa. Eu também sugeriria que a ciência, bem como o gênero ou a raça, poderia ser segmentada de modo útil em um tal esquema multipartes de simbolismo, prática social e posição de sujeito. Mais de três dimensões são sugeridas quando os paralelos são traçados. As diferentes dimensões de, por exemplo, gênero, raça e ciência podem mediar as relações entre dimensões em uma tabela paralela. Isto é, as divisões raciais do trabalho podem mediar os padrões conectivos entre conexões simbólicas e a formação de posições de sujeito individual na tabela a seguir, que contrapõe gênero e ciência. Ou as formações de subjetividade racial ou as de gênero podem mediar as relações entre a divisão social científica do trabalho e os padrões simbólicos científicos.

A tabela inicia uma análise a partir de dissecções paralelas. Na tabela (e na realidade?), tanto gênero quanto ciência são analiticamente assimétricos, isto é, cada termo contém e obscurece um binarismo hierarquizado estruturante, sexo/gênero e natureza/ciência. Cada binarismo ordena o termo silencioso através de uma lógica de apropriação, como do recurso ao produto, da natureza à cultura e do potencial ao atual. Ambos os polos do binarismo são construídos e se estruturam dialeticamente. Dentro de cada termo expresso, ou explícito, divisões assimétricas adicionais podem ser escavadas, como a partir de gênero, do masculino ao feminino, e a partir da ciência, das ciências *hard* às ciências *soft*. Essa é uma questão a respeito da rememoração de como uma ferramenta analítica específica funciona, querendo ou não, pretendendo-se ou não. A tabela reflete aspectos ideológicos comuns do discurso sobre a ciência e sobre o gênero e pode ajudar como uma ferramenta analítica para desfazer unidades mistificadas como a Ciência ou a Mulher.

Gênero	**Ciência**
sistema simbólico	sistema simbólico
divisão social do trabalho (por sexo, raça etc.)	divisão social do trabalho (por lógica de manufatura, industrial ou pós-industrial)
identidade individual/posição de sujeito (desejante, desejado; autônomo/relacional)	identidade individual/posição de sujeito (conhecedor/conhecido; cientista/outros)
cultura material (parafernália de gênero e tecnologias cotidianas de gênero: os trilhos estreitos em que correm as diferenças sexuais)	cultura material (laboratórios: os trilhos estreitos em que correm os fatos)
dialética da construção e descoberta	dialética da construção e descoberta

11. Evelyn Keller (1987) insiste nas importantes possibilidades abertas pela construção da intersecção da distinção entre sexo e gênero, por um lado, e natureza e ciência, por outro. Ela também insiste na necessidade de manter alguns fundamentos não discursivos em "sexo" e "natureza", talvez o que eu esteja chamando de "corpo" e "mundo".

Capítulo Dez

1. Agradecimentos especiais a Scott Gilbert, Rusten Hogness, Jaye Miller, Rayna Rapp e Joan Scott. A pesquisa e a redação deste projeto foram apoiadas pelo Fundo Alpha e pelo Instituto de Estudos Avançados, de Princeton, NJ; pela bolsa de pesquisa do Academic Senate da Universidade da Califórnia em Santa Cruz; e pelo Projeto de Pesquisa do Vale do Silício, UCSC. Crystal Gray foi uma excelente assistente de pesquisa. Beneficiando-se dos comentários de muitas pessoas, este trabalho foi apresentado pela primeira vez na Conferência sobre Antropologia Médica da Fundação Wenner-Gren, em Lisboa, Portugal, de 5 a 13 de março de 1988.

2. Mesmo sem levar muito em conta as questões de consciência e cultura, a vasta importância do discurso e dos artefatos imunológicos tem muitos sinais diagnósticos:

(1) O primeiro Prêmio Nobel de Medicina, em 1901, foi concedido a um desenvolvimento original, a saber, o uso da antitoxina da difteria. Com muitos prêmios intermediários, o ritmo dos Prêmios Nobel em imunologia desde 1970 é impressionante, abrangendo trabalhos sobre a geração de diversidade de anticorpos, o sistema de histocompatibilidade, anticorpos monoclonais e hibridomas, a hipótese de rede de regulação imunológica e o desenvolvimento do sistema de radioimunoensaio. (2) Os produtos e processos da imunologia entram em práticas médicas, farmacêuticas e outras práticas industriais atuais e conjecturadas. Essa situação é exemplificada pelos anticorpos monoclonais, que podem ser usados como ferramentas extremamente específicas para identificar, isolar e manipular componentes da produção em escala molecular e, em seguida, ampliados a uma escala industrial

com uma especificidade e pureza até então desconhecidas, para uma ampla gama de indústrias – desde a tecnologia de aromatização de alimentos até o projeto e fabricação de produtos químicos industriais e os sistemas de entrega em quimioterapia (ver figura em "Applications of monoclonal antibodies in immunology and related disciplines" [Aplicações de anticorpos monoclonais em imunologia e disciplinas relacionadas], Nicholas, 1985, p. 12). Os *Research Briefings* [Resumos de pesquisa] de 1983 do Escritório de Política Científica e Tecnológica dos Estados Unidos e vários outros departamentos e agências federais identificaram a imunologia, juntamente com a inteligência artificial e a ciência cognitiva, as ciências da terra sólida, projeto e fabricação de computadores e setores da química, como uma área de pesquisa "que provavelmente traria os maiores dividendos científicos como resultado de um investimento federal incremental" (Comitê de Ciência, Engenharia e Políticas Públicas, 1983). Dificilmente espera-se que os dividendos em tais áreas sejam simplesmente "científicos". "Nesses termos, o principal *spinner* financeiro sem dúvida é a tecnologia de hibridoma, e seu principal produto é o anticorpo monoclonal" (Nicholas, 1985, Prefácio). (3) O campo da imunologia é em si mesmo uma indústria em crescimento interacional. O I Congresso Internacional de Imunologia foi realizado em 1971, em Washington, D.C., com a participação da maioria dos principais pesquisadores mundiais na área, cerca de 3.500 pessoas de 45 países. Mais de 8 mil pessoas compareceram ao IV Congresso Internacional, em 1980 (Klein, 1982, p. 623). O número de periódicos sobre o campo vem se expandindo desde 1970, de cerca de doze para mais de oitenta até 1984. O total de livros e monografias sobre o assunto foi de bem mais de mil em 1980. As colaborações indústria-universidade, características da nova biotecnologia, permeiam os arranjos de pesquisa em imunologia, como na biologia molecular, com os quais ela interage amplamente, como ocorre com o Instituto de Imunologia da Basileia, inteiramente financiado pela Hoffmann-La Roche, mas com todos os benefícios da prática acadêmica, incluindo a liberdade editorial. A União Internacional das Sociedades de Imunologia começou em 1969 com dez sociedades nacionais e aumentou para 33 até 1984 (Nicholas, 1985). A imunologia estará no centro da desigualdade biotecnológica global e das lutas de "transferência de tecnologia". Sua importância se aproxima daquela das tecnologias da informação na política científica global. (4) Formas de escrever sobre o sistema imunológico também são formas de determinar quais doenças – e quais interpretações delas – prevalecerão nos tribunais, hospitais, agências internacionais de financiamento, políticas nacionais, memórias e tratamento de veteranos de guerra e populações civis, e assim por diante. Ver, por exemplo, os esforços das pessoas de oposição, como defensores do trabalho e dos consumidores, para estabelecer uma categoria chamada "aids química" com o objetivo de chamar a atenção para a doença generalizada e sem nome ("amorfa") nas sociedades industriais tardias supostamente associada a seus produtos e ambientes e para ligar essa doença à aids infecciosa como uma estratégia política (Hayes, 1987; Marshall, 1986). O discurso sobre a aids infecciosa é parte de mecanismos que determinam o que conta como "população em geral", de modo que mais de 1 milhão de pessoas infectadas somente nos Estados Unidos, sem mencionar as dimensões globais da infecção, podem ser nomeadas como uma *não* parte da população em geral, trazendo importantes implicações para as políticas jurídicas, médicas e de seguros. Muitos dos principais livros didáticos de imunologia nos Estados Unidos dão consideravelmente mais espaço às alergias ou doenças autoimunes do que às doenças parasitárias, uma distribuição que pode levar os futuros ganhadores do Prêmio Nobel a algumas áreas de pesquisa em vez de outras, o que certamente não contribui em nada para levar estudantes de medicina a assumirem a responsabilidade pelas diferenças e desigualdades das doenças globalmente. (Contrastar Golub [1987] com Desowitz [1987] para as sensibilidades de um pesquisador de imunologia celular e um parasitologista.) Quem conta como indivíduo não deixa de estar relacionado com quem conta como população em geral.

3. Como o universo habitado pelos leitores e pela autora deste texto.

4. Essa continuidade ontológica permite a discussão do crescente problema prático dos "vírus" que infectam *softwares* de

computador (McLellan, 1988). Os fragmentos de informação infectantes e invasores que parasitam seu código hospedeiro em favor de sua própria replicação e seus próprios comandos de programa são mais do que metaforicamente vírus biológicos. E, como os invasores indesejáveis do corpo, os vírus de *software* são discutidos em termos de patologia como terrorismo de comunicação, demandando terapia na forma de medidas estratégicas de segurança. Existe uma espécie de epidemiologia de infecções por vírus de sistemas de inteligência artificial, e nem os grandes sistemas corporativos ou militares, nem os computadores pessoais têm boas defesas imunológicas. Ambos são extremamente vulneráveis ao terrorismo e à rápida proliferação do código estrangeiro que se multiplica silenciosamente e subverte suas funções normais. Programas de imunidade para matar os vírus, como o Data Physician, vendido pela Digital Dispatch, Inc., estão sendo comercializados. Mais da metade dos compradores do Data Physician em 1985 eram militares. Toda vez que inicio meu Macintosh, ele mostra o ícone do seu *software* de vacina – uma agulha hipodérmica.

5. Agradeço a Elizabeth Bird por criar um *button* político com esse slogan, que usei como membra de um grupo de afinidade chamado "The Surrogate Others" durante a ação do *Mothers and Others Day* na Área de Testes Nucleares de Nevada, em maio de 1987.

6. A relação entre os sistemas imunológico e nervoso concebida dentro da neuroimunologia ou da psiconeuroimunologia contemporâneas seria o território ideal para assinalar aqui um argumento mais completo. Com a descoberta de receptores e produtos compartilhados pelas células dos sistemas neural, endócrino e imunológico, considerar o sistema imunológico disperso e em rede como o mediador entre mente e corpo começou a fazer sentido para os cientistas *hard*. As implicações para a terapêutica popular e oficial são uma legião, por exemplo, em relação à entidade polissêmica chamada "estresse". Ver Barnes (1986, 1987), Wechsler (1987) e Kanigel (1986). As metáforas biológicas invocadas para nomear o sistema imunológico também facilitam ou inibem noções dele como um potente mediador, em vez de um sistema--mestre de controle ou um departamento de defesa hiperarmado.

Por exemplo, o biólogo do desenvolvimento e imunologista Scott Gilbert refere-se em seus estudos a Edwin Blalock, pesquisador do sistema imunológico como ecossistema e neuroimunologia, que trata esse sistema como um órgão sensorial. Essas metáforas podem ser opostas ao corpo imunológico hiper-racionalista da inteligência artificial no imaginário da Guerra nas Estrelas. Elas também podem ter efeitos múltiplos no design de pesquisa, bem como no ensino e na terapêutica.

7. Quando começo a achar que sou paranoica por pensar que alguém *realmente* sonha com a descorporificação transcendental como o *télos* da vida e da mente, encontro coisas como a seguinte citação do designer de computadores W. Daniel Hillis na edição de inverno de 1988 da *Daedalus* sobre inteligência artificial:

> É claro que eu entendo que é apenas um sonho, e admito que sou impulsionado mais pela esperança do que pela probabilidade de sucesso. Mas, se essa mente artificial puder se sustentar e crescer por si mesma, então, pela primeira vez, o pensamento humano viverá livre de ossos e carne, dando a essa cria da mente uma imortalidade terrena que nos é negada (Hillis, 1988, p. 189).

Agradeço a Evelyn Keller por me indicar a citação. Ver seu ensaio "From secrets of life to secrets of death" [Dos segredos da vida aos segredos da morte] (1990). Estou em dívida com Zoe Sofia (1984; Sofoulis, 1988) pela análise da iconografia e mitologia do exterminismo nuclear, do extraterrestrialismo e do canibalismo.

8. É por isso, é claro, que as mulheres têm tido tanta dificuldade em figurar como indivíduos nos discursos ocidentais modernos. Sua individualidade pessoal e delimitada é comprometida pelo talento perturbador de seus corpos de fazer outros corpos, cuja individualidade pode ter precedência sobre a sua, mesmo enquanto os pequenos corpos são totalmente contidos e invisíveis sem o uso de tecnologias ópticas (Petchesky, 1987). As mulheres podem, de certa forma, ser cortadas pela metade e manter sua função materna – haja vista seus corpos mantidos após a morte para sustentar a vida de outro indivíduo. A ambiguidade especial da individualidade feminina – talvez mais resistente, por fim, do que os vermes à plena personalidade liberal – estende-se às abor-

dagens da função imunológica durante a gravidez. A velha questão biomédica tem sido: por que a mãe não rejeita o pequeno invasor interno como um corpo estranho? Afinal, o embrião e o feto estão bem marcados como "outros" por todos os critérios imunológicos comuns, e há um contato íntimo entre o tecido fetal e o materno no local de certas células da placenta chamadas de trofoblastos. De modo contraintuitivo, são as mulheres com "sistemas imunológicos subativos" que acabam rejeitando seus fetos imunologicamente, formando anticorpos contra seus tecidos. Em geral, as mulheres fabricam anticorpos especiais que mascaram os sinais estranhos nos trofoblastos fetais, de modo que o sistema de vigilância imunológica da mãe permanece cego para a presença do feto. Ao se imunizar as mulheres "rejeitantes" com células retiradas de seus "maridos" ou outros doadores geneticamente não relacionados, o sistema imunológico feminino pode ser induzido a produzir anticorpos de bloqueio. Parece que a maioria das mulheres é induzida a fabricar esse tipo de anticorpo como resultado da "imunização" do esperma de seu "marido" durante o ato sexual. Mas se o "marido" for geneticamente muito próximo da mãe em potencial, algumas mulheres não reconhecerão o esperma como estranho, e seus sistemas imunológicos não produzirão anticorpos de bloqueio. Assim, o bebê acaba reconhecido como estranho. Mas mesmo esse ato hostil não torna a mulher um bom invidíduo, uma vez que resultou de sua incapacidade de responder adequadamente à violação original de seus limites nas relações sexuais (Kolata, 1988a, 1988b). Parece claro que os discursos biopolíticos de individuação têm seus limites para fins feministas!

9. A dívida de Jerne com o estruturalismo de Chomsky é óbvia, assim como são óbvias as dificuldades que dizem respeito a qualquer versão de totalidade interna estruturalista. Meu argumento é que há mais para ver aqui do que uma crítica demasiado rápida permitiria. A imagem interna que Jerne e Chomsky têm um do outro não constitui a primeira vez que teorias sobre o animal vivente e a linguagem ocuparam o mesmo terreno epistêmico. Ver Foucault, *As palavras e as coisas* (2000[1970]). Vale lembrar que Foucault, em *A arqueologia do saber*, definiu os discursos como "práticas que formam sistematicamente os objetos de que falam"

(Foucault, 2008, p. 55). A relação familiar entre o estruturalismo e o racionalismo é algo que evitarei por enquanto.

10. Emily Martin iniciou um projeto de trabalho de campo de três anos sobre redes de discurso imunológico em laboratórios, na mídia e entre pessoas com e sem aids.

11. Ratos e "homens" são constantemente associados no discurso imunológico porque esses corpos animais irmãos têm sido mais bem caracterizados no laboratório imunológico. Por exemplo, o Complexo Principal de Histocompatibilidade (CPH), um complexo de genes que codifica um conjunto crítico de marcadores de superfície envolvidos em quase todos os principais eventos de reconhecimento da resposta imunológica, é bem caracterizado para cada espécie. O complexo é chamado de lócus H2 no rato e de lócus HLA no ser humano. O CPH codifica o que será reconhecido como "eu". O lócus está criticamente envolvido na "restrição" de especificidades. Altamente poligênico e polialélico, o CPH pode ser o principal sistema que permite a discriminação entre eu e não eu. O "não eu" deve ser apresentado a uma célula do sistema imunológico "no contexto do eu", ou seja, associado aos marcadores de superfície codificados pelo CPH. Estudos comparativos dos antígenos do CPH com as estruturas moleculares de outros atores-chave na resposta imune (anticorpos, antígenos de diferenciação de células T) levaram ao conceito de "superfamília da imunoglobulina", caracterizada por suas extensas homologias de sequência que sugerem uma elaboração evolutiva a partir de um ancestral genético comum (Golub, 1987, pp. 202-33). As ferramentas conceituais e de laboratório desenvolvidas para construir o conhecimento do CPH são um microcosmo para compreender o aparato de produção dos corpos do sistema imunológico. Vários antígenos codificados pelo CPH conferem especificidades "públicas" ou "privadas", termos que designam graus de antígenos compartilhados *versus* antígenos diferenciados em um contexto de estreita semelhança genética, mas não de identidade. A imunologia poderia ser abordada como a ciência que constrói tais "traços distintivos" – semelhantes a uma linguagem – do sistema de comunicação orgânico. As pesquisas atuais sobre "tolerância" e as formas como as células tími-

cas (células T) "educam" outras células sobre o que é e o que não é o "eu" levaram o biólogo Scott Gilbert a se perguntar se esse é o equivalente, em imunologia, à injunção "conhece-te a ti mesmo" (comunicação pessoal). A leitura da linguagem imunológica requer tanto uma mentalidade extremamente literal quanto um gosto pelos tropos. Jennifer Terry examinou a aids como uma "pandemia tropical/tropológica" (manuscrito não publicado, UCSC).

12. Não são apenas os produtores de imagens do sistema imunológico que aprendem com as culturas militares; as culturas militares se baseiam simbioticamente no discurso sobre o sistema imunológico, assim como os planejadores estratégicos se baseiam diretamente nas práticas de jogos eletrônicos e ficção científica e contribuem com elas. Por exemplo, na *Military Review*, o Coronel Frederick Timmerman argumentou a favor de um corpo de elite de soldados da força de ataque especial no exército do futuro nos seguintes termos:

> O exemplo mais apropriado para descrever como esse sistema funcionaria é o modelo biológico mais complexo que conhecemos – o sistema imunológico do corpo. Dentro do corpo, existe um grupo de guarda-costas notavelmente complexo. Em números absolutos eles são poucos – apenas cerca de 1% das células do corpo. No entanto, eles consistem em especialistas em reconhecimento, assassinos, especialistas em reconstituição e comunicadores que podem procurar invasores, soar o alarme, reproduzir-se rapidamente e aglomerar-se para o ataque a fim de repelir o inimigo [...]. A esse respeito, a edição de junho de 1986 da *National Geographic* contém um relato detalhado de como o sistema imunológico do corpo funciona (Timmerman, 1987, p. 52).

BIBLIOGRAFIA

A

Aberle, Sophie e Corner, George W. (1953). *Twenty-five Years of Sex Research: History of the National Research Council Committee for Research on Problems of Sex, 1922-47.* Filadélfia: Saunders.

Allee, W. C. (1938). *The Social Life of Animals.* Nova York: Norton.

Allen, Paula Gunn (1986). *The Sacred Hoop: Recovering the Feminine in American Indian Traditions.* Boston: Beacon.

Altmann, Jeanne (1980). *Baboon Mothers and Infants.* Cambridge, MA: Harvard University Press.

Altmann, S. A. (ed.) (1967). *Social Communication among Primates.* Chicago: University of Chicago Press.

Amos, Valerie *et al.* (eds.) (1984). *Feminist Review (Many Voices, One Chant: Black Feminist Perspectives)*, n. 17, 118 pp.

Angyal, Andras (1941). *Foundations of a Science of Personality.* Cambridge, MA: Harvard University Press.

Ann Arbor Science for the People (1977). *Biology as a Social Weapon.* Minneapolis: Burgess.

Anzaldúa, Gloria (1987). *Borderlands/La Frontera.* São Francisco: Spinsters/Aunt Lute.

Aptheker, Bettina (1982). *Woman's Legacy: Essays on Race, Sex, and Class in American History.* Amherst: University of Massachusetts Press.

Ardrey, Robert (1966). *Territorial Imperative.* Nova York: Atheneum.

____ (1970). *The Social Contract.* Nova York: Atheneum.

Aristóteles (1979). *Generation of Animals.* Trad. A. L. Peck. Loeb Classical Library, XIII. Londres: Heinemann.

Ashby, W. Ross (1961). *An Introduction to Cybernetics.* Londres: Chapman and Hall.

Athanasiou, Tom (1987). "High-tech politics: the case of artificial intelligence", *Socialist Review,* n. 92, pp. 7-35.

B

Bacon, Francis (1893). *Novum Organum.* Trad. J. Spedding. Londres: G. Routledge.

____ (1942). *Essays and New Atlantis.* Londres: Walter J. Black.

Bambara, Toni Cade (1981). *The Salt Eaters.* Nova York: Vintage/Random House.

Barash, D. P. (1977). *Sociobiology and Behavior.* Nova York: Elsevier North Holland.

____ (1979). *The Whisperings Within: Evolution and the Origin of Human Nature.* Nova York: Harper & Row, 1979.

Baritz, Leon (1960). *Servants of Power.* Middletown: Wesleyan University Press.

Barnes, Deborah M. (1986). "Nervous and immune system disorders linked in a variety of diseases", *Science,* n. 232, pp. 160-1.

____ (1987). "Neuroimmunology sits on broad research base", *Science,* n. 237, pp. 1.568-9.

Barrett, Michèle (1980). *Women's Oppression Today.* Londres: Verso.

Barthes, Roland (1982). "The photographic message", *in* Susan Sontag (ed.). *A Barthes Reader.* Nova York: Hill & Wang.

Baudrillard, Jean (1983). *Simulations.* Trad. P. Foss, P. Patton e P. Beitchman. Nova York: Semiotext[e].

Bebel, August (1883). *Woman under Socialism.* Trad. D. de Leon. Nova York: Shocken, 1971; (orig. *Women in the Past, Present and Future,* 1878).

Berger, Stewart (1985). *Dr. Berger's Immune Power Diet,* Nova York: New American Library.

Bethel, Lorraine e Smith, Barbara (eds.) (1979). *Conditions (The Black Women's Issue)*, n. 5.

Bhavnani, Kum-Kum e Coulson, Margaret (1986). "Transforming socialist-feminism: the challenge of racism", *Feminist Review*, n. 23, pp. 81-92.

Bijker, Wiebe E.; Hughes, Thomas P. e Pinch, Trevor (eds.) (1987). *The Social Construction of Technological Systems*. Cambridge, MA: MIT Press.

Bingham, Harold C. (1928). "Sex Development in Apes", *Comparative Psychology Monographs*, n. 5, pp. 1-165.

Bird, Elizabeth (1984). "Green Revolution imperialism, I-II", trabalhos apresentados na Universidade da Califórnia em Santa Cruz.

Blalock, J. Edwin (1984). "The immune system as a sensory organ", *Journal of Immunology*, n. 132(3), pp. 1.067-70.

Bleier, Ruth (1984). *Science and Gender: A Critique of Biology and Its Themes on Women*. Nova York: Pergamon.

____ (ed.) (1986). *Feminist Approaches to Science*. Nova York: Pergamon.

Blumberg, Rae Lesser (1981). *Stratification: Socioeconomic and Sexual Inequality*. Boston: Brown.

____ (1983). "A general theory of sex stratification and its application to the positions of women in today's world economy", trabalho apresentado no Departamento de Sociologia da Universidade da Califórnia em Santa Cruz.

Boggess, Jane (1976). "The social behavior of the Himalayan langur *(Presbytis entellus)* in eastern Nepal", Universidade da Califórnia em Berkeley, tese de doutorado.

____ (1979). "Troop male membership changes and infant killing in langurs (*Presbytis entellus*)", *Folia Primatologica*, n. 32, pp. 65-107.

____ (1980). "Intermale relations and troop male membership changes in langurs (*Presbytis entellus*) in Nepal", *International Journal of Primatology*, n. 1(2), pp. 233-74.

Braverman, Harry (1974). *Labor and Monopoly Capital: The Degradation of Work in the Twentieth Century*. Nova York: Monthly Review.

Brewer, Mária Minich (1987). "Surviving fictions: gender and difference in postmodern and postnuclear narrative", *Discourse*, n. 9, pp. 37-52.

Brighton Women and Science Group (1980). *Alice through the Microscope*. Londres: Virago.

Brown, Beverley e Adams, Parveen (1979). "The feminine body and feminist politics", *m/f*, n. 3, pp. 35-57.

Brown, Lloyd (ed.) (1981). *Women Writers of Black Africa*. Westport, CT: Greenwood Press.

Brown, Norman O. (1966). *Love's Body*. Nova York: Random House.

Bruner, Charlotte H. (ed.) (1983). *Unwinding Threads: Writing by Women in Africa*. Londres e Ibadan: Heinemann.

Bryan, C. D. B. (1987). *The National Geographic Society: 100 Years of Adventure and Discovery*. Nova York: Abrams.

Buckley, Walter (ed.) (1968). *Modern Systems Research for the Behavioral Scientist*. Chicago: Aldine.

Bulkin, Elly; Pratt, Minnie Bruce e Smith, Barbara (1984). *Yours in Struggle: Three Feminist Perspectives on Racism and Anti-Semitism*. Nova York: Long Haul.

Burke, Carolyn (1981). "Irigaray through the looking glass", *Feminist Studies*, n. 7(2), pp. 288-306.

Burr, Sara G. (1982). "Women and work", *in* Barbara K. Haber (ed.). *The Women's Annual, 1981*. Boston: G.K. Hall.

Burtt, E. A. (1952). *The Metaphysical Foundations of Modern Science*. Nova York: Humanities.

Busch, Lawrence e Lacy, William (1983). *Science, Agriculture, and the Politics of Research*. Boulder, CO: Westview.

Buss, Leo (1987). *The Evolution of Individuality*. Princeton: Princeton University Press.

Butler, Judith (1989). *Gender Trouble: Feminism and the Subversion of Identity*. Nova York: Routledge.

Butler, Octavia (1984). *Clay's Ark*. Nova York: St. Martin's. [Ed. bras.: *Arca de Clay*. Trad. Heci Regina Candiani. São Paulo: Morro Branco, 2023.]

____ (1987). *Dawn*. Nova York: Warner. [Ed. bras.: *Despertar*. Trad. Heci Regina Candiani. São Paulo: Morro Branco, 2018.]

Butler-Evans, Elliott (1987). "Race, gender and desire: narrative strategies and the production of ideology in the fiction of Toni

Cade Bambara, Toni Morrison and Alice Walker", Universidade da Califórnia em Santa Cruz, tese de doutorado.

C

Caplan, Arthur L. (1978). *The Sociobiology Debate*. Nova York: Harper & Row.

Carby, Hazel (1987). *Reconstructing Womanhood: The Emergence of the Afro-American Woman Novelist*. Nova York: Oxford University Press.

Caron, Joseph (1977). "Animal cooperation in the ecology of W. C. Allee", trabalho apresentado no Seminário Joint Atlantic sobre a História da Biologia, Montreal.

Carpenter, Clarence R. (1945). "Concepts and problems of primate sociometry", *Sociometry*, n. 8, pp. 56-61.

____ (1964). *Naturalistic Behavior of Nonhuman Primates*. University Park: Pennsylvania State University Press.

____ (1972). "The applications of less complex instructional technologies", *in* W. Schramm (ed.). *Quality Instructional Television*. Honolulu: East-West Center, pp. 191-205.

Chasin, Barbara (1977). "Sociobiology: a sexist synthesis", *Science for the People*, n. 9, pp. 27-31.

Chevalier-Skolnikoff, Suzanne (1971). "The female sexual response in stumptail monkeys (*Macaca speciosa*), and its broad implications for female mammalian sexuality", trabalho apresentado na Associação Americana de Antropologia, Nova York.

____ (1974). "Male-female, female-female, and male-male sexual behavior in the stumptail monkey, with special attention to the female orgasm", *Archives of Sexual Behavior*, n. 3, pp. 96-116.

____ e Poirier, F. E. (eds.) (1977). *Primate Bio-Social Development*. Nova York: Garland Press.

Chicanas en el ambiente nacional (1980). *Frontiers*, n. 5(2).

Child, Charles Manning (1928). "Biological foundations of social integration", *Publications of the American Sociological Society*, n. 22, pp. 26-42.

Chodorow, Nancy (1978). *The Reproduction of Mothering: Psychoanalysis and the Sociology of Gender*. Los Angeles: University of California Press.

Christian, Barbara (1985). *Black Feminist Criticism: Perspectives on Black Women Writers*. Nova York: Pergamon.

Clifford, James (1985). "On ethnographic allegory", *in* James Clifford e George Marcus (eds.). *Writing Culture: The Poetics and Politics of Ethnography*. Berkeley: University of California Press.

____ (1988). *The Predicament of Culture: Twentieth-Century Ethnography, Literature, and Art*. Cambridge, MA: Harvard University Press.

Clynes, M. e Klyne, N. (1961). *Drugs, Space and Cybernetic. Evolution to Cyborg*. Nova York: Columbia University Press.

Cohen, Stanley (1976). "Foundation officials and fellowships: innovation in the patronage of science", *Minerva*, n. 14, pp. 225-40.

Cohn, Carol (1987a). "Nuclear language and how we learned to pat the bomb", *Bulletin of Atomic Scientists*, pp. 17-24.

____ (1987b). "Sex and death in the rational world of defense intellectuals", *Signs*, n. 12(4), pp. 687-778.

Collingwood, R. G. (1945). *The Idea of Nature*. Oxford: Clarendon Press.

Collins, Patricia Hill (1982). "Third World women in America", *in* Barbara K. Haber (ed.). *The Women's Annual, 1981*. Boston: G. K. Hall.

____ (1989a). "The social construction of Black feminist thought", *Signs*, n. 14(4), pp. 745-73.

____ (1989b). "A comparison of two works on Black family life", *Signs*, n. 14(4), pp. 875-84.

Combahee River Collective (1979). "A Black feminist statement", *in* Ziliah Eisenstein (ed.). *Capitalist Patriarchy and the Case for Socialist Feminism*. Nova York: Monthly Review.

Committee on Science, Engineering, and Public Policy of the National Academy of Sciences, the National Academy of Medicine, and the Institute of Medicine (1983). *Research Briefings 1983*. Washington: National Academy Press.

Cooter, Roger (1979). "The power of the body: the early nineteenth century", *in* Barry Barnes e Stephen Shapin (eds.). *Natural Order: Historical Studies of Scientific Culture*. Beverly Hills: Sage, pp. 73-96.

Cowan, Ruth Schwartz (1983). *More Work for Mother: The Ironies of Household Technology from the Open Hearth to the Microwave.* Nova York: Basic.

Coward, Rosalind (1983). *Patriarchal Precedents: Sexuality and Social Relations.* Londres: Routledge & Kegan Paul.

Cowdry, E. V. (ed.) (1930). *Human Biology and Racial Welfare.* Nova York: Hoeber.

Cravens, Hamilton (1978). *Triumph of Evolution.* Filadélfia: University of Pennsylvania Press.

Crook, J. H. (ed.) (1970). *Social Behavior in Birds and Mammals.* Nova York: Academic Press.

____ e Gartlan, J. S. (1966). "Evolution of Primate Societies", *Nature*, n. 210(5.042), 1.200-3.

D

Daston, Lorraine e Park, Katharine (s/d). "Hermaphrodites in Renaissance France", manuscrito não publicado.

Davies, Carole Boyce e Graves, Anne Adams (eds.) (1986). *Ngambika: Studies of Women in African Literature.* Trenton: Africa World.

Davis, Angela (1982). *Women, Race, and Class.* Londres: Women's Press.

Dawkins, Richard (1976). *The Selfish Gene.* Oxford: Oxford University Press. [Ed. bras.: *O gene egoísta*. Trad. Rejane Rubino. São Paulo: Companhia das Letras, 2007.]

____ (1982). *The Extended Phenotype: The Gene as the Unit of Selection.* Oxford: Oxford University Press.

de Beauvoir, Simone (1949). *Le deuxième sexe.* Paris: Gallimard. [Ed. bras.: *O segundo sexo*. Box 1ª ed. Trad. Sérgio Milliet. Rio de Janeiro: Nova Fronteira, 2016.]

____ (1952). *The Second Sex.* Trad. H. M. Parshley. Nova York: Bantam.

de Lauretis, Teresa (1984). *Alice Doesn't: Feminism, Semiotics, Cinema.* Bloomington: Indiana University Press.

____ (1985). "The violence of rhetoric: considerations on representation and gender", *Semiotica*, n. 54, pp. 11-31.

____ (1986a). "Feminist studies/critical studies: issues, terms, and contexts", *in* De Lauretis (1986b), pp. 1-19.

____ (ed.) (1986b). *Feminist Studies/Critical Studies*. Bloomington: Indiana University Press.

____ (1987). *Technologies of Gender: Essays on Theory, Film, and Fiction*. Bloomington: Indiana University Press.

____; Huyssen, Andreas e Woodward, Kathleen (eds.) (1980). *The Technological Imagination: Theories and Fictions*. Madison: Coda.

de Waal, Frans (1982). *Chimpanzee Politics: Power and Sex among the Apes*. Nova York: Harper & Row.

Derrida, Jacques (1976). *Of Grammatology*. Trad. e introd. G. C. Spivak. Baltimore: Johns Hopkins University Press. [Ed. bras.: *Gramatologia*. Trad. Miriam Chnaiderman e Renato Janine Ribeiro. São Paulo: Perspectiva, 2004.]

Desowitz, Robert S. (1987). *The Immune System and How It Works*. Nova York: Norton.

DeVore, Irven (1962). "The social behavior and organization of baboon troops", Universidade de Chicago, tese de doutorado.

____ (ed.) (1965). *Primate Behavior: Field Studies of Monkeys and Apes*. Nova York: Holt, Rinehart & Winston.

Dillard, Annie (1975). *Pilgrim at Tinker Creek*. Nova York: Bantam.

Dinnerstein, Dorothy (1977). *The Mermaid and the Minotaur: Sexual Arrangements and Human Malaise*. Nova York: Harper & Row.

Dolhinow, Phyllis (1972). "The North Indian langur", *in* Dolhinow (1972), pp. 181-238.

____ (ed.) (1972). *Primate Patterns*. Nova York: Holt, Rinehart & Winston.

D'Onofrio-Flores, Pamela e Pfafflin, Sheila M. (eds.) (1982). *Scientific-Technological Change and the Role of Women in Development*. Boulder: Westview.

Douglas, Mary (1966). *Purity and Danger*. Londres: Routledge & Kegan Paul.

____ (1970). *Natural Symbols*. Londres: Cresset Press.

____ (1973). *Rules and Meanings*. Harmondsworth: Penguin.

____ (1989). "A gentle deconstruction", *London Review of Books*, n. 4, maio, pp. 17-8.

DuBois, Page (1982). *Centaurs and Amazons*. Ann Arbor: University of Michigan Press.

Duchen, Claire (1986). *Feminism in France from May '68 to Mitterrand.* Londres: Routledge & Kegan Paul.
DuPlessis, Rachel Blau (1985). *Writing beyond the Ending: Narrative Strategies of Twentieth Century Women Writers.* Bloomington: Indiana University Press.

E

Eastman, David (1958). *A Systems Analysis of Political Life.* Nova York: Wiley.
Eco, Umberto (1980). *Il nome della rosa.* Milão: Bompiani. [Ed. bras.: *O nome da rosa.* Trad. Aurora Fornoni Bernardini e Homero Freitas de Andrade. Rio de Janeiro, Editora Nova Fronteira, 1983.]
____ (1983). *The Name of the Rose.* Trad. William Weaver. Nova York: Harcourt Brace Jovanovich.
Editoras da revista *Questions féministes* (1980). "Variations on some common themes", *Feminist Issues,* n. 1(1), pp. 3-22.
Edwards, Paul (1985). "Border wars: the science and politics of artificial intelligence", *Radical America,* n. 19(6), pp. 39-52.
Eimerl, Sarei e DeVore, Irven (1965). *The Primates.* Nova York: Time-Life Nature Library.
Eisenstein, Zillah (ed.) (1979). *Capitalist Patriarchy and the Case for Socialist Feminism.* Nova York: Monthly Review.
Ellis, P. E. (ed.) (1965). "Social organization of animal communities", *Symposium of the Zoological Society of London,* n. 14.
Emecheta, Buchi (1972). *In the Ditch.* Londres: Allison & Busby, 1979. [Ed. bras.: *No fundo do poço.* Trad. Luísa Zardo. Porto Alegre: Dublinense, 2019a.]
____ (1975). *Second Class Citizen.* Nova York: Braziller. [Ed. bras.: *Cidadã de segunda classe.* Trad. Heloisa Jahn. Porto Alegre: Dublinense, 2019b.]
____ (1976). *The Bride Price.* Nova York: Braziller. [Ed. bras.: *Preço de noiva.* Trad. Julia Dantas. Porto Alegre: Dublinense, 2020.]
____ (1977). *The Slave Girl.* Nova York: Braziller.
____ (1979). *The Joys of Motherhood.* Nova York: Braziller. [Ed. bras.: *As alegrias da maternidade.* 2ª ed. Trad. Heloisa Jahn. Porto Alegre: Dublinense, 2018.]

____ (1982). *Destination Biafra*. Londres: Allison & Busby, 1982; Glasgow: William Collins & Sons, Fontana African Fiction, 1983.

____ (1983a). *Double Yoke*. Nova York: Braziller; Londres e Ibuza: Ogwugwu Afor.

____ (1983b). *The Rape of Sbavi*. Londres e Ibuza: Ogwugwu Afor, 1983; Nova York: Braziller, 1985.

Emerson, A. E. (1954). "Dynamic homeostasis, a unifying principle in organic, social, and ethical evolution", *Scientific Monthly*, n. 78, pp. 67-85.

Emery, F. E. (ed.) (1969). *Systems Thinking*. Nova York: Penguin.

Engels, Friedrich (1884). *The Origins of the Family, Private Property and the State*. Trad. Eleanor B. Leacock. Nova York: International, 1972. [Ed. bras.: *As origens da família, da propriedade e do Estado*. Trad. Nélio Schneider. São Paulo: Boitempo, 2019.]

____ (1940). *Dialectics of Nature*. Trad. e ed. Clemens Dutt. Nova York: International.

Enloe, Cynthia (1983a). "Women textile workers in the militarization of Southeast Asia", *in* Nash e Fernandez-Kelly (1983), pp. 407-25.

____ (1983b). *Does Khaki Become You? The Militarization of Women's Lives*. Boston: South End.

Epstein, Barbara (1993). *Political Protest and Cultural Revolution: Nonviolent Direct Action in the 1970s and 1980s*. Berkeley: University of California Press.

Escoffier, Jeffrey (1985). "Sexual revolution and the politics of gay identity", *Socialist Review*, n. 82/83, pp. 119-53.

Evans, Mari (ed.) (1984). *Black Women Writers: A Critical Evaluation*. Garden City, NY: Doubleday/Anchor.

F

Farley, Michael (1977). "Formations et transformations de la synthèse écologique aux États-Unis, 1949-1971", Instituto de História e Sociopolítica da Ciência da Universidade de Montreal, dissertação de mestrado.

Fausto-Sterling, Anne (1985). *Myths of Gender: Biological Theories about Women and Men*. Nova York: Basic.

Fedigan, Linda Marie (1982). *Primate Paradigms: Sex Roles and Social Bonds*. Montreal: Eden Press.

Fee, Elizabeth (1986). "Critiques of modern science: the relationship of feminism to other radical epistemologies", *in* Ruth Bleier (ed.). *Feminist Approaches to Science*. Nova York: Pergamon, pp. 42-56.

Feminisms in the Non-Western World (1983). *Frontiers*, n. 7.

Fernandez-Kelly, Maria Patricia (1983). *For We Are Sold, I and My People*. Albany: State University of New York Press.

Firestone, Shulamith (1970a). *Dialectic of Sex*, Nova York: Morrow. [Ed. bras.: *A dialética do sexo: um manifesto da revolução feminista*. Trad. Vera Regina Rebello Terra. Rio de Janeiro: Editorial Labor do Brasil, 1976.]

Fisher, Dexter (ed.) (1980). *The Third Woman: Minority Women Writers of the United States*. Boston: Houghton Mifflin.

Flax, Jane (1983). "Political philosophy and the patriarchal unconscious: a psychoanalytic perspective on epistemology and metaphysics", *in* Harding e Hintikka (1983), pp. 245-82.

____ (1987). "Postmodernism and gender relations in feminist theory", *Signs*, n. 12(4), pp. 621-43.

Ford, Barbara (1976). "Murder and mothering among the sacred monkeys", *Science Digest*, maio, pp. 23-32.

Fosdick, Raymond (1952). *The Story of the Rockefeller Foundation*. Nova York: Harper & Row.

Foucault, Michel (1963). *The Birth of the Clinic: An Archaeology of Medical Perception*. Trad. A. M. Smith. Nova York: Vintage, 1975. [Ed. bras.: *O nascimento da clínica*. Trad. Roberto Machado. Rio de Janeiro: Forense Universitária, 1977.]

____ (1970). *The Order of Things*. Nova York: Random House. [Ed. bras.: *As palavras e as coisas: uma arqueologia das ciências humanas*. Trad. Salma Tannus Muchail. São Paulo: Martins Fontes, 2000.]

____ (1972). *The Archaeology of Knowledge*. Trad. Alan Sheridan. Nova York: Pantheon. [Ed. bras.: *A arqueologia do saber*. Trad. Luiz Felipe Baeta Neves. 7ª ed. Rio de Janeiro: Forense Universitária, 2008.]

____ (1975). *Discipline and Punish: The Birth of the Prison*. Trad. Alan Sheridan. Nova York: Vintage, 1979. [Ed. bras.: *Vigiar e pu-

nir. Nascimento da prisão. Trad. Raquel Ramalhete. Petrópolis: Vozes, 1999.]

____ (1976). *The History of Sexuality,* vol. 1: *An Introduction.* Trad. Robert Hurley. Nova York: Pantheon, 1978. [Ed. bras.: *História da sexualidade: a vontade do saber.* Trad. Maria Thereza da Costa Albuquerque. 11ª ed. Rio de Janeiro: Paz & Terra, 2020.]

Fox, Robin (1967). "In the beginning", *Man,* n. 2, pp. 415-33.

Frankenberg, Ruth (1988). "The social construction of whiteness", Universidade da Califórnia em Santa Cruz, tese de doutorado.

Fraser, Kathleen (1984). *Something. Even Human Voices. In the Foreground, a Lake.* Berkeley, CA: Kelsey St. Press.

French Feminism (1981). *Signs,* n. 7(1), outono, edição especial.

Freud, Sigmund (1930), *Civilization and Its Discontents.* Nova York: Norton, 1962. [Ed. bras.: *O mal-estar na civilização, novas conferências introdutórias e outros textos (1930-1936).* Obras completas, vol. 18. Trad. Paulo César de Souza. São Paulo: Companhia das Letras, 2010.]

Frisch, J. E. (1959). "Research on primate behavior in Japan", *American Anthropologist,* n. 61, pp. 584-96.

Fuentes, Annette e Ehrenreich, Barbara (1983). *Women in the Global Factory.* Boston: South End.

G

Gallop, Jane (1982). *The Daughter's Seduction: Feminism and Psychoanalysis.* Nova York: Macmillan.

Gates, Henry Louis (1985). "Writing 'race' and the difference it makes", in *'Race', Writing, and Difference, Critical Inquiry,* n. 12(1), pp. 1-20, edição especial.

Ghiselin, Michael T. (1974). *The Economy of Nature and the Evolution of Sex.* Berkeley: University of California Press.

Giddings, Paula (1985). *When and Where I Enter: The Impact of Black Women on Race and Sex in America.* Toronto: Bantam.

Gilbert, Sandra M. e Gubar, Susan (1979). *The Madwoman in the Attic: The Woman Writer and the Nineteenth-Century Literary Imagination.* New Haven, CT: Yale University Press.

Gilligan, Carol (1982). *In a Different Voice.* Cambridge, MA: Harvard University Press.

Goldman, Emma (1931). *Living my Life.* Nova York: Knopf.

Goleman, Daniel (1987). "The mind over the body", *New York Times Sunday Magazine,* 27 de setembro, pp. 36-7 e 59-60.

Golub, Edward S. (1987). *Immunology: A Synthesis.* Sunderland, MA: Sinauer Associates.

Goodall, Jane (1971). *In the Shadow of Man.* Boston: Houghton Mifflin.

Gordon, Linda (1976). *Woman's Body, Woman's Right: A Social History of Birth Control in America.* Nova York: Viking.

____ (1988). *Heroes of Their Own Lives. The Politics and History of Family Violence, Boston 1880-1960.* Nova York: Viking Penguin.

Gordon, Richard (1983). "The computerization of daily life, the sexual division of labor, and the homework economy", Conferência do Vale do Silício, Universidade da Califórnia em Santa Cruz.

____ e Kimball, Linda (1985). "High-technology, employment and the challenges of education", Projeto de Pesquisa do Vale do Silício, Working Paper, n. 1.

Gould, Stephen J. (1981). *Mismeasure of Man.* Nova York: Norton.

Gray, J. S. (1963). "A physiologist looks at engineering", *Science,* n. 140, pp. 461-4.

Gregory, Judith e Nussbaum, Karen (1982). "Race against time: automation of the office", *Office: Technology and People,* n. 1, pp. 197-236.

Gregory, Michael; Silvers, Anita e Sutch, Diane (eds.) (1978). *Sociobiology and Human Nature: An Interdisciplinary Critique and Defense.* São Francisco: Jossey-Bass.

Gresham, Jewell Handy (1989). "The scapegoating of the black family in America", *The Nation,* n. 24-31, julho, pp. 116-22.

Griffin, Susan (1978). *Woman and Nature: The Roaring Inside Her.* Nova York: Harper & Row.

Grossman, Rachel (1980). "Women's place in the integrated circuit", *Radical America,* n. 14(1), pp. 29-50.

H

Haas, Violet e Perrucci, Carolyn (eds.) (1984). *Women in Scientific and Engineering Professions.* Ann Arbor: University of Michigan Press.

Habermas, Jurgen (1970). *Toward a Rational Society: Student Protest, Science, and Politics*. Boston: Beacon.

Hacker, Sally (1981). "The culture of engineering: women, workplace, and machine", *Women's Studies International Quarterly*, n. 4(3), pp. 341-53.

____ (1984). "Doing it the hard way: ethnographic studies in the agribusiness and engineering classroom", trabalho apresentado na Associação de Estudos Americanos da Califórnia, Pomona.

____ e Bovit, Liza (1981). "Agriculture to agribusiness: technical imperatives and changing roles", trabalho apresentado na Sociedade para a História da Tecnologia, Milwaukee.

Hall, Diana Long (1974). "Biology, sex hormones and sexism in the 1920s", *Philosophical Forum*, n. 5, pp. 81-96.

Hall, K. R. L. e DeVore, Irven (1972). "Baboon social behavior", *in* Dolhinow (1972), pp. 125-80.

Haller, J. S. (1971). *Outcasts from Evolution*. Urbana: Illinois University Press.

Hamilton, G. V. (1929). *A Research in Marriage*. Nova York: Boni.

Hamilton, W. D. (1964). "The genetical theory of social behaviour, I, II", *Journal of Theoretical Biology*, n. 7, pp. 1-52.

Haraway, Donna J. (1978a). "Animal sociology and a natural economy of the body politic, part 1: a political physiology of dominance", *Signs*, n. 4(1), pp. 21-36. (Neste livro, pp. 11-33.)

____ (1978b). "Animal sociology and a natural economy of the body politic, part II: the past is the contested zone; human nature and theories of production and reproduction in primate behavior studies", *Signs*, n. 4(1), pp. 37-60. (Neste livro, pp. 35-74.)

____ (1979). "The biological enterprise: sex, mind, and profit from human engineering to sociobiology", *Radical History Review*, n. 20, pp. 206-37. (Neste livro, pp. 75-117.)

____ (1981-82). "The high cost of information in post-World War II evolutionary biology", *Philosophical Forum*, n. 13(2-3), pp. 244-78.

____ (1983). "Signs of dominance: from a physiology to a cybernetics of primate society", *Studies in History of Biology*, n. 6, pp. 129-219.

_____ (1984). "Class, race, sex, scientific objects of knowledge: a socialist-feminist perspective on the social construction of productive knowledge and some political consequences", *in* Violet Haas e Carolyn Perrucci (1984), pp. 212-29.

_____ (1984-5). "Teddy bear patriarchy: taxidermy in the Garden of Eden, New York City, 1908-36", *Social Text*, n. 11, pp. 20-64.

_____ (1985). "Manifesto for cyborgs: science, technology, and socialist feminism in the 1980s", *Socialist Review*, n. 80, pp. 65-108. (Neste livro, pp. 259-317.)

_____ (1989a). "Review of A. Ong, *Spirits of Resistance and Capitalist Discipline*", *Signs*, n. 14(4), pp. 945-7.

_____ (1989b). *Primate Visions: Gender, Race, and Nature in the World of Modern Science*. Nova York: Routledge.

Harding, Sandra (1978). "What causes gender privilege and class privilege?", trabalho apresentado na Associação Americana de Filosofia.

_____ (1983). "Why has the sex/gender system become visible only now?", *in* Harding e Hintikka (1983), pp. 311-24.

_____ (1986). *The Science Question in Feminism*. Ithaca: Cornell University Press.

_____ e Hintikka, Merill (eds.) (1983). *Discovering Reality: Feminist Perspectives on Epistemology, Metaphysics, Methodology, and Philosophy of Science*. Dordrecht: Reidel.

Hartmann, Heidi (1981). "The unhappy marriage of marxism and feminism", *in* Sargent (1981), pp. 1-41.

Hartsock, Nancy (1983a). "The feminist standpoint: developing the ground for a specifically feminist historical materialism", *in* Harding e Hintikka (1983), pp. 283-310.

_____ (1983b). *Money, Sex, and Power*. Nova York: Longman; Boston: Northeastern University Press, 1984.

_____ (1987). "Rethinking modernism: minority and majority theories", *Cultural Critique*, n. 7, pp. 187-206.

Haug, Frigga (ed.) (1980). *Frauenformen: Alltagsgeschichten und Entwurf einer Theorie weiblicher Sozialisation*. Berlin: Argument Sonderband 45.

_____ (1982). "Frauen und Theorie", *Das Argument*, n. 136(11/12).

____ et al. (1983). *Sexualisierung: Frauenformen 2.* Berlim: Argument-Verlag.

____ et al. (1987). *Female Sexualization: A Collective Work of Memory.* Londres: Verso.

Haug, Wolfgang Fritz *et al.* (eds.) (1989). *Marxistisches Wörterbuch.* Berlim: Argument-Verlag.

Hayes, Dennis (1987). "Making chips with dust-free poison", *Science as Culture,* n. 1, pp. 89-104.

Hayles, Katherine (1984). *The Cosmic Web: Scientific Field Models and Literary Strategies in the Twentieth Century.* Cornell University Press.

____ (1987a). "Text out of context: situating postmodernism within an information society", *Discourse,* n. 9, pp. 24-36.

____ (1987b). "Denaturalizing experience: postmodern literature and science", resumo, reuniões da Sociedade de Literatura e Ciência, 8 a 11 de outubro, Instituto Politécnico de Worcester.

Heidegger, Martin (1970). *The Question Concerning Technology and Other Essays.* Nova York: Harper & Row.

Henderson, Lawrence J. (1935). *Pareto's General Sociology: A Physiologist's Interpretation.* Cambridge, MA: Harvard University Press.

Henry, Alice (1982). "Review of *The Woman That Never Evolved*", *Off Our Backs,* janeiro, pp. 18-19.

Herschberger, Ruth (1948). *Adam's Rib.* Nova York: Pellegrine & Cudhay.

Heyl, Barbara (1968). "The Harvard Pareto circle", *Journal of the History of Behavioral Sciences,* n. 4, pp. 316-34.

Hilgard, Ernest R. (1965). "Robert Mearns Yerkes", *Biographical Memoirs of the National Academy of Sciences,* n. 38, pp. 384-425.

Hillis, W. Daniel (1988). "Intelligence as an emergent behavior; or, the songs of Eden", *Daedalus,* inverno, pp. 175-89.

Hogness, E. Rusten (1983). "Why stress? A look at the making of stress, 1936-56", manuscrito não publicado disponibilizado pelo autor.

hooks, bell (1981). *Ain't I a Woman?* Boston: South End. [Ed. bras.: *E eu não sou uma mulher? Mulheres negras e feminismo.* Trad. Bhuvi Libanio. 7ª ed. Rio de Janeiro: Rosa dos Tempos, 2020.]

____ (1984). *Feminist Theory: From Margin to Center.* Boston: South End. [Ed. bras.: *Teoria feminista – Da margem ao centro.* Trad. Rainer Patriota. 1ª ed. [S.l.]: Perspectiva, 2019.]

Hooton, E. A. (1931). *Up from the Ape.* Nova York: Macmillan.

____ (1942). *Man's Poor Relations.* Nova York: Doubleday.

Hrdy, Sarah Blaffer (1975). "Male and female strategies of reproduction among the langurs of Abu", Universidade de Harvard, tese de doutorado.

____ (1977). *The Langurs of Abu: Female and Male Strategies of Reproduction.* Cambridge, MA: Harvard University Press.

____ (1981). *The Woman That Never Evolved.* Cambridge, MA: Harvard University Press.

____ e Williams, George C. (1983). "Behavioral biology and the double standard", *in* Sam Wasser (ed.). *Female Social Behavior.* Nova York: Academic Press, pp. 3-17.

Hubbard, Ruth e Lowe, Marian (eds.) (1979). *Genes and Gender,* vol. 2, *Pitfalls in Research on Sex and Gender.* Staten Island: Gordian Press.

Hubbard, Ruth; Henifin, Mary Sue e Fried, Barbara (eds.) (1979). *Women Look at Biology Looking at Women: A Collection of Feminist Critiques.* Cambridge, MA: Schenkman.

____ (eds.) (1982). *Biological Woman, the Convenient Myth.* Cambridge, MA: Schenkman.

Hull, Gloria; Scott, Patricia Bell e Smith, Barbara (eds.) (1982). *All the Women Are White, All the Men Are Black, But Some of Us Are Brave.* Old Westbury: The Feminist Press.

Hurtado, Aida (1989). "Relating to privilege: seduction and rejection in the subordination of white women and women of color", *Signs,* n. 14(4), pp. 833-55.

Hutchinson, G. Evelyn (1978). *An Introduction to Population Ecology.* New Haven: Yale University Press.

I

Illich, Ivan (1982). *Gender.* Nova York: Pantheon.

International Fund for Agricultural Development (1985). *IFAD Experience Relating to Rural Women, 1977-84.* Roma: IFAD, p. 37.

Irigaray, Luce (1977). *Ce sexe qui n'en est pas un.* Paris: Minuit.

____ (1979). *Et l'une ne bouge pas sans l'autre.* Paris: Minuit.

J

Jacob, François (1974). *Logic of Life*. Trad. Betty Spillman. Nova York: Pantheon. [Ed. bras.: *A lógica da vida: uma história da hereditariedade*. Trad. Ângela Loureiro de Souza. 2ª ed. São Paulo: Paz e Terra, 2001.]

Jaggar, Alison (1983). *Feminist Politics and Human Nature*. Totowa, NJ: Roman & Allanheld.

Jameson, Fredric (1984). "Post-modernism, or the cultural logic of late capitalism", *New Left Review*, n. 146, pp. 53-92.

____ (1986). "Third World literature in the era of multinational capitalism", *Social Text*, n. 15, pp. 65-88.

Jaret, Peter (1986). "Our immune system: the wars within", *National Geographic*, n. 169(6), pp. 701-35.

____ e Mizel, Steven B. (1985). *In Self-Defense*. Nova York: Harcourt Brace Jovanovich.

Jay, Phyllis (1962). "Aspects of maternal behavior among langurs", *Annals of the New York Academy of Sciences*, n. 102, pp. 468-76.

____ (1963a). "The social behavior of the langur monkey", Universidade de Chicago, tese de doutorado.

____ (1963b). "The Indian langur monkey (*Presbytis entellus*)", *in* C. H. Southwick (ed.). *Primate Social Behavior*. Princeton: Van Nostrand, pp. 114-23.

____ (1965). "The common langur of north India", *in* DeVore (1965), pp. 197-249.

Jerne, Niels K. (1985) "The generative grammar of the immune system", *Science*, n. 229, pp. 1.057-9.

Jordanova, Ludmilla (ed.) (1987). *Languages of Nature*. Londres: Free Association Books.

Joseph, Gloria e Lewis, Jill (1981). *Common Differences*. Nova York: Anchor.

Judson, Horace Freeland (1979). *The Eighth Day of Creation*. Nova York: Simon & Schuster.

K

Kahn, Douglas e Neumaier, Diane (eds.) (1985). *Cultures in Contention*. Seattle: Real Comet.

Kanigel, Robert (1986). "Where mind and body meet", *Mosaic*, n. 17(2), pp. 52-60.

____ (1987). "The genome project", *New York Times Sunday Magazine*, n. 13, dezembro, pp. 44, 98-101 e 106.

Kaplan, Caren (1986-87). "The politics of displacement in *Buenos Aires*", *Discourse*, n. 8, pp. 84-100.

____ (1987a). "The poetics of displacement: exile, immigration, and travel in contemporary autobiographical writing", Universidade da Califórnia em Santa Cruz, tese de doutorado.

____ (1987b). "Deterritorializations: the rewriting of home and exile in Western feminist discourse", *Cultural Critique*, n. 6, pp. 187-98.

Keller, Evelyn Fox (1983). *A Feeling for the Organism*. São Francisco: Freeman.

____ (1985). *Reflections on Gender and Science*. New Haven: Yale University Press.

____ (1987). "The gender/science system: or, is sex to gender as nature is to science?", *Hypatia*, n. 2(3), pp. 37-49.

____ (1990). "From secrets of life to secrets of death", *in* M. Jacobus, E. F. Keller e S. Shuttleworth (eds.). *Body/Politics: Women and the Discourses of Science*. Nova York: Routledge, pp. 177-91.

____ e Grontkowski, Christine (1983). "The mind's eye", *in* Harding e Hintikka (1983), pp. 207-24.

Kessler, Suzanne e McKenna, Wendy (1978). *Gender: An Ethnomethodological Approach*. Chicago: University of Chicago Press.

Kevles, Daniel (1968). "Testing the army's intelligence: psychologists and the military in World War I", *Journal of American History*, n. 55, pp. 565-81.

King, Katie (1984). "The pleasure of repetition and the limits of identification in feminist science fiction: reimaginations of the body after the cyborg", trabalho apresentado na Associação de Estudos Americanos da Califórnia, Pomona.

____ (1986). "The situation of lesbianism as feminism's magical sign: contests for meaning and the U.S. women's movement, 1968-72", *Communication*, n. 9(1), pp. 65-92.

____ (1987a). "Canons without innocence", Universidade da Califórnia em Santa Cruz, tese de doutorado.

____ (1987b). *The Passing Dreams of Choice* [...] *Once Before and After: Audre Lorde and the Apparatus of Literary Production*, prospecto do livro, Universidade de Maryland, em College Park.

____ (1987c). "Prospectus for research on feminism and writing technologies", Universidade de Maryland, em College Park.

____ (1988). "Audre Lorde's lacquered layerings: the lesbian bar as a site of literary production", *Cultural Studies*, n. 2(3), pp. 321-42.

____ (1990). "Producing sex, theory, and culture: gay/straight remappings in contemporary feminism", *in* Marianne Hirsch e Evelyn Keller (eds.). *Conflicts in Feminism*.

Kingston, Maxine Hong (1976). *The Woman Warrior.* Nova York: Knopf.

____ (1977). *China Men.* Nova York: Knopf.

Klein, Hilary (1989). "Marxism, psychoanalysis, and mother nature", *Feminist Studies*, n. 15(2), pp. 255-78.

Klein, Jan (1982). *Immunology: The Science of Non-Self Discrimination.* Nova York: Wiley-Interscience.

Knorr-Cetina, Karin (1981). *The Manufacture of Knowledge.* Oxford: Pergamon.

____ e Mulkay, Michael (eds.) (1983). *Science Observed: Perspectives on the Social Study of Science.* Beverly Hills: Sage.

Kohler, Robert (1976). "The management of science: the experience of Warren Weaver and the Rockefeller Foundation Programme in Molecular Biology", *Minerva*, n. 14, pp. 279-306.

Kolata, Gina (1988a). "New treatments may aid women who have miscarriages", *The New York Times*, 5 de janeiro, p. c3.

____ (1988b). "New research yields clues in fight against autoimmune disease", *The New York Times*, 19 de janeiro, p. c3.

Kollontai, Alexandra (1977). *Selected Writings.* Londres: Allison & Busby.

Koshland, D. E., Jr. (ed.) (1986). *Biotechnology: The Renewable Frontier.* Washington: American Association for the Advancement of Science.

Kramarae, Cheris e Treichler, Paula (1985). *A Feminist Dictionary.* Boston: Pandora.

Kroeber, A. L. (1917). "The super-organic", *American Anthropologist*, n. 19, pp. 163-213.
Kropotkin, Peter (1902). *Mutual Aid*. Londres: Heinemann.
Kuhn, Annette (1978). "Structures of patriarchy and capital in the family", *in* Kuhn e Wolpe (1978), pp. 42-67.
____ (1982). *Women's Pictures: Feminism and Cinema*. Londres: Routledge & Kegan Paul.
____ e Wolpe, AnnMarie (eds.) (1978). *Feminism and Materialism*. Londres: Routledge & Kegan Paul.
Kummer, Hans (1968). *Social Organization of Hamadryas Baboons*. Chicago: University of Chicago Press.

L

Labica, Georges & Benussen, Gérard (eds.) (1985). *Dictionnaire Critique du Marxism*, 8 vols. Paris: Presses Universitaires de France.
Lancaster, Jane (1967). "Primate communication systems and the emergence of human language", Universidade da Califórnia em Berkeley, tese de doutorado.
____ (1968). "On the evolution of tool using behavior", *American Anthropologist*, n. 70, pp. 56-66.
____ (1971). "Play mothering: the relations between juveniles and young infants among free-ranging vervet monkeys (*Cercopithecus aethiops*)", *Folia Primatologica*, n. 15, pp. 161-82.
____ (1973). "'In praise of the achieving female monkey", *Psychology Today*, setembro, pp. 30-6 e 90.
____ (1975). *Primate Behavior and the Emergence of Human Culture*. Nova York: Holt, Rinehart & Winston.
____ (1978). "Carrying and sharing in human evolution", *Human Nature*, fevereiro, pp. 82-9.
____ (1979). "Sex and gender in evolutionary perspective", *in* H. A. Katchadourian (ed.). *Human Sexuality: A Comparative and Developmental Perspective*. Los Angeles: University of California Press, pp. 51-80.
____ e Lee, Richard (1965). "The annual reproductive cycle in monkeys and apes", *in* DeVore (1965), pp. 486-513.

Lange, Bernd-Peter e Stuby, Anna Marie (eds.) (1984). *1984*. Berlim: Argument Sonderband 105.

Lasswell, H. D. e Kaplan, Abraham (1950). *Power and Society*. New Haven: Yale University Press.

Latour, Bruno (1984). *Les microbes, guerre et paix, suivi des irréductions*. Paris: Métailié.

____ (1988). *The Pasteurization of France, followed by Irréductions: A Politico-Scientific Essay*. Cambridge, MA: Harvard University Press.

____ e Woolgar, Steve (1979). *Laboratory Life: The Social Construction of Scientific Facts*. Beverly Hills: Sage.

Leacock, Eleanor (1972). "Introduction", *in* Friedrich Engels. *Origin of the Family, Private Property, and the State*. Nova York: International.

Lem, Stanislaw (1964) *Summa technologiae*. Cracóvia: Wydawnictwo Literackie.

Lerner, Gerda (ed.) (1973). *Black Women in White America: A Documentary History*. Nova York: Vintage.

Lettvin, J. Y. *et al.* (1959). "What the frog's eye tells the frog's brain", *Proceedings of the Institute of Radio Engineers*, n. 47, pp. 1.940-51.

Lévi-Strauss, Claude (1971). *Tristes Tropiques*. Trad. John Russell. Nova York: Atheneum. [Ed. bras.: *Tristes trópicos*. Trad. Rosa Freire d'Aguiar. São Paulo: Companhia das Letras, 1996.]

Lewontin, R. C.; Rose, Steven e Kamin, Leon J. (1984). *Not in Our Genes: Biology, Ideology, and Human Nature*. Nova York: Pantheon.

Lilienfeld, Robert (1978). *The Rise of Systems Theory*. Nova York: Wiley.

Lindberg, Donald (1967). "A field study of the reproductive behavior of the rhesus monkey", Universidade da Califórnia em Berkeley, tese de doutorado.

Linden, Robin Ruth (1981). "The social construction of gender: a methodological analysis of the gender identity paradigm", Departamento de Sociologia da Universidade da Califórnia em Santa Cruz, trabalho de graduação de bacharelado em artes.

Lineu, Carl von (1758). *Systema naturae per regna tria naturae, secundum classes, ordines, genera, species, cum characteribus, differentiis, synonymis, locis*, 10ª ed. Estocolmo: Laurentii Salvi.

____ (1972). *L'équilibre de la nature*. Trad. Bernard Jasmin; introd. e notas Camille Limoges. Paris: Librairie Philosophique J. Urin.

Lloyd, G. E. R. (1968). *Aristotle: The Growth of His Thought*. Cambridge: Cambridge University Press.

Locke, Steven E. e Hornig-Rohan, Mady (1983). *Mind and Immunity: Behavioral Immunology, An Annotated Bibliography, 1976-82*. Nova York: Institute for the Advancement of Health.

Lorde, Audre (1982). *Zami, a New Spelling of My Name*. Trumansberg, NY: Crossing, 1983.

____ (1984). *Sister Outsider*. Trumansberg, NY: Crossing. [Ed. bras.: *Irmã Outsider. Ensaios e conferências*. Trad. Stephanie Borges. Belo Horizonte: Editora Autêntica, 2019.]

Lovejoy, Owen (1981). "The origin of man", *Science*, n. 211, pp. 341-50.

Lowe, Lisa (1986). "French literary Orientalism: the representation of 'others' in the texts of Montesquieu, Flaubert, and Kristeva", Universidade da Califórnia em Santa Cruz, tese de doutorado.

Lowe, Marian e Hubbard, Ruth (eds.) (1983). *Woman's Nature: Rationalizations of Inequality*. Nova York: Pergamon.

M

MacArthur, R. H. e Wilson, E. O. (1967). *The Theory of Island Biogeography*. Princeton: Princeton University Press.

MacCormack, Carol (1977). "Biological events and cultural control", *Signs*, n. 3, pp. 93-100.

____ e Strathern, Marilyn (eds.) (1980). *Nature, Culture, Gender*. Cambridge; Cambridge University Press.

Mackey, Nathaniel (1984). "Review", *Sulfur*, n. 2, pp. 200-5.

MacKinnon, Catharine (1982). "Feminism, marxism, method, and the state: an agenda for theory", *Signs*, n. 7(3), pp. 515-44.

____ (1987). *Feminism Unmodified: Discourses on Life and Law*. Cambridge, MA: Harvard University Press.

Malamud, Bernard (1982). *God's Grace*. Nova York: Farrar Straus Giroux.

Malthus, Thomas Robert (1798). *An Essay on the Principle of Population*. Nova York: Norton, 1976.

Mani, Lata (1987). "The construction of women as tradition in early nineteenth-century Bengal", *Cultural Critique*, n. 7, pp. 119-56.

Many Voices, One Chant: Black Feminist Perspectives (1984). *Feminist Review*, n. 17, edição especial.

Marcuse, Herbert (1964). *One-Dimensional Man: Studies in the Ideology of Advanced Industrial Society*. Boston: Beacon. [Ed. bras.: *O homem unidimensional: estudos da ideologia da sociedade industrial avançada*. Trad. Robespierre de Oliveira *et al.* São Paulo: Edipro, 2015.]

Markoff, John e Siegel, Lenny (1983). "Military micros", trabalho apresentado na Conferência do Projeto de Pesquisa do Vale do Silício, Universidade da Califórnia em Santa Cruz.

Marks, Elaine e de Courtivron, Isabelle (eds.) (1980). *New French Feminisms*. Amherst: University of Massachusetts Press.

Marrack, Philippa e Kappler, John (1987). "The T cell receptor", *Science*, n. 238, pp. 1.073-9.

Marshall, Eliot (1986). "Immune system theories on trial", *Science*, n. 234, pp. 1.490-2.

Marx, Eleanor e Aveling, E. (1885-86) *The Woman Question*. Londres: Swan & Sonnenschein.

Marx, Karl (1964a). *Capital*, vol. 1. Nova York: International.

____ (1964b). *The Economic and Philosophic Manuscripts of 1844*. Nova York: International. [Ed. bras.: *Manuscritos econômico-filosóficos*. Trad. Jesus Ranieri. São Paulo: Boitempo, 2004.]

____ (1972). *The Ethnological Notebooks of Karl Marx*. Trad. e ed. Laurence Krader. Assen: Van Gorcum.

____ e Engels, Friedrich (1970). *The German Ideology*. Londres: Lawrence & Wishart.

Marxist-Feminist Literature Collective (1978). "Women's writing", *Ideology and Consciousness*, n. 1(3), pp. 27-48.

May, Mark A. e Doob, Leonard W. (1937). *Competition and Cooperation*. Nova York: Social Science Research Council.

Mayo, Elton (1933). *The Human Problems of Industrial Civilization*. Nova York: Macmillan.

McCaffrey, Anne (1969). *The Ship Who Sang*. Nova York: Ballantine.

McLellan, Vin (1988). "Computer systems under siege", *New York Times*, 31 de janeiro, cad. 3, pp. 1 e 8.

Mead, Margaret (1935). *Sex and Temperament in Three Primitive Societies*. Nova York: Morrow. [Ed. bras.: *Sexo e temperamento*. Trad. Rosa Krausz. 4ª ed. São Paulo: Perspectiva, 2009.]

____ (1937). *Cooperation and Competition among Primitive Peoples*. Nova York: McGraw-Hill.

Merchant, Carolyn (1980). *The Death of Nature: Women, Ecology, and the Scientific Revolution*. Nova York: Harper & Row.

Mesarovic, M. D. (ed.) (1968). *Systems Theory and Biology*. Nova York: Springer-Verlag.

Microelectronics Group (1980). *Microelectronics: Capitalist Technology and the Working Class*. Londres: CSE.

Miles, C. C. e Terman, Lewis (1929). "Sex difference in association of ideas", *American Journal of Psychology*, n. 41, pp. 165-206.

Mitchell, Juliet (1966). "Women: the longest revolution", *New Left Review*, n. 40, pp. 11-37.

____ (1971). *Women's Estate*. Nova York: Pantheon.

____ e Oakley, Ann (eds.) (1986). *What Is Feminism? A Re-examination*. Nova York: Pantheon.

Mohanty, Chandra Talpade (1984). "Under western eyes: feminist scholarship and colonial discourse", *Boundary*, n. 2, 3(12/13), pp. 333-58.

____ (1988). "Feminist encounters: locating the politics of experience", *Copyright*, n. 1, pp. 30-44.

Moi, Toril (1985). *Sexual/Textual Politics*. Nova York: Methuen.

Money, John e Ehrhardt, Anke (1972). *Man and Woman, Boy and Girl*. Nova York: New American Library, 1974.

Moraga, Cherríe (1983). *Loving in the War Years: lo que nunca pasó por sus labios*. Boston: South End.

____ e Anzaldúa, Gloria (eds.) (1981). *This Bridge Called My Back: Writings by Radical Women of Color*. Watertown: Persephone.

Morawski, J. G. (1987). "The troubled quest for masculinity, femininity and androgyny", *Review of Personality and Social Psychology*, n. 7, pp. 44-69.

Morgan, Elaine (1972). *The Descent of Woman*. Nova York: Stein & Day.

Morgan, Robin (ed.) (1984). *Sisterhood Is Global*. Garden City, NY: Anchor/Doubleday.

Morris, C. W. (1938). *Foundation of the Theory of Signs.* Chicago: University of Chicago Press.

Moss, Cynthia (1975). *Portraits in the Wild.* Boston: Houghton Mifflin.

Mouffe, Chantal (1983). "The sex-gender system and the discursive construction of women's subordination", *Rethinking Ideology.* Berlim: Argument Sonderband 84.

Murrell, K. F. H. (1965). *Ergonomics: Man in His Working Environment.* Londres: Chapman and Hall.

N

Nash, June e Fernandez-Kelly, Maria Patricia (eds.) (1983). *Women and Men and the International Division of Labor.* Albany: State University of New York Press.

Nash, Roderick (1979). "The exporting and importing of nature: nature-appreciation as a commodity, 1850-1980", *Perspectives in American History,* n. 3, pp. 517-60.

National Science Foundation (1988). *Women and Minorities in Science and Engineering.* Washington: NSF.

Nicholas, Robin (1985). *Immunology: An Information Profile.* Londres: Mansell.

Nilsson, Lennart (1977). *A Child Is Born.* Nova York: Dell.

____ (1987). *The Body Victorious: The Illustrated Story of our Immune System and Other Defenses of the Human Body.* Nova York: Delacorte.

Noble, David F. (1977). *America by Design: Science, Technology and the Rise of Corporate Capitalism.* Nova York: Knopf.

O

O'Brien, Mary (1981). *The Politics of Reproduction.* Nova York: Routledge & Kegan Paul.

Odum, E. P. (1955, 1959, 1971). *Fundamentals of Ecology,* 3 eds. Filadélfia: Saunders.

____ (1977). "The emergence of ecology as a new integrative discipline", *Science,* n. 195, pp. 1.289-93.

Ogunyemi, Chickwenye Okonjo (1983). "The shaping of a self: a study of Buchi Emecheta's novels", *Komparatistische Hefte,* n. 8, pp. 65-77.

_____ (1985). "Womanism: the dynamics of the contemporary Black female novel in English", *Signs*, n. 11(1), pp. 63-80.

On Technology (1987). *Discourse*, n. 9, edição especial sobre cibernética, ecologia e imaginação pós-moderna.

Ong, Aihwa (1987). *Spirits of Resistance and Capitalist Discipline: Factory Workers in Malaysia*. Albany: State University of New York Press.

_____ (1988). "Colonialism and modernity: feminist representations of women in non-western societies", *Inscriptions*, n. 3/4, pp. 79-93.

Ong, Walter (1982). *Orality and Literacy: The Technologizing of the Word*. Nova York: Methuen. [Ed. bras.: *Oralidade e cultura escrita*. Trad. Enid Abreu Dobránszky. São Paulo: Papirus, 1998.]

Optner, Stanford L. (ed.) (1973). *Systems Analysis*. Baltimore: Penguin.

Ortner, Sherry B. (1974). "Is female to male as nature is to culture?", *in* Rosaldo e Lamphere (1974), pp. 67-87.

_____ e Whitehead, Harriet (eds.) (1981). *Sexual Meanings: The Cultural Construction of Gender and Sexuality*. Cambridge: Cambridge University Press.

P

Park, Katharine e Daston, Lorraine J. (1981). "Unnatural conceptions: the study of monsters in sixteenth- and seventeenth-century France and England", *Past and Present*, n. 92, pp. 20-54.

Parsons, Talcott (1970). "On building social system theory: a personal history", *Daedalus*, n. 99(4), pp. 826-81.

Perloff, Marjorie (1984). "Dirty language and scramble systems", *Sulfur*, n. 11, pp. 178-83.

Petchesky, Rosalind Pollack (1981). "Abortion, anti-feminism and the rise of the New Right", *Feminist Studies*, n. 7(2), pp. 206-46.

_____ (1987). "Fetal images: the power of visual culture in the politics of reproduction", *Feminist Studies*, n. 13(2), pp. 263-92.

Peterfreund, Emanuel e Schwartz, J. T. (1966). *Information, Systems, and Psychoanalysis*. Nova York: McGraw-Hill.

Piercy, Marge (1976). *Woman on the Edge of Time*. Nova York: Knopf. [Ed. bras.: *Uma mulher no limiar do tempo*. Trad. Elton Furlanetto. São Paulo: Minna, 2023.]

Piven, Frances Fox e Coward, Richard (1982). *The New Class War: Reagan's Attack on the Welfare State and Its Consequences.* Nova York: Pantheon.

Playfair, J. H. L. (1984). *Immunology at a Glance,* 3ª ed. Oxford: Blackwell.

Porush, David (1985). *The Soft Machine: Cybernetic Fiction.* Nova York: Methuen.

____ (1987). "Reading in the servo-mechanical loop", *Discourse,* n. 9, pp. 53-62.

Potter, Van Rensselaer (1971). *Bioethics, Bridge to the Future.* Englewood Cliffs: Prentice-Hall.

Preston, Douglas (1984). "Shooting in paradise", *Natural History,* n. 93(12), pp. 14-9.

Pugh, D. S. (ed.) (1971). *Organization Theory.* Nova York: Penguin.

Pynchon, Thomas (1974). *Gravity's Rainbow.* Nova York: Bantam. [Ed. bras.: *O arco-íris da gravidade.* Trad. Paulo Henriques Britto. São Paulo: Companhia das Letras, 1988.]

R

Reagon, Bernice Johnson (1983). "Coalition politics: turning the century", *in* Smith (1983), pp. 356-68.

Redfield, Robert (ed.) (1942). *Levels of Integration in Biological and Social System.* Lancaster, PA: Cattell.

Reed, James (1978). *From Private Vice to Public Virtue: The Birth Control Movement and American Society since 1830.* Nova York: Basic.

Reiter, Rayna Rapp (ed.) (1975). *Toward an Anthropology of Women.* Nova York: Monthly Review.

Reskin, Barbara F. e Hartmann, Heidi (eds.) (1986). *Women's Work, Men's Work.* Washington: National Academy of Sciences.

Rich, Adrienne (1978). *The Dream of a Common Language.* Nova York: Norton.

____ (1980). "Compulsory heterosexuality and lesbian existence", *Signs,* n. 5(4), pp. 631-60.

____ (1986). "Notes toward a politics of location", *in Blood, Bread, and Poetry: Selected Prose, 1979-85.* Nova York: Norton, pp. 210-31.

Ripley, Suzanne (1965). "The ecology and social behavior of the Ceylon grey langur (*Presbytis entellus thersites*)", Universidade da Califórnia em Berkeley, tese de doutorado.

―――― (1980). "Infanticide in langurs and man: adaptive advantage or social pathology?", *in* M. N. Cohen; R. S. Malpass e H. G. Klein (eds.). *Biosocial Mechanisms of Population Regulation*. New Haven: Yale University Press, pp. 349-90.

Roberts, Leslie (1987a). "Who owns the human genome?", *Science*, n. 237, pp. 358-61.

―――― (1987b). "Human genome: questions of cost", *Science*, n. 237, pp. 1.411-12.

―――― (1987c). "New sequencers take on the genome", *Science*, n. 238, pp. 271-3.

Rosaldo, Michelle (1980). "The use and abuse of anthropology", *Signs*, n. 5, pp. 389-417.

―――― e Lamphere, Louise (eds.) (1974). *Woman, Culture, and Society*. Palo Alto: Stanford University Press.

Rose, Hilary (1983). "Hand, brain, and heart: a feminist epistemology for the natural sciences", *Signs*, n. 9(1), pp. 73-90.

―――― (1986). "Women's work: women's knowledge", *in* Juliet Mitchell e Ann Oakley (eds.). *What Is Feminism? A Re-Examination*. Nova York: Pantheon, pp. 161-83.

Rose, Stephen (1986). *The American Profile Poster: Who Owns What, Who Makes How Much, Who Works Where, and Who Lives with Whom?* Nova York: Pantheon.

Rossiter, Margaret (1982). *Women Scientists in America*. Baltimore: Johns Hopkins University Press.

Rothschild, Joan (ed.) (1983). *Machina ex Dea: Feminist Perspectives on Technology*. Nova York: Pergamon.

Rowell, Thelma E. (1966a). "Forest-living baboons in Uganda", *Journal of Zoology*, n. 149, pp. 344-64.

―――― (1966b). "Hierarchy in the organization of a captive baboon group", *Animal Behaviour*, n. 14, pp. 430-43.

―――― (1970). "Baboon menstrual cycles affected by social environment", *Journal of Reproduction and Fertility*, n. 21, pp. 133-41.

―――― (1972). *Social Behaviour of Monkeys*. Baltimore: Penguin.

―――― (1974). "The concept of social dominance", *Behavioural Biology*, n. 11, pp. 131-54.

Rubin, Gayle (1975). "The traffic in women: notes on the political economy of sex", *in* Rayna Rapp Reiter (1975), pp. 157-210. [Ed. bras.: "O tráfico de mulheres: notas sobre a 'economia política' do sexo", *in* Gayle Rubin. *Políticas do sexo*. Trad. Jamille Pinheiro Dias. São Paulo: Ubu, 2017.]

____ (1984). "Thinking sex: notes for a radical theory of the politics of sexuality", *in* Carol Vance (ed.). *Pleasure and Danger.* Londres: Routledge & Kegan Paul, pp. 267-319. [Ed. bras.: "Pensando o sexo", *in* Gayle Rubin. *Políticas do sexo*. Trad. Jamille Pinheiro Dias. São Paulo: Ubu, 2017.]

Ruch, Theodore (1941). *Bibliographia Primatologica.* Baltimore: Charles Thomas.

Russ, Joanna (1983). *How to Suppress Women's Writing.* Austin: University of Texas Press.

S

Sachs, Carolyn (1983). *The Invisible Farmers: Women in Agricultural Production.* Totowa: Rowman & Allanheld.

Sahlins, Marshall (1976). *The Use and Abuse of Biology.* Ann Arbor: University of Michigan Press.

Said, Edward (1978). *Orientalism.* Nova York: Pantheon. [Ed. bras.: *Orientalismo: o Oriente como invenção do Ocidente*. Trad. Rosaura Eichenberg. São Paulo: Companhia das Letras, 2007.]

Sandoval, Chela (1984). "Dis-illusionment and the poetry of the future: the making of oppositional consciousness", Universidade da Califórnia em Santa Cruz, relatório de qualificação de doutorado.

____ (s/d). *Yours in Struggle: Women Respond to Racism, a Report on the National Women's Studies Association.* Oakland, CA: Center for Third World Organizing.

Sargent, Lydia (ed.) (1981). *Women and Revolution.* Boston: South End.

Sayers, Janet (1982). *Biological Politics: Feminist and Anti-Feminist Perspectives.* Londres: Tavistock.

Schiebinger, Londa (1987). "The history and philosophy of women in science: a review essay", *Signs*, n. 12(2), pp. 305-32.

Schipper, Mineke (1985). "Women and literature in Africa", *in* Mineke Schipper (ed.). *Unheard Words: Women and Literature in Africa, the Arab World, Asia, the Caribbean and Latin America*. Trad. Barbara Potter Fasting. Londres: Allison & Busby, pp. 22-58.

Schjelderup-Ebbe, Thorlief (1935). "Social behavior of birds", *in* Carl Murchison (ed.), *Handbook of Social Psychology*, n. 2, pp. 947-72. Worcester, MA: Clark University Press.

Science Policy Research Unit (1982). *Microelectronics and Women's Employment in Britain*. University of Sussex.

Scott, Joan Wallach (1988). *Gender and the Politics of History*. Nova York: Columbia University Press.

Sebeok, T. A. (ed.) (1968). *Animal Communication: Techniques of Study and Results of Research*. Bloomington: Indiana University Press.

Shirek-Ellefson, Judith (1967). "Visual communication in *Macaca irus*", Universidade da Califórnia em Berkeley, tese de doutorado.

Singh, Jagjit (1966). *Great Ideas in Information Theory, Language, and Cybernetics*. Nova York: Dover.

Smith, Barbara (1977). "Toward a Black feminist criticism", *in* Elaine Showalter (ed.). *The New Feminist Criticism: Essays on Women, Literature and Theory*. Nova York: Pantheon, 1985, pp. 168-85.

____ (ed.) (1983). *Home Girls: A Black Feminist Anthology*. Nova York: Kitchen Table, Women of Color Press.

Smith, Dorothy (1974). "Women's perspective as a radical critique of sociology", *Sociological Inquiry*, n. 44.

____ (1979). "A sociology of women", *in* J. Sherman e E. T. Beck (eds.). *The Prism of Sex*. Madison: University of Wisconsin Press.

Sochurek, Howard (1987). "Medicine's new vision", *National Geographic*, n. 171(1), pp. 2-41.

Sofia, Zoe (também Zoe Sofoulis) (1984). "Exterminating fetuses: abortion, disarmament, and the sexo-semiotics of extra--terrestrialism", *Diacritics*, n. 14(2), pp. 47-59.

Sofoulis, Zoe (1984). "Jupiter Space", trabalho apresentado na Associação de Estudos Americanos da Califórnia, Pomona.

_____ (1987). "Lacklein", Universidade da Califórnia em Santa Cruz, manuscrito não publicado.

_____ (1988). "Through the lumen: Frankenstein and the optics of re-origination", Universidade da Califórnia em Santa Cruz, tese de doutorado.

Somit, Albert (ed.) (1976). *Biology and Politics: Recent Explorations*. Paris e Haia: Mouton.

Sontag, Susan (1977). *On Photography*. Nova York: Dell. [Ed. bras.: *Sobre fotografia*. Trad. Rubens Figueiredo. São Paulo: Companhia das Letras, 2004.]

Spillers, Hortense (1987). "Mama's baby, papa's maybe: an American grammar book", *Diacritics*, n. 17(2), pp. 65-81.

Spivak, Gayatri (1985). "Three women's texts and a critique of imperialism", *Critical Inquiry*, n. 12(1), pp. 243-61.

Stacey, Judith (1987). "Sexism by a subtler name? Postindustrial conditions and postfeminist consciousness", *Socialist Review*, n. 96, pp. 7-28.

Stallard, Karin; Ehrenreich, Barbara e Sklar, Holly (1983). *Poverty in the American Dream*. Boston: South End.

Stanley, Manfred (1978.) *The Technological Conscience*. Nova York: Free Press.

Stoller, Robert (1964). "A contribution to the study of gender identity", *International Journal of Psychoanalysis*, n. 45, pp. 220-6.

_____ (1968, 1976). *Sex and Gender*, vol. I, Nova York: Science House; vol. II, Nova York: Jason Aronson.

Strathern, Marilyn (1987a). "Out of context: the persuasive fictions of anthropology", *Current Anthropology*, n. 28(3), pp. 251-81.

_____ (1987b). "Partial connections", Universidade de Edimburgo, palestra Munro.

_____ (1988). *The Gender of the Gift: Problems with Women and Problems with Society in Melanesia*. Berkeley: University of California Press.

Sturgeon, Noël (1986). "Feminism, anarchism, and non-violent direct action politics", Universidade da Califórnia em Santa Cruz, relatório de qualificação de doutorado.

Sugiyama, Yukimaru (1967). "Social organization of hanuman langurs", *in* Altmann (1967), pp. 221-36.

Sussman, Vic (1986). "Personal tech. Technology lends a hand", *The Washington Post Magazine,* 9 de novembro, pp. 45-56.

T

Taiwo, Oladele (1984). *Female Novelists of Modern Africa.* Nova York: St. Martin's.

Tanner, Nancy (1981). *On Becoming Human.* Cambridge: Cambridge University Press.

____ e Zihlman, Adrienne (1976). "Women in evolution. Part I: innovation and selection in human origins", *Signs,* n. 1(3), pp. 585-608.

The Woman Question: Selected Writings of Marx, Engels, Lenin and Stalin (1951). Nova York: International.

Thorne, Barrie e Henley, Nancy (eds.) (1975). *Language and Sex: Difference and Dominance.* Rowley, MA: Newbury.

Timmerman, Coronel Frederick W., Jr. (1987), "Future warriors", *Military Review,* setembro, pp. 44-55.

Toulmin, Stephen (1982). *The Return of Cosmology: Postmodern Science and the Theology of Nature.* Berkeley: University of California Press.

Tournier, Michel (1967). *Vendredi ou les limbes du Pacifique.* Paris: Gallimard.

Traweek, Sharon (1988). *Beamtimes and Lifetimes: The World of High Energy Physics.* Cambridge, MA: Harvard University Press.

Treichler, Paula (1987). "AIDS, homophobia, and biomedical discourse: an epidemic of signification", *October,* n. 43, pp. 31-70.

Trinh T. Minh-ha (1986-87). "Introduction" e "Difference: 'a special third world women issue'", *Discourse: Journal for Theoretical Studies in Media and Culture,* n. 8, pp. 3-38.

____ (ed.) (1986-87). *She, the Inappropriate/d Other, Discourse,* n. 8.

____ (1988). "Not you/like you: post-colonial women and the interlocking questions of identity and difference", *Inscriptions,* n. 3/4, pp. 71-6.

____ (1989). *Woman, Native, Other: Writing Postcoloniality and Feminism.* Bloomington: Indiana University Press.

Trivers, R. L. (1971). "The evolution of reciprocal altruism", *Quarterly Review of Biology,* n. 46, pp. 35-7.

_____ (1972). "Parental investment and sexual selection", *in* Bernard Campbell (ed.). *Sexual Selection and the Descent of Man.* Chicago: Aldine, pp. 136-79.

Turner, Bryan S. (1984). *The Body and Society.* Nova York: Blackwell.

V

Varley, John (1978). "The persistence of vision", *in The Persistence of Vision.* Nova York: Dell, pp. 263-316.

_____ (1986). "Blue champagne", *in Blue Champagne.* Nova York: Berkeley, pp. 17-79.

von Bertalanffy, Ludwig (1968). *General Systems Theory.* Nova York: Braziller.

W

Waddington, C. H. (1957). *The Strategy of the Gene.* Londres: Allen & Unwin.

Walker, Alice (1983). *In Search of Our Mothers' Gardens.* Nova York: Harcourt Brace Jovanovich.

Ware, Celestine (1970). *Woman Power.* Nova York: Tower.

Washburn, Sherwood L. (1951a). "The new physical anthropology", *Transactions of the New York Academy of Sciences*, série 2, n. 13(7), pp. 298-304.

_____ (1951b). "The analysis of primate evolution with particular reference to man", *Cold Spring Harbor Symposium of Quantitative Biology*, n. 15, pp. 67-78.

_____ (1963). "The study of race", *American Anthropologist*, n. 65, pp. 521-32.

_____ (1978). "Human behavior and the behavior of other animals", *American Psychologist*, n. 33, pp. 405-18.

_____ e Avis, Virginia (1958). "The evolution of human behavior", *in* Anne Roe e George Gaylord Simpson (eds.). *Behavior and Evolution.* New Haven: Yale University Press, pp. 421-36.

_____ e DeVore, Irven (1961). "Social behavior of baboons and early man", *in* S. L. Washburn (ed.). *Social Life of Early Man.* New York: Viking Fund Publications in Anthropology, pp. 91-105.

_____ e Hamburg, David (1965). "The implications of primate research", *in* DeVore (1965), pp. 607-22.

____ (1968). "Aggressive behavior in Old World monkeys and apes", *in* Dolhinow (1972), pp. 276-96.

____ e Lancaster, C. S. (1968). "The evolution of hunting", *in* Richard Lee e Irven DeVore (eds.). *Man the Hunter.* Chicago: Aldine, pp. 293-303.

Watson, J. D. (1976). *The Molecular Biology of the Gene,* 3ª ed. Menlo Park: Benjamin.

Weaver, Warren (1948). "Science and Complexity", *American Scientist,* n. 36, pp. 536-44.

Wechsler, Rob (1987). "A new prescription: mind over malady", *Discover,* fevereiro, pp. 51-61.

Weill, Jean-Claude e Reynaud, Claude-Agnès (1987). "The chicken B cell compartment", *Science,* n. 238, pp. 1094-8.

Weiner, Norbert (1954). *The Human Use of Human Beings.* Nova York: Avon, 1967.

Weinrich, James D. (1977). "Human sociobiology: pair-bonding and resource predictability (effects of social class and race)", *Behavioral Ecology and Sociobiology,* n. 2, pp. 91-116.

Weizenbaum, Joseph (1976). *Computer Power and Human Reason.* São Francisco: Freeman.

Welford, John Noble (1986). "Pilot's helmet helps interpret high speed world", *New York Times,* 1º de julho, pp. 21 e 24.

West, Candace and Zimmerman, D. H. (1987). "Doing gender", *Gender and Society,* n. 1(2), pp. 125-51.

Westinghouse Broadcasting Corporation (1987). "The fighting edge", episódio da série de televisão *Life Quest.*

Wheeler, W. M. (1939). *Essays in Philosophical Biology.* Cambridge, MA: Harvard University Press.

White, Hayden (1987). *The Content of the Form: Narrative Discourse and Historical Representation.* Baltimore: Johns Hopkins University Press.

Wilfrid, Denis (1982). "Capital and agriculture, a review of Marxist problematics", *Studies in Political Economy,* n. 7, pp. 127-54.

Wilson, E. O. (1962). "Chemical communication among workers of the fire ant, *Solenopsis saevissima* (Fr. Smith)", *Animal Behaviour,* n. 10(1-2), pp. 134-64.

___ (1963). "The social biology of ants", *Annual Review of Entomology*, n. 8, pp. 345-68.

___ (1968). "The ergonomics of caste in social insects", *American Naturalist*, n. 102, pp. 41-66.

___ (1971). *Insect Societies*. Cambridge, MA: Harvard University Press.

___ (1975). *Sociobiology: The New Synthesis*. Cambridge, MA: Harvard University Press.

___ (1978). *On Human Nature*. Cambridge, MA: Harvard University Press. [Ed. bras.: *Da natureza humana*. Trad. Geraldo Florsheim e Eduardo D'Ambrosio. São Paulo: Edusp, 1981.]

___ et al. (1978). *Life on Earth*, 2ª ed. Sunderland, MA: Sinauer.

Winner, Langdon (1977). *Autonomous Technology: Technics out of Control as a Theme in Political Thought*. Cambridge, MA: MIT Press.

___ (1980). "Do artifacts have politics?", *Daedalus*, n. 109(1), pp. 121-36.

___ (1986). *The Whale and the Reactor*. Chicago: University of Chicago Press.

Winograd, Terry (1992). "Computers and rationality: the myths and realities", *in* R. Morelli (ed.). *Minds, Brains, and Computers*. Norwood, NJ: Ablex, pp. 152-167.

___ e Flores, Fernando (1986). *Understanding Computers and Cognition: A New Foundation for Design*. Norwood, NJ: Ablex.

Wittig, Monique (1973). *The Lesbian Body*. Trad. David LeVay. Nova York: Avon, 1975 *(Le corps lesbien, 1973)*.

___ (1981). "One is not born a woman", *Feminist Issues*, n. 2, pp. 47-54.

Women and Poverty (1984). *Signs*, n. 10(2), edição especial.

Woodward, Kathleen (1983). "Cybernetic modeling in recent American writing", *North Dakota Quarterly*, n. 51, pp. 57-73.

___ (ed.) (1980). *The Myths of Information: Technology and Post-Industrial Culture*. Londres: Routledge & Kegan Paul.

Wright, Susan (1982). "Recombinant DNA: the status of hazards and controls", *Environment*, n. 24(6), julho/agosto, pp. 12-20 e 51-53.

____ (1986). "Recombinant DNA technology and its social transformation, 1972-82", *Osiris,* série 2, n. 2, pp. 303-60.

Wynne-Edwards, V. C. (1962). *Animal Dispersion in Relation to Social Behaviour.* Edimburgo: Oliver & Boyd.

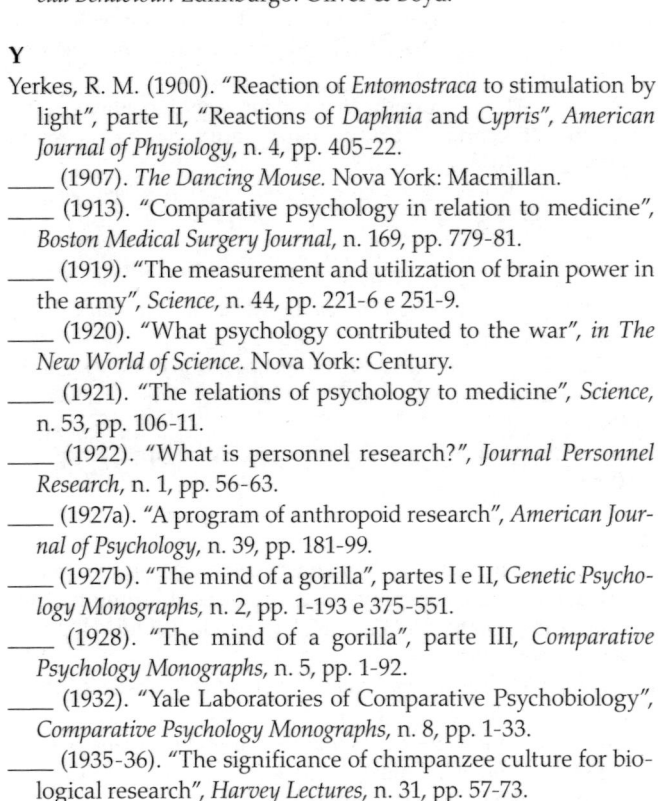

Y

Yerkes, R. M. (1900). "Reaction of *Entomostraca* to stimulation by light", parte II, "Reactions of *Daphnia* and *Cypris*", *American Journal of Physiology,* n. 4, pp. 405-22.

____ (1907). *The Dancing Mouse.* Nova York: Macmillan.

____ (1913). "Comparative psychology in relation to medicine", *Boston Medical Surgery Journal,* n. 169, pp. 779-81.

____ (1919). "The measurement and utilization of brain power in the army", *Science,* n. 44, pp. 221-6 e 251-9.

____ (1920). "What psychology contributed to the war", *in The New World of Science.* Nova York: Century.

____ (1921). "The relations of psychology to medicine", *Science,* n. 53, pp. 106-11.

____ (1922). "What is personnel research?", *Journal Personnel Research,* n. 1, pp. 56-63.

____ (1927a). "A program of anthropoid research", *American Journal of Psychology,* n. 39, pp. 181-99.

____ (1927b). "The mind of a gorilla", partes I e II, *Genetic Psychology Monographs,* n. 2, pp. 1-193 e 375-551.

____ (1928). "The mind of a gorilla", parte III, *Comparative Psychology Monographs,* n. 5, pp. 1-92.

____ (1932). "Yale Laboratories of Comparative Psychobiology", *Comparative Psychology Monographs,* n. 8, pp. 1-33.

____ (1935-36). "The significance of chimpanzee culture for biological research", *Harvey Lectures,* n. 31, pp. 57-73.

____ (1939). "Social dominance and sexual status in the chimpanzee", *Quarterly Review of Biology,* n. 14(2), pp. 115-36.

____ (1943). *Chimpanzees, A Laboratory Colony.* New Haven: Yale University Press.

____ e Yerkes, A. W. (1929). *The Great Apes.* New Haven: Yale University Press.

____; Bridges, J. W. e Hardwick, R. S. (1915). *A Point Scale for Measuring Mental Ability*. Baltimore: Warwick & York.

Young, Iris (1981). "Beyond the unhappy marriage: a critique of the dual systems theory", *in* Sargent (1981), pp. 44-69.

Young, Robert M. (1969). "Malthus and the evolutionists: the common context of biological and social theory", *Past and Present*, n. 43, pp. 109-41.

____ (1973). "The historiographic and ideological contexts of the nineteenth-century debate on man's place in nature", *in* Young (1985), pp. 164-248.

____ (1977). "Science is social relations", *Radical Science Journal*, n. 5, pp. 65-129.

____ (1979). "Interpreting the production of science", *New Scientist*, n. 29, março, pp. 1.026-8.

____ (1985). *Darwin's Metaphor: Nature's Place in Victorian Culture*. Londres: Cambridge University Press.

____ Levidow, Les (eds.) (1981, 1985). *Science, Technology and the Labour Process*, 2 vols. Londres: CSE and Free Association Books.

Yoxen, Edward (1983). *The Gene Business*. Nova York: Harper & Row.

Z

Zacharias, Kristin (1980). "The construction of a primate order: taxonomy and comparative anatomy in establishing the human place in nature, 1735-1916", Universidade Johns Hopkins, tese de doutorado.

Zaki, Hoda M. (1988). "Fantasies of difference", *Women's Review of Books*, n. V(4), pp. 13-4.

Zihlman, Adrienne (1967). "Human locomotion: a reappraisal of functional and anatomical evidence", Universidade da Califórnia em Berkeley, tese de doutorado.

____ (1978a). "Women in evolution, part II: subsistence and social organization among early hominids", *Signs*, n. 4(1), pp. 4-20.

____ (1978b). "Motherhood in transition: from ape to human", *in* W. Miller e Lucille Newman (eds.). *First Child and Family Formation*. Carolina do Norte: Carolina Population Center Publications.

____ (1978c). "Gathering and the hominid adaptation", *in* Lionel Tiger e Heather Fowler (eds.). *Female Hierarchies.* Chicago: Beresford.

Zimmerman, Jan (ed.) (1983). *The Technological Woman: Interfacing with Tomorrow.* Nova York: Praeger.

Zuckerman, Solly (1932). *The Social Life of Monkeys and Apes.* Nova York: Harcourt Brace.

____ (1933). *Functional Affinities of Man, Monkeys, and Apes: A Study of the Bearings of Physiology and Behavior on the Taxonomy and Phylogeny of Lemurs, Monkeys, Apes and Men.* Nova York: Harcourt Brace.

____ (1972). *Beyond the Ivory Tower: The Frontiers of Public and Private Science.* Nova York: Taplinger.

____ (1978). *From Apes to Warlords: The Autobiography of Solly Zuckerman.* Nova York: Harper & Row.

ÍNDICE REMISSIVO

A
abundância 117
Achebe, Chinua 203-204
aconselhamento vocacional 97
ACTH 56
adaptação da coleta 68-71, 178
adaptação do uso de ferramentas 37, 42, 51, 62, 65, 69-70, 72
adaptações 64
    caça 42, 46, 50-51, 66-67, 148-149, 152, 155-158, 170
    coleta 80-84, 178
    uso de ferramentas 37, 42, 51, 62, 65, 69-70, 72
"adaptatividade" 83-84, 111
adequação inclusiva 103, 105, 382
agência, conceito de 235-236, 346-348
agressividade 58-63, 67, 110-111
    competitiva 30
aids 281, 353-354, 390, 441
Alegrias da maternidade, As (Emecheta) 203-204, 209-210
alfabetização 305
alienação 275, 277-278
Alper, Joseph 129
Althusser, L. 342
altruísmo 82, 103
anatomia de combate 61, 71
Angell, James Rowland 86
animais *ver* sociologia animal
antropologia 72, 249-250
    física 64-65
    ver também evolução humana
aprendizado 83-84
apropriação sexual 239-240, 277
Arca de Clay (Butler) 393
Ardrey, Robert 63
Aristóteles 139, 345, 383

"árvore da consciência feminina" 195-197
assistência médica 300
Associação Americana de Antropologia (AAA) 69, 156-158
Associação Americana de Antropologia Física (AAPA) 154
atraso de resposta 88
Australopithecus 65
autoexpressão, ideologia da 98
autoidentidade 336-337; *ver também* gênero → "identidade de gênero"
autoimagem 336-337
autonomia reprodutiva 170, 254-255
Avis, Virginia 65

B

babuínos 47, 66, 70, 151-152, 158, 163-164, 166-167, 413
Bacon, Francis 139
Barash, David 123-126, 407-408
Beach, Frank 129
Beauvoir, Simone de 228, 231, 401
Bebel, August 230
Berger, Stewart 391
Berghe, Pierre L. van den 128
biocomportamental/biossocial 12, 16-17, 32, 73; *ver também* primatas/primatologia; sociobiologia
biologia molecular 358, 360
biotecnologia 282-288
empresas de 358
Blade Runner (Scott) 310
Blalock, Edwin 442
blasfêmia 259
Bleier, Ruth 408-409
Blumberg, Rae Lesser 293
Boggess, Jane 147, 152-153, 160-162, 181-184, 188
Braverman, Harry 401
Brewer, Mária Minich 394
Brown, Norman O. 14-15
bugios 25
Buss, Leo 381-382
Butler, Judith 235
Butler, Octavia 213, 312-313, 392-400

C

cálculo do prazer 58
calma vs. sensibilidade 56
caninos *ver* dentes caninos
capitalismo 78, 96, 98, 100-102, 243
avançado/tardio 280, 283, 301, 304, 428
Carby, Hazel 252, 420
Carpenter, Clarence Ray 20-21, 24-31, 62, 402
Carroll, Lewis 121
Casamento
e antagonismos de gênero 240-241
imagens de 207-209
Cayo Santiago 20, 26
Células B 378
Células T 357-359, 378, 383, 386

cérebro 107-108
Chevalier, Suzanne 157
chicana 271, 306
chimpanzés 21-23, 69-71, 80, 82, 87, 90-95, 413
chip de silício 266
Chodorow, Nancy 248-249
Chomsky, N. 444
Christian, Barbara 205, 209-212
cibernéticos, sistemas 77, 102, 107, 286
ciborgues 260-267, 284, 303, 315-317, 369
  e feminismo 275
  e gênero 315
  escrita sobre 305-315
  "Manifesto ciborgue" 245, 259-317, 425-426
ciclo menstrual 36, 39-40, 48, 187
Cidadã de segunda classe (Emecheta) 204-205
Ciência
  argumento construcionista social para a 320-328
  aspectos políticos da 143-146, 170-171
  como força libertadora vs. força opressora 12-13, 31-33
  como justificativa para atitudes sexistas quanto à sexualidade 26-27, 38, 47-52, 105-106, 187, 415
  como justificativa para o autoritarismo político 31-32
  como uma busca heroica 356-357
  definição de "igualdade" como posição social "natural" 97
  e conhecimento/poder 75
  e evolução humana 95-98
  e gênero 249
  exclusão das mulheres da 13-14
  ideologia da 12-13, 37-39, 73-74, 134
  "má ciência" 131-133, 234
  medicalização do "desvio" sexual 23-24
  mudanças na 76-82, 89, 99-101
  normas da 159-160
  patrilinhas na 146-158, 158-161
  perspectivas feministas na 32, 38-39, 42-43, 53, 67-74, 117, 121-123, 130-137, 139-141, 184-189, 325-328, 328-343
  pesquisa sobre diferenças de gênero 130-131
  preconceito sexista na 42, 49-52, 68, 92-94, 167, 406
ciências da administração/ gerenciamento 18, 82-83, 86
classe social 224, 226-227, 242-243
Clifford, James 384

codificação, mundo como problema em 286
cognição 370
Collins, Patricia Hill 245
comando-controle--comunicação-inteligência (C3I) 260, 267, 286, 306
Comitê de Pesquisa sobre Problemas de Sexo (CRPS) 23, 85-86, 92
Comitê sobre Aspectos Científicos da Migração Humana (CSAHM) 85-86
competição 47, 49, 59, 102
   agressiva 30
   sexual 104-105
comportamento bípede 69
Comportamento
   animal *ver* sociologia animal
   como dispositivo de rastreamento 108-109
   e sociobiologia 107-109
   evolução do *ver* evolução humana
   plasticidade no 177
comunicação e poder 286
comunicação simbólica 71
comunidade, limites da 314
conexão, concepção de 380
Conhecimento
   interpretação socioconstrucionista do 320-324
   local 340
   objetos de 344-352, 362

reivindicações irresponsáveis de 333
"situado" 194, 329, 346
"conhecimentos situados" 194, 206, 346
consciência, teoria da 277
conscientização feminista 418
Conselho Nacional de Pesquisa (NRC) 85
construcionismo social 231, 320-328, 345
consumo das mulheres 298
controle social 61, 92-93
controle, estratégias de 283-284
cooperação 30-32, 47, 71, 82-83, 88, 144-145
Corpo
   como agente vs. recurso 349
   como sistema estratégico 367
   como texto codificado 358, 366
   marcado 329, 365-367
   relação com a linguagem 323-324
Corpo político
   conceito de 11-15
   teoria socialista-feminista do 16
corporal, aparato da produção 350, 361-369
corporificação 340, 342, 348
cotidiana, sustento da vida 291, 315
criacionismo cristão 264

cultura ocidental 261-262, 274, 279-280, 283-282, 308-309, 336, 344-346, 387
cultura vs. natureza 12-18, 44-45, 51, 233, 263

D

Darwin, Charles 11, 47, 102, 122, 131
Das Argument 221
Dawkins, Richard 75, 104, 107, 374-376, 382
deficiências físicas 311, 435-436
Delany, Samuel R. 312
Delphy, Christine 424
dentes caninos 61-62, 71-72
depressão 145
desconstrução 322, 324
desemprego 289-293
Despertar (Butler) 312, 393-400
"desprendimento fervoroso" 335-336
desqualificação 290
determinismo biológico 16, 51, 122, 124, 231, 237, 264, 345, 349, 415
DeVore, Irven 63, 66, 68, 152-153, 156, 163-168, 172-173
dialética 302
diáspora africana 201, 207, 210-211
dicotomias/binários 195, 233, 284, 339-340, 346
 de sociedades modernas vs. pós-modernas 281-282, 363-364
diferença, política da 192, 209, 240-242, 256, 281, 366
"diferenças de personalidade" 93-95
Dillard, Annie 116
Dinnerstein, Dorothy 42
direita relacionadas à família, ideologias de 294
discurso colonial/anticolonial 192-195, 198, 272, 388
discursos "irregulares" 353-361
dispersão, questão da 297-300
diversificação biológica 105
Divisão do trabalho
 internacional 287-288
 na família 91
 sexual 228-230, 237, 239, 243-244, 248, 276, 298, 437
Dobzhansky, Theodosius 151
doença 353-354, 367-368, 387-388
 extraterrestre 393
doença autoimune 387
Dolhinow, Phyllis *ver* Jay/Dolhinow, Phyllis
dominância/dominação 11-33, 410
 como desculpa para o sexismo 26, 43-44, 48-51, 67-68
 da natureza 17, 81, 406-407
 e diferenças de gênero 91-95
 e hipótese da caça 157
 e "liderança" 91, 95

e ordem social 27, 30, 165
e sexualidade 21-23, 26-27, 35-36, 43-44, 47-51, 88-90
e sociobiologia 111-113, 115, 125-126
fragilidade das hipóteses sobre 54-56, 166-169
"gradientes" de 28
hierarquias de 29-30, 67, 70, 88, 158, 164-165, 167, 172
informática de 280-289, 297-300
justificação de, através da sociologia animal 17-21, 30-31, 35-39
justificação de, através das ciências biocomportamentais 12-16
"latente" 29, 55
masculina 158, 164, 168, 183
domínios públicos vs. privados 294, 296-297
Double Yoke, The (Emecheta) 205, 208, 213-214
Douglas, Mary 303
dualismo 265, 268, 309-310; *ver também* dicotomias/binários

E
Eco, Umberto 323
ecofeministas 348
"economia do trabalho doméstico" 289-293, 295, 298-299
Ehrhardt, Anke 232
eletrônica 287-289; *ver também* máquinas modernas
Emecheta, Buchi 202-217
endocrinologia 43
Engels, Friedrich 227-230, 237, 243
engenharia humana 18, 21, 37, 78, 81-83, 96, 402
epistemologias 273-274, 341
anarquismo em 136
ver também conhecimento
ereta, posição 135
ergonomia 78, 112
escassez 102, 117
Escoffier, Jeffrey 245
escolas, tendências em 299-300
escravidão 252-254
espaço exterior/espaço interior 384-388
estação de trabalho da MacroGene 374
estado de bem-estar social, desmantelamento do 291-292, 299
Estado, tendências no 299
estratégias de investimento perigosas 105
estresse 53-57, 165, 170, 176-182, 286
estudos de Kinsey 23
estudos de mulheres 191-217
"eu", definição do 389
evolução humana 39, 50-51, 60-63, 65, 66-73, 134, 148
experiência coletiva 197

experiência, política da
   191-194, 197-198, 247, 260,
   277-278
exploração espacial 384-387
expressão do impulso 92
extraterrestres 393-400

F

falogocentrismo 258, 305-306,
   343
Família
   formas de 292
   ideologias de direita sobre
      293
   liderada por mulher 292
Female Man, The (Russ) 312
Fêmeas
   agrupamentos de, como
      unidades sociais centrais
      70-71, 165-168
   como líderes da evolução
      humana 70-72
   controle do infanticídio 178
   em relatos
      comportamentais atuais
      348-350
   escolha sexual por 71-72,
      187-189
   "receptividade" sexual
      constante de 36, 48, 51,
      71-72
Feminismo
   americano 416-417
   ciborgue 275
   como mito 140
   conscientização 418
   e antropologia 250
   e gênero 227-228, 223-258
   "empirismo feminista" 326
   e natureza 223-235
   e "objetividade" 319-328,
      331-343, 344-352
   e sexualidade 245-246
   e subjetividade 256-257
   marxista 244, 422
   materialista 424
   na ficção científica 311-315
   perspectivas na ciência 32,
      38-39, 43, 53, 68-74,
      75-82, 116-117, 121-123,
      130-137, 139-141,
      184-189, 325-343
   radical 275-279, 303-304
   repúdio sob o pretexto de
      "mulherismo" 206-210
   socialista 16, 73, 78,
      116-117, 273-280, 285,
      296, 300, 302, 325, 422
   taxonomias de 272-279
feminização do trabalho/
   pobreza 290-291, 293, 299
fenótipos 376-377
feromônios 110
ficção científica 310-315,
   392-400, 435-436
ficção, leitura de 198-217
filhotes de primatas 166
Firestone, Shulamith 14-16
fisiologia sensorial 83
Flores, Fernando 370-372, 380
forma orgânica 77
fotografia 332, 348-386
Foucault, Michel 231, 247, 261,
   410-411, 428, 444

Freud, Sigmund 14-15, 44, 46
Frisch, John 156
fronteiras/limites 350-351
    corporais 295, 443-444
    de indivíduos 367-368
    entre humano e animal
        264-265, 350-351
    entre o físico e o não físico
        266-267
    entre organismo e máquina
        265-266
Fulton, John 87
funcionalismo 25-26, 31, 41,
        56-57, 73
    em modelos sociais de
        equilíbrio 31
    evolutivo 65, 67
    sistemas de 54
    social 25, 65
Fundação Ford 63, 151
Fundação Nacional de Ciência
        152
Fundação Rockefeller 87, 99

G

Galileu 132
generalistas, espécies como
    177-180
Gênero
    ciborgue 315
    conceito de 221-258
    diferenças 92-95, 130-131,
        228
    e linguagem 221-227
    "identidade de gênero"
        231-236, 258
    simbolismo de 437
    "sistema sexo-gênero" 222-
        -227, 238-258, 346, 349
genes 103-104, 106-107,
        124-126
    estratégias de maximização
        da adaptação genética
        183
    novos genótipos 105
genética como ciência
    linguística 79
genomas 374, 379
Gerador de Diversidade
    (G.O.D.) 357-359
Gershon, Richard K. 356-357
gestão científica taylorista 78,
        111, 260
gibões 25, 62
Gilbert, Sandra 122
Gilbert, Scott 442
Gilligan, Carol 248-249
Gilman, Charlotte Perkins 139
Golub, Edward S. 353,
        356-357, 359, 379-381,
        385-386
Goodall, Jane 40
Gordon, Richard 290
gravidez 255, 397, 443
Greene, Marjorie 127
Gregory, Michael 127
Griffin, Susan 303
Grossman, Rachel 288
"grupos de interesses
    especiais" 319-320
Gubar, Susan 122-123

H

Haeckel, Ernst 128

Hamburg, David 57-61, 68-69, 152
Hamilton, W. D. 125
Haraway, Donna J. 251, 349, 369, 385, 402, 411, 419, 425, 431, 432, 435, 460
Hardin, Garrett 129
Harding, Sandra 136, 245, 326-327, 335, 339, 410, 437
Harlow, Harry 152
Hartmann, Heidi 242
Hartsock, Nancy 136, 243-244, 248, 324
Hayles, Katherine 359-360
Henderson, L. J. 56
Henry, Alice 414
herói-cientista 356
Heterossexualidade
  como algo "natural" 228-229
  obrigatória 239-240, 398
hierarquias 49-50, 55-56, 67, 70, 88, 158, 164-165, 167-168, 172
hierarquias de subordinação 56
Hillis, W. Daniel 443
Hinde, Robert 40
Hobbes, Thomas 48, 142, 170
holismo 262-263, 305-309
Holton, Gerald 128
homem-caçador *ver* dominância/dominação → e hipótese da caça
homossexualidade 24, 26-27
hooks, bell 258, 416
Hooton, E. A. 411

hormônios
  adrenocorticotróficos 56
Hrdy, Sarah Blaffer 106, 147, 153, 162, 170-176, 179, 181-182, 187-188, 414
Hubbard, Ruth 130-131, 133-135, 137, 408
Hull, David 129, 133
humanismo 125-126, 132, 135-137, 347-348
  feminista 406
  marxista 16, 244, 325
humanos *ver* engenharia humana; evolução humana
Hurston, Zora Neale 211
Hurtado, Aida 253
Huxley, Julian 375

I
identidade 235, 336-338
  fraturada 270-272
  ver também gênero → "identidade de gênero"
identidade nuclear 236
identificação 271-272
ideologia científica 12, 38-39, 73-74, 133-134
ideologia liberal 13, 51
Igreja, tendências na 300
"igualdade" como posição social "natural" 97
ilusão 275
Individualidade
  e mulheres 443-444
  perigos para a 388
  problema da 368, 374-375

infanticídio 142-143, 169-172, 177-180, 182-183
  humano 177-180
Informação
  e sistemas corporais 358-360
  genes como 107
  natureza da 286
  ver também teoria das comunicações
inocência/não inocência 263, 305-306, 333
inovação genética 105
insetos sociais 103, 111-112
"instabilidade social masculina", conceito de 181, 183
inteligência 21-22
  como comportamento de resolução de problemas 83-84
  testes de 22, 84
interpretação 341-342, 371
investimento parental 70-71, 103, 105, 407
invulnerabilidade/imunidade 389-391
Irigaray, Luce 303
Irmã Outsider (Lorde) 304, 307
ironia 259
"irracionalidades" 83

J
Jameson, Fredric 427
Jay/Dolhinow, Phyllis 147, 150, 152-153, 156-157, 162-171, 173, 176, 181-182, 188, 412
Jerne, Niels K. 379-380, 444

K
Kaplan, Caren 419-420
Keller, Evelyn 249, 326, 438
King, Katie 200, 272-273, 311, 350
Klein, Hilary 262
Klein, J. 388-389
Koertge, Noretta 409
Kohlberg, Lawrence 248
Kollontai, Alexandra 230
Kristeva, Julia 279

L
Lacan, Jacques 238, 248
laços sociais 165
Lancaster, Jane 157, 188, 409, 415
langures 140, 141-143, 163-171, 171-176, 181-182, 411, 413
lar *ver* família
Latour, Bruno 408, 434
Lauretis, Teresa de 247-248, 436
Leacock, Eleanor 42
Leibowitz, Lila 408
lesbianismo 210, 239-242
Levi-Strauss, Claude 238
"liderança" 91, 95
limites *ver* fronteiras/limites
Lindberg, Donald 188
Lineu 139
linfócitos 357-358, 378
Linguagem
  biomédica 353-354, 361
  dificuldades de 221-227
  e interpretação 371-372

e realidade 121-123, 134, 139
fálica 407
filogenia da 88
política de 306-307
relação com os corpos 323
literatura de aconselhamento médico do século XIX 365
local de trabalho, tendências no 298
Loeb, Jacques 128
Lorde, Audre 200, 241-242, 247-248, 303
Lovejoy, Owen 415
Lowe, Marian 130, 408
Lucrécio 28
Lucro
  e luta competitiva 102
  genético 103-104, 106, 108, 175-176

M

"má ciência" 131-133, 234
macacos resos 20, 26-31
macacos *ver* primatas/primatologia
macho alfa 27, 31
machos *ver* dominância/dominação → e hipótese da caça; sexismo/misoginia
MacKinnon, Catharine 245-246, 253, 276-278
Malinche 306-307
Malinowski, Bronislaw 25, 44, 46, 51, 56
Malthus, Thomas 11, 102
Mani, Lata 199
máquinas modernas 262, 265-268, 311
Marx, Karl 14, 78, 102, 117, 224, 227-230, 237, 243, 284
marxismo 16, 19, 63-64, 136-137, 227, 227-239, 244, 262, 275-276, 301, 325
masculinidade/feminilidade 92-95; *ver também* gênero
matemática, diferenças genéticas na 238
materialismo histórico 16-17, 243-244
maternidade 146, 209-210, 235, 248
Mayo, Elton 31
Mayr, Ernst 151
McCaffrey, Anne 311
McIntyre, Vonda 313
Medicalização
  de questões morais e políticas 408
  do "desvio" sexual 23-24
melanésios 235
mercado, conceito de 102
Merchant, Carolyn 406-407
Meridian (Walker) 209-210
metáfora 323, 341
método científico, doutrina do 321-322
militarismo 269, 294, 357, 366-367, 446
Miller, G. S. 46
Milton, John 123-124
Minh-ha, Trinh T. 417-418
miniaturização 267

misoginia *ver* sexismo/misoginia
Mitchell, Juliet 242
mito do coiote 348, 351, 363
Money, John 131, 232-233
"monogamia explícita" 50
monogamia serial, heterossexual 289
monoteísmo 338
monstros 314-315, 394
Moraga, Cherríe 306-307
Movimento de Libertação das Mulheres (MLF) 193, 240
movimento feminino 151, 186, 191-194, 208, 272, 416; *ver também* feminismo
movimento gay 245, 365
movimentos dos direitos dos animais 264
"mulheres de cor" 200-201, 250-257, 271-273, 291-292, 304-307
Mulheres
  categoria de 252-255, 270-275; *ver também* gênero
  como chefes de família 292
  como força de trabalho do Terceiro Mundo 289, 292, 305
  como líderes na evolução social 70-72
  como um grupo histórico 279
  e autonomia reprodutiva 170
  e exclusão da ciência 13-14
  e sistema de propriedade sexual 239
  experiência das 191-195, 197-199, 260, 418
  individualidade das 443-444
  no circuito integrado 296-303
  opressão *ver* opressão das mulheres; sexismo/misoginia
  trabalho doméstico das 276
  ver também fêmeas; feminismo; sexismo/misoginia; sexualidade
"mulherismo" 206-210
multinacionais 289
mundo como objeto de conhecimento 345-348, 351-352

N

National Geographic Society 330, 386, 390-391
naturalização 228-229
  como fetiche 13-15
  como máquina de comunicação/controle 106-111
  como objeto passivo vs. sujeito ativo 348-352
  como série de sistemas cibernéticos 102
  definições de 266
  dominação/controle de 14-17, 81, 406

no debate feminista
233-235
vs. cultura 12-19, 45, 51,
233-234, 263
"*networking*" 297
Newton, Isaac 128
Nigéria 203-205, 208
Nilsson, Lennart 386-387
No fundo do poço (Emecheta)
205

O
objetificação 241, 246, 277
"objetividade" 134, 319-328,
328-343, 344-352, 362, 435
Off Our Backs 414-415
Ogunyemi, Chikwenye
Okonjo 205-211
olhos 332, 336; *ver também*
visão
Ong, Aihwa 214, 309, 418
opressão das mulheres 252
e heterossexualidade
obrigatória 239-240
e marxismo 228-230
ver também sexismo/
misoginia
orangotangos 84
Ordem social
e agressão 59-60
e dominância/dominação
27, 30, 165
e estresse 54-56
ruptura da 165
ver também organização de
bandos

organismos como constructos
362
organização de bandos 69,
164-169, 181-183
Ortner, Sherry B. 249-250, 401
otimização 80, 111-113

P
Pala, Achola 206
parentesco 36-37, 103, 252-253
parques de caça da África 388
Parsons, Frank 75
Parsons, Talcott 56
particularismo 53
Partido Social-Democrata da
Alemanha 230
paternidade 235
patologia, conceitualização de
372, 383
patriarcado 242-243, 248, 255,
278
e dominação 15, 117
e repressão 15
racista 253-255
sociobiologia como 126-127
patrilinhas na ciência 146-158,
158-161
pecking order 30
Peirce, Charles 247
personalidade autoritária 30
perspectiva parcial 331-332,
334-335
pesquisa de pessoal 96-98
pessoas com deficiência *ver*
deficiências físicas
Petchesky, Ros 294
Piercy, Marge 11, 33, 124

Pio XII, papa 124
planetas, fotografias de 384-386
Platão 428
Playfair, J. H. L. 353, 389
poder instrumental 286
poesia 350
poligamia 208-209
polimorfismo dos genótipos 179
política na ciência 143-146, 170-171
pontos de vista subjugados 333-334, 337-338
População
  controle de 78
  dilemas quanto à 178-180
  e sociobiologia 107
pornografia 246
pós-modernismo 265, 323-324, 328, 329, 359-361, 383-383, 427-428, 434-435
posicionamento 333-334, 336-342
posse de si mesmo 170, 236, 255
posse do próprio corpo 170, 255
Preço de noiva (Emecheta) 204
primatas/primatologia 21-31, 35-72, 80-82, 82-87, 90-95, 140-189, 349, 411-415; *ver também* sociologia animal; babuínos; chimpanzés; langures
Primeira Guerra Mundial 84
"privatização" 294
produção 35-37, 102
produção corporal *ver* corporal, aparato da produção
produção de alimentos 293
Programa de Convergência Ciência-Humanidades (NEXA) 127, 133
propágulos 376-377
prótese 436
psicanálise 262, 325, 430
psicobiologia 78-82
psicoses em macacos 145

R

raça 224, 279, 283, 420-422
racionalidade 335, 338-339, 343
racismo 84, 115, 150, 223, 238, 253-255, 283, 411-412
Ramus, Petrus 195
Räthzel, Nora 221
Raymond, Janice 408
reaganismo 320
reconhecimento do eu vs. não eu 389
"recursar" 346
redes 340, 396-397
reducionismo 327-328
  biológico 15-16, 73
  sexual 22-24
regeneração 316-317
relação parte/todo 383
relativismo 334
Renascimento 195
renascimento, metáforas de 316-317

replicadores 375-376; *ver também* genes
Representação
   doutrina da 370-371
   fotográfica 332, 384-386
   processo de 88
repressão 15
reprodução sexual/social 16, 35-52, 57-59, 102-104, 276-279, 415
   direitos da mulher na 170, 254-255
   estratégias de 170-171, 171-173, 175-176, 176-180, 282
   ideologias de 282
responsabilidade 191, 194
revista *Time* 390
Revolução Industrial 11
revolução social, movimentos de 339
Rich, Adrienne 239, 303
Ripley, Suzanne 147, 157, 160, 176-181, 188
robótica 293
Rosaldo, Michelle 249-250
Rose, Wendy 198, 201
Rossi, Alice 408
Rowell, Thelma 40-41, 52-59
Rubin, Gayle 223-224, 238-239, 242, 244, 248
Russ, Joanna 311-312

S

Salzman, Freda 408
Sandoval, Chela 271-272, 304
Schipper, Mineke 203
Schjelderup-Ebbe, Thorlief 30
Scott, Joan 423
Segunda Guerra Mundial 100
seleção natural 64, 69-71, 102-103, 113
semiologia/semiótica/semiose 247-248, 322-323
Sexismo/misoginia
   dominância como desculpa para 43-44, 48-51, 67
   em abordagens "científicas" da sexualidade 26-27, 38, 48-51, 105-106, 187, 415
   na ciência 42, 49-52, 68, 92-94, 167, 406
   sociobiologia como 68, 73-74, 105-106, 115
   ver também opressão das mulheres
sexo *ver* gênero; sexualidade
Sexualidade
   "ciência" como justificativa de atitudes sexistas quanto à 26-27, 38, 48-51, 105-106, 187, 415
   controle da 14, 36-37, 51
   e ciclo menstrual 36, 39-40, 48, 187
   e dominância/dominação 21-23, 35-36, 47-51, 88-90
   e escolha sexual feminina 72, 187-188
   e feminismo 245-246
   e "receptividade" feminina constante 36, 48, 51, 71-72

periodicidade/sazonalidade na 47-48, 88-90
pesquisa sobre 14, 49-50
Shannon, Claude 359
Ship Who Sang, The (McCaffrey) 311
Shirek, Judith 157
Signs: Journal of Women in Culture and Society 206
Simpson, George Gaylord 151
sistema de propriedade sexual 239
sistema imunológico/imunologia 353-361, 363, 367, 369, 372, 377-384, 384-395, 439-446
sistema mononuclear fagocitário 378
sistemas de rastreamento 108-109
sistemas, desenvolvimento de 111
Slave Girl, The (Emecheta) 204
Smith, Adam 11
sociabilidade, desenvolvimento da 71
socialismo 15-16, 275-276; *ver também* feminismo → socialista
Sociedade Americana de Primatologia (ASP) 153
Sociedade Internacional de Primatologia (IPS) 153
sociobiologia 80, 99-116
  como ciência dos grupos 103
  e comportamento 107-109
  e dominância/dominação 111-113, 115, 125-126
  e estratégias reprodutivas 172-176, 176-180
  e novas tecnologias 293-296
  e o capitalismo 100-103
  e otimização 111-113
  e teoria da evolução 381-382
  e teoria das comunicações 109-110
  interpretações não sexistas da 68-72
  retórica inflada da 125-129
  tendências sexistas da 68, 73, 105-106, 115
sociologia animal 17-19
  e agressividade 58-61
  e diferenças de gênero 92-94
  e dominância 19,-20, 26-31, 43, 88-92, 164-165
  e estresse 53-54, 182-183
  e grupos mãe/infante 70-71, 166-167
  e infanticídio 168-172, 177-180, 182-183
  e inteligência 84
  e sexualidade 21-22, 35-37, 39-40, 47-48, 88-90, 187-188
  ver também primatas/primatologia
sociologia do conhecimento 322
Sofoulis, Zoe 261-262, 284, 314, 330, 346, 435

software 391, 441
Spillers, Hortense 252
Stanford, Centro para Estudos Avançados em Ciências Comportamentais de 59
Star Trek (série) 314, 356
Star, Susan Leigh 130-131, 408
status 91
Steward, Julian 411
Stoller, Robert 232
Strathern, Marilyn 235-236, 434-435
subjetividade social 256; *ver também* agência, conceito de
Sugiyama, Yukimaru 168-169
Superluminal (McIntyre) 313-314
superorganismos 103

T

Tales of Nevèrÿon (Delany) 312
Tanner, Nancy 41-43, 68-73, 157
taxonomias do feminismo 273-279
tecnologias da comunicação 100, 284-288, 291, 294
tecnologias da Revolução Verde 293-294
teoria da rede 379-380
teoria das comunicações 109-110, 113, 116
 e sociobiologia 109-110
teoria das relações objetais 248-249, 325, 430
teoria de sistemas 54, 77, 101
teoria evolucionista 11, 41-43, 58, 62, 64-68, 72, 381-382; *ver também* evolução humana
terapêutica, ação 373
terapias de autoajuda por "imageamento"/ "visualização" 391
territorialidade 110
testes científicos com pessoas 84, 97
Tinbergen, Niko 40
Tiptree Jr., James 312
totalidade *ver* holismo
totalização 334
Trabalho
 como categoria 275-276
 migração 211
 processo 17, 37, 68, 244
 ver também divisão do trabalho
tradição matrilinear 209
tradução como ciência feminista 341-343
Treichler, Paula 353-354
Trivers, Robert 68, 125, 172-173, 407-408
"truques divinos" 330-331, 334, 338, 341
Truth, Sojourner 258
"turismo da alma" 198, 201

U

unidade política 273-274
Universidade da Califórnia em Los Angeles (UCLA) 232

Universidade da Califórnia em Santa Cruz (UCSC) 41, 192-193, 416, 425-426
Universidade de Calabar, Nigéria 208, 213-214
Universidade do Havaí 192

V

Vale do Silício 289-290, 296
Varley, John 312, 435-436
verdade isenta de valor 13; *ver também* "objetividade"
videogames 294
Vietnã, Guerra do 145
virgindade, obsessão com 215-216
"vírus" de computador 441
visão 328-343
visualização, tecnologias de 295, 329
vitimização 309
Voyager (espaçonave) 385-386

W

Wald, George 129
Walker, Alice 207, 209-210
Washburn, Sherwood 25, 41-43, 52, 57, 58-67, 128, 147-158, 163, 408, 411-413
Weaver, Warren 99
Weisstein, Naomi 133
Wilson, Edward O. 76, 78-79, 99-100, 103, 107-113, 115, 128, 132, 171-173, 381, 408
Winograd, Terry 370-372, 380
Wittig, Monique 239-240, 303, 424
Woolgar, Steve 408

Y

Yale, Laboratórios de Biologia de Primatas de 87-88
Yerkes, Robert Mearns 21-22, 24, 76-82, 82-98, 111, 113, 144, 185, 402-403
Young, Iris 242-243

Z

Zed Books 418
Zetkin, Clara 230
Zihlman, Adrienne 41-43, 63, 68-73, 157, 177, 188, 415
Zuckerman, *Sir* Solly 39-41, 43-53, 142, 185, 187, 403

Este livro foi composto na fonte Palatino e impresso
pela gráfica Plena Print, em papel Lux Cream 60 g/m², para a
Editora WMF Martins Fontes, em outubro de 2024.